Josef Neckermann

Im starken Trab

Erlebnisse und Erfahrungen im Sattel

Josef Neckermann
5. Juni 1912 - 13. Januar 1992

Josef Neckermann

Im starken Trab

Erlebnisse und Erfahrungen im Sattel

FN-Verlag · Warendorf

Aufgezeichnet von Gabriele Mohrmann-Pochhammer.
Beschreibungen der Pferde und ihre Abstammungen von Werner Schockemöhle (S. 56, 57, 96, 97, 120, 121, 182, 183, 214, 215, 246, 247).

Bildnachweis

Die Fotos stammen größtenteils aus dem Privatarchiv des Autors sowie von folgenden Fotografen: The Associated Press GmbH; Lilo Berger; Photo O. Cornaz; J. Cousin; Renate Dabrowski; Foto-Döringer; Domet-Photo AG; dpa-Düsseldorf; dpa-Frankfurt; Werner Ernst; Foto Göhler; Ruth Hallensleben; Melita Huck; Theodor Janssen; Herbert u. Jutta Mehrens; Hannelore u. Werner Menzendorf; Foto Mitschke; Carl Friedrich Mossdorf; Horst Müller; Foto Rust; Udo Schmidt; Karl Schönerstedt; Roland von Siebenthal; Sven Simon; Foto-Sommerer; Franz Steindl; H. Sting; Foto-Tiedemann; Guido Wedding, Foto-ZDF. Foto S. 6 von einem Gemälde des Pferdemalers Dr. Hansjürgen Brehmer.

Titelfoto: Foto-Mitschke, Wiesbaden.

Gestaltung: Rudolf Strecker, Warendorf
Lithos: Scanlight, Marienfeld
Druck und Verarbeitung: pdc Paderborner Druck Centrum

ISBN 3-88542-252-2

Inhaltsverzeichnis

Josef Neckermann auf Mariano

Vorwort

Den Titel dieses Buches hat Josef Neckermann selbst ausgewählt, was sehr bezeichnend ist für den Inhalt des Buches wie für den Autor. Demonstriert doch keine andere Gangart des Pferdes so viel Zielstrebigkeit und Ausdrucksstärke und erfordert gleichzeitig ein Höchstmaß an reiterlicher Meisterschaft.
Bezeichnend, weil Unvollkommenes und halbherzige Kompromisse Josef Neckermann stets zuwider waren. Sein Motto "Was du tust, das tue ganz", hat er mit aller Konsequenz gelebt, in allen Bereichen seines Wirkens, nicht zuletzt in der Reiterei. Das bezeugt auch und gerade sein einstiger Entschluß, über zwei Jahrzehnte lang den geliebten Reitsport in den Hintergrund treten zu lassen, um seine Kräfte dem Unternehmen und der Familie zu widmen.

Josef Neckermann hat sein Leben als eine permanente Herausforderung betrachtet, die es unter der Devise anzunehmen galt, daß am Ziel jeglichen Strebens und Handelns der Erfolg zu stehen habe. Unter dieser Devise ist er als Unternehmer in der Wirtschaft angetreten und hat mit seiner von konventionellen Denkweisen gelösten Genialität ein Werk geschaffen, das - unabhängig vom späteren Weg seines Unternehmens - für die Entwicklung der deutschen Nachkriegswirtschaft ein richtungsweisendes Werk bleiben wird. Unter dieser Devise verschrieb er sich dem Aufbau der Stiftung Deutsche Sporthilfe, nachdem ihm als einem der Ersten die Dringlichkeit der sozialen Begleitung des Spitzensportlers im Rahmen seiner Förderung bewußt geworden war.
An seinem Grab standen voller Dankbarkeit Athletinnen und Athleten aller Sportarten, auf deren Siegesmedaillen auch die unermüdliche, oftmals väterlich wahrgenommene Sorge um sie und ihre sportliche Karriere unsichtbar eingeprägt war. Doch eines hat die letzte Reverenz der Sportler sichtbar gemacht: Dieses Mannes Erfolgsstreben und Ehrgeiz fanden ihre endliche Sinngebung nicht im Eigennutz, sondern in jenen Idealen, mit denen er sich zu identifizieren vermocht hat. Ihnen zu dienen, das war ihm seine stete Herausforderung.

Josef Neckermanns Reiterleben vermittelt uns, wie könnte es anders sein, die gleichen Grundlinien, doch darüberhinaus noch einige bemerkenswerte Akzente seines Wesens. Dazu gehört sein Einstieg in den Spitzensport in einem Lebensalter, das andere längst zum Aussteigen bewogen hat; und dies unter der klaren Prämisse, ganz oben dabei sein zu wollen. Dazu gehört seine Selbstdisziplin, die ihn aus Zeitmangel das notwendige Training auch nachts absolvieren ließ. Und beides hat ihn zwölf Jahre lang auf das Podest olympischer Ehrungen geführt.

Dazu gehören aber insbesondere jene Wesenszüge des Autors, die sich in den Geschichten und Anekdoten der folgenden Seiten widerspiegeln: sein Bestreben, gewonnene Erfahrungen und Kenntnisse weiterzugeben, mit Argumenten zu überzeugen, ohne intolerant zu werden. Seine positive Grundhaltung, die ihn zwar scharf kritisieren, doch das substantiell Gute anerkennen ließ. Und nicht zuletzt seine, in allen Schicksalsschlägen ungebrochen gebliebene Lebensbejahung, begleitet von einem Humor, der selbst dem Spitzbuben in ihm zeitlebens seinen Platz beließ.

Ursprünglich sollte dieses Buch von Josef Neckermann zur Vollendung seines 80. Lebensjahres der Öffentlichkeit vorgestellt werden. Das bleibt uns nun versagt; und seine Aufzeichnungen, die er als eine Bilanz seines Reiterlebens ansah und an denen er bis in die letzten Tage vor seinem Tode sichtend gearbeitet hat, sind jetzt zu des Autors sportlichem Vermächtnis geworden.

Das Vermächtnis eines Grandseigneurs des Sports und der Reiterei, das seinen Sinn erfüllt, wenn es so gelesen, verstanden und fortgelebt wird.

Dieter Graf Landsberg-Velen
Präsident der
Deutschen Reiterlichen Vereinigung

1

Lady, Waltraud und andere

Jugend zwischen Stall und Schule

Meine reiterliche Karriere begann mit einem Knall, genauer gesagt mit einer schallenden Ohrfeige. Es geschah am 16. Mai 1925. Ich hatte diesen Tag lange herbeigesehnt, denn ich durfte zum ersten Mal am großen Turnier der Mainau-Kaserne teilnehmen. Es wurde vom Turnierverband Würzburg e.V. veranstaltet, den mein Vater mitgegründet hatte und dessen Präsident er zu dieser Zeit war.
Nächtelang zuvor hatte mich das Lampenfieber so sehr geplagt, daß ich kaum schlafen konnte. Ich durfte Lady, die Stute meines Vaters, in einem Anfängerspringen reiten, worauf ich mächtig stolz war. Wir beide waren gut in Form. Doch überraschend zog Lady an einer "Doppelten Eisenbahnschranke" die Bremse. Beim zweiten Versuch klappte es, aber den ganzen Parcours über ließ mich der Gedanke an den blöden Stopper nicht los. Ich ärgerte mich mordsmäßig. Hätte ich doch gleich die Beine zugemacht, dann wäre das nicht geschehen! Das passiert dir nicht noch einmal! Ich grübelte und grübelte, und als uns der Weg wieder in die Nähe dieses Doppelsprungs führte, ritt ich – statt den vorgeschriebenen Weg durch die Diagonale zu nehmen, – das Hindernis noch einmal an. Lady sprang brav, ohne rechts und links zu gukken. Das war's. Wir wurden wegen Verreitens abgeläutet. Ich war maßlos enttäuscht. Am Einritt erwarteten mich mein Vater und mein Reitlehrer Adam Hank. Dessen saftige Ohrfeige spüre ich noch heute, und seine Worte klingen mir im Ohr, als hätte ich sie gestern gehört: "Damit du dir ein für allemal merkst: Man reitet nicht einfach, wie man will!" Und wie ich es mir merkte! Das St. Georg-Jagdspringen habe ich gegen die angetretene reiterliche Prominenz, zumeist Kavallerie- und Polizei-Offiziere aus ganz Deutschland, doch noch gewonnen. Mit Waltraud, im Besitze von Herrn Hank, einer ungarischen Stute mit einer riesigen Laterne.
Und auch mit unserer Lady gelang mir an diesem denkwürdigen 16. Mai 1925 ein Sieg in einer Dressurprüfung.
"Glaub' bloß nicht, daß du etwas besonderes geleistet hast, du hast nur Glück gehabt", dämpfte mein Vater schon im Ansatz einen möglichen Höhenflug. Besonders wurmte mich, daß meine Eltern mir nicht erlaubten, an der abendlichen Siegerehrung im Casino teilzunehmen. "So spät hat ein Dreizehnjähriger unter Erwachsenen nichts zu suchen."
Die beiden Preise, ein schöngearbeiteter Silberteller und ein Silberpokal, sind mir bis heute auf schier wundersame Weise erhalten geblieben.

Reiterliche Ahnenforschung

Mit den Pferden hatten's die Neckermanns schon immer, lange bevor es Dressurvierecke, neuzeitliche Olympische Spiele, Notenbögen und Richterhäuschen gab, und lange bevor ich am 5. Juni 1912 im Zeichen der Zwillinge auf die Welt kam.
Die Betätigung meiner Ahnen zu Pferde war freilich weniger von sportlichem Ehrgeiz beflügelt als praktischer Natur. So erwähnen die Annalen einen gewissen Neckermann - was damals nichts anderes hieß als "der Mann vom Neckar" -, der um 1700 angeworben wurde, um auf kaiserliches Geheiß Kaufmannskarawanen aus Süddeutschland, Österreich und Norditalien zur Frankfurter Messe zu begleiten. Transportiert wurden feine Stoffe, Samt und Seide, aber auch Gewürze, Zucker -

und Pferde: arabische Vollblüter und Pferde aus Ungarn. Die Waren gingen an einen Sammelplatz an der Straße Richtung Hanau, ziemlich genau dorthin, wo 250 Jahre später das Versandgeschäft des Josef Neckermann gebaut wurde ...
Die Eskortereiter mußten nicht nur fest im Sattel sitzen, sie waren zugleich eine Mischung aus Polizist, Schmied, Tierarzt und Mechaniker, durften sich von einer Horde Räuber genausowenig aus der Fassung bringen lassen wie von einem gebrochenen Wagenrad, einem abgerissenen Hufeisen oder einer Kolik im unpassenden Moment.
Mein Großvater Peter Neckermann, von Beruf Metzgermeister, ließ sich in Würzburg nieder. Er war ein angesehener Mann, zog 1890 als Abgeordneter der Bayerischen Volkspartei in den Berliner Reichstag ein. Aber viel wichtiger: Er muß ein richtiger Pferdemann gewesen sein. Denn man machte ihn zum Vorsitzenden der staatlichen Musterungskommission, das bedeutete, daß er im Krieg 1870/71 für die gesamte Pferdebeschaffung im fränkischen Raum zuständig war. Als begeisterter Fahrer hielt er sich mehrere elegante Gespanne. Leider ist er mit einem Kutschwagen verunglückt; wenig später starb er an den Folgen dieses Unfalls, viel zu früh, als daß ich ihn noch hätte kennenlernen können. Das habe ich immer sehr bedauert, denn ich hätte ihn gerne nach so vielen Dingen gefragt.
Für meine Eltern waren Pferde weit mehr als nur ein Arbeits- und Transportmittel. Das waren sie natürlich auch, und dabei ein wichtiger geschäftlicher Faktor. Mein Vater Josef Carl Neckermann unterhielt in Würzburg eine Kohlenhandlung. Die Kohlenwagen wurden Zeit seines Lebens von Pferden gezogen. Dafür hatten wir 14 bis 16 belgische Kaltblüter im Stall. Schließlich kam ein Gespann Oldenburger Rappen hinzu - eine ganze Nummer flotter als die "Dicken". Darüber wurde zu Hause lange und ausführlich gesprochen - und wie immer, wenn es um Pferde ging, wuchsen mir Riesenohren. Denn der Bazillus Pferd - ob ererbt oder angesteckt - hatte mich schon ernsthaft befallen, bevor ich in den Kindergarten kam.
Meine Eltern, beide begeisterte Reiter, hielten sich ein paar Reitpferde. Meine Mutter, die Tochter des Würzburger Kommerzienrats Josef Lang, Inhaber einer Sektkellerei, ritt wie damals üblich im Damensattel. Mein Vater, ein passionierter Jagdreiter, nahm erfolgreich an Spring- und Dressurturnieren teil. Während des Ersten Weltkrieges wurde er für kurze Zeit zur Kavallerie, zu den Würzburger Ulanen, eingezogen. Ich erinnere mich noch gut an seine bunte Uniform, die bei uns zu Hause hing. Er wurde jedoch bald unabkömmlich gestellt, weil sein Unternehmen für die Versorgung der Bevölkerung wichtig war. Mir erging es Jahrzehnte später ähnlich.

Stunk um zwei Ziegen

Sooft ich der Aufsicht meiner Mutter oder unseres Kindermädchens entwischen konnte, sauste ich in den Stall. Der befand sich im Hof gleich hinter meinem Elternhaus in der Würzburger Sterngasse. Die Pferde wurden auf dem Sternplatz ausgespannt und in den Stall geführt. Wenn die Fuhrleute abends von ihren Touren zurückkamen, stand ich schon da und wartete, um auf den "Dicken", vor denen ich keine Scheu kannte, in den Stall reiten zu dürfen - "King of the Road" für knapp 200 Meter.
Die Kutscher und Pferdepfleger waren meine ersten Freunde. Kriegsveteranen die meisten, aus Alters- oder Verletzungsgründen frühzeitig von der Front zurückgekehrt, nahmen sie sich meiner liebevoll an, trieben auch gelegentlich ihre derben Späße mit mir. Besonders gern sperrten

sie mich in die Haferkiste ein - vielleicht wollten sie nur ein paar Minuten Ruhe haben vor den bohrenden Fragen des Knirpses. Ein beliebtes Spiel war "Schinkenklopfen", wobei es darum ging, mannhaft ohne eine Miene zu verziehen, die "Klopfer" zu ertragen, die keineswegs spurlos an meinem Hinterteil vorübergingen. Ich brachte es darin zu ziemlicher Meisterschaft, was immerhin den Vorteil hatte, daß ich väterlichen Strafaktionen abgehärtet und mit Gleichmut entgegensehen konnte. Ganz nebenbei lernte ich den Umgang mit Pferden von unseren Stalleuten. Einer von ihnen war Kilian, der an mir einen Narren gefressen hatte und mir beiläufig und spielerisch die ersten reiterlichen Unterweisungen erteilte.

Manchmal durfte ich die Fuhrleute auf ihren Fahrten in Würzburg und in die nähere Umgebung begleiten. Ich saß dann neben ihnen auf dem Bock, hielt die Peitsche in der Hand und kam mir sehr bedeutend vor. Später zogen die Pferde um, aus der Sterngasse in den alten Marstall des "Hofstalls" der Residenz.

In der Hindenburgstraße 13, dem großelterlichen Besitz mütterlicherseits, wo wir unsere Sommerwohnung hatten, wurden Kühe, Schweine, Geflügel und Ziegen gehalten. Zu letzteren faßte ich eine besondere Zuneigung. Noch bevor ich in die Schule kam, schenkten mir meine Eltern ein Ziegengespann, für das extra ein kleines Geschirr angefertigt worden war, mitsamt einem Leiterwagen. Als stolzer Kutscher durfte ich damit für meine Mutter kleine Besorgungen machen.

In allen Dingen, die unsere Tiere betrafen, ob Pferde, Hunde oder eben die beiden Ziegen, konnte man von meinen Eltern alles haben. Wenn es um Pferde ging, vergaßen sie ihre sonstige Sparsamkeit. Zu Weihnachten, zum Geburtstag oder zum Namenstag, der bei meinen streng katholischen Eltern eine große Rolle spielte, gab es großzügige Geschenke, die die Pferde und das Reiten betrafen. Meine ersten Reitstiefel bekam ich 1922 zu Weihnachten. Bis dahin ritt ich, wie damals üblich, mit Wickelgamaschen. Die Stiefel waren meine größte Kostbarkeit, ich putzte und wienerte sie, bis ich mich darin spiegeln konnte. Auch alle anderen Ausrüstungsgegenstände fürs Pferd, Bandagen, Trensen, Decken, waren Geschenke, die wie Schätze gehütet wurden. Für unsere Kinder heute ist alles ganz selbstverständlich. Noch ehe sie überhaupt mit dem Reiten anfangen, werden sie vielfach mit kompletter Ausrüstung verwöhnt. Was nicht mehr der neuesten Mode entspricht, wird ausrangiert, und etwas Neues muß her.

Mein Vater haßte jede Art von Verschwendung. So weigerte er sich zum Beispiel, mir zum Schuljahrsbeginn neue Hefte zu kaufen, wenn die alten erst halb vollgeschrieben waren. Es ging soweit, daß ich in der Schule deswegen aufgezogen wurde und der Lehrer vorschlug, eine Sammlung zu veranstalten, damit der "arme Neckermann" einmal ein paar anständige Hefte bekam.

Mit meinem Eintritt in die Schule begannen sowieso harte Zeiten für mich. Es fing damit an, daß ich den Umgang mit meinen geliebten Ziegen drastisch einschränken mußte. Die beiden Geißböcke stanken nämlich barbarisch, und in der Schule gab es bald einen fürchterlichen Stunk im wahrsten Sinne des Wortes, weil man meine Zuneigung zu den Ziegen schon von weitem riechen konnte. Mit der Begründung "Der Junge stinkt nach Stall" verbannte mich der Lehrer in die letzte Reihe. Das wollte meine Mutter dann doch nicht auf ihrem ältesten Sohn sitzen lassen - mir war es vollkommen egal.

Die Dame Lady

Mit den Reitpferden meiner Eltern fangen meine eigentlichen reiterlichen Erinnerungen an. Meine erste Pferdeliebe hieß Lady, die mein Vater ritt, eine wunderschöne, edle Rappstute, im selben Jahr geboren wie ich, 1912, sehr sensibel und unendlich gutmütig. Sie war auf verschlungenen Wegen zu uns gekommen. Mein Vater kaufte sie nach dem Krieg als Beutepferd. Ihre Abstammung blieb im Dunkeln, aber zweifellos stand sie hoch im Blut.

Sonntags nach der Messe ritt mein Vater meist mit Lady aus. Meine Mutter und wir Kinder – meine um zwei Jahre ältere Schwester Maria-Barbara, genannt "Mady", und mein um zwei Jahre jüngerer Bruder Walter –, wanderten zu Fuß zum "Waldhaus", einem romantischen Gasthof außerhalb der Stadt. Dort trafen wir dann wieder mit Lady und unserem Vater zusammen. Meine Geschwister wurden übrigens deutlich später (und weit weniger heftig) vom Pferdebazillus befallen.

Eines der größten reiterlichen Vergnügen jener Zeit waren die Jagden, die mein Vater ganz besonders genoß. Eines Tages bin ich sogar von zu Hause ausgerissen und zum "Kugelfang", dem heutigen Flugplatz, gelaufen. Mein Vater nahm dort mit Lady an einer Herbstjagd teil, und ich wollte unbedingt dabei sein. Damals wurde die Jagd im roten Rock mit dem sogenannten "Fuchsschwanzgreifen" beendet. Als besonderer Abschluß fand häufig das "Auslaufrennen" statt; eine Rennstrecke von etwa 1500 Meter wurde abgesteckt, und dann ging die Wilde Jagd noch einmal richtig los. Denn wer im Auslaufrennen siegte, war der wahre Sieger der Jagd: kühnster Reiter mit bestem (schnellstem) Pferd.

Kein Wunder, daß ich Dreikäsehoch das miterleben wollte, wovon zu Hause tagelang die Rede war.

Mein Ausflug zum Kugelfang endete im Straßengraben. Auf dem Heimweg wurden meine Beine schwer und schwerer. Schließlich legte ich mich todmüde ins Gras und schlief ein. Meine Eltern alarmierten die Polizei, die mich nach Stunden aufstöberte und nach Hause brachte. Meine Eltern müssen sehr in Sorge gewesen sein, denn zu meiner größten Überraschung gab es nicht den allerkleinsten Klaps.

Heute ist das Fuchsschwanzgreifen ja verpönt, vielleicht zu Recht; aber als ich später selbst mitreiten durfte, hatten wir einen Riesenspaß dabei.

Mein Vater war nicht nur ein begabter Reiter, sondern fuhr auch gerne. Mit den erwähnten Oldenburger Rappen ging es oft zu unserem kleinen Landgut nach Thüngersheim hinaus. Später hatten wir ein richtiges elegantes Juckergespann. Mein Vater fuhr bei diesen - meist sonntäglichen - Gelegenheiten selbst. Mein Stammplatz war neben ihm auf dem Bock. Als ich etwas älter war, zehn oder elf, durfte ich zum erstenmal selber fahren. Einmal, als mein Vater von der Sommerwohnung in die Stadtwohnung fahren wollte, übergab er mir die Leinen. Ich bestand darauf, daß er sich nach hinten setzte. Es ging auch soweit alles gut, bis auf einmal mit lautem Poltern aus einer Nebenstraße ein Handwerker mit einem hochrädrigen Karren kam. Die Pferde sprangen zur Seite, ich mußte meine ganzen Fahrkünste aufbieten, um Pferde und Wagen unter Kontrolle zu behalten, und ließ einige fürchterliche Flüche los - Originalton unserer Stalleute. Sie gipfelten in der Titulierung "Du Hurensohn!" Ich weiß nicht, ob der Handwerker beeindruckt war, mein Vater jedenfalls war es. Ohne ein Wort zu verlieren, nahm er mir die Leinen aus der Hand und fuhr selbst nach Hause. Und dann gab es eine Tracht Prügel, gegen die jedes Schinkenklopfen zu Streicheleinheiten verblaßte. Zu allem Unglück hatte sich die fatale Szene nämlich genau vor dem Priesterseminar abgespielt.

Die Ressentiments gegen Leute, die sich Pferde leisten konnten, die ritten und fuhren, waren in den Jahren nach dem Ersten Weltkrieg sehr groß. Vielen Menschen ging es wirtschaftlich schlecht. Reiten war ein Luxus für wenige. Meine Eltern vermieden daher jedes Aufsehen. Wenn wir ausritten, dann auf Nebenwegen, um Ortschaften möglichst zu umgehen. Man wurde nicht nur beschimpft, sondern gelegentlich sogar mit Steinen beworfen.
Schon deswegen war meinem Vater der Vorfall bei einer meiner ersten selbständigen Fahrten so unangenehm.

Reitunterricht bei Adam Hank

In einem Teil des Hofstalls neben unseren Pferdeställen, befand sich der Tattersall Hank mit einer gedeckten Reitbahn. Hier auf der kleinen Tribüne schaute ich oft stundenlang zu, wenn Reitlehrer Adam Hank seine Pferde und die seiner Kunden arbeitete. Aber auch ich blieb nicht unbeobachtet, wenn ich auf dem Sandviereck vor unseren Stallungen allein oder unter Anleitung meines Vaters ritt. Seit meiner Einschulung gab er mir regelmäßig Unterricht. Adam Hank konnte mich von seiner Wohnung über den Stallungen aus beobachten. Eines Tages kam er zur mir und sagte kurz: "Ich geb' dir Reitstunden."
Damals war ich zehn Jahre alt - und diese vier Worte veränderten alles. Ich lernte in Adam Hanks unerbittlicher Schule, daß gutes Reiten mit Selbstdisziplin anfängt. Hank hatte als Wachtmeister in der kaiserlichen Armee gedient. Er gehörte zu jener Generation militärisch geprägter Ausbilder, die das Rückgrat der Reiterei bis nach dem Zweiten Weltkrieg bildeten. Sie, denen in der eigenen Ausbildung nichts geschenkt worden war, faßten auch ihre Schüler nicht mit Samthandschuhen an. Dabei hatten sie ihr Handwerk von Grund auf gelernt, beherrschten die Ausbildung des Pferdes nach klassischen Grundsätzen praktisch und theoretisch und waren meist recht gute Pädagogen. Die Turniererfolge der Wehrmachtsoffiziere zwischen den Kriegen wären ohne die Wachtmeister in den Regimentern, die die Pferde tagtäglich gründlich und solide in den Kasernen arbeiteten, nicht denkbar gewesen. Die besten von ihnen verfügten dabei über ein reiterliches Feingefühl, bei dem sich nicht nur "Schwadröner", sondern auch sensible Pferde wohl fühlten.
So einer war Adam Hank. Sobald er die Bahn betrat, hörte alles auf sein Kommando, im wahrsten Sinne des Wortes. Wer lernen wollte, konnte keinen besseren

Alles hörte auf sein Kommando: Mein erster Reitlehrer Adam Hank und ich, Würzburg 1928.

Lehrer finden. Und ich wollte lernen, egal, was er mir verbal an den Kopf warf. Reitstunden sind keine Handarbeitskränzchen - das habe ich später immer versucht, meinen Kindern und anderen jungen Leuten klarzumachen. Wer wirklich reiten lernen will, muß bereit sein, auch einmal die Zähne zusammenzubeißen. Wer jedes harte Wort als Attacke auf sein Ego versteht, sollte sich einen anderen Sport suchen. Ich weiß, daß solche Auffassungen nicht zeitgemäß sind, wo mitunter pädagogischer und psychologischer Feinsinn mehr gefragt ist als das überzeugende Vorbild im Sattel und genaue Kenntnis der reiterlichen Lehre.

Im Vordergrund stand damals bei der Ausbildung das Wohl des Pferdes. Nicht aus purer Nächstenliebe, denn Pferde stellten in der Armee ein wichtiges Kapital dar. Es war oberste Pflicht, sie lange gesund und leistungsfähig zu halten, und das war am ehesten durch eine sorgsame, gründliche, dabei schonende Ausbildung und gute Behandlung zu erreichen. Das durchgerittene Hinterteil eines Rekruten zählte erst in zweiter Linie. Insofern war die auf den ersten Blick so harte, militärisch geprägte Ausbildung pferdefreundlicher als die "Wegwerfmentalität" mancher heutiger Reiter (ist der eine "platt", gibt's halt einen Neuen).

"Vater Hank", wie ich ihn nannte, behandelte mich nicht als Kind, sondern wie einen Erwachsenen. Vier- bis fünfmal in der Woche nahm ich am Unterricht teil. Sonntags nachmittags bekam ich Einzelstunden. Bis meine Eltern mir mein erstes Pferd schenkten, durfte ich Hanks Schulpferde reiten. Bald stellten mir auch andere Besitzer ihre Pferde zur Verfügung. Niemals habe ich zu einem anderen Lehrer ein so inniges Verhältnis entwickelt wie zu Vater Hank. Seine Worte waren sakrosankt, sein Lob tröstete über jede mäßige Schulnote leicht hinweg.

Wenn ich nicht im Sattel saß, verbrachte ich meine Zeit bei Hanks in der Wohnküche. Hörte zu, wenn er von früher erzählte. Las in seinen unzähligen Pferdebüchern. Ließ mir die Reitlehre bis ins kleinste Detail erklären. So lernte ich schon früh die auf Steinbrechts Standardwerk "Gymnasium des Pferdes" aufgebaute Reitvorschrift HDV (Heeresdienstvorschrift) 12 kennen. Hier stand, klar gegliedert und verständlich abgefaßt, worauf es in der Ausbildung von Reiter und Pferd ankommt. In unserer heutigen Zeit, in der alles Militärische vielen Menschen verdächtig ist, wird das gelegentlich in Abrede gestellt. Vermutlich haben diese Kritiker die Reitvorschrift nur oberflächlich oder überhaupt nicht gelesen. Eine kleine Kostprobe aus der HDV 12: In den Richtlinien für die Teilnahme an Dressurprüfungen, die geradezu modern anmuten, heißt es wörtlich:

"Erst wenn beide, Reiter und Pferd, alle Übungen der Gebrauchsschule voll beherrschen, sind sie zur Teilnahme an Dressurprüfungen berechtigt. Bei dauernd einwandfreiem, ungezwungenem und geschmeidigen Sitz des Reiters soll das Pferd in schöner Selbsthaltung willig und durchlässig am leichten Zügel mit schwungvollen, fleißigen und raumgreifenden Gängen vorwärtsgehen und Tempo und Gangart auf leichte, kaum wahrnehmbare Hilfen seiner Reiter verändern. Reiter und Pferd sollen stets ein schönes harmonisches Bild darbieten." (HDV 12, Ausgabe 1926, S. 266).

Hinzufügen möchte ich, daß die Reitvorschrift Grundlage für die heute gültigen "Richtlinien für Reiten und Fahren" war. Sie ist wesentlich für das heutige Niveau der deutschen Reiterei verantwortlich. (Obwohl ich bei Betrachtung mancher Prüfung den Eindruck habe, einige Reiter sollten sich lieber noch mit der Reitlehre befassen, bevor sie sich in einen Grand Prix wagen.)

Eines wußte ich ganz genau: Eines Tages würde ich Kavallerieoffizier werden, wie die Hohenaus, die Langens und andere große Reiter jener Zeit, von denen Hank so fesselnd berichten konnte. Dafür lohnte es sich, weiter auf der ungeliebten Schule bis zum Abitur zu büffeln ... Wie gut, daß ich damals nicht wußte, daß es dazu nicht kommen sollte ...

Schulzeit oder die Leiden des jungen N.

Ein Musterschüler wurde nie aus mir. Die ganzen Jahre war mir die Schule mehr Last als Lust - ein stetes Hemmnis, noch mehr Stunden im Stall und bei den Pferden zu verbringen. Denn meine Gedanken kreisten um nichts anderes - weswegen meine Noten meist im Durchschnitt dümpelten und selten Höhenflüge erreichten. Wenn ich mit meinen Eltern spazierenging, trabte und galoppierte ich im Geiste neben ihnen her. Später, als ich regelmäßig Reitunterricht hatte, dachte ich bedeutend mehr über die Worte meines Reitlehrers nach als über das, was die Mathematik- oder Lateinprofessoren zu erzählen hatten. Ergebnis siehe oben.
Einmal faßten meine Eltern sogar den Entschluß, mich in ein Internat zu stekken, weil sie schulisch meine Felle immer weiter davonschwimmen sahen. Ich zog dann eine fürchterliche Show ab, kletterte auf das Nebenhaus, zwei Stockwerke hoch bis aufs Dach und drohte, mich unverzüglich in die Tiefe zu stürzen, falls ich wirklich ins Internat müßte, weg von den Pferden, weg von Herrn Hank. Ich glaube sogar, ich hätte ernst gemacht. Aber zum Glück war das dann doch nicht nötig, denn meine armen Eltern waren bereit, mir jeden Wunsch zu erfüllen, wenn ich nur von diesem schrecklichen Dach herunterkäme. Die Feuerwehr holte mich dann wieder auf den Boden der Tatsachen zurück. Immerhin verdankte ich schon als Schüler dem Umgang mit Pferden Erkenntnisse, die mir die Schule bis dahin vorenthalten hatte. Unsere Lady zum Beispiel sollte gedeckt werden, von einem damals in der Würzburger Gegend renommierten Hengst Nicki - seine Abstammung habe ich leider vergessen. Ich brachte Lady zur Deckstelle und blieb die ganze Zeit dabei - mein erster Aufklärungsunterricht. So etwas wie Sexualkunde gab es ja damals in den Schulen noch nicht. Von den Bienen jedenfalls brauchten mir die Lehrer nichts mehr zu erzählen.
Ich wollte unbedingt dabei sein, wenn Lady ihr Fohlen bekam und schlief, als es soweit war, nächtelang im Stall. Und natürlich hat sie mich doch ausgetrickst:
Eines Nachts war ich vor Übermüdung fest eingeschlafen und wurde plötzlich wach. Neben mir lag ein wunderschönes Stutfohlen, das Lady - leider ohne mich - gerade zur Welt gebracht hatte. Wir nannten es Silvia, und es wurde später ein sehr ordentliches Reitpferd.
Bei den Lehrern hatte ich einen schweren Stand, mußte mir auch Bemerkungen anhören wie "Wenn du Stallbursche werden willst, brauchst du gar kein Abitur." Brauchte ich doch, schließlich wollte ich Kavallerieoffizier werden. Davon hatten die Pauker natürlich keine Ahnung.
An meine Schulzeit habe ich, wie gesagt, nur wenige angenehme Erinnerungen. Weil sich mein ganzes Leben um die Pferde drehte, hatte ich in der Klasse kaum Freunde, war mehr oder weniger ein Einzelgänger.
Oft entstanden die Rangeleien zwischen meinen Mitschülern und mir aus deren Unverständnis gegenüber meiner Passion für Pferde. Auf dem Schulweg wurden die Kräfte gemessen, Blessuren gehörten zur Tagesordnung.
Ein Mitschüler hatte es raus, mich immer wieder zu provozieren. Eines Tages riß mir der Geduldsfaden. Ein Häufchen wunderschöner, frischer Pferdeäppel auf der Straße lockte zum Vergeltungsschlag. Ich hielt den Burschen fest im Griff und stopfte die Pferdeäppel - einen nach dem

anderen - in die Kapuze seines Mantels, die ich ihm anschließend über den Kopf stülpte. Die Brühe tropfte ihm über das verdutzte Gesicht. Fortan hatte ich Ruhe vor seinen Hänseleien.

Die Schule war Pflicht, das Reiten die Kür, hier auf einem von Adam Hanks vierbeinigen Lehrmeistern.

Im Lehrerkollegium gab es etliche, die Reiten als "Luxussport" für reiche Leute ablehnten und mich das auch spüren ließen. Es ging soweit, daß ich anfangs meine Turniererfolge, die in der örtlichen Zeitung erwähnt wurden, meinem Bruder Walter zuschob. Das ging fast ein Jahr gut, dann kam's raus.

Auch die Tatsache, daß ich aus einem sehr konservativen, katholischen Elternhaus stammte, erhöhte meine Beliebtheit bei gewissen Lehrern nicht. Nur einer hielt immer zu mir, unser Sportlehrer Professor Kempf, genannt Jonas. Er hielt so manches Mal seine Hand über mich, wenn ich wegen des Reitens zu spät war oder die Hausaufgaben nicht gemacht hatte. "Wer im Sport etwas leistet, der leistet auch später im Leben etwas", war sein Lieblingsspruch und schon damals fand ich, er hatte recht.

Die Quarta mußte ich wiederholen. Das kam so: Bei einer Vielseitigkeitsprüfung, die im November in der Nähe von Nürnberg stattfand, stürzte ich beim Einsprung in die eiskalte Pegnitz, die durchquert werden mußte. Ich ritt trotzdem gleich anschließend mein zweites Pferd und bekam eine fürchterliche Grippe. Im Frühjahr stellte man eine leichte TB fest, so daß ich ein halbes Jahr nicht zur Schule gehen konnte. Die Ärzte verordneten mir leichte Bewegung an frischer Luft, die ich selbstverständlich vom Sattel aus genoß. Am meisten liebte ich es, tagtäglich genüßlich an meiner Schule vorbeizureiten - wenn meine Mitschüler im Unterricht saßen. Das blieb meinen Lehrern nicht verborgen. Als ich wieder gesund war, stellten sie mich vor die Alternative: entweder das Reiten aufgeben oder das Schuljahr wiederholen. Und das war für mich natürlich überhaupt keine Alternative.

Mein erster eigener Sattel war ein Geschenk von Hauptmann Geuther, einem Kavallerie-Offizier aus der Würzburger Mainau-Kaserne; ich verdanke ihn einem tragischen Ereignis, das sich tief in mein Gedächtnis eingeprägt hat. Geuther war ein ausgezeichneter Springreiter, und ich durfte ihn oft bei seinen Ausritten begleiten. Offenbar machte es ihm Freude, mich unter seine Fittiche zu nehmen. Eines Tages stürzte er vor meinen Augen bei einem Trainingssprung über einen Oxer in der Hank'schen Reitbahn und geriet dabei so unglücklich unter das Pferd, daß sein Bekken zersplitterte und er schwerste innere Verletzungen erlitt. Täglich besuchte ich ihn am Krankenbett. Er wußte, daß er nie wieder würde reiten können und schenkte mir seinen wunderschönen hellen Wildledersattel, einen wahren Traum von Sattel. Kurze Zeit darauf verstarb Hauptmann Geuther an den Folgen seiner Verletzungen.

Der Unfall hat mich sehr geschockt, aber keine Sekunde kam mir der Gedanke, daß mir so etwas auch zustoßen könnte. Doch nicht lange danach hatte ich meinen ersten eigenen erwähnenswerten Sturz, bei einem Trainingsritt im Gelände. Ich wollte einen Graben überspringen, stürzte, und das Pferd fiel über mich: Auf einer Seite hatte ich einige Rippen gebrochen und das Schlüsselbein dazu.

Das erste eigene Pferd

Mit 13 Jahren bekam ich endlich mein erstes eigenes Pferd, einen Württemberger Wallach mit viel Araberblut aus dem berühmten Gestüt Weil. Er hieß Aman, war fünf Jahre alt und noch völlig roh, als ich ihn erhielt. Unter Hanks Anleitung bildete ich ihn aus, und er trug mich mit schönen Erfolgen durch die ersten Spring- und Dressurprüfungen. Vielseitigkeit ritt ich damals ebenfalls, aber dafür gab es noch andere, bessere Pferde im Stall Hank als Aman.
Auf die Einzelstunden Sonntags nachmittags mit Adam Hank freute ich mich die ganze Woche. Er hatte zum Teil tolle Pferde im Stall. Ich erinnere mich an das Dressurpferd Alexander der Familie Ott. Alexander war von Adam Hank bis zur Hohen Schule ausgebildet worden, inclusive einiger zirzensischer Einlagen, wie Spanischer Schritt. Hanks Familie war von unseren "Klausurtagungen" am einzigen freien Nachmittag in der Woche weit weniger begeistert als ich. Hinzu kam, daß Hank mir hin und wieder doch ein recht ordentliches Talent bescheinigte. Das und die viele Zeit, die er mir widmete, führte schließlich zu Spannungen mit seinem Sohn Carl. Er war zehn Jahre älter als ich und auch reitambitioniert. Vor allem, als wir beide auf Turniere gingen, kam es zu Eifersüchteleien zwischen uns Jungen. Wenn Vater Hank keine Zeit hatte, setzte er mich gelegentlich als "Hilfsreitlehrer" ein. Ich unterrichtete dann überwiegend Erwachsene und bemühte mich, mein großes Vorbild in allen Einzelheiten nachzuahmen, bis hin zum zackigen Kommandoton. Die Hank'schen Kunden, Würzburgs besser gestellte Geschäftsleute - Bankdirektoren, Ärzte und Apotheker - trugen's mit Fassung. Doch so ganz passend war der Ton wohl nicht immer, den ich anschlug.
Es gab natürlich Pferdepfleger im Stall Hank, aber selbstverständlich wurde erwartet, daß die Schüler sich an der Stallarbeit beteiligten, beim Füttern halfen und die Pferde nach dem Reiten versorgten. Obwohl Adam Hank mehr Dressurreiter war - einen Teil seiner Militärzeit hatte er im Schulstall der Kavallerieschule Hannover verbracht -, gehörte Springen bei ihm ganz selbstverständlich zur Ausbildung, ebenso wie das Reiten im Gelände. Heute "spezialisieren" sich Kinder oft schon ganz früh auf die eine oder andere Disziplin, von den Eltern und Ausbildern auch noch dazu ermuntert. Das geht dann so weit, daß ein Zwölfjähriger über einen M-Parcours braust, aber nicht weiß, wie er sein Pferd an den Zügel stellen soll, oder eine Dreizehnjährige in eine Nervenkrise gerät, wenn sie ein paar Schritte ins Gelände reiten soll, weil ihre reiterliche Laufbahn nur auf dem Viereck zwischen A und C stattgefunden hat. Diese frühe Spezialisierung halte ich für grundfalsch und habe sie nicht nur bei meinen eigenen Kindern bekämpft, wo ich konnte.

Weg vom Schmalspur-Training!

Bei der Ausbildung des Nachwuchses wird meiner Ansicht nach überhaupt sehr viel verkehrt gemacht. Zunächst einmal soll man Kinder nicht zum Reiten zwingen. Sie müssen von allein kommen. Meist wird heute erst voltigiert, was die Gelenkigkeit fördert und die Angst abbaut, sonst jedoch mit Reiten wenig zu tun hat. Dann steigen die Kinder in der Regel auf Ponys um. Auch dabei kann vieles schieflaufen. Das Gejuxe auf dicken hartmäuligen Ponys, womöglich noch ohne Sattel, verdirbt den Sitz und die Hand.

Anders mag es mit den heutigen Reitponys sein, die wirkliche Miniaturpferde sind, auf denen Kinder reiten und fühlen lernen können. Da muß man freilich genau unterscheiden.
Wenn Kinder mit regulärem Reitunterricht beginnen, ist die dressurmäßige Grundlage das Allerwichtigste. Aber ohne eine gleichzeitige Springausbildung besteht kaum eine Chance, ein guter Reiter zu werden. Wer nicht gelernt hat, im Gelände über Sprünge zu reiten, beherzt gegen einen Graben zu galoppieren - auch oder gerade wenn das Pferd zögert -, dem fehlt in der Dressurausbildung im entscheidenden Moment der Biß, das Durchsetzungsvermögen, ohne die es keine Spitzenleistungen gibt.
Es war in meinen Augen zum Beispiel völliger Unsinn, auf den Gehorsamssprung bei Dressurprüfungen zu verzichten. Früher mußten nach einer Dressurprüfung bis zu vier Hindernisse gesprungen werden. Das wurde später auf lediglich einen Gehorsamssprung reduziert. Und heute fällt er ganz weg, sogar in A-Dressuren. Einige maßgebende Dressurreiter in den 50er und 60er Jahren haben durchgesetzt, daß der Gehorsamssprung in den 70er Jahren weitgehend abgeschafft wurde, mit dem Argument, er schade den Pferden, zumindest in den höheren Klassen. Ich halte das für ausgemachten Quatsch. Springen fördert die Elastizität auch des Dressurpferdes. Ich bin später mit meinen Spitzenpferden immer wieder gesprungen. Reiter wie Freiherr von Langen und Prinz Sigismund von Preußen würden sich im Grabe umdrehen, wenn sie hörten, daß man glaubt, Dressurpferden einen Gehorsamssprung nicht zumuten zu können.

Idole meiner Jugend

Diese beiden Reiter vor allem waren die Idole meiner Jugendjahre. Ich habe sie persönlich noch reiten sehen, auf Turnieren wie in Bad Kissingen, wo auch wir vom Stall Hank in kleineren Prüfungen starteten. Freiherr von Langen ritt mit demselben Pferd morgens eine schwere Dressurprüfung und nachmittags den Großen Preis im Springen. Das soll ihm heute erst mal einer nachmachen!
Ich werde übrigens nie den Tag vergessen, an dem Freiherr von Langen mich ansprach. Es war 1925 beim Frankfurter Hallenturnier in der Abreitehalle. Er sah mir zu, wie ich mein Pferd ritt. Und dann sagte er etwas, was mich schnurstracks in den siebten Himmel beförderte: "Du wirst ein ganz großer Reiter werden, und wenn du willst, helfe ich dir dabei. Du darfst nur nie vergessen, daß Reiten in erster Linie harte Arbeit ist, und du darfst nicht größenwahnsinnig werden." Und letzteres war nach diesen Worten gar nicht so einfach!
Unsere Verbindung riß bis zu seinem Tod im Jahre 1934 nicht ab. Meine Eltern pflegten diesen Kontakt für mich, und nach Langens Tod schenkte mir seine Frau seine Reitpeitsche mit einem silbernen Knauf. Ich habe sie durch alle Kriegs- und Nachkriegswirren gerettet und besitze sie noch heute.
Eine häufige Konkurrentin meiner früheren Turnierjahre war Irmgard v. Opel. Sie war eine der ersten wirklich emanzipierten Frauen im Sattel. Wenn sie mit fliegenden Rockschößen und Zylinder über die Kurse fegte, mußten sich die Offiziere warm anziehen, um nicht von "Irmchen" wie wir sie nannten, geputzt zu werden. Sie war vier Jahre älter als ich und gerade erst zwölf Jahre* alt, als sie 1920 ihr erstes Springen im Frankfurter Hippodrom mit

** Quelle: Große deutsche Turnierreiter der Vergangenheit, FN-Verlag, Warendorf 1982.*

dem kleinen Schimmelhengst Sheriff Effendi gewann. Sie hatte ihn ganz allein, ohne fremde Hilfe ausgebildet. Um überhaupt zum Turnier zu kommen, war sie mutterseelenallein 90 Kilometer von ihrem Elternhaus Westerhaus bei Ingelheim geritten. Sie steigerte sich mit Effendi von Turnier zu Turnier. Als wir zusammen ritten, hatte sie bereits ein erfolgreiches Springpferd, das ihr Freiherr von Langen besorgt hatte, Arkan. Später hatte sie ganz große nationale und internationale Erfolge, gewann auf dem Schimmel Nanuk 1934 als erste Frau das Springderby in Hamburg. Das ist seitdem nur einer deutschen Reiterin gelungen, Käthe Schmidt-Metzger 1949. Bis zu ihrem Abschied vom internationalen Sport blieb Irmgard von Opel eine Klasse für sich, mit bestechendem Stil, bravourös und elegant zugleich. Sie siegte nicht nur in Springen, sondern auch in Dressur- und Vielseitigkeitsprüfungen, war die erste Frau überhaupt, die erfolgreich Military ritt. Von ihrer Leistung her hätte sie in das Olympiateam 1936 gehört, doch damals waren Frauen bei Olympischen Reiterspielen nicht zugelassen. Leider ist das Springreiten in Deutschland auch heute noch ziemlich fest in männlicher Hand. Eine Amazone von Irmchens Qualität ist noch immer eine Rarität bei uns. Wir sind unser Leben lang Freunde geblieben, sie verstand sich gut mit meiner Frau. Nach ihrem Abschied vom Sport widmete sie sich bis zu ihrem Tode 1986 ihrer Familie und ihrer Vollblutzucht und blieb dem Reitsport weiter verbunden.

Erste Turniere

Insgesamt ließ sich meine Turnierkarriere ganz gut an. Mir wurden von verschiedenen Leuten Pferde zur Verfügung gestellt, unter anderem von einem Fräulein Cläre Hammer, einer bekannten Tennisspielerin, die mir ihre Stute Carmen zu reiten gab, eine etwas schwierige Ostpreußin. Mit Carmen nahm ich an Springen bis Klasse S teil.
Beim Turnier in der Mainau-Kaserne 1926 fragte mich der spätere Leiter des Springstalles der Kavallerieschule Hannover, Oberst Waldenfels, ob ich mit ihm das Paarspringen reiten wollte. Was für eine Frage! Lady und ich blamierten uns nicht. Die Kombination Waldenfels/Neckermann gewann. Aber nicht alle Offiziere kümmerten sich so aufmerksam und sympathisch um uns junge Nachwuchsreiter. Es gab auch Neid und Mißgunst, und mancher glaubte, daß ihm, wenn schon kein Zacken aus der Krone, doch ein Stern von den Schulterstücken fiele, wenn er von einem Jugendlichen geschlagen würde. Auf dem Stuttgarter Turnier weigerten sich schließlich ein gewisser Major Harting und ein Hauptmann Steinbach, "gegen Kinder zu reiten". Beide waren keine Reichswehroffiziere, sondern von der berittenen Polizei. Daraufhin wurde eine Regelung erlassen, daß Jugendliche unter 18 Jahren nicht mehr in schweren Springen starten durften. Wir, es betraf ja nicht nur mich, waren stinksauer, aber es nützte nichts.

Ein Mädchen namens Annemi

Zu unserer jugendlichen Clique im Stall Hank gehörte inzwischen auch ein Mädchen namens Annemarie Brückner, die Tochter eines angesehenen Würzburger Autohändlers. Ich hatte sie zum Reiten gebracht, und zwar aus naheliegenden Gründen: Sie war zwölf, ich war 15, und ich hatte beschlossen, sie zu heiraten.

Damals wußte sie noch nichts davon, den ersten Heiratsantrag machte ich ihr ein Jahr später, als sie konfirmiert wurde.
Da meine Annemi, hübsch wie sie war, zu meinem ausgesprochenen Mißvergnügen reichlich Verehrer hatte, bot es sich geradezu an, sie für die Pferde zu interessieren. Erstens hatte ich auf diese Weise die ganze Sache besser unter Kontrolle und zweitens ergaben sich so häufige und harmlose Gelegenheiten, Annemi zu treffen. Denn so verschieden unsere Eltern ansonsten waren, in diesem Punkt waren sie sich einig: Für ein Techtelmechtel fanden sie uns viel zu jung. Und damals sah man die Dinge ja etwas enger als heute. Geheiratet habe ich sie dann tatsächlich, sechs Jahre nach meinem Antrag.
Eines Tages also tauchten die Eltern Brückner bei Adam Hank im Stall auf. Es wurde vereinbart, daß Annemi regelmäßig Unterricht erhielt, zufällig recht häufig vom "Hilfsreitlehrer" Neckermann.
Sie lernte rasch. Sie hatte eine fabelhafte Figur, schlank, zierlich, gut proportioniert, die ideale Springreiterfigur. Die Figur, die ein Mensch zum Reiten mitbringt, ist schon sehr wichtig. Zumindest tut man sich viel leichter, wenn die körperlichen Voraussetzungen stimmen. Beim Springen sind die kleineren Menschen im Vorteil, bei der Dressur sind lange Beine, verbunden mit einem kurzen Oberkörper, von ganz entscheidender Bedeutung. Solche Menschen können jedes Pferd reiten, große, kleine, kurze, lange. Reiter mit langem oder schwerem Oberkörper haben leicht Gleichgewichtsprobleme. Gewiß gibt es Ausnahmen, wenn ich zum Beispiel an Walter "Bubi" Günther denke, einen erfolgreichen Reiter und einer der besten Ausbilder der Nachkriegszeit. Er stellte so ziemlich das Gegenteil einer idealen Reiterfigur dar: klein, nicht gerade schlank und kurzbeinig, aber er konnte Pferde an die Hilfen stellen und motivieren wie kaum ein Zweiter.
Insofern war ich von der Natur gut ausgestattet zum Dressurreiten. Ich war für mein Alter immer recht groß, dabei sehr schlank. Mein Religionslehrer gab mir, als ich die Schule verließ, folgende Abschlußbeurteilung: "Ein gut gewachsenes Bäumchen, das beim ersten Sturm umbricht." Mit dem zweiten Teil hat er zum Glück nicht recht behalten. Nach dem Krieg kam ich in die "Sonderernährung", weil ich als Kind so spindeldürr war. Ich wurde deswegen ständig aufgezogen ("Der Neckermann mit seine Steckele-Beene"). Sollten sie nur, die "Steckelen" haben mitgeholfen, sechs Olympiamedaillen zu gewinnen! Noch aber war es nicht so weit, lange nicht.
Nachmittags ritten Annemi und ich oft aus. Ich holte sie dann zu Pferde an der Schule ab. Ihr Pferd führte ich nebenher. Das war für mich sehr einfach. Erstens gab es kaum Straßenverkehr, zweitens hatte ich es trainiert, denn es war allgemein üblich, daß man bei der Siegerehrung, wenn man mit zwei Pferden plaziert war, mit beiden einritt, das zweite Pferd an der Hand. Annemi und ich unternahmen herrliche Ausflüge ins Gelände. Für uns beide erwuchsen daraus natürlich auch Probleme mit den Lehrern und mit Annemis Eltern. Sie war, bevor sie mich kannte, die beste Schülerin gewesen. Das ließ nun schlagartig nach. Und meine Lehrer argwöhnten nach wie vor zu Recht, daß meine mäßigen Schulleistungen den Pferden zuzuschreiben waren.

Das Ende aller Träume

Was jetzt kommt, habe ich schon oft erzählt. Es gehört auch in meine reiterlichen Erinnerungen, weil es mein ganzes Leben und gerade mein Leben mit Pferden von Grund auf veränderte.
Es war am 20. Dezember 1928. Mein Vater holte mich frühmorgens aus dem Bett und

bat mich, ihn zur Kirche zu begleiten. Er besuchte jeden Morgen die Messe. Es war sehr kalt und es schneite. Ich fror und wußte eigentlich gar nicht, was mein Vater von mir wollte. Wie ich mein Leben gestalten wollte, fragte er. Wie schon? Kavallerieoffizier wollte ich werden. Das wußte er doch. Konnten wir nicht über etwas anderes sprechen? Aber mein Vater ließ nicht locker. Wenn ihm irgendetwas zustoßen sollte, müßte ich, sein Ältester, die Firma weiterführen. Und das könnte ich nicht, wenn ich nichts als Pferde im Kopf hätte. Ich sollte ihm versprechen, jetzt und sofort, daß ich mit dem Reiten aufhören würde, falls ihm etwas passiere und erst wieder anfangen, wenn ich es zu etwas gebracht hätte. Ich gab ihm das Versprechen leichten Herzens. Mein Vater war sportlich, gesund und gerade erst 60 Jahre alt. Und all das schien in weiter Ferne.

Es war ganz nah. Als ich mittags zu Hause eintraf, etwas später als gewöhnlich, machte mir unser Hausmädchen Marie schluchzend auf. Vor einer halben Stunde war mein Vater nach Hause gekommen. Er hatte sich aufs Sofa gelegt und zu meiner Mutter gesagt: "Ich muß jetzt sterben." Es waren seine letzten Worte. Herzversagen. Ich war 16 Jahre alt und mußte mein Versprechen einlösen.

Bei den Trauerfeierlichkeiten, an denen ganz Würzburg großen Anteil nahm, mußte ich erstmals als Familienoberhaupt die Trauergäste empfangen. Meine Mutter hatte sich unmittelbar nach der Beisetzung zurückgezogen.

Ein Turnier, nur noch ein einziges, wollte ich mitmachen, bevor ich der Reiterei den Rücken kehren würde. Es war in der Mainau-Kaserne, das erste Turnier, an dem Annemi und ich gemeinsam teilnahmen. Sie gewann das A-Springen, ich das Gehorsamsspringen, und wir beide zusammen das Paarspringen. Meine Mutter ging zu diesem Turnier nicht mehr mit. Wenige Tage danach wurden die Pferde verkauft, bis auf zwei für meine Schwester Mady und meinen Bruder Walter. Auch mein erstes Turnierpferd, Lady, das Reitpferd meines Vaters, verkaufte ich. Hank hatte für sie, die ja nun nicht mehr so jung und so flott war, einen Stall auf dem Lande gefunden, wo sie gut versorgt wurde. Meiner Mutter bereitete meine Entscheidung, für die sie kein Verständnis aufzubringen vermochte, zusätzlichen Kummer. Ich setzte mich darüber hinweg, brach unserer Lady die Treue - und habe es mein Leben lang schmerzlich bereut. Nie wieder habe ich mich danach von einem Pferd getrennt, mit dem ich erfolgreich war und das mir nahestand.

Aus dem Kavallerieoffizier Neckermann, der in schneidiger Uniform auf den großen Turnierplätzen dieser Welt von sich reden macht, wurde nichts. Ich verließ die Schule und begann eine Banklehre, um möglichst schnell fit für die Firma zu werden, die inzwischen von meiner Mutter und unserem Prokuristen Guido Kluge geleitet wurde. Pferde waren bis auf weiteres in meine Träume verbannt - für mehr als 20 Jahre.

2

Zwischen den Zeiten

Das Leben ging weiter, wenn auch auf anderen Wegen, als ich es mir erträumt hatte. Lehrzeit in Würzburg, kaufmännische Wanderjahre in Stettin, England und Belgien, schließlich umsatteln vom Kohlenhandel ins Textilgeschäft, Aufbau meines Unternehmens, zunächst in Würzburg, dann in Berlin; schließlich der Krieg, der Verlust der Berliner Firmen, die Nachkriegszeit, der Aufbau des Unternehmens in Frankfurt.
Selbst wenn ich es gewollt hätte, wäre in diesem Leben kein Platz für Pferde gewesen. Ich kann nicht einmal behaupten, daß diese Jahre trostlos waren. Es waren schwere Zeiten, gewiß, aber auch voller Herausforderungen.
Am Anfang, ja, da hätte ich heulen können, wenn ich, gerade 17 Jahre alt, in meiner Bank über Zahlenkolonnen brütete und wußte, bei Hanks im Stall sitzen sie jetzt gemütlich, meine Reiterfreunde und vor allem Annemi, machen sich einen vergnügten Nachmittag und ich bin nicht dabei. Doch es nützte nichts. "Was du tust, das tue ganz" war der Lieblingsspruch meines Firmpaten Pater Aquilin Reichert, den er mir als Leitsatz auf den Lebensweg gegeben hatte. Der Spruch trifft die Sache schon recht genau: Man kann nicht mehrere Dinge zur gleichen Zeit tun, jedenfalls nicht gut. Wer sich in alle Richtungen verzettelt, bringt am Ende wenig oder gar nichts zustande. Auf diese Weise versuchte ich mich zu trösten. Und da war das Ehrenwort, das ich meinem Vater gegeben hatte. Davon konnte mich keiner befreien.

Kleine Rückfälle

Zweimal in all diesen Jahren wurde ich doch "rückfällig". Zuerst in Großbritannien, wo ich als Volontär ein Jahr in Newcastle, in Wales und anschließend in London arbeitete. Dort wurde ich ein paar Mal zu Reitjagden eingeladen. Nun hat englisches "Hunting" mit den Reitjagden, die ich aus Würzburg kannte, so viel zu tun wie Fußball mit Murmelspielen. Das war wirkliches Jagen mit Hunden auf den lebenden Fuchs, ein gesellschaftliches und sportliches Ereignis. Der Ablauf eines Jagdtages ist völlig unvorhersehbar. An manchen Tagen ist kein Fuchs aufzutreiben, man steht lange herum, trabt ein bißchen in diese Richtung, dann in jene, hat vielleicht ein, zwei Galopps, vielleicht auch gar keinen. An anderen Tagen wird die Meute schnell fündig, dann geht es meilenweit im gestreckten Galopp querbeet durchs Gelände. So sehr ich das unbekümmerte Vorwärtsreiten genoß, so sehr verabscheute ich den Moment, in dem die Hunde den Fuchs stellten und in Stücke rissen, "the kill". Ich bin immer ein bißchen mitgestorben. Spätestens da war mir klar, daß ich zum Jäger nicht taugte.
Ich ritt ein geliehenes Pferd, einen herrlichen großen dunkelbraunen Hunter mit viel Blut. Obwohl er nicht in unserem Sinne dressurmäßig gearbeitet war, ließ er sich ganz leicht führen und wurde souverän und selbständig mit allen Hindernissen fertig, wenn man ihn nur machen ließ. Anders als bei unseren Reitjagden geht es in England nicht über konstruierte Hindernisse, sondern über alles, was im Wege steht: Hecken mit Gräben davor oder dahinter, Mauern, Wälle. Mein Hunter hat mich nicht einmal im Stich gelassen.
In Erinnerung an diese herrlichen englischen Jagdpferde haben wir viele Jahre später Al Trampas gekauft, das letzte Reitpferd meiner Frau. Er war nicht eine, sondern zwei Lebensversicherungen.
Das einzige, womit ich mich gar nicht anfreunden konnte, waren die englischen Sättel mit den flachen geraden Pauschen. Es ist mir ein Rätsel, was die Briten daran bequem finden. Sie haben allerdings ein Gutes: Sie zwingen den Reiter, die Knie zuzumachen. Sonst liegt er beim ersten großen Satz unten.

„Adjutant" bei Röhm

Das andere reiterliche Erlebnis dieser Zeit war ein Ausflug in die Reiter-SA, eine Unterorganisation der NSdAP. Nach längerem Auslandsaufenthalt im Spätherbst 1933 nach Deutschland zurückgekehrt, schaute ich gelegentlich im Stall Hank vorbei, um alte Freunde zu treffen. Deutschland war braun geworden, und die Politik hatte auch im Stall Hank Einzug gehalten. Viele meiner Reiterkameraden waren der berittenen Abteilung der SA beigetreten. Eines Tages wurde hoher Besuch erwartet. Ernst Röhm, Stabschef der SA, wollte in der Umgebung von Würzburg eine Übung abhalten. Sein Adjutant konnte nicht reiten. Ob ich nicht Lust hätte? Warum nicht? Ich dachte mir nicht viel dabei. Es war ein grandioser Tag, mit allem Brimborium, das militärische und ähnliche Großereignisse so an sich haben. Wir Würzburger Reiter waren mächtig stolz, vor allem der „Adjutant" Neckermann, meist direkt neben Röhm. Nicht lange danach, im Juni 1934, wurde Röhm unter dem Vorwand angeblicher Putschpläne verhaftet und erschossen. Zahlreiche Menschen fielen der Verhaftungs- und Hinrichtungswelle, die nun folgte, zum Opfer, darunter auch ein Ehepaar aus dem Würzburger Bekanntenkreis meiner Eltern. Spätestens jetzt konnte man sich keinen Illusionen über die Natur des braunen Regimes mehr hingeben.

Frieden und Krieg

Am 16. August 1934 heirateten Annemi und ich in der Würzburger Neubaukirche. Ein Jahr später kam im Oktober unser Sohn Peter zur Welt, am selben Tag, an dem ich den Kaufvertrag für die Kaufhäuser Ruschkewitz und Merkur in Würzburg unterschrieb. Das war zugleich mein Abschied vom Kohlenhandel. Leichten Herzens übrigens, denn ich gab dem Kohlengeschäft keine Zukunft mehr. Mein Bruder Walter führte später die elterliche Firma weiter. 1937 wurde "Evi" (Eva-Maria) geboren, 1942 unser jüngster Sohn Johannes. Aber da war schon Krieg - und alle mußten hin bis auf ein paar Ausnahmen. Zu denen zählte ich. Ich war u.k., unabkömmlich, gestellt. Meine Unternehmen waren für die Versorgung der Bevölkerung mit Textilien wichtig.
Gottseidank! Im Juli 1938 hatte ich von Karl Joel die Wäschemanufaktur und sein Berliner Versandhaus erworben, die ich als Wäsche- und Kleiderfabrik Josef Neckermann Versandhaus neben meinen Würzburger Geschäften weiterführte. Im gleichen Jahr zogen wir nach Berlin.
Vom Reichswirtschaftsministerium wurde ich 1941 mit der Gründung und Leitung der "Zentrallagergemeinschaft für Bekleidung" (ZLG) beauftragt, über die Kleidung für zivile Wehrmachtsangehörige und später für Fliegergeschädigte verteilt wurde. Hinzu kam die Versorgung der Fremdarbeiter mit den notwendigsten Textilien. Der Luftkrieg über Berlin sparte uns nicht aus. Am 16. Dezember 1943 beschädigten Sprengbomben die Wäsche- und Kleiderfabrik Josef Neckermann Versandhaus, beim gleichen Angriff wurde unsere Wohnung in der Tannenbergallee ausgebombt. Wir überlebten im Luftschutzkeller, den ich auf Drängen meines Schwiegervaters ausgebaut hatte. Eine Bombe sprengte die eiserne Kellertür weg, doch der Keller hielt. Annemi zog mit den Kindern und den Überbleibseln unserer Wohnungseinrichtung bis nach Kriegsende zu ihren Eltern nach Rottach-Egern am Tegernsee. Ich blieb in Berlin, wo mich meine Tätigkeit weiter festhielt. Erst im April 1945 folgte ich meiner Familie. Wenige Tage später war der Krieg vorbei - für die meisten.

Nach dem Inferno

Nicht für mich. Es folgten jahrelange Prozesse durch die Amerikaner, in denen mir vorgeworfen wurde, gegen das Militärgesetz Nr. 52 (geschäftliche Betätigung für meine unter Vermögenskontrolle stehenden Unternehmen) verstoßen zu haben. Später kam die Anschuldigung hinzu, mir auf unrechtmäßige Weise jüdischen Besitz angeeignet zu haben.
Ich wurde 1945 eingesperrt, freigelassen, wieder eingesperrt, stand vor dem Militärgericht, saß bis 1946 im Zuchthaus Ebrach bei Bamberg ein. Irgendwann wog ich noch 43 kg. Ich war mehr als down.
Die Prozesse - auch in Sachen der Wiedergutmachungsansprüche der früheren Inhaber des Kaufhauses Ruschkewitz und vor allem des Joel'schen Versandgeschäftes - zogen sich bis März 1959, noch 14 lange, zermürbende Jahre hin. Am Ende stand der Freispruch. Ich war rehabilitiert. In den Restitutionsverfahren kam es zu befriedigenden Lösungen.
1948 gingen wir von München - dorthin hatte es unsere Familie inzwischen verschlagen - mit Sack und Pack nach Oberursel bei Frankfurt. Meine Schwester Mady und ihr Mann Dr. Hans Lang waren mit ihrem Sohn bei einem Verkehrsunfall tödlich verunglückt. Weil sich meine Mutter nicht allein um die drei verwaisten Töchter Maria-Barbara ("Uschi"), July und Eva Kristine ("Tini") kümmern konnte, zogen wir alle zusammen in die ehemalige Arbeitsdienstbaracke in Oberursel, in der die Langs und meine Mutter nach dem Krieg Unterschlupf gefunden hatten. Unsere eigene Familie hatte sich inzwischen um Sigrid Apitz, die Tochter einer Verwandten meiner Frau, vergrößert, und so quoll unser Behelfsheim vor jungem Gemüse förmlich über.
Frankfurt weckte meine Lebensgeister. Die Aufbruchstimmung, in der sich die Deutschen nach dem Ende des Hitlerschen Infernos befanden, ergriff auch uns. Ich gründete einen Textilgroßhandel - aus dem die Neckermann Versand KG hervorging - und tätigte mit 15000 Handtüchern mein erstes Nachkriegsgeschäft.
Ich muß noch immer schrecklich dünn gewesen sein und zum Gotterbarmen ausgesehen haben. Damals stellte ich auch Gerda Singer, meine unermüdliche und unverzichtbare "rechte Hand", ein. Später einmal hat sie - eine gar nicht ängstliche Person - mir gestanden, daß sie doch arge Bedenken gehabt habe, bei einem so kranken Mann anzufangen, der sicherlich keine Zukunft habe. Heute ist sie genau 43 Jahre bei mir. Sie leitet mein Sekretariat klug, energisch und mit Umsicht und ist der gute Geist für unsere Familie.

Neue Kleider für alle

Neunzehnhundertfünfzig erschien der erste Katalog der Neckermann Textil-Versand KG. Er umfaßte zwölf Seiten mit 133 Angeboten - ausschließlich Kleidung und Textilien.
1951 bezogen wir die Wohnung am Frankfurter Ostbahnhof über der neuerrichteten Firmenzentrale. Das Unternehmen expandierte in einer Zeit, in der so ziemlich jeder alles neu brauchte. Als die Versand- und Verwaltungsräume am Ostbahnhof eröffnet wurden, waren sie bereits zu klein. Deutschlands Wirtschaft boomte - das Versandhaus Neckermann mit ihr. Ich hatte das Versprechen meines Vaters erfüllt: ich hatte es "zu was" gebracht, das konnte ich von mir wohl behaupten. Gelegenheit zum Atemholen. Aber da hatte Annemi schon längst zu mir gesagt: "Laß uns doch wieder reiten."

3

Neuanfang im Sattel

Wir träumten nicht von Medaillen, als wir uns in der Frankfurter Reitschule Balzat anmeldeten. Wir träumten davon, wieder gemeinsam etwas zu unternehmen, was uns beiden Freude machte, nach den Jahren, in denen Krieg und Wiederaufbau alle Gefühle und Gedanken, alle Kraft in Anspruch genommen hatte, in denen das Überleben und danach das Unternehmen den ganzen Menschen forderte und gelegentlich aufzufressen drohte. Als ich die Reiterei an den Nagel gehängt hatte, war ich 16. Jetzt ging ich mit großen Schritten auf die Vierzig zu. Ich war ein vielbeschäftigter Unternehmer, der auf dem Pferderücken Entspannung und Ablenkung suchte, nicht eine zweite Karriere. Und hatten Annemi und ich uns nicht über die Pferde gefunden? Wir träumten vom Spazierenreiten, nur zu unserem Vergnügen, ohne Ambitionen. Ich hätte mich besser kennen müssen.
Die Reitschule von Hermann Balzat beim Oberforsthaus im Frankfurter Vorort Niederrad hatte zu Recht einen guten Ruf. Balzat war ehemaliger Kavallerist und galt als grundsolider Ausbilder. In seinem Stall ritten vor allem Frankfurter Geschäftsleute und ihre Frauen. Wir mieteten uns zunächst Schulpferde, mit denen wir im Stadtwald spazierenritten. Vom ersten Moment an fühlte ich mich im Sattel wieder zu Hause. Wäre da nicht dieser verflixte Muskelkater gewesen, der mir erbarmungslos klar machte, daß ich nicht erst gestern, sondern vor fast 25 Jahren abgesessen war. Dieser Muskelkater blieb mir mein Leben lang erhalten, sobald ich ein paar Tage nicht in den Sattel stieg. Annemi ging es besser: Nicht die Spur davon, obwohl sie fast genausolange mit dem Reiten ausgesetzt hatte wie ich. Irgendwie fand ich das ungerecht.
Auch wenn man sich nach einer längeren Pause gefühlsmäßig erst wieder eingewöhnen muß, Reiten verlernt man nicht. Diese Weisheit wurde nicht nur bei Annemi und mir bestätigt - wir knüpften dort an, wo wir vor vielen Jahren aufgehört hatten - sondern ich erlebte dasselbe kürzlich bei meinem Enkel Christian, Peters ältestem Sohn, der als Kind mit viel Talent ritt, dann aber aus verschiedenen Gründen mit dem Reiten aufgehört hatte. Vor einigen Monaten, inzwischen ist er 27 Jahre alt, setzte er sich in Jeans auf meinen alten Duero und ritt die fliegenden Wechsel so leicht und sicher wie damals als Achtjähriger auf dem pensionierten Mariano.
Zurück zu Hermann Balzats Pferden. Schon nach ein paar Wochen war klar: Spazierenreiten genügte mir auf die Dauer nicht. Ich wollte wieder auf Turniere gehen, ich wollte mich anstrengen, ausprobieren, wie weit ich es bringen würde im Sattel.

Es begann mit Morgenrot

Und natürlich wollte ich wieder ein eigenes Pferd haben. Ich fing an, mich umzuschauen. Unser Tierarzt Dr. Günther Klöppel gab mir schließlich im April 1952 den entscheidenden Tip. Er betreute die Pferde auf der Frankfurter Rennbahn und hatte da einen bildschönen siebenjährigen Halbblut-Wallach gesehen. Zu langsam für die Bahn und deswegen zu verkaufen.
Annemi und ich fuhren zur Rennbahn, um Morgenrot anzuschauen. Klöppel hatte nicht übertrieben. Aus der Box wurde ein dunkelbrauner Halbblüter geführt mit einem Kopf zum Malen und großem ruhigen Auge. Mittelgroß, etwa 1,66 Stockmaß. Das war nicht viel für einen Mann von 1,83 Meter wie ich, aber dank meiner günstigen Proportionen mit relativ kurzem Oberkörper passe ich auf beinahe jedes Pferd. Morgenrot war keine Ausnahme.

Neuer Anfang mit Morgenrot: Der knapp mittelgroße Halbblüter ging L-Springen und lernte auch Dressurlektionen bis Klasse S.

Das Reiten bekam nun eine neue Dimension. Es war jetzt nicht mehr nur Zeitvertreib, sondern eine Aufgabe. Kein Schulpferd, das brav seinen Dienst ableistete, sondern ein junges Pferd, das Ausbildung, Betreuung und Bewegung brauchte. Ein anderer Tagesablauf spielte sich ein. Ich arbeitete mit Morgenrot in der Frühe, ehe ich ins Büro mußte, nachmittags ging er mit Annemi noch einmal ins Gelände. Das Pferd profitierte davon: Auf diese Weise bekam Morgenrot ausgiebig Bewegung. Auf der Strecke blieben unsere gemeinsamen romantischen Ausritte, die wir uns so hübsch ausgemalt hatten. Es gab da nämlich ein Problem: Unterwegs fing ich immer an, meine Frau dressurmäßig zu korrigieren. Das ging Annemi nach einer Weile so auf die Nerven, daß wir in aller Freundschaft beschlossen, reiterlich getrennte Wege zu gehen.

Morgenrot war nicht nur schön, noch viel wichtiger, er war kerngesund auf den Beinen und hatte ausgezeichnete Grundgangarten.

Die Arbeit im Rennstall ist so grundverschieden von unserer reiterlichen Ausbildung, daß ich mit Morgenrot trotz seiner sieben Jahre wie mit einer jungen Remonte ganz von vorne anfangen mußte. Die Umstellung vom Rennpferd zum Reitpferd, mit der ja auch eine Veränderung der Muskulatur und der gesamten äußeren Erscheinung verbunden ist, dauerte etwa ein Jahr. Morgenrot wurde ein sicheres, zuverlässiges Reitpferd, sprang sauber einen L-Parcours. Dressurmäßig lernte er sogar Lektionen der Klasse M und S. Die hohe Versammlung lag ihm nicht besonders, so daß er mit Piaffe und Passage wohl Probleme bekommen hätte, aber diese Lektionen waren damals nicht aktuell, weder für ihn noch für mich.

Noch einmal kehrte Morgenrot auf die Rennbahn zurück - mit mir im Sattel. Am Frankfurter "Wäldsches Tag", einem großen Volksfest am Dienstag nach Pfingsten, beteiligten wir uns an einem Flachrennen für Amateure. Ich hatte nichts dem Zufall überlassen und mich gründlich vorbereitet. Die Rennbahn war nicht weit von unserem Stall. Morgens ritt ich zum Training herüber, wobei mir Morgenrots alter Trainer gute Tips gab. Dieser Abstecher in eine völlig andere Reiterei - mit ganz kurzen Bügeln, meine beträchtliche Länge taschenmesserartig zusammengeklappt - hat mir ungeheuren Spaß gemacht. Ich kann so etwas zur Abrundung der reiterlichen Erfahrung nur jedem empfehlen. Morgenrot gewann das Rennen. Bei dieser Gelegenheit fiel mir ein Fuchs mit einer großen Blesse auf. Er hieß Sonnenglanz und konnte nicht nur gewaltig galoppieren, sondern auch Häuser springen. Er wurde später mein erfolgreichstes Springpferd.

Familie Neckermann sitzt auf

Der Pferdebazillus breitete sich unaufhaltsam aus in der Familie Neckermann. Von unseren Kindern wurde als erste und am hartnäckigsten Evi davon befallen. Sie war etwa 14, als sie zunächst bei Hermann Balzat Unterricht bekam. Ihr erstes nachhaltiges Erlebnis auf dem Pferderücken hatte sie 1947 in München, am Tag ihrer Erstkommunion, gehabt. Ich hatte eine Kutsche mit zwei Pferden organisiert, die uns von der Kirche zum Gasthof "Zum Weißen Rössl" bringen sollte, wo das Festessen vorbereitet war. Wie eine Königin thronte Evi in ihrem weißen Kleidchen neben mir in der Kutsche. Wir stiegen vor dem Gasthof aus, und ich hob sie auf eines der beiden Pferde, das völlig überrascht sofort anfing zu buckeln. Aber anstatt in Tränen auszubrechen oder loszubrüllen, hielt Evi sich tapfer in der Mähne fest, lachte und fand alles wunderbar. Nun, etliche Jahre später, sollte sie also richtige Reitstunden erhalten. Dazu mußte sie mit dem Fahrrad quer duch die Stadt fahren. Mal sehen, wie lange sie das durchhält, dachten meine Frau und ich. Später schenkte ich Evi ein Mofa, das ich auf einem Turnier gewonnen hatte.

Minka, die Dame aus dem Norden

Hermann Balzat hatte einen Narren an Evi gefressen und kümmerte sich rührend um sie. In Verbindung mit ihrem angeborenen Talent ritt sie schon nach kurzer Zeit recht nett. In den Sommerferien 1952 durfte sie zu einem Lehrgang in

Evi hatte von allen meinen Kindern die größte Pferdepassion, hier auf der Holsteiner Stute Minka.

die Nordmarkreitschule in Flensburg-Mürvik, die damals von Hans-Jürgen Huck geleitet wurde, dem Vater des Bronzemedaillengewinners von Seoul, Karsten Huck. Hans-Jürgen Huck, ehemaliger Artillerist, gehörte zu den besten Ausbildern seiner Zeit und war auch im Springsattel sehr erfolgreich. Evi brachte es fertig, ihren älteren Bruder Peter zu überreden, mitzukommen. Peter war 16 und spielte damals begeistert Tennis. Pferde interessierten ihn weniger. Trotzdem fuhr er Evi

zuliebe mit nach Mürvik. Als blutiger Anfänger machte er harte Wochen durch. Eines Tages sollte er mit ins Gelände reiten. Dummerweise konnte er noch nicht leichttraben und schuckelte mehr recht als schlecht hinter den anderen her. Unterwegs trennte er sich zweimal von seinem Fuchs. Alle trösteten ihn: "Das kommt schon noch." Tatsächlich hatte Peter am Ende der Ferien Spaß am Reiten bekommen.
Ich holte die Kinder an einem Wochenende in Mürvik ab. Wir fuhren am Sonnabend zu einem Turnier und erlebten mit, wie Hans-Jürgen Huck das M-Springen gewann. Als Ehrenpreis erhielt er eine prachtvolle Silberschüssel, die abends wiederholt zur Siegesfeier mit Sekt gefüllt wurde. Hans-Jürgen Huck und ich verstanden uns immer besser, je weiter der Abend fortschritt und je öfter die Schüssel nachgefüllt wurde. Ich erzählte ihm, daß wir ein zweites Pferd für meine Frau suchten. Hans-Jürgen Huck wußte eins. Wir beschlossen umgehend, es zu besichtigen. Daß es schon vier Uhr morgens war, störte uns nicht im geringsten. Der Bauer Nikolaus Jensen, dem das Pferd gehörte, guckte allerdings etwas verduzt, als wir bei ihm aufkreuzten. Er war gerade zum Melken aufgestanden und ließ sich nichts anmerken. So kam Minka in unseren Besitz, eine kräftige, derbe, 1,70 Meter Stockmaß große Holsteiner Schimmelstute, die gewaltig springen konnte. Minka hatte Erfolge in L- und M-Springen aufzuweisen. Dressurmäßig war sie allerdings schwierig, mit erheblichen Problemen in der Durchlässigkeit, im Parcours dagegen sicher und zuverlässig. Ihr ruhiges Blut geriet nur bei einer Gelegenheit in Wallung: bei Jagden. Dann war sie nicht zu halten. Meiner Frau ist sie einmal regelrecht durchgegangen. Annemi hat sich von da ab vernünftigerweise nicht mehr draufgesetzt. Ich ritt Minka noch bei ein paar Jagden, aber jedesmal danach war ich völlig fertig.

„Prächtiger" Auftakt

Nun erwachten allmählich unsere Turnierambitionen. Kurz nach dem Kauf von Minka, im August 1952, war in Hanau der erste Auftritt der Familie Neckermann angesagt. Vor Aufregung kamen wir viel zu früh. Die bestellten Boxen für Minka und Morgenrot waren nicht fertig. Ein bißchen ratlos standen wir herum. Da trat ein freundlicher junger Mann auf mich zu. "Kann ich Ihnen helfen?" fragte er höflich. Er konnte. Nach kurzer Zeit hatte er die Boxen klargemacht, Einstreu besorgt und uns gezeigt, wo es zur Meldestelle ging. Er hatte sich vorgestellt: Hans Pracht. Acht Jahre später wurde er mein Schwiegersohn. "Hänschen" Pracht, wie ihn alle nannten, Spediteur aus Dillenburg, ritt erfolgreich in Spring- und Vielseitigkeitsprüfungen. Er war ein geborener Pferdemann mit einem untrüglichen Auge für Qualität, das uns später oft zugute kommen sollte.
Das Turnier in Hanau ließ sich auch sonst vielversprechend an. Mit Morgenrot wurde ich in einem L-Springen plaziert. Das war doch immerhin ein Anfang!
Unsere kleine Kavalkade wuchs und wuchs. Dritter im Bunde unserer Pferde wurde - vermittelt durch den Springreiter Gustav Pfordte - Morgenglanz, ein großer schwerer Westfale, der dem erfolgreichen Springreiter Prinz Salm gehörte. Ich probierte ihn in Essen aus und baute mir munter ein paar dicke Sprünge auf. Prinz Salm wunderte sich, was sich dieser Neckermann hinstellte, aber Morgenglanz zuckte nicht mit der Wimper, als ich ihn gegen die Sprünge steuerte. Er war trotz seines Kalibers feinfühlig und leicht zu reiten.
Mittlerweile wurde es uns im Stall Balzat zu eng. Wir wollten etwas eigenes, wo wir ungestört zu jeder Zeit trainieren konnten. Der Zufall kam uns zu Hilfe.

Annemi mit Morgenglanz.

Umzug nach Niederrad

Anfang 1953 ergab sich die Gelegenheit, Ställe und Gelände des ehemaligen Weinberg'schen Gestüts Waldfried in Frankfurt-Niederrad zu pachten. Waldfried gehörte bis zum Zweiten Weltkrieg und auch noch nach dem Krieg zu Deutschlands renommiertesten Vollblutgestüten. Thassilo Graf Montgelas, den ich recht gut kannte, war für seine Mutter, Prinzessin Lobkowitz, mein Verhandlungspartner. Die Weiden waren zum größten Teil als Bauland verkauft, die Ställe hatten den Bombenhagel des Weltkriegs gut überstanden, während die Reithalle völlig zerstört worden war.
Gemeinsam mit meinem Reiterfreund Dr. Hans Schleussner wollten wir das Gelände pachten, eine Reithalle bauen und Außenplätze anlegen. Dabei hofften wir auf die finanzielle Unterstützung von Schleussners Mutter. Sie stammte aus einer alten Frankfurter Familie, Inhaber der Adox-Fotowerke Dr. C. Schleussner GmbH. Sie hörte sich unser Anliegen an, musterte mich von Kopf bis Fuß und sagte: "Ich würde Ihnen raten, erst einmal etwas zu werden, dann können Sie eine Reitbahn bauen." Das saß. Ihrer Stimme war anzuhören, daß sie eine Reitbahn für uns so wichtig fand wie eine Gartenlaube für Eskimos. Nun gut, also ohne Mutter Schleussner.
Ich pachtete das Weinberg'sche Gelände allein. In kurzer Zeit renovierten wir die Boxen, bauten eine schöne, zwanzig mal vierzig Meter große Halle, legten ein Dressurviereck und einen Springplatz an und sogar einen Couloir zum Freispringen.
Solche Couloirs, auch Springgärten genannt, gab es in vielen Kavalleriekasernen. Auf einer ovalen, auf beiden Seiten eingezäunten Sandbahn wurden feste Sprünge errichtet, die die Pferde frei, also ohne Reiter, meist auch ohne Sattel und Trense, überwinden sollten. Der Ausbilder stand mit der langen Longierpeitsche in der Mitte, die er jedoch nur selten gebrauchen mußte, weil die Pferde meist schnell lernten, flüssig über die Hindernisse zu galoppieren und ausgesprochenen Spaß daran fanden. Couloirs sind etwas aus der Mode gekommen, einmal aus Platzgründen, zum anderen, weil viele Springreiter die Pferde lieber in der Halle freispringen lassen, wo man sie besser unter Kontrolle hat und Hindernisse und Distanzen leichter variieren kann. Zu meiner Zeit nutzte man die Vorteile des Couloirs für die Ausbildung, wann immer man konnte, und ich halte noch heute viel davon. Junge Pferde lernen, ihren Rhythmus zu finden, schulen ihr Auge für den Absprung und können sich ohne Reitergewicht ausbalancieren. Sie bleiben im Fluß, während sie beim Freispringen in der Halle in der Regel nach zwei Sprüngen zunächst einmal stoppen, bevor sie neu "angeschoben" werden.
Da wir nicht sofort alle Boxen benötigten, vermieteten wir einige davon. Dr. Schleussner, mit dem ich mich nach wie vor gut verstand, hatte eine Weile seine Pferde bei uns stehen. Eine Adox-Film-Werbung zierte viele Jahre die Bande. Andere Boxenmieter waren Liselott und

Fritz Linsenhoff, die mit ihren Pferden eine Zeitlang bei uns in Niederrad blieben.

Wenn der Vater mit den Kindern

Unsere drei Kinder hatten sich inzwischen zu passionierten Reitern gemausert. Peter zeigte von Anfang an mehr Neigung zum Springen als zur Dressur, ebenso Johannes, der gerade zehn Jahre alt war und mit dem Reiten anfing. Evi ritt beides bis Klasse S, startete oft im Springen - zunächst bei den Jugendlichen, dann in Amazonenspringen - und in der Dressur beim gleichen Turnier. Erst viel später spezialisierte sie sich auf das Dressurreiten.

Die Beispiele in unserer eigenen Familie überzeugten mich, daß Talent und Lust zum Reiten wohl doch eine Sache der Gene ist. Keines unserer vier Pflegekinder zeigte nachhaltiges Interesse für Pferde, obwohl das gleiche Angebot für alle unsere Junioren bestand. Eine Ausnahme machte lediglich July, die mittlere der drei Lang-Töchter. Sie begann das Reiten zusammen mit Evi und startete eine Zeitlang auf kleineren Turniern in L-Dressuren. In einer Prüfung ritt sie jedesmal bei C, also genau vor den Richtern, außen um den Begrenzungskegel herum. Ich habe mich zu Tode geniert und bin schließlich weggegangen, weil ich das nicht mit ansehen konnte. Ich nahm mir vor, ihr gehörig den Marsch zu blasen. Leider verpuffte die Wirkung der Strafpredigt völlig, weil die Richter sie obendrein noch plaziert hatten. Entweder lächelte July so nett oder die Richter hatten den falschen Weg - der ja streng genommen ein Verlassen des Vierecks und damit ein Disqualifizierungsgrund war -, nicht bemerkt.

Sigrid Apitz fand erst, als sie längst verheiratet war, zusammen mit ihrem Mann Heinz Büttcher zum Freizeit-Reiten.

Zunächt bekamen die Kinder noch bei Herman Balzat Unterricht, später holten wir uns von ihm Schulpferde nach Niederrad.

Den Start fest im Visier: Johannes auf Minka in väterlicher Begleitung auf dem Weg zum Parcours.

1953 steuerte Evi mit großen Schritten ihren ersten Turnierstart an. Ihr erstes Jugendspringen gewann sie mit meiner Minka. Balzat gab ihr für Dressurprüfungen einen hübschen kleinen Schimmel namens Poldi zu reiten, auf den Evi, die die zierliche Figur ihrer Mutter geerbt hat, sehr gut paßte. Im gleichen Jahr konnte sie sich für die Jugendreiterprüfung beim Pfingstturnier in Wiesbaden qualifizieren.

Der Biebricher Schloßpark ist für mich und meine ganze Familie einer der schönsten Turnierplätze in Deutschland. In den 50er Jahren ging es nicht nur um den sogenannten Großen Sport, sondern die Basis hatte dort ebenso ihren Auftritt. Evis Problem: Sie mußte eigentlich zur Schule an diesem Tag und die Klassenlehrerin, die nicht viel für diesen "Luxussport" übrig hatte, gab ihr nicht frei. Was tun? Meine Frau schlug Evi vor, sich an den Schulrat zu wenden. Das tat sie auch, mit beträchtlichem Herzklopfen, denn sie war damals ziemlich schüchtern. Annemi half ihr, die Bitte um Freistellung zu formulieren und siehe da: Der Schulrat signalisierte grünes Licht mit der Auflage, daß sie ihm berichten mußte, wie die Unternehmung ausgegangen war. Das fiel ihr sehr leicht: Poldi und sie gewannen nämlich die begehrte Jugendreiterprüfung in Wiesbaden.

Evi ist von meinen drei Kindern am meisten "Pferdemensch". Schon als Kind verbrachte sie jede freie Minute im Stall, half beim Füttern und Putzen, anders als ihre Brüder, die sich um die Arbeit nicht gerade rissen. Manchmal wurde es meiner Frau ein bißchen viel, wenn sie sich nachmittagelang in den Stall abmeldete. Die Pferde sind ihr Lebensinhalt geblieben.

Wann immer es möglich war, nahm ich die Ausbildung meiner Kinder selbst in die Hand. Das ging meist nur am Wochenende, weil ich während der Woche von meinem Unternehmen in Anspruch genommen wurde und nur mit Mühe und Not meine eigenen Pferde frühmorgens arbeiten konnte. Ich habe den Verdacht, daß der Rest der Familie ganz dankbar war, daß das Versandgeschäft die Zeit einschränkte, die ich den reiterlichen Fortschritten meiner Nachzucht widmen konnte. Ich war wohl ein ziemlich ungeduldiger Reitlehrer, zumal ich es aus meiner eigenen Jugend nicht anders kannte. Hank hatte mir nichts geschenkt.

Bei uns in Niederrad herrschte ein rauher Ton - Widerspruch war undenkbar. Schaden hat keiner genommen dabei, auch wenn meine Frau gelegentlich sagte: "Necko, nun lob die Kinder doch mal."

Als July sich einmal die Nase putzte, während ich ihr eine Korrektur zurief, herrschte ich sie an: "Was fällt dir ein, die Nase zu putzen, wenn ich mit dir rede? Das kannst du gefälligst nachher tun." Das ging ein bißchen zu weit, fanden die anderen. Evi hat mir erst jetzt gestanden, daß sie vor den sonntäglichen Reitstunden oft die ganze Nacht nicht schlafen konnte.

Johannes sah die Dinge nicht so eng. "Entspannungsübungen" im Sattel von Abendrot. Zur Nachahmung nicht empfohlen!

Mit der Zeit wurden sie alle ganz schön hart im Nehmen. Das erwarte ich heute noch von den jungen Leuten, denen ich gelegentlich Unterricht gebe. Der pädagogische Wert des Reitens liegt ja unter anderem darin, daß es den Reiter zu Selbstdisziplin erzieht, zu Bescheidenheit (der nächste Bocksprung kommt bestimmt) und daß er lernt, mit Niederlagen umzugehen. Wer im Sport etwas leistet, der wird es auch im Leben zu etwas bringen. Der Spruch vom alten Jonas, meinem Würzburger Turnlehrer, kam mir im Laufe der Jahre mehr als einmal in den Sinn. Man kann es natürlich übertreiben. Als die Jungen regelmäßig Turniere ritten, verstauchte sich Peter in einem Springen die Hand - dachte ich - und wollte zum Stechen nicht mehr antreten. Das kam natürlich überhaupt nicht in Frage. Ich bandagierte den Arm und schickte ihn wieder in den Parcours. Nachher beim Röntgen stellte sich heraus, daß die Hand gebrochen war. Diesmal war ich es, dem die Le-

viten gelesen wurden - von meiner Frau. Am meisten brachte es mich auf die Palme, wenn die Kinder im falschen Moment ungeduldig wurden oder wenn sie andererseits den Pferden alles mögliche durchgehen ließen und nichts unternahmen, sich durchzusetzen. Beispiel: Peters Pferd, das von der Dressur genausowenig hielt wie er, sprang mindestens eine geschlagene Stunde lang über die Sonnenstrahlen, die schräg durchs Fenster auf den Boden fielen. Peter fand das sehr komisch, ich überhaupt nicht.
An einem anderen Tag weigerte sich Evis Pferd hartnäckig, in eine bestimmte Ecke zu gehen. Sechs Meter vor der Ecke nahm es den Kopf nach außen und drängte in die Bahn. Schließlich stellte ich mich so in die Ecke, daß Evi außen um mich herumreiten mußte. Dachte ich. Ihr Pferd dachte anders, sprang wie gehabt ins Bahninnere, und ich, da ich unklugerweise den beiden den Rücken zudrehte, fiel der Länge nach in den Sand. Unfaßbar. Umgeritten von meiner eigenen Tochter! Für solchen Frevel wurde man bei der Kavallerie strafversetzt! Ich brüllte los, daß Evi dachte: "Jetzt verliert er gleich die Stimme". Dabei war die Arme viel erschrockener als ich.
Eines Tages, als wieder einmal so gar nichts klappte, entfuhr es mir: "Annemi, warum hast du nur so blöde Kinder?" Wütend drückte ich mir den Hut ins Gesicht - leider so tief und fest, daß ich ihn nicht mehr runterkriegte und eine Weile im Dunkeln stand. Sehen konnte ich zwar nichts mehr, aber hören, wie sich meine Familie lautstark über mich amüsierte. Diese Geschichte wurde mir von da an bei jeder Familienfeier genüßlich aufgetischt.
Die schmerzhafte Bestätigung, daß ich nicht das allerglücklichste Händchen als Reitlehrer meiner Kinder hatte, bekam ich an einem Karfreitag, als ich eine Springstunde für Johannes ansetzte. Ich baute eine In-Out-Kombination auf, das heißt zwei unmittelbar in drei Meter Abstand aufeinanderfolgende Sprünge, die ohne einen Galoppsprung dazwischen genommen werden sollten. Die Stange des hinteren Sprunges hielt ich fest. Johannes ritt ziemlich forsch und sorglos an, das Pferd nahm beide Sprünge mit einem gewaltigen Satz und haute mir dabei mit voller Wucht die Stange an den Unterkiefer, daß ich buchstäblich Sterne sah und das Blut mir aus Nase und Ohren lief. Wie das Röntgenbild ergab, war der Kiefer zweimal gebrochen und mußte gedrahtet werden. Erst Jahre danach stellte sich heraus, daß auch der Gehörgang zertrümmert war. Bevor ich mich überreden ließ, ins Krankenhaus zu fahren, hatte ich selbstverständlich darauf bestanden, daß Johannes noch einmal vernünftig über die In-Out-Kombination ritt!

Pionierjahre

Evi erhielt 1954 als erstes meiner Kinder ein eigenes Pferd, einen hübschen rotbraunen Vollbluthengst, sechs Jahre alt, namens Graf xx. Er mußte von der Rennbahn genommen werden, weil er bei hohem Tempo Nasenbluten bekam. Für Evi war Graf xx eine happige Aufgabe: Ungeritten, frech und ungestüm. In den ersten Wochen flog sie reichlich oft herunter, doch sie gab nicht auf. Obwohl so klein und zierlich, war Evi von meinen Kindern die zäheste und entschlossenste. Sie ließ nicht locker, bis sie erreicht hatte, was sie wollte. Nur so kommt man zu Erfolgen. Nach Wochen raufte Evi sich mit Graf xx zusammen. Beide arbeiteten sich systematisch nach vorne, von Reiterprüfungen über A-, L- bis M-Dressur.
Sie war etwa 17, als sie mit Graf xx ihre erste L-Dressur in Wiesbaden ritt. Er ging wunderbar, der Sieg schien ihr sicher. Evi, hochzufrieden mit sich und ihrem Pferd, ritt den Gehorsamssprung an und vergaß in ihrer Seligkeit das Treiben. Graf xx

Kurt Laabs war mir in den Anfangsjahren ein unersetzlicher Helfer beim Training und ein geduldiger Lehrer meiner Kinder. Mit seinem geschulten Sitz geriet jeder Parcours zum stilistischen Lehrstück.

merkte das natürlich sofort und lief vorbei. Futsch war der Sieg. "So was Dämliches wie dich gibt's nur einmal", sagte ich zu ihr und haute ihr eine runter. Nicht sehr fest, aber immerhin. Meinem Ruf als einfühlsamer Pädagoge war diese Ohrfeige mal wieder nicht zuträglich. Später lernte Graf xx sogar Piaffen und Einerwechsel. 1958 durfte Evi auf Graf xx erstmals in Aachen starten. Große Verdienste an seiner Ausbildung hatten auch unser damaliger Stallmeister Carlo Paulix und danach auch Kurt Laabs.

Bei einer anderen L-Dressur, die Evi ritt, wurde die Lektion "Zügel in einer Hand" verlangt. Eine sehr nützliche Lektion, die zeigt, ob der Reiter das Pferd wirklich zwischen den Schenkeln und am Kreuz hat und ob das Pferd sich selbst trägt. Evi nahm die Zügel nicht wie vorgeschrieben in die linke, sondern in die rechte Hand. Außerdem schwankte das Pferd ziemlich hin und her im Trabe, weil sie nicht mehr „steuern" konnte. Für mich ein klarer Fall, daß die Aufgabe - Überprüfung der Selbsthaltung - nicht erfüllt war. Am Nachmittag, beim Abgehen des Springparcours, glaubte ich nicht richtig zu hören, als bei der Siegerehrung für die L-Dressur "Eva-Maria Neckermann" als Siegerin aufgerufen wurde. Obwohl es sich um meine Tochter handelte, konnte ich mich nicht beherrschen. Ich schoß auf die Richter zu und fragte, ob sie verrückt geworden seien. "Beruhigen Sie sich, Herr Neckermann," sagte einer der Richter, "die ande-

ren waren noch schlechter." Wenn das denn ein Trost war.
Weder Peter noch Johannes zeigten besondere Neigung zum Dressurreiten. Bei Peter trug zum vorzeitigen Ende seiner Karriere im Viereck ein Schlüsselerlebnis bei. Während des Turniers in Mainz ritt er einmal eine sehr ordentliche L-Dressur, jedenfalls besser als Evi und ich. Wir waren alle fest überzeugt, er hätte gewonnen. Als der Name Neckermann über den Lautsprecher zur Siegerehrung aufgerufen wurde, wollte er einreiten. Der Ordner fragte ihn, was er denn hier zu suchen hätte. Sein Vater hätte gewonnen, seine Schwester sei Zweite und er wäre überhaupt nicht plaziert. Worauf Peter den Ausspruch tat, es sei hoffnungslos, in der Dressur anzutreten gegen einen Vater, der berühmter, und eine Schwester, die hübscher sei. Und wurde nie mehr in einem Dressurviereck gesichtet.
Die Jungen machten derweil im Springsattel Fortschritte. Sein erstes M-Springen gewann Peter auf Morgenglanz in Niederzeuzheim. Johannes wurde 1955 mit 14 Siegen hessischer Jugendmeister, Evi mit fünf Siegen zweitbeste Dressurreiterin.
Der Mensch reitet, wie er ist - das kann ich aus eigenen Beobachtungen wohl behaupten. Mein ältester Sohn Peter, von Natur aus sehr ernsthaft und korrekt, machte sich für jeden Parcours einen genauen Plan, schritt die Distanzen ab, überlegte sich, wo er zulegen, aufnehmen oder wenden wollte. Ging alles planmäßig vonstatten, war er meist ganz vorne. Doch wehe, es passierte unterwegs etwas Unvorhergesehenes - die Kurve ritt sich anders als gedacht, das Pferd reagierte überraschend - dann geriet Peter total aus dem Konzept. Im Großen Preis der Stadt Wiesbaden - es war ein herrlicher warmer Sonntagnachmittag, startete er einmal mit Morgenglanz. Es fing hervorragend an. Peter ritt in aller Ruhe auf die große Holzmauer zu. Seine Ruhe übertrug sich dergestalt auf das Pferd, daß es vor der Mauer eine Vollbremsung einlegte. Peter sprang quasi alleine und saß nun auf der Mauer vor dem ziemlich verdutzten Morgenglanz. Der ließ sich brav an den Sprung heranziehen; ohne den Erdboden zu berühren, hangelte sich Peter wieder in den Sattel und beendete den Parcours ansonsten ohne Fehler. Die Richter lachten noch, als er schon durch den Torbogen vom Platz ritt. Eine ganze Woche lang habe ich kein Wort mit ihm gesprochen und noch zehn Jahre später fragten ihn Geschäftsfreunde, ob er damals der Reiter auf der Mauer gewesen sei!

Peter, hier auf Figaro, Bad Kissingen 1961, erzielte zahlreiche Erfolge in schweren Springen. 1967 wurde er hessischer Meister.

Johannes nahm die ganze Reiterei ein bißchen auf die leichte Schulter. Er schaute sich den Parcours eher oberflächlich an, in der Hoffnung, das wird schon klappen. Das tat es sogar sehr oft, wenn nicht, disponierte er kurzfristig um. Sein größter Erfolg war 1961 der zweite Platz im Preis

der Bundesrepublik in der Dortmunder Westfalenhalle mit Taifun hinter Hermann Schridde auf Flagrant.
Schon als junger Bursche hatte Johannes mit seinem Gewicht zu kämpfen. Dafür hatte ich wenig Verständnis, weswegen Johannes Diskussionen über dieses Thema vermied.
Eines Tages fehlte meine beste Turnierhose. Sie war nicht aufzutreiben, wahrscheinlich hatte ich sie beim letzten Turnier im Hotel liegen lassen. Ich fand mich mit dem Verlust ab.
Am nächsten Wochenende ging es wieder zum Turnier. Johannes mußte als erster von uns starten. Als sein Hinterteil, vom Roten Rock befreit, in der Sonne leuchtete, entdeckte ich meine Hose.
Nicht nur das, da sie Johannes zu klein war, hatte er sich auch noch vom Schneider einen Zwickel einsetzen lassen, damit er sein Hinterteil darin unterbringen konnte!
Johannes gab den Reitsport als erster wieder auf, als er das Fliegen als neues Hobby entdeckte.
Peter ritt bis Ende 1976 recht erfolgreich auf mittlerer und höherer Ebene Springen. „Du gewinnst die großen und ich die kleinen Medaillen”, freute sich Peter gar nicht so selten. Heute leben meine beiden Söhne mit ihren Familien in den USA und haben zu meinem Bedauern den Reitsport zugunsten von Tennis völlig aufgegeben.
Bescheiden und gemütlich ging es zu bei diesen Turnieren der 50er Jahre. Die Menschen und der Sport erholten sich langsam von den schlimmen Kriegs- und Nachkriegsjahren. Das Leben wurde unbeschwerter, es gab wieder Raum für Muße und Vergnügen.
Natürlich wurden viel weniger Turniere veranstaltet als heute. Ein paar Zahlen zum Vergleich: 1955 607 Turniere, 1990 3184. Die Starterfelder waren klein und

Johannes auf Rembrandt 1962 in Aachen. Mein jüngster Sohn gab den Reitsport als erster wieder auf.

übersichtlich, die Handicaps weniger streng. Jeder kannte jeden. Wir traten zunächst im Großraum Frankfurt auf, bei den Turnieren in Gelnhausen, Herborn, Bad Kissingen, Bad Kreuznach, Bad Dürkheim, Niederzeuzheim, Bad Homburg, Darmstadt - schöne Plätze mit freundlicher, familiärer Atmosphäre. Das Wiesbadener Pfingsturnier mit seinem festlichen Rahmen war das Highlight der Saison.
Ein Neckermann kam nie allein. Die Leute staunten, was in das große weiße Oldsmobile mit den roten Ledersitzen alles hineinpaßte: Unser Chauffeur Walter Bauer, Annemi und ich, Evi, Peter und Johannes, manchmal noch eine unserer Pflegetöchter, Sitzkissen, Regenschirme, Unmengen Brötchen und Kuchen und literweise Kaffee. Zum Picknick verdoppelte sich die Runde.
Annemis starker Kaffee, in dem der sprichwörtliche Löffel steckenblieb, war berühmt. Allerdings bekam er längst nicht jedem. Es gab noch keine VIP-Zelte, doch Siege wurden mindestens so fröhlich begossen wie heute. Die Geldpreise waren bescheiden, aber die Ehrenpreise liebevoll ausgesucht und meist sehr schön. Die Pferde wurden von einem Spediteur zum Turnier gefahren, einen eigenen großen Transporter hatten wir erst viel später. Längere Strecken wurden mit der Eisenbahn zurückgelegt - für Pferde die angenehmste und schonendste Art zu reisen.
Getreu der Maxime - frühe Spezialisierung ist von Übel - ritten wir alles, was irgend möglich war. Bei manchen Turnieren gab es keine Prüfung, in der nicht wenigstens ein Neckermann am Start war, von der Jugenddressur bis zum M-Springen. Morgenrot und Minka sowie Heideprinz und Abendglanz, zwei Pferde, die wir kurz nacheinander kauften, trugen unsere Kinder durch die Jugendreiterprüfungen, Annemi durchs L-Springen, mich durch die M-Prüfungen. Auch Douglas, seit 1952 in meinem Stall, mein erstes richtiges Dressurpferd, ging unter den Kindern in kleinen Prüfungen. Am Anfang ritt ich ihnen auch noch die Pferde ab. So ein Turniersonntag artete dann schon in Stress aus. Aber ich wollte es ja nicht anders haben und entwickelte einen beträchtlichen Ehrgeiz für mich und für meine Lieben. Wenn schon, denn schon.
In Niederzeuzheim stand 1953 ein Stafettenspringen auf dem Programm. 20 Viererteams hatten genannt, darunter die Neckermänner: meine Frau und ich, Peter und Evi. Bei der gemeinsamen Parcoursbesichtigung schärfte ich Annemi und den Kindern genau ein, wie sie zu reiten hatten, bei welcher Wendung Zeit gespart werden konnte, wo sie zulegen sollten, wo aufnehmen.
Sie lauschten aufmerksam meinen Ausführungen. Das müßte klappen. Annemi ritt als erste - couragiert und schnell, ein kleines Energiebündel auf dem riesigen Pferd. Irgendwie wirkten alle Pferde unter ihr riesig. Peter übernahm die Stafette in Form der Springpeitsche und löste seine Aufgabe mit gewohnter Sorgfalt. Auch Evi blieb ohne Fehler, dabei schnell. Jetzt konnte nichts mehr passieren - der Sieg schien uns sicher. Als letzter Reiter war ich an der Reihe, legte vom Start weg ein flottes Tempo vor. Erster Sprung, zweiter Sprung - verdammt, wo ging es jetzt weiter? Ich hatte den Weg total vergessen. Durchparieren zum Trab. Rettung tat Not. "Annemi, wo geht's lang?" "Da hinten, über das Naturrick!" Eilig brachte ich den Parcours zu Ende und verzog mich fluchtartig in den hintersten Winkel des Turnierplatzes. Ich hatte den Sieg vermasselt, und die feixenden Gesichter meiner Lieben wollte ich gar nicht erst sehen. "Daß dem Papi auch mal so was passiert ist, das hat uns mehr Spaß gemacht, als wenn wir gewonnen hätten." Darin waren sie sich einig. Feine Familie.
Meine Frau war eine mutige Reiterin, die gemeinsame Teilnahme an den Turnieren machte ihr ungeheuren Spaß. Sie ritt mit vollem Risiko und mit Leidenschaft, hatte mehrfach die beste Zeit, blieb jedoch häufig nicht ohne Fehler. Beim Turnier An-

fang Juli 1953 in Gelnhausen erzielte ich in einem Jagdspringen der Klasse M meinen ersten Sieg mit Sonnenglanz, auf den ich gleich noch zu sprechen komme. Annemi und ich starteten noch in einem Zeitspringen, in dem die Fehler an den Hindernissen in Sekunden umgerechnet und der Zeit zugezählt wurden. Sie fegte mit Heideprinz in 76 Sekunden über den Parcours - und führte. Dann war ich dran. Bei aller Liebe: Auch ich wollte gewinnen. Konkurrenz - zumal im eigenen Hause - hebt das Geschäft. Ich schoß los, doch Sonnenglanz hatte wohl ein bißchen zu viel Schwung, ich mußte weiträumiger wenden, das ging auf die Zeit, dazu kam ein Hindernisfehler: 4. Platz. Annemi, die schon bei dem vorherigen Stilspringen mit der Idealnote 0,0 den 1. Platz belegt hatte, ließ sich vom begeisterten Publikum tüchtig feiern und wurde im Triumph vom Platz getragen. Und wann immer sie diese Geschichte erzählte, funkelten ihre Augen vor Vergnügen.

Und weil wir gerade beim familiären Konkurrenzdenken der Neckermänner sind: Evi, jüngst gefragt, welches ihre schönsten und größten Erfolge gewesen seien, antwortete prompt und mit verblüffender Offenheit: "Alle, bei denen ich meinen Vater geschlagen habe. Zum Beispiel Grand-Prix-Kür mit Mazepa in Dortmund, oder Siegerpreis in Bremen mit Gemma - erst danach kommt alles andere."

Mitte der 50er Jahre gab Annemi den Turniersport auf. Es kam allerlei zusammen. Der große Haushalt mit den sieben Kindern, die bei uns lebten, dazu ihr Engagement im Unternehmen - kein Kleid, keine Bluse gelangte seinerzeit ohne ihr Okay in den Neckermann-Katalog -, dann noch die Reiterei, - all das wurde ihr auf die Dauer zu viel. Nach einem körperlichen Zusammenbruch rieten ihr die Ärzte dringend, sich in ihren Aktivitäten zurückzunehmen. Sie begleitete uns weiter auf die Turniere, half, kritisierte, tröstete, "managte". Und abseits vom Prüfungsstress ritt sie weiter mit großer Begeisterung Jagden. Dafür hielten wir ein ausgesprochenes Jagdpferd für sie. Ihr treuer Al Trampas trug sie bis in ihre letzte Lebensphase durch das ländliche Dreieich-Gebiet. Zeitlebens blieb sie für ihre reitende Familie eine zwar wohlwollende, doch ungemein strenge Kritikerin. Nicht nur ich, auch die Kinder legten auf ihr Urteil größten Wert. "Wenn

Annemi auf Douglas 1955. In mehr als einer Springprüfung gab sie mir das Nachsehen.

die Mutti sagt, es ist gut, dann kannst du einreiten." Evi hatte recht.

Sturz mit Folgen

Im Nachhinein betrachtet, war ich für eine Springreiterkarriere mit meinen 40 Jahren wohl etwas zu alt. Die Erfahrung, die ein guter Springreiter braucht, fehlte mir und ließ sich nicht auf die Schnelle nachholen. Und elastischer wird man mit den Jahren schließlich nicht. Aber ich hatte einfach Spaß am Reiten über Sprünge, und das Vergnügen wuchs mit dem Kauf von Sonnenglanz, einem hochtalentierten, aber etwas schwierigen Fuchs, mit dem ich sogar in S-Springen startete.

Ich hatte Sonnenglanz auf der Frankfurter Rennbahn in jenem Amateur-Flachrennen entdeckt, das ich mit Morgenrot gewann.

Er war zu kaufen - für 5000 Mark wechselte er im April 1953 von seinem Besitzer Günter Hofmann aus Niederdorfelden in unseren Stall. Sonnenglanz war hochinteressant gezogen. Die berühmte Halla, mit der Hans-Günter Winkler bei den Olympischen Spielen 1956 in Stockholm zwei Goldmedaillen gewann, war seine Halbschwester. Die Mutter der beiden und noch zweier weiterer Pferde war eine französische Beutestute aus dem Zweiten Weltkrieg namens Helene, über deren Abstammung nichts bekannt ist. Daß sie edel gezogen war mit viel Vollblut, das sah man Helene an. Züchter von Halla und ihren Geschwistern war Gustav Vierling aus Darmstadt. Wie Halla hatte auch Sonnenglanz einen Traber zum Vater, Sylvester. (Halla stammte von Oberon). Die beiden waren nicht die ersten und nicht die letzten erfolgreichen Springpferde, die

Ein schwieriges Talent: Sonnenglanz, mein erfolgreichstes Springpferd, war ein Halbbruder der berühmten Halla.

Traberblut führten: Tora, unter Kurt Hasse Olympiasiegerin 1936, ist ein frühes Beispiel. Jappeloup, das schwarze Springwunder von Seoul-Olympiasieger Pierre Durand, war ein Beispiel aus unseren Tagen. Sonnenglanz verfügte über nahezu unbegrenztes Springvermögen, war jedoch schwer zu regulieren und wurde im Verlauf des Parcours zunehmend heftiger. Er wollte immer auf ganz groß abspringen und bekam daher Probleme bei Doppelsprüngen und Kombinationen. Kein Hindernis war ihm zu weit. Eine Zeitlang hatte ich mir sogar in den Kopf gesetzt, mit Sonnenglanz den Weitsprung-Weltrekord zu brechen und trainierte bereits dafür. Der Rekord stand damals bei 8,26 Metern und wurde von Major Lopez del Hierro (Spanien) auf Amado Mio gehalten. Zum Vergleich: Der Wassergraben bei einem normalen Nationenpreis-Parcours ist etwa vier Meter breit. Durch ruhige dressurmäßige Arbeit versuchte ich, Sonnenglanz besser in den Griff zu bekommen, was bis zu einem gewissen Grade gelang. Nützlich war für ihn das Freispringen im Couloir. Häufige Ausritte auf den Mainwiesen ergänzten die Arbeit. Im Gelände stürmte er besonders gerne los. Unser Carlo Paulix stürzte einmal bei einem gemeinsamen Ausritt mit ihm. Sonnenglanz sprang mit einem riesigen Satz über ihn hinweg und lief davon. Zum Glück ließ er sich schnell wieder einfangen. Paulix blieb liegen und dachte gar nicht daran, wieder aufzusitzen. Nie wieder würde er dieses Pferd besteigen, erklärte er mir.

Sonnenglanz sammelte in den Jahren 1953 und 1954 zahlreiche Siege und Plazierungen in Springprüfungen, von Jugendspringen bis zur Klasse S. Ihm verdanke ich meinen schönsten Erfolg im Springsattel, allerdings auch meinen schlimmsten Sturz, der mich schließlich

1953 bediente man sich gelegentlich noch etwas unorthodoxer Trainingsmethoden. Diese Form des Barrens mit einer Eisenstange wäre heute verboten. Mit Sachverstand angewandt, nahmen die Pferde keinen Schaden.

bewog, den Springsport mit Rücksicht auf meine Familie und mein Unternehmen aufzugeben.
Es war im August 1953 in Herborn. Sonnenglanz hatte bereits ein L-Springen gewonnen, ich rechnete mir eine gute Chance im Großen Preis aus. An einem Birkenoxer ging Sonnenglanz mal wieder eine ganze Länge zu früh weg - und diesmal reichte die Weite nicht. Er machte einen schweren Rumpler, ich flog in hohem Bogen aus dem Sattel über den Oxer hinweg auf die rechte Schulter. Es tat mächtig weh und kostete mich ziemlich viel Überwindung, in den Sattel zu klettern und hinauszureiten. Annemi bestand darauf, mit mir ins Krankenhaus zu fahren. Die Ärzte behielten mich gleich da: Schlüsselbeinbruch. Schmerzhaft, doch nichts Besonderes, ein typischer Reitunfall. Ich war an diesem Tag nicht der erste Springsport-Geschädigte, der ärztliche Hilfe in Anspruch nehmen mußte: Im Bett neben mir lag Friedrich-Wilhelm Graf von der Schulenburg, der sich bei einem Sturz auf dem Abreiteplatz einen dreifachen Unterschenkelbruch zugezogen hatte.
In einer Operation wurde der Bruch gedrahtet, der Arm rechtwinklig abgestützt. Ich konnte kaum liegen.
Nach einer Woche verließ ich auf eigenen Wunsch das Krankenhaus. Mein Versandgeschäft kam nicht ohne mich aus, fand ich. Meine Frau besorgte mir ein Spezialbett, in dem ich sitzen und vor allem nachts schlafen konnte. Die Schmerzen wurden nicht besser, im Gegenteil. Jede Bewegung tat weh. Schließlich ging ich zu unserem Hausarzt Dr. Alfred Schieback. Er brachte mich sofort zur Frankfurter Uniklinik. Das Röntgenbild zeigte, daß der Draht am Schlüsselbein verrutscht war. Die Spitze lag nur noch Millimeter neben der Hauptschlagader. Die kleinste falsche Bewegung hätte den Draht in die Ader gedrückt, und ich wäre in kürzester Zeit innerlich verblutet. Zudem waren außer dem Schlüsselbein auch Oberarm und Schulterblatt gebrochen. Ich mußte erneut operiert werden und konnte monatelang nicht reiten. Den Herborner Ärzten schrieb ich einen bösen Brief. Sie entschuldigten sich vielmals und versicherten mir, daß sie das nächste Mal besser aufpassen würden. Vielen Dank, auf dieses nächste Mal legte ich keinen Wert! Als Folge meines Sturzes fiel ich beruflich leider eine Weile aus. Damals waren gerade Verhandlungen mit Friedrich Flick über eine Beteiligung an unserer Firma im Gange, und Flick bedeutete mir unmißverständlich, meine in seinen Augen gefährlichen Springsport-Ambitionen mit Rücksicht auf das Unternehmen aufzugeben. Im Grunde hatte er ja recht. Es war einfach vernünftig, keine Springen, sondern nur noch Dressur zu reiten. Selbst wenn es mir schwer fiel.
Aber einen Wunsch hatte ich noch: Beim Hamburger Springderby in Klein-Flottbek zu reiten.

Einmal beim Springderby dabei

Der Hamburger Derbyparcours wurde 1920 von Eduard Pulvermann konzipiert. Mit 1230 Meter Länge, 17 Hindernissen und 24 Sprüngen gilt das Derby als die längste Prüfung im internationalen Springsport. Die typischen Derbyhindernisse sind der Holsteiner Landschaft abgeguckt: der Doppelwall, der Große Wall mit der weißen Planke dahinter, die vertrackte Rick-Graben-Kombination namens Pulvermanns Grab (hier trennte sich der Derby-Schöpfer einst unfreiwillig von seinem Pferd), der Holsteiner Wegesprung, die Feldsteinmauer - jedes Hindernis für sich eine Aufgabe für Reiter und Pferd. Bis zu meinem Start im Jahre 1954 hatten seit 1920 nur elf Reiter den Kurs ohne Fehler absolviert. (Bis 1990 waren es 115 Nullfehlerritte.) Das Springderby wurde als schwerstes Springen der Welt bezeichnet. Das gilt - mit Einschränkungen - bis heute. Es gibt sicher Prüfungen mit höheren Hindernissen und kniffligeren Distanzen, aber wie man jedes Jahr aufs Neue sieht, tun sich sogar altgediente und weitgereiste Springpferde mit den Flottbeker Naturhindernissen schwer. Da der Kurs seit 70 Jahren mehr oder weniger unverändert ist, ermöglicht er einen Leistungsvergleich über viele Reitergenerationen hinweg - zumindest das ist einmalig beim Hamburger Springderby, auch wenn es inzwischen auf vielen Plätzen kopiert wurde.

Am Freitag vor dem Derbysonntag stand die zweite Qualifikation auf dem Programm, ein M-Springen. Dort waren als Appetithappen schon ein paar Derbyhindernisse mit einbezogen. Die wirklichen Klippen freilich präsentierten sich erst am Sonntag im Derby selbst.

Aus unserem Stall gingen vier Pferde: Peter auf Abendglanz kam mit 16 Fehlern aus dem Parcours, Heideprinz unter unserem Bereiter Horst Hein entwickelte eine heftige Abneigung gegen die rote Holzmauer und wurde nach dreimaligem Verweigern abgeklingelt. Als erstes Pferd ritt ich Morgenglanz. Zwei Abwürfe am Ende des Parcours, an den weißen Planken und am letzten Sprung. Zusammen mit einer langsamen Zeit reichte das nicht für eine Plazierung. Wenn ich am Sonntag dabei sein wollte, mußte Sonnenglanz seine Sache besser machen.

In Führung lag Fritz Thiedemann auf seinem Nachwuchspferd Nordstern mit einem Bilderbuchritt in 128,8 Sekunden. Sonnenglanz war topfit und bester Dinge. Beim Senken der Startflagge schoß er los, ich hatte alle Hände voll zu tun, damit er nicht wieder bei jedem Hindernis eine Länge zu früh absprang. Es klapperte ein paarmal, doch alles blieb liegen. Als wir zu den Planken kamen, hatten wir bereits ein Tempo drauf, das uns auch auf der Horner Rennbahn ins Geld gebracht hätte. Nun der Große Wall. Sonnenglanz sprang mit einem Riesensatz auf halber Höhe ab. Jetzt noch das Koppelrick. Kein Problem. Ein Blick auf die Uhr: 119,2 Sekunden, satte 9,6 Sekunden schneller als Fritz Thiedemann. Das war der Sieg, die goldene Schle fe und die Qualifikation für das Derby am Sonntag. "Ein Außenseiter schlägt Thiedemann" stand am nächsten Tag in der Zeitung. Ich war mächtig stolz. Thiedemann, mit seinen fünf Derby-Siegen bis heute ungekrönter König in Flottbek, gratulierte mir. "Wenn du im vierten Gang das Gaspedal durchdrückst, dann kann ja keiner mehr mit." Das war fast wie ein Ritterschlag.

Sonntag, 15. August 1954. Derbytag. Nach Tagen anhaltender Schwüle öffnet der Himmel ausgerechnet heute seine Schleusen. Es donnert und blitzt und es gießt. Im Handumdrehen ist der Derbyrasen ein einziger tiefer Morast. Um drei Uhr soll es losgehen. Es schüttet ununterbrochen. Ob man das ganze Derby nicht absagen sollte, wird überlegt. Die Richter und die Herren der Turnierleitung waten in Gummischuhen über den Platz. Der Graben in Pulvermanns Grab, normalerweise nur 1,50 Meter breit, ist über die Ufer getreten, Absprung- und Landestelle sind kaum noch zu erkennen. Es fällt die bis heute einmalige Entscheidung, Pulvermanns Grab aus dem Parcours zu nehmen. So bleiben "nur" noch 16 Hindernisse mit 21 Sprüngen bei etwas kürzerer Distanz.

10 000 Menschen harren geduldig aus unter ihren Schirmen und Gummimänteln. Die Pferde auf dem Abreiteplatz sind in Regendecken gehüllt. Wir schrauben Sonnenglanz Spezialstollen ein, damit die Hufe nicht wegrutschen. "Vielleicht wäre auch eine Schwimmweste nicht schlecht", sagt mein Pferdepfleger. Er ist bis auf die Knochen durchweicht.

Zur Parade lassen einige Reiter ihre Pferde eingedeckt und ziehen sich selbst Regenmäntel über.

Springderby 1954 in Hamburg-Flottbek. Auf Sonnenglanz gewann ich die erste Qualifikation. Zwei Tage später bewältigten wir den klassischen Derbykurs und wurden 15.

Das Springen beginnt. Die Fehler summieren sich, bei Namenlosen wie bei den Großen. Alfons Lütke Westhues, einer unserer Spitzenreiter, der zwei Jahre später in Stockholm zum Goldteam gehört, kommt mit 37 Fehlern nach Hause. Seine brave westfälische Stute Ala ist zweimal regelrecht in ein Hindernis hineingerutscht, trotz der Stollen. Fritz Thiedemann bringt Diamant mit zwei Abwürfen nach Hause. Seinem berühmten Meteor hingegen gefällt die Schlammschlacht überhaupt nicht: vier Abwürfe für den Dicken.

36 Fehler, 20, 41. Niemand bleibt fehlerfrei.

Als 33. Starter werde ich mit Sonnenglanz aufgerufen. Ich habe gar nicht erst erwogen, angesichts der katastrophalen Wetter- und Bodenverhältnisse nicht zu starten. Jetzt, wo ich einmal hier bin! Angesichts meiner Entscheidung, künftig nur noch Dressur zu reiten, ist dies meine einzige und letzte Chance. Und Sonnenglanz ist in Hochform. Das Wasser patscht und quatscht unter seinen Hufen.

Es wird ein abenteuerlicher Ritt. Einmal rutschen wir, wie andere vor uns, in ein Hindernis hinein. An der weißen Planke gleich hinter dem Wall verweigert Sonnenglanz den Gehorsam. Dreimal fällt die

Stange, aber wir kommen durch. 29 Fehler werden uns in der Endabrechnung angekreidet. Das ist der 15. Platz von 34 Startern. Elf Reiter erreichen gar nicht das Ziel. Zuletzt gibt es in diesem denkwürdigen "Morast-Derby" ein Stechen zwischen Thiedemann auf Diamant und dem Hamburger Hans-Heinrich Lammerich auf Nemo. Mit zwei Abwürfen sichert sich Thiedemann seinen dritten Derbysieg. Lammerich kommt mit 12 Fehlern auf den ehrenvollen zweiten Platz. Bei der Siegerehrung bleibt die Witwe des Springderby-Gründers, Frau Pulvermann, im Schlamm stecken. Ein netter junger Mann trägt sie auf eine halbwegs trockene "Insel". Beim Abschiedsspringen am Montag war ich nicht mehr dabei. Da saß ich bereits an meinem Schreibtisch in Frankfurt.
Im Dezember 1954 verkauften wir Sonnenglanz an Bubi Günther, den späteren Dressur-Bundestrainer, der damals auch sehr erfolgreich Springen ritt. Er wollte ihn unbedingt haben - für sich, dachte ich. Kurze Zeit später stand Sonnenglanz bei Hans Günter Winkler im Stall, unter dem er noch große Erfolge hatte. So gewannen die beiden die Europameisterschaft 1957. Dabei half Sonnenglanz auf seine Weise, denn beim Finale mit Pferdewechsel kam die Konkurrenz mit seinem heftigen Temperament nicht allzugut zurecht.
Ich fragte Winkler später, wie er es geschafft habe, Sonnenglanz das Stürmen im Parcours abzugewöhnen. "Kaltstart" sagte Hans Günter Winkler, "den darf man nur ganz kurz abreiten, so daß er gar nicht erst warm wird." Gewußt, wie.
Ich stellte die Weichen neu. Mit dem Kauf von Douglas war der erste Schritt ins Lager der Dressurreiter bereits getan.

Die Helfer

Zeitlich gesehen mache ich jetzt einen Vorgriff: Anfang 1956 suchten wir für unseren Stall, den wir nun doch schon stolz Turnierstall nannten, dringend als Nachfolger von Paulix einen Stallmeister, der die Oberaufsicht über Pferde, Pfleger und den ganzen Reitbetrieb führen und mit mir aufs Turnier fahren sollte. Ein Bekannter von mir, Herr von Schele, wußte jemanden. Einen Ostpreußen. Einen Landwirt. Das hörte sich gut an. Ostpreußen - das klang nach Pferdeleuten und ererbtem Pferdestand. So kam Fritz Baranowski zu uns. Sein Pferdeverstand war beträchtlich, obwohl er ihn vermutlich weniger geerbt, sondern sich nach dem Kriege in einem Fuhrgeschäft, beim Mannheimer Reiterverein und schließlich bei der Mannheimer Polizeireiterstaffel angeeignet hatte. Von unten. Baranowski zog es für seine Person zeitlebens vor, mit zwei Beinen und nicht mit vier der Erde verbunden zu bleiben.
Bevor wir ihn einstellten und ihm unsere Pferde mit allem Drum und Dran anvertrauten, holten wir ein graphologisches Gutachten ein. Darin war von geistiger Sachlichkeit, kluger Überlegung und Disziplin die Rede, aber auch von einem gelegentlich schwierigen Charakter und verschlossenem Wesen. Alles stimmte. Fritz Baranowski blieb 20 Jahre bei uns, begleitete mich zu den Olympischen Spielen nach Rom, Tokio, Mexiko und München, zuverlässig, loyal. Er ließ nicht den geringsten Zweifel daran, wo er die Prioritäten setzte. Zuerst kamen seine Pferde, dann eine ganze Weile gar nichts. Er konnte ihnen morgens am Gesicht ablesen, ob sie gut geschlafen hatten und brauchte keinen Tierarzt, um zu fühlen, wenn etwas nicht stimmte.
Unsere Beziehung war rauh und herzlich. Mehr als einmal erklärte er mir, er sei nun

Ob sie's bis Tokio 1964 noch lernen? Fritz Baranowski mit Asbach.

endgültig das letzte Mal mit mir zum Turnier gefahren (immer dann, wenn ich ihn mal wieder als Blitzableiter für meine Anspannung mißbraucht hatte). Dennoch, wenn Baranowski in breitem Ostpreußisch sagte: "Herr Neckerrrmann, jetzt ist es gut, jetzt können Sie in die Priefung", dann glaubte ich ihm blind wie sonst nur Annemi.

Auf den Turnieren war mein knurriger Stallmeister gleichermaßen anerkannt wie gefürchtet. Als er einmal in Aachen für mich die Startfolge auslosen sollte und die Nummer Eins zog, gab er das Los ungerührt zurück mit den Worten, das könne man seinem Chef nun wirklich nicht zumuten.

Selbst bei den höchsten Dressurrichtern hatte Baranowski nicht die geringsten Hemmungen, wenn er der Ansicht war, sie hätten meinen Ritt nicht entsprechend gewertet. Noch weniger hielt er mir gegenüber mit seiner Meinung hinter dem Berg. Wenn er fand, ich sei wirklich gut geritten, dann klopfte er mir auch mal auf die Schulter. Das kam allerdings selten vor.

Obwohl Baranowski kein Reiter war, sah er alles, entwickelte einen sicheren Blick für die Schwächen und Stärken eines Pferdes und brachte es im Longieren und in der Arbeit an der Hand zu beträchtlicher Meisterschaft. Das machte ihn für mich zu einem unersetzlichen Helfer. Er konnte die Pferde morgens vor der Arbeit oder beim Turnier vor der Prüfung auf den Punkt vorbereiten, bis ich mich in den Sattel setzte. Der Erfolg war in diesem Fall, wie so oft, Teamwork.

Soviel zunächst zu Fritz Baranowski, der bis zu seiner Pensionierung 1976 bei uns blieb.

Inzwischen konnten wir das Training unserer immer zahlreicher werdenden Pferde nicht mehr alleine bewältigen, schon aus zeitlichen Gründen. Ich hatte meinen Beruf und die Kinder gingen noch zur Schule. Aus dem Stall van Kaick kam im März 1957 ein Mann zu uns, der mir bis in die sechziger Jahre eine große Stütze war und der - neben Baranowski - entscheidenden Anteil an den Erfolgen unserer Familie hatte: Kurt Laabs. Laabs war an der Kavallerieschule Hannover ausgebildet worden, u.a. von Otto Lörke, und war ein begnadeter Reiter im Dressur- wie im Springsattel. Eigentlich ein bißchen groß und schwer für einen Reiter (zumindest zu dem Zeitpunkt, als er zu uns kam), besaß er sehr viel Einfühlungsvermögen und Geduld mit Mensch und Tier. Er war entschieden ein besserer Pädagoge als ich. Die Kinder ritten gern bei ihm, obwohl auch er streng war, und verdanken ihm ihre grundsolide Ausbildung.

Laabs übernahm bald völlig das Springtraining der Jungen und ihrer Pferde. Wir waren uns reiterlich nur in einem Punkt nicht einig: ich ritt immer vorwärts und versuchte, Probleme nach vorne auszugleichen. Laabs tendierte dazu, die Pferde vor dem Hindernis sehr stark aufzunehmen und sie für den Absprung passend zu machen. Ich fand, daß die Pferde auf diese Weise immer wieder aus dem Rhythmus genommen wurden. Von Baranowski und Laabs wird noch öfter zu berichten sein.

Peter Neckermann auf Rififi.

4

Douglas: der Marsch durch die Dressurlektionen

Zuneigung kann man nur selten mit dem Verstand begründen - Gottseidank. Das ist mit Pferden nicht anders als mit Menschen. Zu manchen findet man beim besten Willen keinen Draht, andere mag man einfach auf Anhieb.

Schnell entschlossen

So ging es mir mit Douglas. Ich kaufte ihn auf der Verdener Auktion 1952, ohne ihn jemals vorher geritten zu haben. Die Verdener Auktionen, 1949 ins Leben gerufen, hatten bereits zu jener Zeit einen guten Ruf als Fundgrube für vierbeinige Talente. Der hannoversche Zuchtverband war der erste nach dem Krieg, der mit ausgesuchten Reitpferden gezielt ein turniersport-interessiertes Publikum ansprach. Es gehörte schon damals zum Stolz jedes Züchters, ein Pferd für Verden zu liefern. Ein Reiter, der wie ich wenig Zeit hatte, auf eigene Faust loszufahren und zu suchen, hatte dort die Möglichkeit, auf einen Schlag mehrere sorgfältig getestete Pferde sehen und probieren zu können. So ist es bis heute geblieben, obgleich die 'Vermarktungsmethoden' bei allen Reitpferdeauktionen raffinierter geworden und die Preise in Höhen geschnellt sind, die sich 1952 noch niemand hätte ausmalen können.
Immerhin gab es einen kleinen Katalog, in dem die Pferde beschrieben wurden, wenn auch nicht mit der blumenreichen Wortmalerei späterer Jahre. Bei vielen Pferden wurde außer ihren Dressur- und Springtalenten erwähnt, daß sie sicher im Geschirr gingen. Das war seinerzeit, als die Nation noch nicht voll motorisiert war, für viele Käufer durchaus ein Grund, das Programmheft zum Gebot zu heben.
Meine Frau und ich erschienen an diesem Nachmittag zu spät in der Niedersachsenhalle; geschäftliche Termine hatten uns aufgehalten. Die Versteigerung hatte schon begonnen. Die Halle war bis auf den letzten Platz besetzt. Ich bot erst, eher lustlos, auf einen braunen Wallach, den ich - zum Glück - nicht bekam. Dann trabte Douglas herein. Im Sattel saß die bekannte Springreiterin Helga Köhler. Ihr Mann Hans-Joachim war die Seele dieser Eliteauktionen, die er von Jahr zu Jahr mehr zu einem gesellschaftlichen Spektakel ausbaute. 1952 ging alles recht bescheiden zu. Immerhin, Köhler war einer, der die Psychologie des Marktes nicht erst studieren mußte. Er hatte sie im Blut. Und wenn er ein Pferd von seiner Frau vorstellen ließ, dann konnte es so schlecht nicht sein - so ähnlich war die "Message", wie der Werbefachmann sagen würde, und sie erreichte meist den Kunden. Helga Köhler ritt also mit Douglas ein - und ich verliebte mich stehenden Fußes so heftig in diesen großen dreijährigen bunten Fuchs mit der breiten Blesse und den weißen Beinen, wie es mir vorher und nachher selten mit einem Pferd passiert ist. Mariano war so ein Fall von Liebe auf den ersten Blick, doch davon später.
Im Katalog wurde Douglas als "formschö-

Johannes auf Douglas 1956. Wie alle meine Pferde wurde auch Douglas von den Kindern in kleineren Spring- und Dressurprüfungen geritten.

ner, eleganter Fuchs, der durch eine brillante Mechanik besticht" beschrieben. Und das war keine Auktionslyrik, sondern die Wahrheit. Douglas hatte herrliche Grundgangarten, vor allem einen taktmäßigen, schwungvollen und raumgreifenden Trab mit energisch abfederndem Hinterbein, eine lange schräge Schulter, einen gut angesetzten Hals und davor ein ehrliches hannoversches Gesicht. Und er sah nicht nur so aus, er war auch so: treu und zuverlässig, dabei kein Büffel, sondern feinfühlig und aufmerksam. Das konnte ich noch nicht wissen, als ich ihn in Verden unter Helga Köhler sah und beschloß: "Den mußt du haben." Denn die inneren Eigenschaften eines Pferdes offenbaren sich erst im Laufe der Ausbildung. Für 6200 Mark wurde Douglas mir zugeschlagen. Das war damals ein ganz ordentlicher Preis. Aber ich hätte im Zweifelsfall viel mehr bezahlt. Das teuerste Pferd auf dieser Auktion kostete 9000 Mark und wurde von Otto Schulte-Frohlinde ersteigert.

Douglas war das einzige Pferd, das ich von den ersten Anfängen bis zur Grand Prix-Reife selbst ausgebildet habe. Später fand ich einfach nicht die Zeit, mit jungen Pferden immer wieder zu beginnen, so daß ich meist Pferde kaufte, die schon weiter gefördert waren. Dennoch, quasi als Meisterstück, sollte jeder gute Reiter, der dieses Prädikat beansprucht, wenigstens einmal in seinem Leben ein Pferd selbst ausgebildet haben.

In demselben Maße, in dem das Pferd lernt, vervollkommnet sich der Reiter. Er merkt, daß Fortschritte sorgfältig erarbeitet werden müssen. Wenn Probleme auftauchen - und irgendwann tauchen sie bei jedem Pferd und jedem Reiter auf - ist er nicht nur körperlich, sondern auch geistig gefordert. Er muß nach Auswegen suchen, probieren, nachlesen, Fachleute um Rat fragen, sich irgendetwas einfallen lassen. Ein Pferd kann nicht sprechen. Der Reiter muß lernen, in ein anderes Lebewesen hineinzuhorchen, um es ohne Worte zu verstehen, die Reaktionen des Pferdes richtig zu deuten, nicht als Widersetzlichkeit auszulegen, was vielleicht nur Angst ist. Es kann sein, daß das Pferd nicht oder noch nicht verstanden hat, was der Reiter von ihm will.

Reiter und Pferd müssen einander mögen, deshalb ist die Auswahl des Pferdes so

Douglas verfügte über hervorragende Grundgangarten, hier im Mitteltrab.

Douglas 1957. Taktreiner Mittelschritt, Dreibeinstütze.

wichtig, ganz gleich, ob jemand nur zum Vergnügen reitet oder sportlich große Pläne hat. Neudeutsch gesagt: Die Chemie muß stimmen. Mit einem Pferd, das der Reiter aus irgendeinem Grund nicht mag, das ihm nicht liegt, wird er viel eher unduldsam bei Fehlern und Rückschlägen sein. Das kann sich bis zu einer regelrechten gegenseitigen Aversion steigern. Man erlebt dann, daß Pferde unter einem anderen, gar nicht unbedingt besseren Reiter ganz willig gehen, weil sie sich auf einmal verstanden fühlen. Es gibt sicherlich Reiter, die jedes Pferd irgendwie "hinbiegen" können, und genauso sieht es dann aus. Die absolute Harmonie zwischen Reiter und Pferd gibt es jedoch nur, wenn zwischen beiden auch ein seelischer Einklang

und gegenseitiges Vertrauen herrscht. Zu allen meinen Pferden, mit denen ich als Reiter erfolgreich war, hatte ich eine starke innere Bindung. Ich könnte mir nicht vorstellen, mit einem Pferd auf Dauer erfolgreich zu sein, das mich nicht mag und das ich nicht mag.
In der Arbeit mit Douglas waren wir beide Lernende, einer profitierte vom anderen. Was ich bei seiner Ausbildung gelernt habe, ist mir später bei meinen anderen Pferden zugute gekommen. Douglas stammte von dem hannoverschen Hengst Duellant, unter dessen Kindern, fast durchweg bunte Füchse mit viel Tritt, mehrere international erfolgreiche Dressurpferde waren. Zum Beispiel Doublette, Rosemarie Springers Olympiapferd in Rom 1960, und Dux, mit dem Reiner Klimke unter anderem in Tokio 1964 die Mannschaftsgoldmedaille gewann, in der Einzelwertung Sechster wurde sowie in Mexiko Mannschaftsgold und Einzelbronze errang. Alle Duellant-Kinder waren Spätentwickler. Manche hatten einen etwas festen Rücken - dazu gehörte Douglas zum Glück nicht -, und alle hatten einen goldenen Charakter, leistungsbereit, dabei sensibel und aufmerksam.

Start mit Weile

Bevor wir mit der eigentlichen Arbeit anfingen, gönnten wir Douglas ein halbes Jahr Pause. Das empfiehlt sich für alle jungen Pferde, die auf Auktionen gekauft werden. Es läßt sich offensichtlich nicht vermeiden, daß im Laufe der Auktionsvorbereitungen die Pferde stark gefordert werden, um sich optimal zu präsentieren, was unter anderem bedeutet, deutliche Trabverstärkungen zu zeigen. Dazu werden die Pferde trotz ihrer Jugend stark zusammengestellt, zeigen oft Tritte, die ihrem wahren Ausbildungsstand gar nicht entsprechen (können) und werden so physisch und psychisch überfordert. Jahre später erwarb ich einmal ein Pferd auf einer Hessenauktion, bei dem der Vorgurt an den Seiten das Fell aufgescheuert und einen Satteldruck hatte. (Der Vorgurt soll bei jungen Pferden mit noch unausgeprägter Sattellage verhindern, daß der Sattel auf die Schulter rutscht). Die Stellen hatten sich entzündet. Um keine Trainingszeit zu verlieren, war das Pferd dennoch weitergearbeitet worden. Es hat fast vier Monate gedauert, bis die Wunden abgeheilt waren und wir mit der Arbeit ganz von vorne anfangen konnten.

Longieren – (fast) ein Allheilmittel

Die Ausbildung von Douglas begann zunächst an der Longe. Das machte ich entweder selber oder später mein Stall-

Douglas war immer ein zuverlässiger Partner. Hier im versammelten Galopp.

Douglas auf dem richtigen Weg: Gut gesprungener Bergaufgalopp in schöner Selbsthaltung.

meister Fritz Baranowski, der ein Spezialist im Longieren war.

Die Arbeit an der Longe muß man genauso lernen wie Reiten. "Richtiges Longieren ist eine Kunst" schrieb Oberst Aloys Podhajsky, der frühere Leiter der Spanischen Reitschule in Wien und Olympiadritte von Berlin 1936. Auf keinen Fall darf es ungeschulten Leuten überlassen werden.

Es gibt eigentlich kein Stadium, in dem Longieren nicht von Nutzen ist. Ich spreche hier ausdrücklich vom Longieren als Ausbildungsmittel, nicht von bloßem Im-Kreis-Laufen-Lassen, möglichst noch mit Halfter, wie es oft auf Abreiteplätzen von Turnieren zu beobachten ist. Das hat mit Longieren nichts zu tun. Als Notlösung mag es gehen, wenn ein Pferd unbedingt bewegt werden muß und niemand da ist, der es reiten oder richtig longieren kann. Im Grund aber halte ich von dieser Art, Pferde zu bewegen, nicht viel. Die Verletzungsgefahr ist durch unkontrollierte Bocksprünge, Streichen und Auskeilen sehr groß. Ohne Ausbindezügel wird das Pferd verleitet, den Hals vom Widerrist an zu verbiegen - gerade das will man vermeiden. Den Zweck des Longierens definiert Podhajsky: „Das Vertrauen des Pferdes zu gewinnen, es daran zu gewöhnen, sich dem Willen des Reiters unterzuordnen, es ohne Belastung des Reiters ins Gleichgewicht zu bringen, seine Geschicklichkeit zu vermehren und es wendsam zu machen. Mit dem Gewinnen des Vertrauens wird die beste Grundlage für den Gehorsam geschaffen. Gleichzeitig soll das Pferd durch diese Arbeit langsam die Sprache des Reiters, die Hilfen, kennenlernen."

Sprache des Reiters

Das Gewöhnen eines ungerittenen Pferdes an Sattel und Trense, die allererste Arbeit mit der jungen Remonte, fiel bei uns im Stall so gut wie nie an, weil wir keine ganz rohen Pferde kauften, die keinen Reiter kannten. Schon deswegen nicht, weil ich die Pferde selbst im Sattel ausprobieren wollte. Ein ungerittenes Pferd zu kaufen, das man nur auf der Weide oder in der Halle beim Freilaufen beurteilen kann, ist ein noch größeres Wagnis, als es jeder Pferdekauf ohnehin schon ist. Das können nur wirklich sehr erfahrene Pferdeleute, die ständig junge Pferde sehen und beurteilen. Und dazu zählte ich mich nun doch nicht.
Die Longenarbeit bei uns im Stall hatte mehrere Zwecke: Zunächst das Pferd so zu lösen und vorzubereiten, daß ich sofort nach dem Aufsitzen mit dem eigentlichen Training beginnen konnte. Damit sparte ich bei der Morgenarbeit wertvolle Zeit. Anders hätte ich nie drei Pferde reiten können, ehe ich in die Firma fuhr, wo mich ab neun Uhr Termine erwarteten. Die Longenarbeit stellte sicher, daß die Pferde selbst bei meinen knapp bemessenen Stunden zu ihrem Recht, nämlich ausgedehnter Bewegung, kamen. Das lief so ab, daß Baranowski morgens um fünf Uhr fütterte, um sechs anfing zu longieren und ich um halb sieben das erste Mal im Sattel saß. Zweitens wurden die Pferde zwischen den Turnieren, wenn ich beruflich viel unterwegs war, longiert.
Und drittens bewährte sich die Longenarbeit vor allem, wenn Probleme auftauchten, bei Verspannungen, Anlehnungsproblemen, Taktfehlern. Eine Zeitlang das Pferd ohne Reiter an der Longe arbeiten, vermag Wunder zu bewirken.
Schließlich wird das Pferd mit Hilfe der Longe in der Durchlässigkeit und Versammlung ganz entscheidend gefördert. In diesem fortgeschrittenen Stadium bewährt sich besonders die Doppellonge. Sie verlangt allerdings vom Longenführer noch mehr Feingefühl und Erfahrung als die einfache Longe. Daran sollte sich nur wagen, wer den Umgang mit der Doppellonge regelrecht erlernt hat. Sonst ist der Schaden größer als der Nutzen. Ich hatte ja früher bei Adam Hank Gelegenheit, mit der Doppellonge zu arbeiten, und Baranowski war auf dem Gebiet ein Könner.
Die Doppellonge hat den Vorteil, daß das Pferd auf beiden Seiten gleichmäßig an der Hand steht. Es kann sich nicht so leicht schief machen oder verwerfen wie mit einfacher Longe. Beim Erlernen von Piaffe und Passage schließlich erleichtert die Doppellonge dem Pferd die Arbeit, weil zunächst das Reitergewicht fehlt. Dazu wird die Doppellonge zum "Langen Zügel" verkürzt, das heißt der Longenführer geht unmittelbar hinter dem Pferd her.
Longiert wurde bei uns grundsätzlich nur mit Ausbindern. Die Longe wurde in einen Steg zwischen den Trensenringen geschnallt. Für die versammelnde Arbeit verwendeten wir zuweilen einen Kappzaum mit Aufsatzzügel. Damit muß sehr vorsichtig umgegangen werden, weil die Gefahr besteht, daß sich die Pferde "aufkröpfen", eng im Hals und fest im Rücken werden. Der Aufsatzzügel darf erst angelegt werden, wenn das Pferd am Kappzaum völlige Durchlässigkeit erreicht hat. Und natürlich kam bei uns kein Pferd an die Longe, das nicht hinten und vorne mit Gamaschen oder Bandagen geschützt war. Denn Streichverletzungen an den Beinen sind ärgerlich und absolut vermeidbar!

Douglas *6.5.1949

Züchter: Heinrich Ehlers, Esch, Kreis Stade

Douglas	Duellant	Dolman	Detektiv
			Aussicht
		Forstweihe	Foliant
			Schnepfenjagd
	Gutswasser	Grunelius	Großinquisitor xx
			Kila
		Jalta	Jassy I
			Lusenka

Douglas hat im Reiterleben des Josef Neckermann einen besonderen Stellenwert; er hat ihn als dreijährige Remonte im Herbst 1952 in Verden auf der Auktion gekauft und als fertiges Grand Prix-Pferd 1957 durch Kolik verloren. Douglas ist Zeit seines Lebens nur von Josef Neckermann geritten worden.

Dieser anfangs etwas schmal wirkende Fuchs war ein typischer Duellant von der besten Sorte: mit drei hervorragenden Grundgangarten, hoher Leistungsbereitschaft und guter Rittigkeit, verbunden mit viel Gehlust. Schon früh offenbarten sich die hohen Anlagen dieses Hannoveraners. Auf dem noch heute berühmten Dobrock-Turnier an der Niederelbe gewann er 1952 unter seinem Züchter Heinrich Ehlers, Esch, die Materialprüfung für dreijährige Pferde. Diese Prüfung hatte damals im Zentrum des hannoverschen Zuchtgebietes eine Bedeutung, wie sie heute dem Bundeschampionat zukommt.

Auf der Herbstauktion 1952 in Verden "verliebte" sich Josef Neckermann (seine eigenen Worte) in diesen schmalen, aber interessanten Fuchs und kaufte ihn für 6200 Mark, damals ein Spitzenpreis.

Das vor mir liegende Bild von 1952, wohl kurz vor der Auktion aufgenommen, zeigt ein elegantes, eher leichtes Pferd auf vier korrekten Beinen stehend, mit viel Harmonie in seinen Körperformen.

Der Kopf ist ausdrucksvoll, das Genick leicht, der Hals genügend lang mit gutem Ansatz; die Schulter ist lang und schräg, auslaufend in einem prägnanten Widerrist. Die Oberlinie ist schön, gelungen

auch die Kruppenform, lediglich die Nierenpartie erscheint ein wenig fest. Douglas zeigte viel mehr Glanz, als sonst bei den Duellant-Kindern zu finden war.
Diese waren oftmals ziemlich gerade in der Oberlinie und insgesamt bei starkem Kopf und stets gutem Genick ein wenig derb.
So war Duellant selbst auch. Aber sein Feuer, seine Gehlust und seinen Schwung hat er fast allen seinen Kindern weitergegeben und so seinen Ruhm begründet, der in den Olympiadressur-Pferden Doublette und Dux seinen Höhepunkt fand.
Der besondere Glanz, der Douglas auszeichnete, kam von seinem Großvater Grunelius, der ein Sohn des bedeutenden Vollblüters Großinquisitor war. Dieser hat leider nur vier Jahre in Landesbrück gestanden, bevor er nach Trakehnen versetzt wurde.
Sein Blut hat sich im Mannesstamm in Hannover leider nicht halten können, während sein Enkel Gründer I zusammen mit dessen ganggewaltigem Sohn Grünspecht in Westfalen einen wahren Siegeszug antrat und so den heutigen modernen Westfalen wesentlich mitgestaltete.
Douglas kam von einem der berühmtesten Höfe Kehdingens, an der Niederelbe gelegen, der noch heute mit seinen Stuten in voller Blüte dasteht. Regelmäßig erscheinen Hengste vom Hof Ehlers, Esch, auf dem Verdener Hengstmarkt, und im Jahrbuch Zucht stehen alljährlich die Erfolge verzeichnet, die die Ehlersschen Pferde auch im Großen Sport erkämpft haben.
Die Mutter des Douglas, die Stute Gutswasser H 46 656, brachte später noch einen sehr bunten, mit großem weißen Bauchflecken ausgestatteten Bruder zum Douglas, der den Namen "Duplikat" erhielt und unter Lutz Merkel in Springen erfolgreich war. Später kam aus diesem Stamm der sieggewohnte Marcio xx - Sohn "Mazedo", den Bubi Günther vorgesstellt hat und der im Eigentum des Herrn Rimpau aus Hamburg stand.
Noch heute steht der Stutenstamm der Gronalta, Vollschwester der Gutswasser in vollem Saft. Waidmannsdank xx, Grande und Wendekreis haben ihn ausgebaut. Sein bekanntester Sproß ist das Springpferd Wembley, das viele schwere Springen unter Axel Wöckener und besonders unter Jürgen Kenn gewonnen hat.
Nach dem frühen Tod von Douglas hat Josef Neckermann dem hochveranlagten Fuchs, der alle Lektionen der hohen Dressur bereits achtjährig beherrschte, lange nachgetrauert. Er war immer davon überzeugt, daß Douglas eines seiner besten Pferde war, auch wenn er in seinem kurzen Leben nur vier Goldschleifen errang.

Ohne System geht es nicht

Die Ausbildung von Douglas verlief planmäßig und ohne Brüche oder längere Ausfälle. Er war sauber angeritten und schon in einer Materialprüfung auf dem Dobrock, einem großen regionalen Turnierplatz in Niedersachsen, vorgestellt worden, die er gegen die besten hannoverschen Nachwuchspferde seines Jahrgangs gewonnen hatte.
In den ersten beiden Jahren der Ausbildung gilt es, die Grundrittigkeit sicherzustellen. Das war bei Douglas kein Problem. Er ging von Natur aus vorwärts und verfügte über einen gut funktionierenden "Motor" in der Hinterhand. Das ist eine sehr wichtige Voraussetzung für ein Dressurpferd. Triebige Pferde sind für höhere Dressur nicht oder kaum geeignet. Zwar kann man solchen Pferden alles mögliche beibringen, aber die vollkommene Eleganz und Leichtigkeit auf dem Viereck werden sie nie erreichen.
Zusätzlich zur morgendlichen Arbeit, die immer durch ausgedehntes Schrittreiten abgeschlossen wurde, ging Douglas regelmäßig mit meiner Frau oder einem der Pferdepfleger ins Gelände. Zusätzlich kam er meist noch ein, zwei Stunden auf die Weide.
Es ist ein ganz schlimmer Fehler, der sogar in großen Ställen gemacht wird, die Pferde aus dem Stall zu holen, kurz "abzukochen" und dann wieder wegzustellen. Die Möglichkeit, sich außerhalb des eigentlichen Trainings ausgiebig zu bewegen, hält Sehnen und Gelenke gesund und ist wichtig für das Nervenkostüm. Gerade nach anstrengender Arbeit ist für ein Dressurpferd ein Spazierritt eine wahre Erholung. Es wird innerlich und äußerlich gelockert, geht mit neuer Konzentration und frischem Elan an die Dressurarbeit und stumpft nicht ab, ein Erzübel eintönigen Trainings. Ein Pferd muß hin und wieder Gelegenheit haben, die Seele baumeln zu lassen!
Pferde, die viel sehen, auch außerhalb ihrer festgefügten Welt zwischen A und C, sind auf dem Turnier nicht so schnell zu erschüttern. Alle unsere Dressurpferde kamen täglich auf die Weide - und ich hatte auf Turnieren so gut wie nie Probleme mit scheuenden Pferden. Eine Ausnahme war Sonnyboy, der am Rande des Vierecks immer etwas zu entdecken hatte, was ihm wichtiger erschien als die Lektion, die ich gerade von ihm forderte. Ausgerechnet er durfte nie auf die Weide, da er sehr temperamentvoll war und ich befürchtete, er könnte sich verletzen. Meine Besorgnis war völlig unbegründet, wie sich herausstellte: Sonnyboy ging später nach Toronto zu meiner Tochter Evi Pracht, kam dort regelmäßig in den Paddock und war fortan ein Musterknabe im Viereck. Man lernt eben nie aus!
Noch einem unserer Pferde mußte der Weidegang gestrichen werden, und das war Venetia. Sie war auf keiner Koppel zu halten und sprang auf gute Holsteiner Art, wenn es sein mußte, über jeden Zweimeter-Zaun!
Zurück zu Douglas. Ich habe ihn von Anfang an selbst geritten, zunächst ausschließlich auf Trense. Er hatte ein feines Maul und keinerlei Selbsthaltungsprobleme, wie zum Beispiel Duero, mein letztes Erfolgspferd, der aufgrund seiner enormen Schubkraft Schwierigkeiten hatte, sich zu tragen, ohne das Gebiß als fünftes Bein zu mißbrauchen. Ich habe bei meinen Pferden sehr darauf geachtet, daß sie im Genick nachgaben, sich am Gebiß abstießen und damit leicht in der Anlehnung blieben. Mein Ziel war es, daß jeder meine Pferde nachreiten konnte, selbst die Kinder in den Anfängen ihrer Ausbildung.
Douglas' gleichmäßige Fortschritte lassen sich an seinen Turniererfolgen ablesen: 1953, als Vierjähriger, siegte er in sechs Material-und Eignungsprüfungen und in

einer A-Dressur (eine Ausnahme, an sich startete ich nicht in A-Dressuren). In den Eignungsprüfungen wurde ebenso wie heute ein kleiner Parcours verlangt, was meiner Auffassung von einer möglichst vielseitigen Grundausbildung sehr entgegen kam. Douglas sprang gerne und mit großer Veranlagung. 1954 gewann er vier L-Dressuren, 1955 gab es neben zwei L-Siegen auch die ersten M-Plazierungen. 1957 war Douglas acht Jahre alt, und wir beide gewannen gemeinsam unsere erste S-Dressur in Herborn. Daneben starteten unsere Kinder ihn noch in etlichen Jugendreiterprüfungen. Zu diesem Zeitpunkt war Douglas bereits Grand Prix-fertig.
Für die Ausbildung eines Pferdes bis zum Grand Prix rechnet man fünf Jahre, ganz grob gesagt in jedem Jahr eine Klasse: A (Anfänger), L (leicht), M (mittel) und S (schwer), sowie ein Jahr zusätzlich bis zur Grand Prix-Reife. Das ist mehr oder weniger über den Daumen gepeilt. Denn jedes starre Schema bei der Ausbildung eines Pferdes ist von Übel. Es gibt Phasen, in denen man schneller vorgehen kann, in anderen darf der Reiter mit Rücksicht auf die körperliche Entwicklung des Pferdes nur kleine Schritte machen. Einige Dinge lernt ein Pferd rasch, für andere braucht es längere Zeit, bis es sie begriffen hat. Gerade bei Pferden, die noch wachsen - Wallache sind ja erst mit sieben Jahren ausgewachsen - sind Verzögerungen und Rückschläge in der Ausbildung unausweichlich. Darauf muß der Reiter gefaßt sein. Sie blieben uns auch bei Douglas nicht erspart. Er wuchs fünfjährig mehrere Zentimeter, erreichte schließlich ein Stockmaß von 1,68 Metern. Als Folge davon verlor er vorübergehend etwas von seinem raumgreifenden Gang, hielt sich auf einmal auch im Rücken fest, hatte rundherum Probleme mit sich und seinem Gleichgewicht. In dieser Phase haben mir Edwin Graf Rothkirch und Hilmar Freiherr von Seherr-Thoss, zwei große Dressur-Fachleute, sehr geholfen. Ich war sicher, in der Ausbildung irgendeinen Fehler gemacht zu haben. Schließlich kam ich zu dem Schluß, daß die Schwierigkeiten mit der Entwicklung des Pferdes zusammenhingen. Auch in diesem Fall hat Baranowskis Longenarbeit das Problem behoben: Ohne Reitergewicht lernte Douglas wieder, mit schwingendem Rücken an das Gebiß heranzutreten. Hinzu kam sehr viel lösende Arbeit und intensives Vorwärtsreiten. Sobald wir den Rücken wieder zur Losgelassenheit bringen konnten, kam auch der große Gang zurück.

Hilmar Frhr. von Seherr-Thoss: ein großer reiterlicher Fachmann, Verfasser mehrerer Bücher und mir ein unersetzlicher Berater bei der Ausbildung von Douglas.

Erst das Fundament

In den ersten beiden Ausbildungsjahren müssen die Grundlagen gefestigt werden. Unsere deutsche Reitlehre gibt dafür einen klaren Rahmen vor, der auf den überlieferten Lehren vor allem von Steinbrecht fußt.
Er umfaßt Losgelassenheit, Durchlässigkeit und Versammlung. Während Losgelassenheit und Durchlässigkeit ausreichen, ein gehorsames und angenehmes Reitpferd heranzubilden und unabding-

Auf Douglas 1957: zum ersten Mal beim CHIO Aachen in der Soers.

bare Voraussetzungen für jedes Spring- und Vielseitigkeitspferd sind, ist die Versammlung dem Dressurpferd vorbehalten.
Nur bei entsprechender Versammlung ist es in der Lage, die Lektionen der höheren Klassen bis hin zur Hohen Schule auszuführen. Ein Pferd kann zwar auch ohne Versammlung ein gutes Reitpferd sein, aber niemals, solange es nicht durchlässig ist, also gehorsam allen Hilfen des Reiters folgt.
Der bewährte Grundsatz von Steinbrecht "Richte dein Pferd gerade und reite es vorwärts" war die Leitlinie meiner Arbeit.
Werden in der Grundausbildung faule Kompromisse gemacht, schleichen sich Fehler ein, die später nur schwer auszumerzen sind und mit denen der Reiter immer wieder zu kämpfen hat, wenn einmal mehr verlangt wird.
Das wollte ich bei Douglas unter allen Umständen vermeiden. In der Grundausbildung kam es mir nicht so sehr darauf an, bestimmte Lektionen einzuüben, die in den Turnieraufgaben verlangt werden, sondern die Lektionen als Mittel zu benutzen, das Ausbildungsziel zu erreichen. Hierfür stehen dem Reiter weit mehr Übungen zur Verfügung als die in den Aufgaben vorgegebenen. Ich habe indessen den Eindruck, daß von ihnen in der heutigen Pferdeausbildung sehr wenig Gebrauch gemacht wird. Früher setzten sich meines Erachtens die Ausbilder gründlicher und aufmerksamer mit den Möglichkeiten des einzelnen Pferdes auseinander. Sie zogen Übungen heran, die man heute kaum noch sieht, die aber in den ersten Jahrzehnten dieses Jahrhunderts zum Repertoire einer abwechslungsreichen Ausbildung gehörten. Ein Beispiel: Um den Außengalopp zu festigen, bewährt sich eine sehr einfache, jedoch selten gerittene Lektion. Man reitet im Außengalopp auf die kurze Seite zu, biegt vor der Ecke vom Hufschlag ab und reitet in einer Art umgekehrten Aus-der-Ecke-Kehrt-Wendung wieder in einem Bogen auf den Hufschlag zurück. Im Laufe der Ausbildung wird der Kreis immer kleiner geritten, sogar bis hin zur Pirouette.
Ein anderes Beispiel: es gibt so viele verschiedene Seitengänge, Travers, Renvers, Schulterherein. Gleichwohl trainieren die meisten Reiter ständig Traversalen, weil sie in den Turnieraufgaben am häufigsten gefordert werden. Damit engen sie die Palette ihrer Möglichkeiten, ein Pferd zu gymnastizieren, unnötig ein. In dieser Hinsicht habe ich mir eine Menge von den großen Meistern abgeguckt, die ich noch selbst im Sattel beobachten konnte: Richard Wätjen (dessen Buch zu den Standardwerken über Dressurausbildung zählt), August Staeck, Felix Bürkner, Otto Lörke oder Fritz Stecken. Ich habe ihnen stundenlang zugeschaut, wann immer ich Gelegenheit dazu fand. Am liebsten auf dem Abreiteplatz. Wie werden die Pferde vorbereitet, welche Lektionen geritten, welche nicht, welche Hilfe benutzt der Reiter, wie teilt er sich die Zeit ein? Tausend Dinge, die man auf diese Weise ler-

nen kann, wenn man entschlossen ist, zum Reiten nicht nur das Gesäß, sondern auch die kleinen grauen Zellen zu bemühen! Ich versuche, den jungen Reitern, die meinen Rat suchen, klar zu machen, wie wichtig das Zuschauen ist. Ausreden (keine Zeit!) lasse ich nicht gelten.
Insgesamt war die Arbeit mit Douglas ein wahres Vergnügen, was zum großen Teil an dem herrlichen Charakter dieses Pferdes lag. Er bot alles an, er wollte alles richtig machen und gab sich riesige Mühe. Ich war überzeugt, mit diesem Pferd den Durchbruch in den Spitzensport zu schaffen.

Karriereplan

Beim Aufbau von Douglas' Turnierlaufbahn folgte ich meinem Grundsatz: Reite nie ein Pferd in einer Prüfung, wenn du nicht gewiß bist, unter den ersten dreien zu sein. Es kann in der Prüfung allemal etwas schief laufen. In der Ausbildung jedenfalls sollte das Pferd schon ein ganzes Stück weiter sein, als es die Aufgabe verlangt.
Ein Pferd, zu früh herausgebracht, verdirbt seinen Ruf bei den Richtern - und das ist oft schwerer zu korrigieren als eine mißlungene Lektion. Dazu gesellte sich mein Ehrgeiz: Wenn ich startete, wollte ich siegen, selbst in einer L-Dressur. Insofern bin ich kein wahrer Verfechter des olympischen Gedankens, wonach nicht der Sieg, sondern die Teilnahme das Wichtigste sein soll. Mit dem zweiten Platz fing für mich seit jeher die Niederlage an. Was nicht heißen soll, daß ich nicht trotzdem die bessere Leistung anerkennen konnte. Ich erinnere mich genau an das Turnier in Walldorf, als Douglas seine erste M-Dressur gewann. Ich wurde gefragt, warum ich nicht auch in S startete. Er beherrschte zwar längst alle Lektionen, trotzdem war er mir noch nicht sicher genug. Später in Herborn belegte er dann auf einen Schlag in der M- und S-Dressur den ersten Platz.
Wenn ich mir heute manchen Grand Prix mit 40 Startern anschaue, möchte ich mindestens der Hälfte der Reiter empfehlen, zu Hause zu bleiben und weiter zu arbeiten, bis ihr Pferd entsprechend gefördert ist. Man kann es drehen und wenden wie man will, Dressur ist ein Sport mit persönlicher Bewertung mit großem Ermessensspielraum, und die Karriere von Pferd und Reiter muß von Anfang an richtig „gemanagt" werden.
Dabei sind ganz simple Dinge zu beachten. Pferd und Reiter müssen sich zum Beispiel tadellos präsentieren. Der erste Eindruck ist entscheidend. Um einen amerikanischen Werbeslogan zu zitieren: „Sie bekommen nie eine zweite Chance, einen guten ersten Eindruck zu machen!"

Genaues Halten – der Anfang des Erfolges

Hier sollte ich zu meinem "Dollpunkt", dem Einreiten und Halten, etwas sagen. Ich behaupte nämlich, daß mit dieser allerersten Lektion schon über Erfolg und Mißerfolg einer Prüfung entschieden wird. Die Grußaufstellung muß mindestens eine 8 (gut), möglichst eine 9 (sehr gut) wert sein. Es ist für die Richter schwer, sich dem Eindruck eines fulminanten überzeugenden Auftaktes zu entziehen. Mit dem Einreiten gibt der Teilnehmer seine Visitenkarte ab. Wer da krumm und schief auf die Mittellinie schleudert, zum Durchparieren zwei Pferdelängen braucht, sein Pferd nicht zum ruhigen Stehen veranlassen kann, nach hektischem Gruß, als ob er's eilig hätte, seine Aufgabe beginnt, braucht sich nicht zu wundern, wenn die Richter selbst bei folgenden gut gelungenen Lektionen nicht in Schwung kommen. Merke: Auch Richter sind Menschen.

Jedes Pferd kann das perfekte Halten lernen. Man muß es nur oft genug üben - meinetwegen 30 mal pro Stunde. Damit kann man bereits in der Grundausbildung anfangen, spielerisch und ohne Zwang. Am Ende der Arbeit reitet man auf die Mittellinie, hält, läßt das Pferd einen Moment stehen, erst kurz, dann etwas länger. Ein Helfer korrigiert eventuell herausstehende Vorder- und Hinterbeine ganz vorsichtig mit der langen Gerte, bis von allen Seiten nur jeweils zwei Beine zu sehen sind. Auf keinen Fall darf der Reiter sich zu einer Seite herunterbeugen, um zu kontrollieren, ob das Pferd richtig steht. Durch die Gewichtsverlagerung würde er es geradezu ermuntern, jetzt unruhig hin und her zu treten. Sogar dem feinfühligsten Gesäß kann freilich entgehen, wenn ein Bein eine Hufbreite herausgestellt ist. Wenn der Reiter keinen Helfer in der Bahn hat, muß er zur Kontrolle vor den Spiegel reiten. (Eine Reitbahn kann nie genug Spiegel haben.) Steht das Pferd schließlich richtig auf allen vier Beinen, wird es ausgiebig gelobt. Am besten sitzt der Reiter ab, klopft es, gönnt ihm vielleicht sogar ein Stück Zucker, damit es weiß, daß es seine Sache gut gemacht hat. Danach kann man ruhig wieder aufsitzen und noch eine Weile Schritt reiten.

Auch wenn es so leicht aussieht: Das ruhige Halten stellt große Anforderungen an das Pferd. Es muß sich vollkommen im Gleichgewicht befinden, innerlich und äußerlich. Im frühen Ausbildungsstadium gestattet man ihm einen etwas längeren Hals. Im Laufe der fortschreitenden Versammlung muß das Pferd lernen, mit stärkerer Aufrichtung völlig regungslos zu stehen.

Die Forderung nach unbeweglichem Halten ist kein übertriebener Drill, keine falsche Dressur im Sinne von Pudeldressur, sondern sie vermittelt den Richtern einen ersten Eindruck über die Verfassung von Pferd und Reiter, über die Konzentration, mit der sie die bevorstehende Aufgabe bewältigen werden, über die Durchlässigkeit und in höheren Klassen die Versammlung des Pferdes. Hektische, verspannte, nervöse und von ihrem Reiter "aufgemischte" Pferde werden niemals ruhig auf allen vier Beinen stehen können, weil ihnen die innere Gelassenheit fehlt. Bei der täglichen Arbeit müssen natürlich die Haltepunkte gewechselt werden, also nicht ständig nur bei X halten, sondern auch mal vorher bei L oder nachher bei G. Die Pferde müssen immer aufmerksam auf die Hilfen des Reiters achtgeben.

Bei Douglas wurde, ebenso wie bei meinen späteren Pferden, das Einreiten bald zum Markenzeichen. Egal, was um ihn herum geschah, beim Gruß stand er wie eine Mauer. Er war auf dem Turnier genauso brav und konzentriert wie zu Hause.

Das war lediglich zum Teil seinem friedlichen Gemüt zu verdanken. Der andere Teil wurde bei allen meinen Pferden durch eine Art "Horror-Training" erarbeitet, das jedem Polizeipferd zur Ehre gereicht hätte. Er mußte zwar nicht durch brennende Reifen springen – das nun doch nicht –, aber ansonsten wurde alles ausprobiert, was einem Pferd bei einem Turnier widerfahren kann. Eine Sekretärin aus unserer Firma mußte sich in die Halle setzen und Schreibmaschine schreiben, bis Douglas das Geklapper ignorierte. Ich kannte genügend Pferde, die nur darauf warteten, daß eine Schreibmaschine losging, um die Gelegenheit zu nutzen, den „wilden Mann" zu spielen. Die Kinder und später Enkel wurden - alle Erziehungsgrundsätze außer Kraft setzend - ermuntert, sich am Rande des Vierecks lebhaft zu bewegen und auf der Tribüne herumzutoben. Sonntags bestellten wir Freunde und Bekannte als Claqueure. Nichts war uns heilig: Wir liehen uns sogar beim Pfarrer die Ratschen aus, mit denen in der Ostermesse geklappert wird ... "Neckermanns spielen Turnier", sagte Gerda Singer dann in milder Resignation. Das Spiel kam uns im Ernst zugute. Douglas und seine vielen Nachfolger waren durch fast nichts zu erschüttern.

In keinem Stadium der Ausbildung, weder mit Douglas noch später mit anderen Pferden, habe ich allein, ohne einen Helfer gearbeitet. Selbst der perfekteste Reiter kommt auf die Dauer nicht ohne jemanden aus, der ihn auf Fehler aufmerksam macht und Vorzüge bestätigt. Wer anderes behauptet, lügt sich selbst in die Tasche. Es gibt bestimmte Dinge, die man aus dem Sattel nicht erfühlen kann. Das fängt, wie geschildert, mit dem korrekten Stehen an. Es gilt beim Rückwärtsrichten - tritt das Pferd wirklich diagonal mit beiden Beinpaaren zurück? Geht das Pferd gerade? Stimmen Biegung und Stellung in der Traversale? Springt das Pferd die Pirouette wirklich einwandfrei durch, richtig gebogen und fleißig? Das alles kann am besten von der Reitbahn beobachtet und kontrolliert werden - im übrigen ist das die Perspektive der Richter. Der Helfer muß kein absoluter Könner im Sattel sein, aber jemand, der etwas vom Reiten versteht, der weiß, wie es richtig aussehen muß und sich insgesamt einen Blick für die Harmonie der Bewegung bewahrt hat. In der Dressur gilt ein simpler Satz: Richtig ist nur, was schön aussieht. Sehr oft hat mir meine Frau geholfen, die über fundiertes Wissen, vor allem über ein unbestechliches Auge, verfügte. Fast intuitiv merkte sie, wenn es irgendwo hakte.

In der täglichen Arbeit stand meist unser Stallmeister Fritz Baranowski auf dem Viereck, der durch die Longenarbeit die Stärken und Schwächen der Pferde genau kannte. Doch gelegentlich rief ich auch einen Lehrling oder Pferdepfleger in die Bahn und ließ sie laut sagen, was falsch war.

Gleichgültig, wer mich korrigierte, ich habe niemals widersprochen oder angefangen zu diskutieren. Als Reiter habe ich den Mund zu halten, auch wenn ich in Gedanken den Kritiker am liebsten umgebracht hätte! Das war eine der Lehren, die ich Adam Hank verdanke und nie vergessen werden. Und Fritz Baranowski war weiß Gott nicht zimperlich in seiner Wortwahl! Mitten auf dem Abreiteplatz in Aachen brüllte er mich mit seinem ostpreußischen Dialekt einmal an: "Herrrr Neckerrrrrmann - und Sie wollen Weltmeister sein!" Niemals habe ich so viele grinsende Gesichter am Rande des Abreiteplatzes gesehen! Aber selbst da blieb ich dem Grundsatz treu: Im Sattel ist Mundhalten angesagt!

Diese eiserne Disziplin fällt heutzutage vielen jungen Reitern schwer, die gewöhnt sind, an der langen Leine zu laufen. Allein deswegen ist das Reiten zur Erziehung junger Menschen Gold wert. Als Reiter lernen sie, Rücksicht zu nehmen auf ein anderes Lebewesen, das Bedürfnisse anmeldet, Ansprüche stellt und nicht weggelegt werden kann wie ein Tennisschläger. Das Pferd kommt immer zuerst - für manchen verwöhnten Teenager eine ganz ungewohnte Erfahrung.

Mit fortschreitender Ausbildung von Douglas betrat ich Neuland. Zwar hatte ich bei Adam Hank schon alle Lektionen der Hohen Schule reiten dürfen - Alexander sei Dank - aber zum ersten Mal brachte ich diese Lektionen selbst einem Pferd bei, zunächst ohne professionellen Trainer. Von 1957 bis 1967 hat Kurt Laabs mir geholfen. Douglas' Gelehrigkeit erleichterte unsere Arbeit sehr. Mit den Galoppwechseln zum Beispiel hatte er überhaupt keine Probleme. (Anders als später Asbach. Der hatte vor allem Schwierigkeiten bei den Einerwechseln, die ich ohne Kurt Laabs nicht hätte beheben können.)

Mit den Galoppwechseln fingen wir beim Übergang vom zweiten zum dritten Jahr der Ausbildung an, zunächst auf einer Acht an der kurzen Seite. Das Pferd kann an dieser Stelle nicht wegstürmen, weil die Bande an drei Seiten bremst.

Als Douglas knapp sieben Jahre alt war, begannen wir mit Piaffen und Passagen, zunächst durch die Arbeit an der Doppellonge und an der Hand. Ich halte nicht viel davon, ein Pferd ausschließlich an der langen Seite an der Hand in den Piaffen zu arbeiten. Das Pferd zieht dann das Bein, an dem die Touchiergerte gerade angesetzt wird, mehr an als das andere. Sehr schnell wird es zu den bekannten ungleichen Tritten verleitet, die sehr schwer, wenn überhaupt, zu beheben sind. Deswegen soll der Reiter ein Pferd vom Sattel aus nie mit einer Gerte zum Piaffieren oder Passagieren bringen. Dabei besteht die Gefahr, daß es zu ungleichen Tritten geradezu aufgefordert wird. Wenn schon, muß der Reiter mit zwei Gerten reiten, was wiederum sehr viel Routine und Feingefühl erfordert, damit das Pferd nicht jedesmal einen Ruck ins Maul bekommt, wenn die Gerte benutzt wird. Das Pferd muß dazu federleicht am Zügel stehen, so daß die Gerte nur mit den unteren Fingern bewegt wird. Douglas blieb auch bei diesen Lektionen der hohen Versammlung gelassen, obwohl er ein hochsensibles Pferd war. Man erlebt es ja oft, daß in diesem Stadium der Ausbildung Pferde mit schwachen Nerven Probleme bekommen und sich aufladen. Die einzige Schwierigkeit trat bei Douglas in der Passage auf: Er winkelte das Vorderbein, genauer den Unterarm, nicht genügend an. Das konnten wir durch Touchieren des Vorderbeins mit der Bambusstange vom Viereck aus beheben.

Kurzum, es ließ sich alles bestens an. Nach unserem ersten S-Sieg 1957 in Herborn träumte ich von einem Start bei den Olympischen Spielen in Rom 1960. Bis dahin, daran hatte ich keine Zweifel, würde Douglas zur Spitzenklasse zählen.

Er fand allgemeine Anerkennung beim Publikum und bei den maßgebenden Richtern wie Josef Pulte, Graf Rothkirch, Richard Abé und Horst Niemack, die mich zur Weiterarbeit ermutigten. Leider kam alles ganz anders.

Es geschah zwei Wochen nach unserem Auftritt in Herborn, wo uns eine große Zukunft prophezeit worden war.

Es war am 22. August 1957, an einem windigen Frühherbsttag. Douglas schien nicht ganz in Ordnung, und ich ließ unseren Tierarzt Dr. Klöppel rufen. So schnell ich konnte, fuhr ich auch zum Stall.

Douglas stand schweißüberströmt, schwer atmend in seiner Box. Dr. Klöppel war bereits eingetroffen und hatte sofort einen Kollegen der Tierärztlichen Hochschule Gießen hinzugezogen. Beide Ärzte tippten auf Darmverschlingung. Damals waren Bauchoperationen bei Pferden noch nicht möglich. Bei Kolik konnte man nur versuchen, mit Spritzen und Einläufen den Darm wieder durchgängig zu machen. Ich blieb bei Douglas. Wir versuchten alles nur Mögliche, ohne Erfolg. Sein Allgemeinzustand verschlechterte sich in den nächsten Stunden rapide.

Am nächsten Tag kam es zu einer weiteren Komplikation: Wasser drückte aufs Herz. Unser Kampf dauerte 17 Stunden. Dann starb er. Aus. Mein Freund aus fünf Jahren gemeinsamer Arbeit war tot. Ich wollte nie wieder reiten.

Fast hätte ich zum zweiten Mal Abschied vom Reitsport genommen. Aber dazu kam es nicht. Ich hatte ja eine Frau. Und die sagte: "Komm, Necko, wir finden ein neues Pferd für dich." So kam Asbach zu uns, es gab einen neuen Anfang. Douglas war an Magendurchbruch gestorben, wie die Obduktion ergab. Ich machte mir Vorwürfe: die unregelmäßigen Trainingszeiten, mal frühmorgens, mal spät in der Nacht, hatten seine Ruhe oft gestört - zu oft, wie ich heute meine. Er hatte Magengeschwüre bekommen, wie ein gestreßter Mensch - inoperabel bei einem Pferd. Von da an habe ich mich bemüht, meinen Pferden einen möglichst gleichmäßigen Tagesablauf zu gewähren, ihre Ruhezeiten zu respektieren, auch wenn es mit meinem engen Zeitplan manchmal nicht einfach war. Ich trainierte weiter frühmorgens, habe aber vermieden, die Pferde abends noch zu stören. Douglas' Tod war mir eine bittere Lektion.

5

Asbach und Förster

Kauf von Asbach

Da stand ich nun im Herbst 1957, ohne Pferd, aber mit dem Traum, irgendwie doch noch bei den Olympischen Spielen in Rom dabeizusein. Nicht als Zuschauer, sondern im Sattel. Natürlich war ich verrückt!
Und hielt Ausschau nach einem Pferd, das mir meinen verrückten Traum würde erfüllen können.

Asbach als Vierjähriger auf der Verdener Auktion.

Da wurde uns Asbach angeboten. Sein Steckbrief: neunjähriger, großrahmiger dunkelbrauner hannoverscher Wallach von Anilin. Gezogen war er von Bernhard Dresing in Alfhausen (Kreis Bersenbrück). Er gehörte Peter Busch aus Düsseldorf und hatte die beste Kinderstube genossen, die man einem Dressurpferd wünschen kann. Seine Grundausbildung als junges Pferd erhielt er von Richard Wätjen, einem der großen Dressurausbilder vor und nach dem Krieg. Wätjen galt als besonders einfühlsamer, geduldiger und nachdenklicher Reiter. Er gehörte zu den wenigen Zivilisten, die eine Ausbildung an der Spanischen Reitschule in Wien genossen haben. Niemals machte er Pferde auf die Schnelle "fertig" (im doppelten Wortsinn), sondern führte sie langsam Schritt für Schritt an neue Aufgaben heran - eine Geduld, die sich im späteren Leben eines Dressurpferdes doppelt und dreifach auszahlt und die man nicht oft genug fordern kann. Richard Wätjen war dabei, als Busch Asbach auf der Verdener Frühjahrsauktion 1954 zum Spitzenpreis von 7500 Mark kaufte. "Das wird mal ein Olympiapferd", soll er gesagt haben.
Wie bei Douglas, traf auch Asbachs Beschreibung im Katalog die Wirklichkeit recht gut:
"Großrahmiger, nobler Dunkelbrauner mit auffallender, aber dezenter Zeichnung. Viel Adel und Ausdruck. Eleganz in außergewöhnlich schwungvollen, raumgreifenden Bewegungen."
Als Wätjen Mitte der sechziger Jahre in die USA auswanderte, kam Asbach zu Robert Schmidtke, ebenfalls ein renommierter Dressurausbilder, der ihn bis zur S-Dressur förderte und erfolgreich auf Turnieren vorstellte.
Wenn ich heute die Pferde, die ich im Laufe meines Lebens reiten durfte, Revue passieren lasse, dann waren sie nicht nur - natürlich - unterschiedlich in ihren Anlagen und Eigenheiten, in ihren Stärken und Schwächen. Jedes Pferd hat in einer anderen Phase meines Lebens eine ganz besondere Bedeutung für mich erlangt. Douglas verdanke ich das Erlebnis, ein Pferd von Jugend auf bis zur Grand Prix-Reife auszubilden - auch wenn es uns nicht mehr vergönnt war, diesen Erfolg gemeinsam auszukosten. Mit Asbach gelang mir der Sprung vom ambitionierten, passionierten Freizeitreiter in die Dressurspitze, zunächst national, später auch auf internationaler Ebene.
Doch der Reihe nach. Als ich hörte, daß Asbach zu verkaufen sei, schickte ich Evi und Hänschen Pracht nach Düsseldorf, um ihn sich anzuschauen. Erstens hatte ich tatsächlich wegen meines Betriebes sehr wenig Zeit und zweitens wollte ich nicht durch übertriebenes Interesse den Preis in die Höhe treiben. Die beiden waren die richtige Vorhut.

Dazu muß ich etwas erklären. Seit unserer Turnierpremiere in Hanau war die Verbindung mit Hans Pracht nicht mehr abgerissen. Er freundete sich mit meinen Söhnen an. Annemi und ich mochten ihn ausgesprochen gerne. Nach kurzer Zeit gehörte er zu unserem Clan wie selbstverständlich dazu. Daß er ein Auge auf Evi geworfen hatte, fiel mir erst sehr viel später auf und Evi wohl auch. Bis zu ihrer Verlobung 1960 ließ sie ihn jedenfalls ganz schön zappeln. Hänschen war auf jedem Fest dabei, immer bester Dinge, fuhr mit zum Turnier, hatte bald seine Pferde bei uns stehen und nahm am sonntäglichen Reitunterricht teil. Dabei hatte es sich eingebürgert, daß die Nachbarn aus den geöffneten Fenstern die Neckermannschen Exerzierstunden mit großem Interesse verfolgten. Immerhin war Pracht zu dieser Zeit schon ein recht erfolgreicher Military- und Springreiter, was mich in keinster Weise davon abhielt, ihm genauso die Leviten zu lesen wie den übrigen Familienmitgliedern. Da kannte ich nichts.

Hänschen hatte eine Angewohnheit, die mich zur Raserei brachte. Über dem Sprung ruderte er wild mit mit den Armen herum, spreizte die Ellbogen dabei ganz nach außen ab. Furchtbar sah das aus.

An einem Sonntag morgen korrigierte ich ihn wieder, zum x-ten Mal. Schließlich wurde es ihm zu bunt. "Jetzt habe ich die Arme aber still gehalten!", beschwerte er sich.

"Herr Neckermann, hat er nicht. Er hat wieder gefuchtelt!", tönte es da aus einem Fenster von den Nachbarn. An diesem Tag war Hänschen zweiter Sieger. Das änderte nichts an der Tatsache, daß er von uns allen nicht nur als höflicher und besonders netter Kerl, sondern zudem als wirklicher Pferdemann akzeptiert wurde. Er entdeckte später zum Beispiel das Springferd Donald, das Alwin Schockemöhle bei den Olympischen Spielen 1968 in Mexiko ritt.

Bevor ich mir also Asbach selbst anschaute, wollte ich erst wissen, was Hänschen von ihm hielt. Und Evi sollte Asbach ausprobieren. Das tat sie auch und war begeistert von dem reell gerittenen Pferd mit dem herrlichen Charakter. Genau wie Hänschen, der ihr zusah. Die beiden hüteten sich, allzuviel Enthusiasmus zu zeigen, verabschiedeten sich schnell und riefen mich von der nächsten Telefonzelle aus an. Ich kaufte Asbach im Herbst 1957 für 20000 Mark. Selbst wenn Grand Prix-Pferde heute gelegentlich das Fünfzigfache kosten, damals war das sehr viel Geld für ein Pferd.

Ich war glücklich, so rasch ein Pferd gefunden zu haben, mit dem ich meinen sportlichen Weg weitergehen konnte. Asbach war noch nicht ganz Grand Prix-fertig. Für Piaffe und Passage zeigte er aber große Anlagen, das merkte ich beim Ausprobieren. Außerdem konnte er keine Einerwechsel. Aber der Winter war lang, und ich sah optimistisch der Trainingszeit mit Asbach entgegen, die vor mir lag.

Als der Kauf perfekt war, erzählten wir am selben Abend auf dem Ball anläßlich der Verdener Auktion strahlend von unserer Neuerwerbung. Allgemeines Schweigen, dann zögernd: "Ach ja, wie schön ..." Erst nach und nach erfuhr ich, warum die allgemeine Begeisterung sich in Grenzen hielt: Asbach sei doch nur verkauft worden, weil er wegen seines kurzen Halses nie ein Spitzendressurpferd werden würde. Das war durchaus nicht bewiesen.

Winterarbeit

Zzugegeben: Asbachs Hals war etwas kurz geraten. Das trat besonders in Erscheinung, wenn er nicht genügend losgelassen war. Es galt nun, diesen Fehler durch richtige Arbeit zu korrigieren, den Hals zur Dehnung zu bringen, ohne das

Ziel der Versammlung aufzugeben. Auf Turnieren sieht man sehr häufig Pferde, die im Hals unnötig eng gemacht werden, weil nicht darauf geachtet wird, den Motor des Pferdes, die Hinterhand, zu aktivieren und die Durchlässigkeit zu festigen, bevor man das Pferd vorne aufrichtet. Da sieht man zusammengezogene Hälse selbst bei Pferden, die von der Natur mit einem schönen langen Hals ausgestattet sind.

Mit der Zeit gelang es, Asbachs Silhouette zu verschönern, so daß der kurze Hals nicht mehr ins Gewicht fiel. Dieser "Gebäudefehler", wenn man so will, stand trotz gelegentlich kritischer Anmerkungen seiner Karriere nicht im Wege. Für mich war die Arbeit mit Asbach darüberhinaus ein Beweis, daß körperliche Unzulänglichkeiten bei einem Pferd leichter ausgeglichen werden können als charakterliche Mängel. Denn Asbachs Charakter war aus purem Gold. Niemals ließ er mich im Stich. Egal, auf welchem Boden, ob Gras, ob Sand, ob tief oder hart, ob Sonne und Hitze, ob Regen und Sturm, Asbach war immer "voll da", kämpfte mit, zuverlässig und unerschütterlich. Ich war nie allein im Viereck.

Die Kritiker, die dauernd an Asbachs Hals herummäkelten, übersahen seine herrlichen Grundgangarten, die ihm schon unter Schmidtke beim Hallenturnier in Hannover 1957 den Sonderehrenpreis für die besten Grundgangarten eingetragen hatten. Sie übersahen den einzigartigen Schwung, den dieses Pferd aus seinem Motor, einer energiegeladenen Hinterhand, entfalten konnte.

Die Arbeit mit Asbach war ein Vergnügen. Ich freute mich jeden Morgen auf sein freundliches ausgeschlafenes Gesicht, auf die Bereitschaft, mit der er bei der Sache war. Asbach war gelehrig und nahm nichts übel. Das Pensum, das ich mir für die nächsten Monate, bis zum Beginn der Turniersaison 1958, vorgenommen hatte, war beträchtlich. Im Frühjahr sollte Asbach Grand Prix – reif sein. Und bis dahin gab es noch viel zu tun. Neben der Festigung der Versammlung, der Arbeit an einer weiteren Dehnung des Halses, mußte an den Piaffen und Passagen gefeilt werden. Außerdem mußte er noch Einerwechsel lernen. Die bereiteten ihm zunächst große Schwierigkeiten. Fliegende Galoppwechsel bis zu zwei Tempi, also bei jedem zweiten Galoppsprung, beherrschte er schon recht sicher, nur bei den Einerwechseln kam er durcheinander. Entweder sprang er mit beiden Hinterbeinen zugleich auf, oder er sprang erst vorne um und dann hinten. Er sprang nach, sagt man dazu. Beides ist fehlerhaft. Einerwechsel sind ja tatsächlich auch eine sehr schwierige Lektion, und es gibt Pferde, die lernen sie nie. Die Experten streiten sich, ob Einerwechsel wirklich zu den der Natur abgelauschten Lektionen gehören, die Pferde auch in Freiheit ausführen. Alle Dressurlektionen sollen natürliche Bewegungen sein, die Pferde im Kampf oder im Spiel zeigen. Ich habe allerdings noch nie ein Pferd auf der Weide Einerwechsel springen sehen.

Doch Asbach mußte sie nun einmal lernen, selbst wenn es ihm schwerfiel. Ohne Kurt Laabs hätten wir das Problem wohl nicht in den Griff bekommen. Er behielt völlige Ruhe, wenn Asbach nicht sofort verstand, was man von ihm wollte. Zunächst verlangten wir nur drei Wechsel in Folge, lobten ihn sofort, bevor wir von neuem begannen. Dabei blieben wir an der langen Seite. Die Bande gab dem Pferd Halt. Erst danach verlangten wir die Einerwechsel wie in der Aufgabe auf der Diagonalen. Mit der Zeit wurden Einerwechsel Asbachs ausgesprochene Stärke.

Erste Turniere mit Asbach

Im Frühjahr war es soweit: Asbach beherrschte die Lektionen des Grand Prix. Wir konnten die ersten Turnierstarts ins Auge fassen.

Die Premiere war für März beim Frankfurter Hallenturnier vor heimischem Publikum angesetzt, zunächst in M- und S-Dressur.

Der Frankfurter Reit- und Fahrclub, Präsident Moritz von Bethmann, führte seit 1955 mit viel Schwung und Sportsgeist im Frühjahr das Festhallenreitturnier durch, das nach längerer Pause jetzt wieder auflebt.

Ich gehörte dem Vorstand an und erklärte mich bereit, im ersten Jahr das Reitturnier zu inszenieren, ohne daß die schmalbrüstige Kasse des Clubs allzusehr strapaziert würde.

Oberbürgermeister Dr. Walter Kolb übernahm die Schirmherrschaft, die Stadt Frankfurt eine Ausfallbürgschaft über 50000 Mark. Für den Rest war ich der Zwischenfinanzier. Um das Risiko möglichst klein zu halten, verwirklichte ich einige - für die damalige Zeit sehr moderne - Ideen, die mir mehr als ein dutzend Jahre danach für die Stiftung Deutsche Sporthilfe zugute kommen sollten: Ich suchte - und fand! - Sponsoren. Das war ein noch ungewöhnliches und wenig erprobtes Unterfangen, auf das ich mich da einließ. Die Linsenhoffs mit ihrer VDO, Dr. Egon Schumacher und sein Hofgut Neuhof, Generalkonsul Bruno Schubert und seine Henninger Bräu hatte ich ohnehin mit Rat und Tat zur Seite. Es gelang, die anfangs zögernden Frankfurter Firmen zu interessieren und für unsere Sache zu gewinnen. Sie stifteten Geld und Sachpreise, und sie kauften en bloc Eintrittskarten, die sie an Geschäftsfreunde und ihre Angestellten verteilten.

Der Kauf der Programme - mit Anzeigen - war mit einer attraktiven Verlosung verbunden, denn die beteiligten Firmen hatten auch Sachspenden zur Verfügung gestellt. Das war ein starker Anreiz. Die Programme gingen weg wie warme Semmeln. Drei Tage lang, von Freitag bis Sonntag, war die Frankfurter Festhalle ausverkauft, so daß der Club am Ende einen Reinerlös von 150000 Mark für sich verbuchen konnte.

Und das Publikum war von den sportlichen Leistungen der reiterlichen Prominenz hingerissen. Die Begeisterung kannte keine Grenzen. Manchmal wurde mir himmelangst, daß die Tribünen einstürzen würden.

Zum Abschluß spielten französische, schottische, englische und deutsche Militärkapellen gemeinsam das Lied vom guten Kameraden. Zehn Jahre nach dem Krieg hatte es für viele Zuschauer noch eine besondere Bedeutung.

Durchaus nicht üblich war, daß ein Turnier festlich ausklang. Wir veranstalteten im Frankfurter Palmengarten einen fröhlichen Reiterball, bei dem einer der Höhepunkte eine amerikanische Versteigerung war. Organisator, Moderator und Auktionator in einer Person war Josef Neckermann (mittlerweile bekannt wie ein bunter Hund). Was einige im feinen Club deutlich mißbilligten: "Ein Reitturnier ist doch kein Jahrmarkt!"

Nichtsdestotrotz: Die internationale Springreiter- und Dressurreiter-Elite war ebenso zufrieden wie die Basis. Unter Fritz Linsenhoff wurde das Festhallenturnier fortgesetzt. Es war, wie die meisten Turniere dieser Jahre, ein sportliches Treffen aller Klassen, von der Jugendvielseitigkeit auf A-Ebene über einen Mannschaftswettbewerb der Reitervereine bis zu Dressur- und Springprüfungen der Klasse S. Das ist heute völlig anders. Auf den großen Turnieren treffen sich nur die Spitzenreiter.

Es mag sein, daß das enorme Anwachsen des Turniersports es nicht anders zuläßt,

aber Basis und Spitze verlieren auf diese Weise ganz die Verbindung zueinander. Früher gab es auf allen bedeutenden Turnieren, so in Berlin und Dortmund, gleichzeitig noch Material- und Eignungsprüfungen für unsere jungen Pferde. Das ist längst vorbei, und ich bedaure das sehr.
Neben dem Sport spielte in Frankfurt wie anderswo der gesellschaftliche Teil ebenfalls eine große Rolle. Da wurden vergnügliche Abende auf Gut Neuhof vor den Toren Frankfurts und in Kronberg im Turnierstall Schwarzgelb veranstaltet, wo die Familie Linsenhoff auf der Stallgasse eine zünftige Erbsensuppe servieren ließ. Linsenhoffs, der Hamburger Stall Falkenstein von Rosemarie Springer und ihrem Reitmeister Willi Schultheis, das Gestüt Lauvenburg bei Neuß von Werner Schaurte und Anneliese Schaurte-Küppers, die Mannschaftssilbermedaillengewinnerin von 1956, das waren die Namen, die in jener Zeit den Ton angaben, mit Erfolgen im Rücken, die sich sehen lassen konnten. Dazu gehörte auch der junge Reiner Klimke, der sich schon mit Doublette an den Sichtungsprüfungen für die Olympischen Spiele 1956 beteiligt hatte.
Als Newcomer wurde ich von Anfang an freundlich aufgenommen, doch es schien immer mal durch, daß man den Josef Nekkermann vielleicht als Geschäftsmann, jedoch nicht unbedingt als Reiter ernst zu nehmen gedachte.
"Sie haben's gut, daß Sie nur zu Ihrem Vergnügen reiten", war gelegentlich gönnerhaft zu hören. Das stimmte zwar, ich ritt zu meinem Vergnügen, aber mein allergrößtes Vergnügen war es, den Rest des Feldes bei der Siegerehrung links von mir zu wissen. Das sagte ich vorsichtshalber nicht laut.
Unsere Frankfurter Premiere im März 1958 gelang vorzüglich. Asbach und ich wurden in beiden Prüfungen, in denen wir starteten, einer M- und einer S-Dressur, plaziert. Mit seinen hervorragenden Grundgangarten und seinem großen Schwung fiel Asbach allgemein auf. Obwohl wir nicht siegten, widmete uns Herr von Knobelsdorff in der Fachzeitschrift St. Georg lobende Worte:
"Wenn es einen Stilpreis für Reitertakt gäbe, würde ich diesen Herrn Josef Neckermann zuerkennen, der auf Asbach in bezug auf Sitz und Führung ein Bild abgab, wie ich es gleich elegant nur vom Rat Stensbeck und dem Freiherrn von Holzing in Erinnerung habe."
Auf diese Vergleiche konnte ich mir etwas einbilden. Gustav Stensbeck galt als einer der elegantesten, feinsten Reiter der Vorkriegszeit, ebenso wie Max von Holzing-Berstett, Flügeladjutant Kaiser Wilhelms II, später Gründer des Deutschen Olympiade Komitees für Reiterei (DOKR) und erster, bisher einziger deutscher Präsident des Weltreiterverbandes FEI.
Knobelsdorff fuhr fort: "Asbach hat sich einen weit höheren Platz wohl auch nur durch eine Ungenauigkeit in den Galoppwechseln verdorben. Ich fand den Wallach gegenüber früher auch weitgehend im Hals korrigiert, der, von Hause aus schon ein wenig kurz, gern etwas eng wird."
Asbachs Hals beschäftigte die einschlägigen Expertenkreise in den folgenden Jahren noch ausgiebig.
Nicht alle wollten es so genau wissen wie der Dressurrichter Carl Berger, der sogar einmal das Richterhäuschen verließ und an der langen Seite neben mir hertrabte, um zu sehen, ob Asbachs Nase wirklich vor der Senkrechten blieb. Das nenne ich Einsatz!

Grüne Saison 1958

Beim Pfingstturnier in Wiesbaden trat ich mit Asbach erstmals gegen die internationale Dressurelite an. Dort fand 1958 das CDIO (Concours de Dressage

International Officiel) statt, ein offizielles Dressurturnier der FEI, das damals nur einmal jährlich vergeben wurde. Auf dem FEI-Programm standen die offiziellen FEI-Aufgaben Prix St. Georges, Intermediaire (neu eingeführt) und Grand Prix. Damals gab es lediglich diese drei Aufgaben, heute sind zwei weitere hinzugekommen, die Intermediaire II und als Stechaufgabe der Grand Prix Special.
Ich startete im Prix St. Georges und in der Intermediaire. An den Grand Prix wollte ich mich erst wagen, wenn die letzten Schwächen beseitigt waren, also Asbach in Piaffe und Passage sowie in den Einerwechseln bombensicher war. In diesen beiden Prüfungen traf ich auf fast alle, die damals im großen Dressursport einen Namen hatten. Einige davon sollte ich zwei Jahre später in Rom unter olympischer Flagge wiedersehen.
Der Schweizer Wachtmeister Henri Chammartin gewann mit drei verschiedenen Pferden die drei FEI-Prüfungen. Mit Wolfdietrich setzte er sich im Prix St. Georges gegen die Mannschaftssilbermedaillengewinnerin von 1956, Hannelore Weygand auf dem Trakener Perkunos, durch. Asbach und ich wurden Sechste, in der Intermediaire Vierte - und das in allerbester Gesellschaft, in der nur der Stall Falkenstein, also Rosemarie Springer und Willi Schultheis, fehlten. Die Fachpresse bedachte uns einmal mehr mit freundlichen Kommentaren. Herr Neckermann sei derzeit der wohl korrektest sitzende Reiter in Deutschland, schrieb ein Berichterstatter.
Dem Pfingst-CDIO in Wiesbaden verdankte ich eine weitere interessante Bekanntschaft. Nach dem Ritt sprach mich ein hochgewachsener älterer Herr an und gratulierte mir zu den Fortschritten, die Asbach gemacht habe. Es handelte sich um Erich Glahn, einen pommerschen Gutsbesitzer und ehemaligen Kavallerieschüler, einen anerkannten Fachmann, dessen sachkundige und sprachlich kultivierte Veröffentlichungen über die Dressurreiterei mit größter Aufmerksamkeit verfolgt wurden. Er hatte unter anderem das Buch "Reitkunst am Scheidewege" geschrieben, einen Kommentar zu den Olympischen Reiterspielen 1956 in Stockholm. Darin prangert er die Gefahren für die klassische Reitkunst an, die Abwendung von den Grundwerten, wie reiner Gang und Losgelassenheit, hin zu bloßer Mechanisierung und Abrichtung. Glahn hatte Asbach, dessen Stärken ja gerade die Grundgangarten und der Schwung waren, in sein Herz geschlossen und versäumte nie, auf das solide Gerittensein dieses Pferdes hinzuweisen. Diese öffentliche Unterstützung durch einen unbestrittenen Experten hat uns bei unserem Aufstieg in die besseren Kreise der deutschen Dressur nicht geschadet.
Mit der Zeit entstand eine herzliche Freundschaft zu Erich Glahn, der gelegentlich meine Pferde in der Arbeit beobachtete, ausführliche und wertvolle Ratschläge gab und Asbach sogar ein paarmal longierte.

Bewährungsprobe in der Soers

Unsere nächste Bewährungsprobe stand in Aachen bevor. Dort sollte Asbach seinen ersten Grand Prix gehen, die schwerste Aufgabe, die im damaligen Dressursport verlangt wurde, so auch bei den Olympischen Spielen. (Heute werden die Einzelmedaillen im Grand Prix Special entschieden, der durch die schnelle Abfolge der Lektionen und den hohen Anteil an Piaffe und Passage einen noch größeren Schwierigkeitsgrad aufweist.) Aachen ist nicht irgendein Turnier. Aachen ist die Weltbühne des Pferdesports schlechthin und in seiner Atmos-

phäre unerreicht. Das liegt vor allem an den Aachenern, die eine Woche lang - damals sogar zehn Tage - nichts anderes im Kopf haben als Pferde und Reiter. Die Stars jener Tage, die Springreiter D'Inzeo aus Italien und Fritz Thiedemann oder die rasant reitende Amazone Anna Clement, genossen den Status von Volkshelden.
Die Turnierwoche ist Glanzpunkt des Jahres. Tag für Tag pilgern die Aachener in die Soers. Zum Abschied der Nationen, wenn alle Mannschaften zu den Klängen ihrer Nationalhymne noch einmal einmarschieren, ziehen die Menschen ihre Taschentücher und winken den Reitern „Auf Wiedersehen". Ein Anblick, der mir auch nach vielen Jahren noch einen Kloß im Hals verursachte. Aachen ist das deutsche CHIO, das offizielle internationale Reitturnier, das jedes europäische Land nur einmal im Jahr ausrichten darf. Zum Nationenpreis, dem springreiterlichen Höhepunkt, kommen der Bundespräsident, der Bundeskanzler oder zumindest ein hochrangiger Vertreter.
Die wenigsten Länder können ein komplettes CHIO (Concours Hippique International Officiel) mit den drei Disziplinen Springen, Dressur und Fahren ausrichten. Sehr viel häufiger sind reine Springturniere, also CSIO (Concours de Saut d'Obstacle International Officiel), obwohl die Zahl der internationalen offiziellen Dressurturniere (CDIO) in den letzten Jahren zugenommen hat. Erst wer in Aachen geritten ist, weiß, wo er in seinem Sport steht. Und deswegen sahen wir mit einer Mischung aus Herzklopfen und Vorfreude unserem Start in der Soers entgegen. Wir, Evi und ich. Meine Tochter durfte nämlich mit ihrem Vollblüter Graf in den M-Prüfungen reiten.
Die Dressurreiter standen damals wie heute im Schatten ihrer Kollegen im Roten Rock. Zu Unrecht, wie ich meine. Nur ein Häufchen unentwegter Fans fand an den Wochentagen morgens den Weg zu den Dressurprüfungen auf dem Platz neben den Stallungen. Es gab keine überdachten Tribünen, man saß auf ein paar hingestellten Holzbänken. Wer ganz sicher sein wollte, brachte seinen Sitzstock mit. Natürlich hatte die moderne Technik noch nicht Einzug gehalten. Die Wertnoten wurden mit Kreide auf eine Tafel geschrieben, etwa 20 Minuten nach dem Ritt.
Da stand man dann, umgeben von daumenhaltenden Familienmitgliedern und Freunden, und wartete, was der Bote mit dem Notenzettel in der Hand auf die Tafel schreiben würde. Die Szene erinnerte mich jedesmal fatal an die Schule, wenn die Klassenarbeiten zurückgegeben wurden...
Der 46jährige "Nachwuchsreiter" Josef Neckermann konnte mit seinen Aachener Noten mehr als zufrieden sein. In allen drei FEI-Prüfungen waren wir plaziert, am wertvollsten war der dritte Platz in unserem ersten Grand Prix. Zwar unterlief Asbach ein Fehler in den Einerwechseln, das Protokoll indessen lobte die Piaffen und Passagen, die Verstärkungen sowie Sitz und Einwirkung des Reiters. Letzteres schlug damals besonders hoch zu Buche, weil die entsprechenden Noten mit drei multipliziert wurden. Zwischenzeitlich wurde der Multiplikator für Sitz und Einwirkung abgeschafft, in meinen Augen ein Riesenfehler. Nur aus einem richtigen Sitz kommt richtige Einwirkung - das ist eine Binsenweisheit -, und es ist manchmal schon erschreckend, welche Sitzfehler sich selbst bei unseren Spitzenreitern auch heute noch einschleichen. Sitz und Einwirkung erhalten inzwischen wieder den Multiplikator zwei.
Der Grand Prix wurde überlegen gewonnen von der Engländerin Joan Gold auf Gay Gordon, einem Pferd, das unter Ines von Badewitz auf dem Kontinent bekanntgeworden war. Mit vier Siegen erlebte Joan Gold eine höchst erfolgreiche Aachener Woche, wie sie seitdem keinem Dressurreiter aus dem Pferdeland Großbritannien mehr vergönnt war.

Zweite im Grand Prix wurde meine frühe Stall-Mitbewohnerin Liselott Linsenhoff auf dem Vollblüter Monarchist, der so schön war, wie er frech sein konnte, ein Paar, gegen das ich in den folgenden Jahren oft anzutreten hatte. Liselott Linsenhoff war damals die höchstdekorierte deutsche Dressurreiterin: Mit einer Mannschaftssilbermedaille und der Einzelbronzemedaille war sie 1956 von den Olympischen Spielen in Stockholm zurückgekehrt.
Die Feuertaufe in der Soers für Asbach und mich war bestanden.

Dressur-Derby 1958

Für dieses Jahr hatte ich mir noch das Dressur-Derby in Hamburg-Flottbek vorgenommen.
Damit hat es seine eigene Bewandtnis: Es wurde und wird durch Pferdewechsel der vier, heute der drei besten Reiter aus den Vorprüfungen entschieden, ein System, das zeitweise auch für die Deutsche Meisterschaft angewandt wurde. Damals war das Dressur-Derby ein Highlight. Die besten Reiter bemühten sich um einen Platz im Finale. Heute ist es leider anders. Die Spitzenreiter scheuen offensichtlich den Pferdewechsel. Warum, ist mir schleierhaft. Fürchten sie, daß der fremde Reiter die "Knöpfe" an ihrem Pferd nicht findet? Haben sie Angst, auf den fremden Pferden eine schlechte Figur zu machen? Oder daß ein Konkurrent ihr Pferd besser vorstellt als sie selber? Ich weiß es nicht. Um die Reiter einigermaßen bei der Stange zu halten, dürfen sie sich heute mit ihrem ersten Pferd qualifizieren, um dann im Finale ihr zweites Pferd zu besteigen, eine windelweiche Lösung, die nicht hat verhindern können, daß das Dressur-Derby an sportlicher Bedeutung verloren hat.
Dazu haben im übrigen diejenigen Reiter

Dressurderbyfinalisten 1958. V.l.: Willi Schultheis auf Brillant, Rosemarie Springer auf Doublette, ich auf Korbej, Iwan Kalita auf Asbach.

beigetragen, die im Dressur-Derby besonders schwierige Pferde starteten, um die Konkurrenten in Verlegenheit zu bringen. (Auf der anderen Seite kann man es niemandem vorwerfen, wenn er die Möglichkeiten der Ausschreibung nutzt.)
1958 war die Dressur-Derby-Welt noch in Ordnung. Ungekrönter König dieser Veranstaltung war Willi Schultheis, der es bis-

1958 nahm ich zum ersten Mal am Deutschen Dressurderby teil. Asbach und ich konnten uns fürs Finale qualifizieren.

her jedesmal seit seiner Einführung 1955 gewinnen konnte. Insgesamt trug er sich achtmal in die Siegerliste ein, bislang nur übertroffen von Reiner Klimke, der 14 Mal mit dem "Blauen Band", wie die Derbyschärpe heißt, geschmückt wurde. Der Stall Falkenstein aus dem feinen Elbvorort Blankenese spielte 1958 die Rolle des Lokalmatadors: Willi Schultheis auf der hannoverschen Fuchsstute Doublette, wohl das stärkste Paar jener Jahre, und Rosemarie Springer, die damalige Frau des Hamburger Verlegers Axel Springer, auf dem Vollblüter Brillant (nicht zu verwechseln mit dem Schimmel Brillant des Gestüts Lauvenburg, den Harry Boldt ritt).
Die beiden Falkensteiner qualifizierten sich für das Finale, außerdem der Russe Iwan Kalita auf Korbej und ich auf Asbach. Ich hatte mit nur einem Punkt Vorsprung den Olympiasieger von 1956, den Schweden Henri St. Cyr, ausgebootet.
Das Finale fand in Planten und Blomen statt, einem herrlichen Park mitten in Hamburg. Zunächst ritt jeder sein eigenes Pferd, danach die Pferde seiner Konkurrenten. Die Pferde mußten also viermal gehen, eine enorme Anforderung, obwohl die Aufgabe lediglich knapp acht Minuten dauerte. Aber in diesen Minuten wollte jeder Reiter aus jedem Pferd das Beste herausholen.
Schon bei der Vorstellung unter Kalita war klar, welches Pferd der Schlüssel zum Erfolg sein würde: Korbej. Wer hier gewinnen wollte, mußte erst einmal den neunjährigen russischen Fuchs auf seine Seite bringen, der bereits unter seinem eigenen Reiter entschiedene Abneigung gegen die Richterhäuschen und eine aufgestellte Filmkamera zeigte.
Als erstes Fremdpferd mußte ich Brillant besteigen, ein ganz anderes Modell als mein großer braver Asbach. Wir fanden rasch zusammen, die Hanksche Schule, die mich gelehrt hatte, mich auf jedes Pferd schnell einzustellen, machte sich einmal mehr bezahlt.
Mit Doublette hatte ich keine Probleme. Als Fremdreiter fühlt man sich quasi als Gast im Sattel, versucht, sich taktvoll an das Pferd heranzufühlen. Die gut gerittene Stute reagierte herrlich leicht auf alle Hilfen, und zum Schluß der Vorstellung gelang uns noch ein starker Trab als Höhepunkt, der sich sehen lassen konnte.
Korbej übernahm ich als dritter Reiter, nachdem schon Rosemarie Springer etwas Mühe mit dem nervigen Fuchs hatte. Er ließ mich nur widerwillig aufsitzen und war zu Beginn der Aufgabe sehr unruhig. An regungsloses Stillstehen á la Neckermann war nicht zu denken, zudem schlichen sich Fehler ein, aber zuletzt wurden wir uns einigermaßen einig.
Rosemarie Springer und Willi Schultheis hatten den unübersehbaren Vorteil, die gegenseitigen Pferde genausogut zu ken-

nen wie die eigenen. Ich war gespannt, wie Frau Springer mit Asbach zurechtkommen würde. So ein Reiterwechsel ist ja gleichzeitig ein Test für die Ausbildung des Pferdes, denn ein gut gerittenes Pferd läßt sich auch von anderen, zumal so versierten Reitern wie in Hamburg, problemlos nachreiten. Rosemarie Springer, die Asbach etwas besorgt bestieg - ein Damenpferd war er ja nicht gerade -, gab eine beachtliche Vorstellung und war von Asbach hell begeistert, als sie absaß. Willi Schultheis packte erwartungsgemäß etwas mehr zu. Das paßte Asbach erst gar nicht, aber dann spielte er wieder mit. Ganz energisch faßte Schultheis Korbej an, der nicht wußte, wie ihm geschah, und dann relativ brav, wenn auch zähneknirschend die Lektionen absolvierte. Am Schluß hatte Schultheis das Pferd völlig auf seiner Seite - eine Glanzleistung des großartigen Berufsreiters, die mit den besten Noten belohnt wurde, die Korbej im Finale erhielt. Das war der vierte Derbysieg für Schultheis vor Rosemarie Springer und mir. Vierter wurde Iwan Kalita, der etwas Mühe hatte, mit unseren Pferden auf einen Nenner zu kommen.
Die Auftritte der russischen Reiter auf den Turnieren Ende der 50er Jahre wurden mit großem Interesse verfolgt. Die Sowjets, die aus politischen Gründen jahrzehntelang vom übrigen Reitsport der Welt abgeschnitten waren, entwickelten in der Zeit ihrer Isolation ihren eigenen Reitstil, den sie sich mehr oder weniger bis heute, bewahrt haben. Ausschlaggebend für die Bewertung ist freilich nicht der eine oder andere Stil, sondern die Regeln der FEI. Darauf komme ich noch zurück.
Die russische Dressurreiterei ist stark von der Schule James Fillis geprägt. Der gebürtige Engländer leitete zu Beginn dieses Jahrhunderts die russische Kavallerieschule in St. Petersburg. Fillis trat in den Jahren nach 1870 im Zirkus auf, um die Reitkunst einem breiten Publikum zugänglich zu machen. Dabei verließ er allerdings nach unserer Auffassung den Pfad der reinen Lehre, brachte seinen Pferden zum Beispiel Galopp auf drei Beinen und rückwärts bei. Er verlangte die völlige Beherrschung des Pferdes auf kleinstem Raum. Pferde der Fillis-Schule wirken für uns oft mehr abgerichtet als gymnastiziert, ein Einfluß, der sich auf die russischen Dressurpferde bis heute erhalten hat. Dennoch erzielten sie in den 60er und 70er Jahren eine Reihe bedeutender Erfolge mit ihren schönen, eleganten und sehr gehorsamen Pferden, die in der Regel sehr sicher piaffieren und passagieren, wenn auch nicht immer mit hergegebenem Rücken und gewinkelter Hinterhand. Auch sieht man bei den russischen Pferden häufig unruhige Mäuler und Zungenfehler.
Mein dritter Platz im Dressur-Derby wurde in der Tagespresse enthusiastisch als Durchbruch in den Spitzensport gefeiert. Ich war ja als Dressurreiter noch eine relativ unbekannte Größe, und da schrieb uns der eine oder andere flugs in die Weltelite. Ich hatte nichts dagegen, sondern Rom fest im Visier. Etwas publizistischer Rükkenwind war mir gar nicht unlieb.
Es folgte noch ein schönes Turnier der Sieger in Münster, wo Asbach die M- und S-Dressur gewann und den Sonderehrenpreis für die beste Piaffe und Passage bekam. Bilanz unserer ersten Saison: 14 Siege, vier Siege in Klasse S, zehn in Klasse M. Es lief alles bestens nach Plan.

Unerwartete Zwangspause

Fünf Monate später lief überhaupt nichts mehr nach Plan. Der 24. Februar 1959 begann wie alle Tage, vielleicht ein bißchen früher als sonst. Um halb acht war eine wichtige Betriebsversammlung ange-

setzt, vorher mußte Asbach gearbeitet werden.
Es ging um einiges bei dieser Versammlung, um Mitbestimmung, Arbeitszeitverkürzung und Überstundenvergütung. Ich hielt eine Rede an die Belegschaft, und als ich das Pult verließ, überfiel mich eine leichte Übelkeit. Mir wurde schummerig vor Augen. Ich fing mich aber wieder einigermaßen, trank noch mit dem Betriebsrat und den Gewerkschaftsvertretern eine Tasse Kaffee in meinem Büro. Der Tag schleppte sich mit Routinearbeiten hin, und gegen Abend, die Mitarbeiter waren schon nach Hause gegangen, passierte es: Plötzlich ein Gefühl, als wickle sich der Schreibtisch mir um den Leib. Diesmal läßt sich der Schwindel nicht überlisten. Das ganze Zimmer begann sich vor meinen Augen zu drehen. Es gelingt mir, zum Telefon zu greifen und unseren Hausarzt Dr. Schieback anzurufen, dann falle ich in ein schwarzes Loch. Herzinfarkt. Der Motor, ständig auf Vollgas zwischen expandierendem Unternehmen und sportlicher Karriere, streikte. Das Schicksal hatte mir einen deutlichen Warnschuß verpaßt.
Die Ärzte verordneten mir fünf Wochen absolute Bettruhe, die ich zu Hause abliegen konnte. Kürzertreten, sagte mein Arzt. Er hatte gut reden. Dennoch, ich zeigte Kompromißbereitschaft und verzichtete auf das Rauchen. Für drei Jahre.
Die vorolympische Saison 1959 schien für mich gelaufen, bevor sie begonnen hatte. Erst im Juli griff ich wieder ins Geschehen ein. Neben Asbach stellte ich auch Doublé und Douglas auf Turnieren vor, zwei Duellant-Nachkommen, die vom Celler Sattelmeister Manfred Lopp ausgebildet waren, gelegentlich dazu Evis Graf.
Asbachs Trainingsrückstand war nicht zu übersehen. Während ich das Bett hütete, hatte er sich einen schönen Wanst angefressen, der seinen etwas kurzen Hals noch mehr betonte und der erstmal wieder abgearbeitet werden mußte.
In Aachen gab es diesmal Zoff. Ich hatte Asbach und zusätzlich Douglas und Graf genannt. Zwei Pferde pro Reiter waren zu-

Asbach in einer ausdrucksvollen Passage. Kräftig abfußende Hinterbeine und gut angewinkelte Vorderbeine. Betonte Kadenz in zuverlässiger Selbsthaltung.

lässig, ich dachte, das gälte pro Prüfung. Als ich mit Graf das dritte Pferd startete, legte der Stall Lauvenburg Protest ein. Ich reiste verärgert ab. Die Lauvenburg hatte ein sehr schönes Turnier mit fünf nie ernstlich angefochtenen Siegen. Die Fachwelt war verstimmt, daß im vorolympischen Jahr Deutschlands Elite in Aachen nicht am Start war. Die Reiter Revue schrieb zu meiner Abreise: "Allerdings war Neckermann formal im Unrecht. Er hatte mit Graf ein drittes Pferd bestiegen, nur zwei waren erlaubt - von Neckermann wohl nur auf die jeweilige Prüfung bezogen -, indes, ob bewußt oder unbewußt, er war im Unrecht und Unkenntnis der Gesetze schützt vor Strafe nicht. Mit dem gemachten Vorschlag, Graf zu streichen, hätte die Sache aus der Welt geschafft werden können, denn niemand wäre übervorteilt worden. So bleibt der Verdacht, daß die Lauvenburger die wohlfeile Gelegenheit ergriffen, sich auf billige Weise einer gefürchteten Konkurrenz zu entledigen."

Beruf geht vor

Gerade in diesen Monaten der Rekonvaleszenz fragte ich mich manchmal, ob ich mir nicht zuviel aufgeladen hatte. Trotz aller guten Vorsätze, den Biorhythmus der Pferde nicht zu stören, wurde es gelegentlich spät, bis ich Zeit zum Reiten fand. Und manchmal fing ich nicht um sieben, sondern morgens um sechs Uhr an. Glücklicherweise brauchte ich nie viel Schlaf.

Zum Turnier konnte ich oft erst am Freitag oder manchmal am Samstag kommen. Die Prüfungen der Vortage fielen meist für mich ins Wasser. Während der zehn Tage Aachen traf ich in all den Jahren meist erst morgens aus Frankfurt ein, ritt, und unser Chauffeur Walter Bauer brachte mich anschließend im Eiltempo wieder nach Frankfurt ins Unternehmen. Mein Leben spielte sich im starken Trab ab - und das hält auf die Dauer weder Pferd noch Mensch aus.

Mit Evi, Hamburg 1959.

Im Hamburger Dressur-Derby 1959 war der Einlauf derselbe wie 1958. Schultheis, Rosemarie Springer, Neckermann. Mit Asbach und Doublette bekam ich bessere Noten als im Jahr zuvor, mit Thyra, Frau Springers Pferd, konnte ich mich nicht so recht anfreunden. Charmör, der Vollblüter des Schweden Richard Traven, lag mir dagegen sehr. Er war das „Schlüsselpferd" dieses Derbys. Auf ihm vollbrachte Willi Schultheis wieder eine wahre Meisterleistung. Charmör, der unter dem eigenen Reiter etwas schwunglos auf der Schulter dahinlief, wurde in wenigen Minuten ein anderes Pferd. Erich Glahn schrieb dazu: "Willi Schultheis formte ihn als erster und ließ ihn zugleich sein treffliches Kreuz fühlen. Die Hinterhand belebte sich bald, aber die wenigen Minuten waren zu schnell vergangen, um gründlich durchgreifen zu können. Mit der Wertzahl 7,97 mußte er ihn Josef Neckermann überlassen. Dieser aber gab sobald einen erstaunlichen Beweis für seine Dressureinwirkung aus dem Zusammenklang seiner Hilfen. Mit festem Schenkelabschluß und aus haltendem Kreuz gab er bei völlig passiver Hand für unseren Nachwuchs und auch der Tribüne einen vollgültigen Beweis für die alte klassische Regel: sitzen, nochmals sitzen. Josef Neckermann scheint sich allmählich zu unserem ersten Amateur in der Dressur zu entwickeln."

Doch es gab nicht nur Lob. Der Schweizer Dressurrichter Hans Moser, Olympiasieger 1948 auf Hummer, urteilte nach dem Dressur-Derby:

"Herr Neckermann konnte seinen reichlich aufgepulverten Asbach nicht durch alle Prüfungen in der absolut erwünschten Ruhe und Überlegenheit vorstellen. Asbach zeigte sich öfters etwas heftig und wurde ab und zu vorne etwas kurz, besonders nach der letzten Prüfung unter fremden Reitern. Asbach muß noch mehr Ruhe finden, ebenfalls mehr Vertrauen zu Schenkel und Sporn."

Solche kritischen Worte wischte ich natürlich nicht vom Tisch. Im Gegenteil, sachbezogene Kritik habe ich immer als Rat und Hinweis verstanden, was in der Arbeit zu verbessern war.

Erster Auslandsstart

Im September 1959 wurden Harry Boldt und ich zum CDIO St. Gallen geschickt, wo der Internationale Große Dressurpreis der FEI ausgetragen wurde. Mein erster Auslandsstart. Harry Boldt ritt die beiden Lauvenburger Pferde Matador und Brillant im Prix St. Georges und in der Intermediaire. Im Grand Prix war ich der einzige deutsche Starter. Harry Boldt triumphierte in seinen beiden Prüfungen: Zweiter und Dritter im Prix St. Georges, wo es für Asbach und mich nur zu Platz sechs reichte. Im Grand Prix lief es für uns nicht viel besser: Asbach gab sich zwar alle Mühe, war wieder ganz der Alte, schlank und rank, aber ich verreite mich! Ich hätte mich ohrfeigen können. Die Basler Nachrichten schrieben: "Der Deutsche Neckermann hatte auf Asbach das Pech, die Übung wegen einer Gedächtnislücke unterbrechen zu müssen, wodurch das Pferd den Rhythmus verlor." Das war wirklich nett gesagt. Wie schon in Wiesbaden 1958 dominierten die Schweizer und Russen im Grand Prix, der von Henri Chammertin auf Wöhler gewonnen wurde. Kein Zweifel, wer in Rom unsere gefährlichsten Gegner sein würden. Am Ende der Saison beim Turnier der Sieger in Münster gab es dann doch einen Lichtblick. Erstmals konnten Asbach und ich Willi Schultheis auf Doublette in einer S-Dressur schlagen.

Eine vorbildliche Piaffe von Asbach läßt dessen vertrauensvollen Gehorsam erkennen. Eindeutige Lastaufnahme auf den senkrecht im Hüftlot fußenden Hinterbeinen bei gleichmäßiger Anlehnung an beiden Zügeln.

Diesmal waren zur Abwechslung sogar zwei Richtergremien zu je drei Unparteiischen eingesetzt. Eine Gruppe richtete getrennt, wie heute, die andere gemeinsam und einigte sich dabei auf eine Gesamtnote. Beide Verfahren wurden durch

eine für das Publikum schwer durchschaubare Rechenaufgabe miteinander kombiniert - ein weiterer, im Prinzip sehr zu begrüßender, aber nicht sehr erfolgreicher Versuch, das Ei des Kolumbus in Sachen Richtsystem zu finden.
In diesem Jahr, das ich am liebsten ganz schnell abgehakt hätte, standen für mich drei Siege und neun zweite Plätze mit Asbach zu Buche. Ich wußte, das war gut, jedoch nicht gut genug. Bei den Olympiaausscheidungen im kommenden Frühjahr mußten Asbach und ich noch einen drauflegen.

Bilanz zum Jahreswechsel

Jahreswechsel 1959/60. Ein Moment zum Innehalten. Die Aufbaujahre lagen hinter uns, in doppelter Hinsicht. Sportlich hatte ich mich in die Dressurspitze vorarbeiten können. Und das Versandhaus Neckermann lieferte sich mit den Mitbewerbern ein zähes Kopf-an-Kopf-Rennen um den Spitzenplatz im Lande. Vom Kühlschrank bis zum Unterhemd, von der Wohnzimmergarnitur bis zur Kinderschürze konnten wir (fast) alle Wünsche des Bundesbürgers per Post erfüllen. Mit dem Slogan „Neckermann macht's möglich" eroberten wir die deutschen Haushalte.
Daß mein Name nicht nur als Geschäftsmann, sondern darüber hinaus auch als Sportler immer häufiger in den Gazetten erschien, hatte durchaus zwei Seiten. Wenn ich auf dem Turnierplatz angesprochen wurde, ging es nicht unbedingt um meinen Ritt. Manchmal war der Kühlschrank kaputt, oder die Bluse saß nicht richtig. Um Mißverständnissen vorzubeugen: Ich empfand diese Beschwerden keineswegs als Belästigung, sondern als das gute Recht von Leuten, die für ihr Geld einwandfreie Ware erwarten konnten.
Unsere Kataloge erreichten drei Millionen Haushalte. Das Gebäude am Ostbahnhof platzte längst aus allen Nähten. Die Bauarbeiten an der neuen Neckermann-Zentrale in Frankfurt-Fechenheim an der Hanauer Landstraße 360-400 waren in vollem Gange. Im Frühjahr 1959 war der erste Spatenstich, im November feierten wir mit 1000 Bauarbeitern Richtfest, im Herbst 1960 war der endgültige Umzug geplant.

Das Nest wird leer

Unsere Wohnung über dem Versandhaus am Ostbahnhof hatten wir schon verlassen. Wir waren in eine kleine Backsteinvilla in der Kleebergstraße in Frankfurt gezogen. Sieben Kinderzimmer, wie am Ostbahnhof, brauchten wir jetzt nicht mehr. Das Nest war leer geworden. Unsere Pflegetöchter waren aus dem Haus, verheiratet, in Beruf oder Ausbildung.
Johannes stand kurz vor dem Abitur. Peter studierte. Bei seiner Hochzeit im Februar 1960 gaben wir die Verlobung von Evi und Hänschen Pracht bekannt.
Lange genug hatte sie ihn hingehalten. Wenn Peter nicht eines Tages das Heft in die Hand genommen hätte, wäre es vielleicht nie was mit den beiden geworden. Er hielt gewissermaßen für Hänschen bei Evi um ihre Hand an.
Das ging etwa so vor sich: Peter, der kurz vor seiner Heirat mit Jutta Völk, einem ausgesprochen sympathischen, sportlichen Mädchen aus Wetzlar stand, wollte die ganze Welt glücklich sehen. Als seine Schwester eines Abends Mitte Januar sehr beschwingt von einem Essen mit Hans Pracht nach Hause kam, fragte er sie rund-

heraus: "Na, hast du dich heute endlich mit ihm verlobt?" "Nein", wunderte sie sich, "wie kommst du darauf?" "Ja, bist du denn nicht glücklich mit ihm?" Peter wollte es genau wissen. "Doch, sehr sogar." "Du willst ihn doch heiraten?!" insistierte er weiter. "Ja, ja, das schon. Aber ..." und flugs griff Peter zum Telefonhörer: "Hänschen, du kannst jetzt kommen, sie hat ja gesagt." Das nächste Telefonat ging an mich. "Du mußt sofort kommen, wir feiern die Verlobung von Evi und Hans." Es war nach zehn Uhr abends, und ich brütete im Büro über wichtigen Akten. "Laß mich mit dem Quatsch in Ruhe, auf den Arm nehmen kann ich mich selber", sagte ich und hängte ein.
Schließlich rief Annemi an. "Es stimmt wirklich." Nach dieser Bestätigung durch die höchste Familieninstanz schloß ich mich der improvisierten Party an. Die Hochzeit wurde für den 16. August angesetzt, das war - 24 Jahre zuvor - auch der Hochzeitstag von meiner Frau und mir. Ein nicht nur glückliches Datum für die Familien Pracht/Neckermann. Der 16. August 1984, der Tag unserer Goldenen Hochzeit, war auch der Todestag von Jojo, dem Sohn von Evi und Hänschen. Und am 16. August 1991 erlag Hans Pracht in Kanada seinem Lungenleiden. –

Kampf um Rom

Zurück ins Jahr 1960. Der Blick war voller Optimismus nach vorne gerichtet, und der "Kampf um Rom" war voll entbrannt ... Es war schon immer so: Nichts ist im Sport so heiß begehrt, wie die

Dressurderby 1959 mit Pferdewechsel, hier bei meinem Ritt auf dem Vollblüter Brillant xx.

Plätze für eine Olympiateilnahme. Auch im Zeitalter hoher Preisgelder bleibt der Wettkampf um die kleinen Metallplatten in den Farben Gold, Silber und Bronze höchstes Sportlerglück. Ich war 48, hatte den ersten Herzinfarkt hinter mir, würde in wenigen Monaten Großvater werden - und war fest entschlossen, dabei zu sein, wenn die Jugend der Welt sich in Rom traf.
Doch vor den Start hat der liebe Gott die Sichtungen gesetzt.
1960 waren die Plätze noch knapper als sonst: Nur zwei Dressurreiter durften zu den Olympischen Spielen fahren, es würde keine Mannschaftswertung geben. Das Internationale Olympische Komitee (IOC) wollte eigentlich die Dressurwettbewerbe ganz streichen. Schuld daran waren in erster Linie nationalistisch gefärbte Richtersprüche in Stockholm 1956, die dazu führten, daß drei Richter von der FEI für ein Jahr gesperrt wurden. FEI-Präsident Prinz Bernhard der Niederlande schlug dem IOC als Kompromiß vor, lediglich zwei Reiter pro Nation zu entsenden und auf die Mannschaftswertung zu verzichten. Das war keine gute Idee. Nur 17 Reiter traten schließlich in Rom an, die Dressur erreichte, olympisch gesehen, einen absoluten Tiefpunkt.
Das Deutsche Olympiade Komitee für Reiterei (DOKR) hatte sich ein kompliziertes Sichtungs- und Ausscheidungsverfahren ausgedacht, um die Olympiakandidaten auszusieben. Fünf Reiter kamen zu Saisonbeginn in Frage: Harry Boldt mit St. Georg, Ria Hobelsberger mit Fama, Rosemarie Springer mit Doublette, Hannelore Weygand mit Brillant (dem Lauvenburger) und ich mit Asbach. Der vorolympische Härtetest sah einen Lehrgang in Warendorf vor, bei dem innerhalb einer Woche drei Grand Prix gegeneinander geritten wurden, die beiden Turniere Wiesbaden und Köln und schließlich die letzte Sichtung in Warendorf.
Vom hehren Amateurgedanken wurde in jenen Jahren gerne und oft geredet. Auf der anderen Seite konnten sich die Funktionäre wohl nicht vorstellen, daß so ein Amateur, falls er nicht verhungern will, neben seinem Sport gelegentlich einer geregelten Beschäftigung nachgehen muß. Den Eindruck bekam ich jedenfalls, als ich im April 1960 die Einladung nach Warendorf zum Olympiavorbereitungslehrgang erhielt. Am Freitag sollte zum ersten Mal die Grand Prix-Aufgabe geritten werden. Ich hatte an diesem Tag einen wichtigen geschäftlichen Termin und fragte, ob es nicht reiche, wenn ich Sonnabend morgen meinen Grand Prix ritt. Da biß ich allerdings auf Granit. Um nicht schon im Vorfeld Ärgernis zu erregen, sagte ich zähneknirschend meinen Termin ab.
Maßgeblicher Ausbildungsleiter und Equipechef war Generalmajor a.D. Horst Niemack. Vor dem Kriege war er Kavallerieoffizier, Leites der Jagdstalles der Kavallerieschule Hannover und selbst im Dressur-und Vielseitigkeitssattel erfolgreich. Erfahrener und weltweit anerkannter Richter und Verfasser mehrerer Schriften über Ausbildung und Richten, war "der General" für uns die Dressurautorität schlechthin - der Dressur-Guru, wie die heutige Generation sagen würde.
Ich habe wenige Menschen getroffen, die die Prinzipien der Dressur so einleuchtend und logisch vortragen konnten. Die volltönende Stimme des Generals nahm jedem Widerstand die Wurzel. Jeder Satz, und sei er im praktischen Training gefallen, klang wie soeben der Reitlehre entsprungen. Anfang der 50er Jahre formulierte der General den sogenannten "Niemack-Erlaß". Es macht nichts, daß er gar nicht von ihm stammte, sondern viel älter war und schon von Oberst von Heydebreck in seinem Buch „Die deutsche Dressurprüfung" verfaßt worden war.
Er beinhaltet einen Grundsatz aller Dressurreiterei: "Ausschlaggebend für die Beurteilung der reiterlichen Leistung ist der reine, schwunghafte Gang. Fehler im Gang sind daher die schwerwiegendsten und können durch keinerlei Gutpunkte ausgeglichen werden."

In der Praxis sollte das heißen, daß ein Pferd mit einer fehlerhaften Grundgangart, zum Beispiel einem paßartigen Schritt, keine Gesamtnote genügend, also 5,0 erhalten sollte, selbst wenn es andere Lektionen wie Piaffe und Passage vorzüglich ausführte. Das wird im heutigen getrennten Richtverfahren, wo jede Lektion mit einer Note bewertet wird, nicht immer verwirklicht. Es gibt genügend Beispiele, wo Pferde mit unreinem Schritt durch Stärken in anderen schwierigen Lektionen ganz nach vorne kamen. In meinen Augen eine Entwicklung, die uns vom richtigen Weg abbringt. Denn die natürlichen Bewegungen des Pferdes zu erhalten, ist wichtiger als jede noch so spektakulär gerittene Lektion.
Nach dem Frühjahrslehrgang in Warendorf erhielten wir von Horst Niemack schriftliche Anmerkungen zu unseren Ritten - natürlich jeder nur zu seinem eigenen Pferd. Es bleibt nachzutragen, daß ich nach dem Abschluß-Lehrgang in Warendorf an der Spitze der Bewerber stand.

Olympischer Aufgalopp

Pfingsten in Wiesbaden sah man sich wieder. Hannelore Weygand saß inzwischen auf einem anderen Pferd. Liselott Linsenhoff erwartete ein Baby - im Juli wurde ihre Tochter Ann-Kathrin geboren, unsere Mannschaftsolympiasiegerin von 1988. Liselott stellte den Vollblüter Monarchist ihrer Mannschaftskameradin von 1956 zur Verfügung. "Lollo" Weygand, eine tüchtige Reiterin und Schultheis-Schülerin, die nach ihren Trakehner Perkunos kein eigenes Spitzenpferd mehr besaß, siegte auf Anhieb im Grand Prix im Wiesbadener Schloßpark vor mir und Rosemarie Springer. Es war sicherlich eine große reiterliche Leistung von Hannelore Weygand, sich so schnell auf die Diva Monarchist einzustellen. Asbach hatte sich kurz vor Wiesbaden verletzt und war noch nicht wieder in Bestform.
Vierte wurde Ria Hobelsberger auf Fama. Die Holsteiner Stute gehörte Ingrid Marbert, der Chefin der gleichnamigen Kosmetikfirma, die ich geschäftlich kannte. Fama war nicht das glanzvollste Pferd, doch die kalibrige Rappstute war eines der bestgerittenen, auf dem ich je gesessen habe. (Dazu hatte ich ein Jahr später im Dressur-Derby Gelegenheit.) Sie konnte bei voller Losgelassenheit enormen Schwung entwickeln, war aber in den Piaffen und Passagen noch nicht ganz gefestigt.
Außerdem tat sich ein unüberwindliches Hindernis auf, das Ria Hobelsberger schon bald aus dem Rennen um die Olympiaplätze warf. Sie hatte nach Ablegen ihrer Bereiterprüfung zwei Jahre mit einem Berufsreiterausweis geritten und war darum nicht mehr Amateur im ehedem strengen olympischen Sinne. Für Ria Hobelsberger tat mir das besonders leid, sie war ein richtig guter Kumpel, mit dem man im wahrsten Sinne des Wortes "Pferde stehlen" konnte. Von ihr mußte man nie Intrigen und Eifersüchteleien befürchten.
Denn die gab es natürlich auch in unserem Sport, nicht erst seit heute.
Am Anfang meiner Dressurkarriere ritt ich einmal versehentlich mit Bandagen ins Dressurviereck. Das ist verboten und führt zum Ausschluß. Alle meine Konkurrenten saßen auf der Tribüne und schauten feixend zu, wie der Neckermann in sein Unglück trabte, keiner machte mich auf die Bandagen aufmerksam. Ähnliches hat sich beim Preis der Besten vor einigen Jahren in Dortmund zugetragen. Eine junge Reiterin vergaß, ihre Peitsche wegzulegen und keiner der zahlreich angereisten Trainer wies das Mädchen darauf hin.
Ria Hobelsberger war eine der ersten Frauen, die ihr Pferd wirklich selbst bis zum Grand Prix ausgebildet hatten. Das

imponierte mir ungeheuer. Und dies ist ein Punkt, in dem ich dem großen Erich Glahn widersprechen muß. Er schrieb nach dem Frankfurter Hallenturnier im St. Georg 1960:
"Für die Anforderungen der Hohen Schule ist nun mal das straffe, gestählte und gymnastisch geförderte Muskelgefüge des Reiters besonders in Kreuz und Schenkel notwendig. Die Reiterin wird solche Lektionen immer nur dann positiv fördern können, wenn sie mit einem schulmäßig durchgebildeten Reiter zusammenarbeiten kann, wie es einst bei Frau Franke und Staek der Fall war. Ohne solchen Zusammenklang werden sich bei einer Reiterin nur selten die Grunderfordernisse hierfür schaffen lassen."
So dachte man damals allgemein. Die Herren müßten sich unsere jungen Dressurreiterinnen wie Nicole Uphoff, Isabell Werth oder Monica Theodorescu anschauen, die ihre Pferde alleine reiten, wenn sie auch nicht, wie fast jeder erfolgreiche Reiter, auf die Hilfe eines erfahrenen Trainers verzichten.
Zur zweiten Ausscheidung in Köln traten noch vier Reiter an. Harry Boldt hatte sich aus dem Olympiareigen abgemeldet. Ihn plagte ein Furunkel. In Köln kam meine Stunde. Asbach gewann die Ausscheidung unangefochten, alle drei Richter, Horst Niemack, Dr. Josef Pulte und Heinz Pollay hatten mich vorn gesehen.
Die letzte Runde wurde bei einem Training in Warendorf eingeläutet.
Da waren's - ohne Ria Hobelsberger - nur noch drei. Immer noch einer zuviel.
Monarchist war den Selektoren wohl doch zu unzuverlässig. Rosemarie Springer und ich wurden schließlich als Rom-Starter benannt - viermal gesichtet und durch die Mangel gedreht, leicht zermürbt und selig.
Aachen fand in diesem Jahr ohne uns statt. Man wollte die Olympiareiter nicht vor den Spielen international vor-beurteilen lassen. Noch heute gehen sich die Favoriten vor großen Ereignissen gerne großräumig aus dem Weg. Manche Leute nennen das "Management." Ich nenne das Kneifen.
Das Hamburger Dressur-Derby fiel ebenfalls für uns aus. Es gewann Reiner Klimke, der sich mit Fortunat einen Platz im Military-Aufgebot für Rom gesichert hatte. Rosemarie Springers Vollblüter Brillant sollte unser Reservepferd sein. Ich fuhr extra nach Hamburg, um ihn noch mal zu reiten und mir von Willi Schultheis ein paar Tips geben zu lassen. Für den Fall des Falles, daß Asbach nicht einsatzbereit wäre. Vor der Abreise ließ uns das DOKR folgende Erklärung unterschreiben:
"Ich, der Unterzeichnete, erkläre auf meine Ehre, daß ich Amateur bin und die Bedingungen voll erfülle, die durch die Olympischen Regeln festgesetzt sind."
Ich konnte mit gutem Gewissen meine Unterschrift unter das Papier setzen. Das Unternehmen Rom konnte beginnen.
Das heißt, es hatte längst begonnen. Schon im Frühjahr hatte ich mir voller Optimismus bei der Bundesbahn einen Sonderwagen für Asbach reservieren lassen. Die Bahn verfügte nur über wenige dieser mit besonderen Vorkehrungen für den Pferdetransport ausgestatteten Waggons, und wie mir ganz richtig schwante, würden die längst ausgebucht sein, bis das DOKR seine Olympiastarter nominiert hatte. Die anderen Pferde mußten dann mit sehr viel weniger komfortablen Viehtransportern reisen.
Asbach, Doublette und Brillant, begleitet von ihren Pferdepflegern, wurden in der Nacht zum 25. August auf den Weg über die Alpen nach Rom gebracht. Sie reisten bequem in Waggons mit Tränken und mit gepolsterten Wänden, die auch an Schnellzüge angehängt werden konnten, so daß sich die Fahrzeit auf die Hälfte reduzierte.
Rosemarie Springer war begeistert, daß sie ihre Pferde mit dem meinen transportieren konnte. Wir verluden sie in Frankfurt. Wenn einer eine Reise tut, mag's ja noch angehen. Im Fall Rom machte sich der ge-

samte Neckermann-Clan auf die Socken, außer Annemi und mir Peter und seine Frau Jutta, Evi und Hänschen (auf Hochzeitsreise), Johannes, mein Bruder Walter und seine Frau Else, unser Chauffeur Bauer, der das Auto herunter und uns in Rom herumfuhr, und schließlich Kurt Laabs, dessen Rat und Hilfe ich selbstverständlich in Rom nicht missen wollte.
Wir wohnten im Hotel Victoria. Auf meine Bleibe im olympischen Dorf verzichtete ich. Ich wollte mit meiner Großfamilie zusammen sein, benötigte ein eigenes Telefon im Zimmer, um ständigen Kontakt mit dem Unternehmen in Frankfurt zu halten. Und ich fand, dem Jugendherbergsalter war ich nun doch entwachsen. Meine Gesundheit war nach dem Herzinfarkt noch etwas labil, so daß ich mir den Einmarsch der Nationen bei der Eröffnungsfeier von der Tribüne aus ansah. Der Springreiter Fritz Thiedemann trug die Fahne - eine große Ehre für unseren Sport. Weil es keine Mannschaftswertung gab, hatten wir Dressurreiter auch keinen offiziellen Equipechef. Horst Niemack betreute uns.

Römische Impressionen

Olympia. Nur wer einmal dabei sein durfte, wird verstehen, warum es selbst in unseren nüchternen Zeiten für einen Sportler das Größte bleibt, unter dem olympischen Feuer zu starten.
Die ganze Stadt atmete olympische Luft. Überall waren zweitausend Jahre Geschichte des Abendlandes präsent. In den antiken Stätten fand olympischer Sport statt, zum Beispiel wurde in den Thermen des Caracalla geturnt, die Ringer hatten ihre Wettkämpfe in der Basilika des Maxentius - einzigartig, unvergeßlich und lebendiges Zeugnis eines beeindruckenden

Kritischer Beobachter am Rande: Unser Chauffeur Walter Bauer, hier vorübergehend in der Funktion eines „Kleiderständers".

Nebeneinanders von Vergangenheit und Heute.
Die verwöhnten Römer waren ein kritisches Publikum. Sie ließen sich nur von wirklich außerordentlichen Leistungen - von denen es eine unglaubliche Fülle gab - begeistern. Doch zunehmend sprang der olympische Funke über, und die ebenso einmalige wie chaotische Stadt vereinnahmte den olympischen Sport mit südländischem Temperament.
Neben dem Reiten schauten wir uns alle

möglichen Wettkämpfe an, die deutschen Supersprinter Martin Lauer, Armin Hary und Jutta Heine, die Radfahrer, Fechter, Schwimmer, Boxer, und sogar bei den Kanuten und den Ruderern am Lago Albano waren wir. Wenn der Neckermann-Clan geschlossen auftrat, ergab das eine stattliche lange Reihe auf der Tribüne. Ein Journalist, der mit mir ein Interview führen wollte, fragte Johannes: "Und wo ist Herr Neckermann?" "Der Chef ist der Allerletzte" sagte Johannes und zeigte auf das andere Ende der Reihe.
Trotz aller Anspannung war es eine herrliche unbeschwerte Zeit. Im Vergleich zu meinem sonstigen Tagesablauf hatte ich sehr viel Muße.

Training

Morgens fuhren wir zum Training. Die Pferde waren etwas außerhalb der Stadt in den sehr schönen Ställen der Gräfin Manzolini untergebracht und wurden erst zum Wettkampf zur Piazza de Siena, dem Reitstadion, gefahren.
Die Trainingsplätze waren ziemlich beengt - das Organisationskomitee hatte an uns Reiter nicht allzuviel Mühe verschwendet. Hinzu kamen Schwärme von dicken Bremsen, die unseren Pferden das Leben schwer machten. Schließlich wurden sie mit einer stinkenden Lotion eingerieben, um die Quälgeister zu vertreiben. Die Wirkung war zweifelhaft. Ich hatte den fatalen Eindruck, daß die Bremsen von dem Gestank geradezu angelockt wurden.
Kurt Laabs hätte im Kampf mit den Fliegen fast den kürzeren gezogen. Laabs hatte ein Zimmer in Rom, das er fast nie benutzte. Er zog es vor, in der Sattelkammer zu schlafen. Um die Bremsen auszusperren, verschloß er die Fenster und versprühte das Fliegengift, mit dem die Pferde eingerieben wurden. Am nächsten Tag mußte er mit Vergiftungserscheinungen ins Krankenhaus. Und wie ein Lauffeuer verbreitete sich: "Die Bremsen leben, aber Laabs ist tot."
Unser tägliches Training unterschied sich wenig von der häuslichen Routine. Asbach frisch und bei Laune zu halten, war das Wichtigste. Seine Lektionen beherrschte er. Ich achtete bei der Arbeit vor allem auf Lockerung aller Muskelgruppen, übte einzelne Reprisen, selten die ganze Aufgabe. Asbach war in der Form seines Lebens, mein Vertrauen zu ihm grenzenlos. Ich glaube, das war unser größtes Plus.
Beim Training wurde natürlich intensiv die Konkurrenz inspiziert. Zehn Nationen hatten Reiter geschickt. Den Schweden, Russen und Schweizern wurden die größten Chancen eingeräumt. Die Schweden hatten den Olympiasieger von 1956, Henri St. Cyr, in ihren Reihen, der uns aus vielen Prüfungen bekannt war. Er brachte drei von ihm selbst trainierte Pferde mit nach Rom. Den Vollblüter L'Etoile für sich selbst sowie die Reservepferde Magnifique und Marquis für sich und seine amerikanische Schülerin Patricia Galvin.
Ganz vorne wurde Yngve Viebke gehandelt. Er ritt den kapitalen Fuchshengst Gaspari, im Besitz des schwedischen Staatsgestüts Flyinge. Im Endeffekt wurde der Hengst mit dem starken, nicht sehr durchlässigen Hals nur Neunter, seine Zukunft hatte auf einem anderen Gebiet gerade erst begonnen. Gaspari wurde ein berühmter Dressurpferdevererber, unter anderem der Vater von Piaff, mit dem Liselott Linsenhoff in München 1972 die Goldmedaille in der Einzelwertung und Mannschaftssilber gewann.
Die russischen Reiter waren alte Bekannte: Iwan Kalita auf jenem Korbej, den ich im Hamburger Dressurderby geritten hatte, und Sergej Filatow, der Morgen für Morgen seinen schönen Rapphengst Absent energisch auf Kandare arbeitete, um

die letzten Schwächen zu beseitigen und alle Stärken auszufeilen. Mit Filatow, den ich schon von anderen Turnieren kannte, verstand ich mich besonders gut - obgleich wir uns nur per Zeichensprache oder Dolmetscher unterhalten konnten. Er war ein richtiger Pferdemann, stets freundlich und hilfsbereit. Zu den Turnieren brachte ich ihm jedesmal die neuesten Neckermann-Kataloge mit. Er behauptete, sie wären die Bestseller in Rußland schlechthin und versteckte sorgfältig eine große Anzahl in seinem Pferdetransporter.
Grundsolide Arbeit sah man bei den Schweizern, den beiden Wachtmeistern der Eidgenössischen Militärpferdeanstalt. Henri Chammartin auf Wolfdietrich, der Sieger des Grand Prix beim vorolympischen CDIO St. Gallen, war ein heißer Favorit. Er und Gustav Fischer arbeiteten ihre Pferde meist reell auf Trense.

Stunde der Wahrheit

Am 5. September war die Stunde der Wahrheit gekommen. Die Pferde wurden hinunter zur Piazza de Siena im Schatten der Villa Borghese gebracht, einem herrlichen Platz unter Pinien, auf dem schon Reitsportgeschichte geschrieben wurde. Springsportgeschichte. Auf diesem Boden hatten in den Jahren 1931 bis 1933 die Offiziere der Kavallerieschule Hannover die Coppa d'Oro gewonnen, die Nationenpreis-Trophäe Mussolinis. Zum erstenmal fand jetzt auf dem etwas dürren Rasen ein Grand Prix de Dressage statt.
Am ersten Tag gingen alle 17 Reiter an den Start, am nächsten Tag sollten die fünf Besten den Grand Prix im Stechen wiederholen. Das Viereck, sauber weiß umgrenzt, wirkte ein bißchen verloren auf dem großen Platz. Gerade 1000 Menschen hatten frühmorgens den Weg hierher gefunden, darunter viele Schlachtenbummler aus Deutschland. In den Richterhäuschen saßen der Franzose Margot, der Holländer de Heux und der Chilene Yanez. Aus diesen Ländern war kein Reiter am Start. Das sollte für völlige nationale Unabhängigkeit bei der Notenvergabe bürgen.
Pünktlich um acht ritt Major St. Cyr auf L'Etoile auf der Mittellinie ein. Der Wallach absolvierte sehr korrekt die Aufgabe, der Reiter bot ein bestechendes Bild von hagerer, unvergänglicher Eleganz. Vielleicht fehlte es der Vorstellung ein wenig an Schwung. Es bestand kein Zweifel, daß der Schwede dabei sein würde im Endkampf um die Medaillen.
Trotz der geringen Teilnehmerzahl dauerte die Prüfung fast den ganzen Tag. Es gab keine Abreiteplätze, wie sie heutzutage zu finden sind, sondern nur Grasgelände. Das nächste Pferd wurde erst eingelassen, sobald der Vorgänger die Aufgabe beendet hatte. Dann fanden sich die Richter 10 bis 15 Minuten lang zu einer Aussprache zusammen, während der nächste Reiter sein Pferd noch weiter vorbereiten konnte. Jeder Ritt wurde mit Super 8 gefilmt. (Wie sich herausstellte, waren die Aufnahmen schlecht). Jede Information über den Stand des Wettbewerbs unterblieb, sowohl nach den einzelnen Vorstellungen als auch nach Abschluß der gesamten Prüfung. Die in Rom geübte Praxis löste Enttäuschung bei uns Aktiven und zunehmende Verärgerung beim Publikum und vor allem den Vertretern der Medien aus.
Nächste Starterin war die junge US-Reiterin Patricia Galvin auf Rath Patrick, nach ihrem Sieg im Aachener Grand Prix mit Vorschußlorbeeren bedacht. Das Pferd in schönem Gleichgewicht mit imponierenden Bewegungen, vielleicht der Sitz der Reiterin nicht ideal. Es gab kleine Unstimmigkeiten, und auf der linken Hand verweigerte Rath Patrick jede Biegung - ein Zeichen mangelnder Gymnastizierung. Zwanzig Minuten lang berieten die Richter über die Notengebung. Inzwischen machte sich Rosemarie Springer für ihren

Start fertig. Doublette war aufgeladen wie ein Pulverfaß, sie sah aus, als ob sie platzen wollte, scheute immer wieder vor den Blumentöpfen am Richterhaus. Sie dampfte aus allen Poren. Man sah, wie Willi Schultheis am Eingang seiner Schülerin etwas zurief. Rosemarie Springer parierte durch zum Schritt am hingegebenen Zügel. Die Stute beruhigte sich ein wenig, trotzdem litt der erste Teil der Aufgabe erheblich unter Spannung, bis Doublette wieder zu gewohntem Schwung und Ausdruck fand. Erst bei der letzten Aufstellung erstarrte sie zum Denkmal, wie man es von ihr kannte.

Unmittelbar darauf folgte der Schweizer Gustav Fischer mit dem jüngsten Pferd dieser Dressurprüfung, dem eher unauffälligen siebenjährigen Braunen Wald, der sich losgelassen und mit großer Selbstverständlichkeit durch die Lektionen bewegte. Nicht zu übersehen war allerdings eine Schwäche im Schritt. Leider konnte ich mir nur die ersten Konkurrenten selbst ansehen, weil ich als elfter Starter mit meinen Vorbereitungen beginnen mußte.

Meine unbestechlich-kritische Frau beobachtete sie alle. Bei allen Wettkämpfen hatten wir Blickkontakt, und sie würde mir auch - wie immer während meines Rittes - ihr Urteil auf gut römische Weise mit Daumenzeichen übermitteln.

Vor mir war noch die Engländerin Joan Hall auf ihrem hübschen Lippizanerhengst Conversano Caprice an der Reihe, eine alte Bekannte aus Aachen. Die elegante Reiterin sah man in späteren Jahren häufig am Richtertisch bei internationalen Prüfungen. Die für die Lektionen der Hohen Schule so begabten Lippizaner tun sich in Dressurprüfungen gegen großrahmigere Pferde schwer, vor allem in den verstärkten Tempi, weswegen Joan Hall trotz einer guten Leistung ihres sympathischen Hengstes nicht über den 13. Platz hinaus kam.

Nach dem Ritt des Bulgaren Gueorguiew Lekarski, dessen Vorstellung, so ein Berichterstatter, von den natürlichen Bewegungen seines hübschen Vollblüters Edgard nur Ahnungen hinterlassen hatte, und dem Auftritt des Portugiesen Antonio Nogeueira, startete mit Sergej Filatow ein weiterer Favorit. Absent war wohl ohne Übertreibung das schönste Pferd dieser Spiele. Mit großer Eleganz führte das Paar die Lektionen vor, zeigte nach Aussagen von Fachleuten die besten Piaffen und Passagen des Tages. Allerdings wurde kritisiert, daß über weite Strecken das Genick nicht der höchste Punkt blieb und der Hengst mit der Nase hinter die Senkrechte kam, wodurch auch der Schub aus der Hinterhand beeinträchtigt wurde. Nach unserer Auffassung ein schwerer Fehler. Außerdem sperrte er wiederholt das Maul auf. Aber Absent brillierte in den mühelosen Trablektionen in den Übergängen und in den Wechseln. Eine gold-verdächtige Vorstellung ohne Zweifel.

Asbach im Grand Prix der Olympischen Spiele in Rom.

Woran ich merkte, daß ich an der Reihe war? Es fing an zu regnen. Erst nur ein paar Tropfen, die sich in kurzer Zeit zu einem veritablen Schauer summierten. Die Zuschauer begannen die Regenschirme aufzuspannen. Geraschel überall. Ausgerechnet jetzt. Ich weiß nicht warum, aber

die meisten Pferde halten Regenschirme für feindliche Ungeheuer. Asbach nicht. Zumindest ließ er sich nichts anmerken. Er tat, als ob gar nichts wäre.
Kaum galoppierte ich auf der Mittellinie ein, war alles Lampenfieber, das mich gequält hatte, wie weggeblasen. 33 Lektionen lagen vor mir. Asbach lauschte auf jede Hilfe. Da nahte weiteres Ungemach in Form einer Zeitung, die über den Platz wehte. Beim starken Trab lag sie genau vor uns auf der Diagonalen. Asbach würdigte sie keines Blickes. Der Gute. Die Aufgabe gelang uns weitgehend fehlerlos, mit schwungvollen Trablektionen, geschmeidigen Übergängen, guter Piaffe- und Passage-Tour. Einerwechsel ohne Fehler. Ein Taktfehler in der Passage, einmal schief angaloppiert, Unstimmigkeit in einer Pirouette - trotzdem war ich alles in allem zufrieden. Und als ich viel später erfuhr, daß ich zu den fünf Reitern gehörte, die am Stechen teilnahmen, war ich rundherum glücklich. Was ich nicht wußte: Ich lag bisher an zweiter Stelle, nur drei Punkte hinter Filatow.
In der Kritik wurde der Ritt allgemein gelobt. Zum Beispiel schrieb der St. Georg: "Der elegant sitzende und fein einwirkende Reiter bot mit Asbach eine olympisch reife Vorstellung. Das Pferd, vorbildlich in den Grundgangarten, sehr gut im Maul, durch die ganze Aufgabe in wunderschöner Selbsthaltung, vollkommen an den Hilfen, befand sich stets eindeutig vor dem Schenkel des Reiters, wenn auch in den Momenten der Versammlung gelegentlich etwas kurz im Hals."
Außer Filatow und mir zogen Iwan Kalita, Henri St. Cyr und Gustav Fischer ins Stechen ein. Weder Yngve Viebke noch Favorit Henri Chammertin schafften den Sprung ins Finale. Letzterem hatte eine deutliche Schwäche im Schritt einen Strich durch die Rechnung gemacht. Seine große Stunde sollte vier Jahre später in Tokio kommen.

Stechkampf

Am nächsten Morgen war es wieder da, das schreckliche Lampenfieber. Zum Verrücktwerden. Mein Frühstück bestand bei solchen Gelegenheiten ohnehin nur aus Tee mit etwas Honig. Trotzdem wurde mir, wie so häufig vor Wettkämpfen, speiübel.
Eine Medaille war drin, das hoffte, nein fühlte ich. Was nicht dazu angetan war, mein Lampenfieber zu senken. 4000 Zuschauer hatten sich diesmal auf der Piazza de Siena eingefunden. Knisternde Spannung lag in der Luft.
Unser Ritt im Stechen fing hervorragend an. Halten à la Neckermann. Energischer starker Trab, flüssige Schaukel, erhabene erste Passage, gesetzte erste Piaffe. Und dann passierte es. Direkt vor den Richtern. Asbach gerät mit den Hinterbeinen gegen die weiße Umgrenzung, erschrickt, hebt sich vorne, springt einen halben Meter zur Seite, die deutschen Zuschauer stöhnen schmerzerfüllt auf - und piaffiert gehorsam weiter, als ob nichts gewesen sei, ruhig und taktmäßig.
Fehlerfrei beendeten wir die Aufgabe. Vielleicht hat uns dieser Zwischenfall die Silbermedaille gekostet. Asbachs Fehltritt hat noch im Nachhinein die Experten beschäftigt. War es ein Ungehorsam auf die Hilfen des Reiters? Oder gerade ein Zeichen besonderen Gehorsams, daß Asbach sich nach einer verständlichen Schrecksekunde sofort wieder voll auf die Lektionen konzentrierte? Mich brauchte man nicht zu fragen. Manch anderes Pferd hätte mit einem Riesensatz das Viereck verlassen, wenn ihm so etwas passiert wäre. Aber die Richter sahen es wohl anders. Mein Abstand zu Filatow vergrößerte sich im Stechen auf 62 Punkte. Der Russe blieb nach dem Stechen vorne, die Silbermedaille ging an den Schweizer Gustav Fischer und Bronze an mich. Henri St. Cyr mußte mit

Familie Neckermann auf Olympiareise: Peter, seine Frau Jutta, Johannes, Hänschen Pracht, Evi, Annemi und "der letzte ist der Chef." (O-Ton Johannes).

dem undankbaren vierten Platz vorlieb nehmen. Kalita schließlich, dessen Korbej im Stechen die deutlichen Mängel in der Durchlässigkeit und im Schritt nicht verbergen konnte, wurde Fünfter.
Das klingt jetzt so, als ob ich das alles kurz nach meinem Ritt schon erfahren hätte. Ich greife vor. Denn die Ergebnisse der Großen Dressurprüfung wurden erst sage und schreibe drei Tage später bekanntgegeben. Die Richter hatten sich mitsamt den Filmaufnahmen von den Ritten in Klausur verabschiedet. Zuerst mußten die Filme im Labor entwickelt werden.
Inzwischen versuchten wir, uns die Zeit zu vertreiben. Zum Beispiel in Pratoni del Vivaro, eine Autostunde von Rom entfernt, wo die Militaryreiter auf eine mörderische Geländestrecke geschickt wurden. Hier durften zum ersten Mal vier Reiter pro Nation starten, das schlechteste Ergebnis wurde gestrichen. Es gab Hindernisse, die mit Fairneß nicht mehr allzuviel zu tun hatten, wie die Betonröhren, die so mit der Öffnung nach vorne aufgebaut waren, daß ein Pferd, das anschlug, sich unweigerlich an der scharfen Kante weh tat, wenn nicht verletzte.
Die deutsche Equipe litt unter widrigen Umständen. Lediglich zwei Reiter kamen durch. Nachdem sich der bewährte Fortunat kurz vor Rom verletzt hatte, mußte Reiner Klimke auf seine eigene, gegenüber Fortunat noch unerfahrene Stute Winzerin zurückgreifen. Der 22. Platz war eine hervorragende Leistung. Auf Platz 14 beendete Gerhard Schulz, 29jähriger Leutnant der Grenzpolizei, auf der schönen und vielbeachteten Vollblutstute Wanderlili die Prüfung, der einzige Reiter aus der sowjetisch besetzten Zone, wie es im damaligen Sprachgebrauch hieß.
Auf die Nominierung eines Dressurreiters für diese gesamtdeutsche Mannschaft hatte die DDR verzichtet. Bei den Springreitern qualifizierte sich Alwin Schockemöhle neben Hans Günter Winkler und Fritz Thiedemann.
Klaus Wagner, der 1956 in Stockholm auf Prinzess zur Silbermedaillenmannschaft gehörte, mußte diesmal auf den letzten hundert Metern ausscheiden, als Famulus infolge eines Sturzes an den Betonröhren lahmte. Ottokar Pohlmann, auf aussichtsreichem fünften Platz nach der Dressur, riskierte viel im Gelände und verlor alles: Kurz vor dem Ziel mußte Polarfuchs mit schwerem Sehnenschaden (Niederbruch) aus der Prüfung genommen werden.
Großartige Ritte sahen wir von den Au-

Olympische Spiele Rom 1960. Bei der Siegerehrung riß die Kette meiner Bronzemedaille. Meiner grenzenlosen Freude über diesen Erfolg mit Asbach tat das freilich keinen Abbruch. Ganz oben auf dem Treppchen der Russe Sergej Filatow, daneben der Schweizer Gustav Fischer.

straliern auf ihren kleinen zähen Pferden. Ich glaubte nicht richtig zu hören, als Lawrence Morgan, übrigens nur drei Jahre jünger als ich, mit dem Ruf "Hat niemand die Hunde gesehen?" über einen riesigen Graben setzte, geradeso, als ob er sich auf einer Jagd zuhause in Australien befände.
Im Gelände traf ich auch Prinz Bernhard der Niederlande. Wir sprachen von der unbefriedigenden Geheimniskrämerei um die Dressurnoten. Inzwischen hieß es ganz unverhohlen, daß die Herren wohl in aller Ruhe die Reihenfolge auskungelten. "Ich weiß nicht, warum Sie sich aufregen," sagte der Prinz, "als Deutscher ist Ihre Chance auf eine Medaille gleich Null." Zum Glück behielt der Ehemann der holländischen Königin, gebürtiger Deutscher aus dem Hause Lippe-Biesterfeld, nicht recht.

Als die Kette riß

Zehnter September. Inzwischen lag auch der Einzelwettbewerb der Springreiter hinter uns, leider medaillenlos für die Deutschen, die den Brüdern Raimondo und Piere d'Inzeo sowie dem jungen Briten David Broome den Vortritt lassen mußten. Nach der Siegerehrung für die Militaryreiter wurden die Dressurreiter aufgerufen.
Feierlich im Schritt ritten wir ein, saßen ab und warteten neben unseren Pferden. Ein Sprecher rief Sergej Filatow aufs Siegerpodest, dann Gustav Fischer und schließlich mich.

Die Bronzemedaille, meine erste Olympiamedaille. Sie wurde überreicht vom ägyptischen IOC-Mitglied, Seiner Excellenz Taher Pascha. Sergej Filatow hatte 2144 Punkte, Gustav Fischer 2087. Ich lag nur fünf Punkte dahinter. Das sind weniger als zwei Promille.
Die sowjetische Nationalhymne ertönte, am Mast wurden die Fahnen der UdSSR, der Schweiz und das Schwarz-Rot-Gold Deutschlands mit den Olympischen Ringen aufgezogen. Selbst der unsentimentalste Sportler ist in einem solchen Augenblick ergriffen. Mir ging das Herz ganz weit auf. Mit der rechten Hand hielt ich die Kette fest, an der meine Medaille hing. Ein Glied war gerissen. Eine kleine Panne in einem großen Augenblick. Und nicht dazu angetan, mein vollkommenes Glück auch nur ein bißchen zu trüben.
Am nächsten Tag erlebten wir dann den großartigen Sieg der deutschen Springreiter-Mannschaft im Nationenpreis mit, der im Olympiastadion ausgetragen wurde. Ein grandioser Abschluß einer herrlichen Zeit. Die erste olympische Medaille ist immer eine unvergessene. Deswegen bleiben auch, im Nachhinein betrachtet, die Olympischen Spiele von Rom für mich die wichtigsten.

Reiter und Richter – schwierige Partner

An dieser Stelle möchte ich einige Worte zu dem schwierigen Verhältnis zwischen Reiter und Richter sagen. Das Richtverfahren von Rom, die geheime Klausurtagung, bevor die Medaillenverteilung bekanntgegeben wurde, die Tatsache, daß man die Zuschauer und alle Beteiligten tagelang im Ungewissen ließ, das alles brachte die Dressur erneut in den Ruf einer schwarzen Kunst. Und nichts schadet ihr mehr als das. Wenngleich die Fachwelt im Nachhinein feststellte, daß die Richterurteile von Rom im großen und ganzen in Ordnung waren.
Das Verfahren blieb zum Glück einmalig. Jetzt werden die Ergebnisse relativ schnell nach jedem Ritt bekanntgegeben, was durch die inzwischen überall eingeführten Computer einfacher zu bewerkstelligen ist als vor 30 Jahren. Manchmal ist es schon frappierend: Der Reiter hat das Viereck noch nicht verlassen, da hat der Computer bereits seine Wertnoten zusammengezählt.
Ein Sport, der sich heute mehr denn je um Popularität bemüht, muß vor allem transparent sein. Jede Geheimniskrämerei ist von Übel. Deswegen plädiere ich dafür, nicht nur die Gesamtpunktzahl, sondern alle Notenbögen mit den Einzelnoten zu veröffentlichen. Ich verstehe nicht, daß sich einige Reiter mit Händen und Füßen dagegen wehren.
Wie bei jedem beurteilenden Richtverfahren wird es auch in der Dressur immer Diskussionen und Kontroversen geben. Ich kenne keinen Dressurreiter, der nicht wenigstens einmal der festen Überzeugung war, ihm sei in einer Prüfung bitteres Unrecht geschehen. Wer Dressur reitet, muß sich daran gewöhnen, daß in dieser Disziplin nicht fallende Stangen und Sekundenbruchteile über den Erfolg entscheiden, sondern Menschen, die genausowenig unfehlbar sind wie die Reiter vor ihnen auf dem Viereck.
Wer jedesmal bei einer - tatsächlichen oder vermeintlichen - falschen Beurteilung in Panik oder Weltuntergangsstimmung gerät, sollte sich einen anderen Sport suchen.
Die Reiter und Ausbilder investieren auf der anderen Seite viel Zeit, Geld und Energie in ihren Sport. Sie haben Anspruch auf objektive, gerechte und nachvollziehbare Richterentscheidungen. In meinen fast 70 Jahren als aktiver Reiter habe ich alle möglichen Richtsysteme

miterlebt. Der Stein des Weisen wurde bisher nicht gefunden. Vielleicht gibt es ihn gar nicht, was nicht heißen darf, daß man die Suche aufgeben sollte.
Als Reiter unterstelle ich jedem Richter zunächst einmal besten Willen, bis das Gegenteil bewiesen ist. Ich glaube, nur wenige Richter bevorteilen bewußt einen Reiter. Da spielen im Unterbewußtsein ganz andere Dinge mit. Ein Spitzenpferd wird seltener letzter, selbst an einem schlechten Tag, als ein Nobody. Fehler haften oft unverdient lange an einem bestimmten Pferd, auch wenn sie längst abgestellt sind. Ein Richter kann sich den Eindrücken nicht entziehen, die er in früheren Prüfungen gewonnen hat, selbst wenn er es will. Er kann sich an Fehler eines Pferdes "gewöhnen" und sie nicht mehr entsprechend bewerten, und er kann von einer relativen Verbesserung so angetan sein, daß er das Gezeigte versehentlich schon für gut hält, obwohl es nur besser ist als das Schlechte von voriger Woche. Oft werden die Noten zum Schluß der Prüfung immer besser.
Das derzeit allgemein gebräuchliche Richtverfahren mit der Aufschlüsselung der Aufgabe in viele Einzelnoten für jede Lektion halte ich nicht für ideal. Der Richter muß ständig Noten geben, er kann nicht die Vorführung als Ganzes auf sich wirken lassen. Mängel, die sich durch die gesamte Aufgabe ziehen, werden dabei oft nicht entsprechend beachtet. Zudem hat der Reiter, wie bereits erwähnt, die Möglichkeit, unverzeihliche Fehler in den Grundgangarten durch andere Stärken wieder wettzumachen, eine sehr unbefriedigende Realität.
Das getrennte Richtverfahren hat ebenfalls Vor- und Nachteile. Durch die Plazierung der fünf Richter rund ums Viereck wie heute vorgeschrieben (in Rom waren es nur drei), werden Pferde und Reiter von allen Seiten begutachtet. Bestimmte Lektionen, wie Traversalen, kann man nur richtig von der kurzen Seite aus beurteilen, ob ein Pferd in der Schaukel gerade bleibt, hingegen am besten von der langen Seite - um zwei Beispiele zu nennen. Jeder Richter ist beim getrennten Richten auf sich allein gestellt und muß Farbe bekennen. Weil sich vor allem nicht so versierte Richter ungern blamieren, kommt es dann leicht zu den unverbindlichen Mittelnoten um die sechs.
Beim gemeinsamen Richtverfahren besteht hingegen die Gefahr, daß ein Richter kraft seiner Persönlichkeit das Geschehen an sich reißt und mehr oder weniger alleine die Noten bestimmt. Dennoch habe ich die Bewertung durch eine vom Richtergremium gemeinsam beschlossene Note plus ein Protokoll, das im Idealfall wertvolle Hinweise auf die weitere Arbeit gibt, als die beste empfunden. Interessanterweise fällt die Note beim gemeinsamen Richten in der Regel höher aus als bei getrenntem. Beispiel: Es gibt häufig Noten von 8,0 (gut) und besser. Aber die Punktzahl für Nicole Uphoff bei der Weltmeisterschaft 1990 entsprach gerade mal 7,8. Dennoch wäre es illusorisch, zum gemeinsamen Richtverfahren zurückkehren zu wollen. Reiter fühlen sich durch das getrennte Verfahren, bei dem jeder Richter für seine Noten verantwortlich zeichnet, gerechter beurteilt. Auch das Publikum kann die Bewertung besser nachvollziehen. Der Verdacht der gemeinsamen "Mauschelei" entfällt.
Hervorragend finde ich die Idee, daß der Chefrichter künftig in zwei, drei Sätzen die Vorführung in ihren Schwächen und Stärken im Anschluß an seinen Notenbogen beurteilen soll.
Gerechte Urteile sind letztlich mit jedem System möglich, vorausgesetzt, unter den Richtern herrscht Einigkeit darüber, was gut und was schlecht ist, vorausgesetzt, alle, die am Richtertisch Platz nehmen dürfen, haben ausreichend bewiesen, daß sie richtig von falsch unterscheiden können. Es darf nicht passieren, daß der eine Richter eine Piaffe als ungenügend, der nächste sie als gut bezeichnet. Daß ein paßartiger Schritt nicht erkannt wird. Daß Un-

klarheit über den Unterschied zwischen einem losgelassenen schwingenden starken Trab und gespannten Tritten mit festgehaltenem Rücken herrscht. Die Galoppsprünge bei den fliegenden Wechseln zu zählen, ist noch das Einfachste! Ich könnte die Reihe endlos fortsetzen.
Ich wiederhole mich: Nicht das Richtsystem ist letztlich entscheidend, sondern der Konsens über die zu beurteilenden Kriterien und die Sachkenntnis der Richter. In diesen Punkten dürfen keine Kompromisse gemacht werden.
Um die Kenntnisse und das Beurteilungsvermögen der Richter zu verbessern, müssen sie intensiver als bisher geschult werden. Ich plädiere sogar für die Schaffung einer "Richterschule", an der regelmäßig Tagungen durchgeführt werden bis zum höchsten Niveau, an denen auch Spitzenrichter teilnehmen. Eine größere Zahl von gleichwertigen Pferden unter bekannten und weniger bekannten Reitern muß dabei zur Verfügung stehen. Ich weiß, daß dies in der Praxis Schwierigkeiten in sich birgt. Reiter haben oft Angst, daß ihre Pferde bei dieser Gelegenheit "auseinandergenommen" werden, was sich auf die spätere Benotung in einer Prüfung negativ auswirkt. Ich halte diese Bedenken für übertrieben.
Die Möglichkeit von Video-Aufzeichnungen muß viel stärker genutzt werden. Warum werden nach wichtigen Prüfungen, Championaten, Olympischen Spielen etc. die Richternoten nicht im Fachkreis anhand der Videobilder diskutiert? Selbst wenn der eine oder andere Richter dann des "Fehlurteils" überführt würde - der Sache wäre allemal gedient, und allein darauf kommt es an. Für ausgewählte Prüfungen wäre von der FN, dem DOKR, der Deutschen Richtervereinigung und der Fachgruppe Dressur im Deutschen Reiter- und Fahrerverband ein sachkundiger und erfahrener Beauftragter zu ernennen, der die Notenbögen nach der Prüfung durchsieht, Art und Umfang der Abweichungen untersucht, Gründe aufzeigt und formuliert. Ich bin mir klar darüber, daß so ein "Oberrichter" nicht überall gern akzeptiert wird, aber auch hier darf es ausschließlich um die Sache gehen.
Für die "Mittelnoten" 6 und 7 müssen eindeutige Bewertungsregeln erarbeitet werden. Sie liegen in der Definition - voll genügend und ziemlich gut - dicht beieinander, können jedoch unterm Strich zu erheblichen Punktzahldifferenzen führen.
Alle diese Dinge müßten in einem wissenschaftlichen Umfeld definiert werden. Eine solche Ausbildungsstätte, nennen wir es Richterschule oder hippologisch-wissenschaftliches Institut, könnte ihren Platz im Bundesleistungszentrum in Warendorf oder einer anderen Ausbildungsstätte finden. Sie ist dringend notwendig, um der Lehre des Dressurrichtens ein festes Fundament zu geben, das unser Sport dringend braucht. Im übrigen ist das Amt des Dressurrichters ein so schwieriges, daß ich mir vorstellen könnte, daß man es professionellen hauptamtlich tätigen Personen überträgt.

Rückkehr aus Rom

Es paßte alles großartig. Zum Einzug in unser neues Firmengebäude in der Hanauer Landstraße in Frankfurt-Fechenheim brachte ich eine Olympiamedaille mit. Die ganze Belegschaft war versammelt, und ich wurde tüchtig gefeiert. Empfang beim Frankfurter Oberbürgermeister, beim Hessischen Ministerpräsidenten, im Frankfurter Reit-und Fahrclub - wärmer kann die Sonne der Siegesfreude auch auf die Olympioniken des alten Griechenland nicht geschienen haben. Auf meinem Schreibtisch häuften sich die Gratulationen.
Die deutsche Presse jubelte unisono.
Das hat man ja selten. Ein Berichterstatter

Rückkehr aus Rom. Hier mit meiner Frau Annemi bei der Ankunft vor der neuen Versandzentrale Frankfurt-Fechenheim in der Hanauer Landstraße.

erhob mich gar zum Retter des Vaterlandes. "'Die Dressur für Deutschland ist gerettet', so bezeichnete es ein ausländischer Besucher, und er hatte recht, denn ohne olympische Medaille hätte sich Deutschland, das sich gern als Hüter und Hort der Dressur betrachtet, der Lächerlichkeit ausgesetzt. 'Der Retter war Josef Neckermann auf Asbach."
A.M. Boden, Chefredakteur von 'Die Peitsche', schrieb mir: "Für mich ist Ihr Erfolg weiterhin so bedeutend, als Sie mit einer geradezu vorbildlichen Konsequenz und gleichbleibender Beständigkeit auf dieses Ziel hinarbeiteten, obwohl Ihnen dies durch manche harte Kritik - auch meine eigene - betreffs Asbach schwer genug gemacht wurde. Daß Sie dennoch durchgehalten haben, ist nicht nur in reiterlicher, sondern auch in charakterlicher Beziehung höchst einzuschätzen."
Es passiert nicht jeden Tag, daß ein Journalist zugibt, sich geirrt zu haben ...
Ein anderer Briefschreiber lobte mich: "Sie sind der erste Amateur im wahrsten Sinne des Wortes seit endloser Zeit, der eine solche Leistung vollbracht hat. Ich finde Sie umso bewundernswerter, als ich zumindest nicht feststellen konnte, daß Sie durch einen besonders erfahrenen und berühmten Berufsreiter betreut werden, der Ihnen geholfen hat, Ihr Pferd Asbach zu der Klasse zu entwickeln, die Ihren Erfolg ermöglichte ...
Wenn, wie es natürlich ist, viele Menschen diese Leistung mit der Bemerkung

'Gott, der hat ja genug Geld' zu schmälern versuchen, so habe ich allen gesagt, sie sollten einmal den Versuch machen, mit Ihrem Geld ausgestattet, Dressurreiter zu sein und ein Dressurpferd auf dem Stand zu halten, den Sie erreicht haben."
Und dann kam da noch ein Brief aus meiner alten Schule in Würzburg an den "Herrn Großkaufmann Josef Neckermann": "Es ist bei Ihren älteren Lehrern noch in bester Erinnerung, daß Sie schon als Realpennäler dem Reitsport huldigten und in bedeutenden Wettkämpfen viele Preise errangen. Wie damals ist auch heute das Realgymnasium Würzburg stolz auf Ihren Erfolg ..."
Auf einmal. Der Stolz der Lehrer auf ihren reitenden Schüler Neckermann ist mir damals völlig entgangen. Sei's drum. Ich war viel zu selig, um mit irgendjemandem zu hadern, nicht mal mit meinen alten Lehrern, die mir als Pennäler das Leben schwer gemacht haben ... und umgekehrt. Einen sehr witzigen Glückwunsch schickte mir die Rüdesheimer Weinbrennerei Asbach, die, ohne eine müde Mark zu investieren, ihren Namen ständig in den Medien wiederfand. Als Dank für die kostenlose Werbung, die ich für Asbach & Co. ritt, war dem Brief eine Nachbildung des Trojanischen Pferdes beigefügt, gefüllt mit altem Asbach.

Tod eines Freundes

In einem tiefschürfenden Aufsatz kommentierte Erich Glahn die Richtersprüche von Rom im St. Georg. Der Artikel endete mit dem Zusatz: Fortsetzung folgt. Dazu kam es nicht mehr, Erich Glahn starb am 25. Oktober 1960.
Sein unerwarteter Tod traf mich tief. Glahn war in den letzten Jahren für mich ein strenger Kritiker, ein sachkundiger, darüber hinaus väterlicher Freund. Menschen wie Glahn, für die die Reitkunst neben Training und Schulung auch eine Frage geistiger Auseinandersetzung ist, sind selten geworden. Sein Buch "Reitkunst am Scheidewege" kann uns noch heute Stoff zum Nachdenken liefern. Vielleicht gerade heute.

Das Jahr klingt aus

In diesem Jahr 1960 stand noch ein Turnier auf dem Programm, die Deutsche Meisterschaft in Münster, damals wie heute getrennt nach Damen und Herren ausgetragen. Hier trat ich wieder - zum wievielten Male? - Willi Schultheis gegenüber, dem stärksten Reiter dieser Zeit, der aber als Berufsreiter weder an einem CHIO wie Aachen teilnehmen durfte noch bei Olympischen Spielen. Nur drei Damen bewarben sich um den Titel, die damit schon vor dem Start für das Finale mit Pferdewechsel qualifiziert waren - eine unbefriedigende Situation. Rosemarie Springer auf Brillant xx wurde Deutsche Meisterin.
Ich mußte etwas mehr kämpfen. Außer Schultheis gingen Reiner Klimke auf Alberich, wie ich Amateur, Albert Brandl auf Aar, Karl Balschukat auf Feuerzauber und Herbert Kuckluck auf Monarchist xx an den Start. In der ersten Qualifikation erhielten Schultheis und ich exakt die gleiche Note, die zweite gewann Schultheis auf Doublette, weil ich mich - verflixt - verritten hatte. Am Ende lag Schultheis im Finale mit 0,05 Punkten vor mir und Klimke. Es nützte nichts, daß mir auf Asbach der beste Finalritt gelang. Er tat nämlich für die Konkurrenz ebenfalls, was er konnte. Mein Asbach war bestes Finalpferd dieser Deutschen Meisterschaft. Und das war ja auch was, trösteten Kurt Laabs und ich uns gegenseitig.

Asbach *24.3.1948

Züchter: Bernhard Dresing, Alfhausen, Kreis Bersenbrück

<table>
<tr><td rowspan="8">Asbach</td><td rowspan="4">Anilin</td><td rowspan="2">Anstand</td><td>Asti</td></tr>
<tr><td>Nasera</td></tr>
<tr><td rowspan="2">Freundeshand</td><td>Fridolin</td></tr>
<tr><td>Ackerdrossel</td></tr>
<tr><td rowspan="4">S 18755</td><td rowspan="2">Spinck</td><td>Sportgruß</td></tr>
<tr><td>Sabubara</td></tr>
<tr><td rowspan="2">S 11154</td><td>Schuß II</td></tr>
<tr><td>Stute v. Almarich</td></tr>
</table>

"Use Meta wör domals, kott noa'n Kriege, in't ganze Dörp dat Peerd mit den meisten Gang. Att de Asbach noch'n Foahlen wör und hei mit sine Mutter Meta in'e Weide güng, denn steegen die Lüe von't Rad aff. Und ich segge jau, use Meta und dei Asbach, wenn dei Draff güngen, dei woern ok'n Kiek wert."
So sprach zu mir voller Stolz im Januar 1992 der 78-jährige Gregor Dresing, der unverheiratet gebliebene Bruder des längst verstorbenen Asbach-Züchters Bernhard Dresing.
Meta, die wegen fehlender Generationennachweise auf der Mutterseite nur als S. 18755 im hannoverschen Stutbuch eingetragen worden war, trug die braune Farbe und war gut mittelgroß. Sie ging wie alle Pferde auf dem Hof Dresing in Alfhausen bei Bersenbrück täglich im Geschirr und sonntags zur Freude ihres Züchters Bernd Dresing oftmals mit hohen schwebenden Tritten vor der Kutsche.
Ihr Vater war der Celler Landbeschäler Spinck, der bis 1946 im Artland stand und drahtige, aber auch geschirrfromme Pferde machte. Der nächste Hengst auf der Mutterseite war Schuß II, der in Hesepe bei Bramsche stand.
Obwohl von dem schweren Schwabenkönig abstammend, gab dieser Fuchs seinen Kindern Härte und Leistungsbereitschaft. Seine beste Tochter war die Skala, die unter Hans Günter Winkler viele Springen, speziell gegen die Uhr, gewann.
Als nächster Hengst auf der Mutterseite - und damit ist der Stamm auch schon zu Ende - erscheint der bunte Fuchs Alma-

rich, der lange Jahre bis 1942 in Badbergen gestanden hat. Er hinterließ Nachkommen mit viel Typ und Glanz, die jedoch nicht den besten Ruf hatten, weil sie oftmals schwierige Pferde im Geschirr waren. Gleichwohl hat Almarich im Artland Akzente gesetzt: Er brachte gekörte Hengste und viele Prämienstuten. Zusammen mit Flotow, Schwarzenberg und Nordstar schuf er in Badbergen die Grundlage, die später dem Flügeladjutant seine großen Erfolge ermöglichten. Über Wöhler und seine vielen Nachkommen ist diese Linie noch heute aktuell. Almarich ließ die Reiterwelt Anfang der fünfziger Jahre aufhorchen, als seine Tochter Erle II mit dem Polizeimeister Hafemann viele schwere Springen gewann, darunter zweimal den Großen Preis von Aachen.

Es gab also schon vor Klaus Balkenhol in früheren Zeiten einen Polizeibeamten mit einem Dienstpferd im Großen Sport.

Angesichts des Blutaufbaues der Meta ist die Existenz des großen Dressurpferdes Asbach erstaunlich. Man hätte eher ein Springpferd erwartet, wenn auch das große Gangvermögen bereits vorhanden war. Der entscheidende Hengst in Asbachs Pedigree ist offensichtlich sein Vater Anilin, der bei den Züchtern wegen seiner Gehlust und seines guten Charakters beliebt war. Er stand in Hesepe bei Bramsche. Er war zu seiner Zeit ein eleganter Hengst mit viel Aufsatz, etwas linear in der Oberlinie. Anilin brachte einige gute ländliche Reitpferde mit dem Schwerpunkt Dressur.

Im großen Zuchtgeschehen hat er keine Rolle gespielt. Unsterblich geworden ist er als Vater des Asbach.

Anilin kam aus der Hengstlinie des Aldermann I, der auf Alnok zurückgeht und vor einigen Jahrzehnten in Hannover weit verbreitet war. Seine direkten Vorfahren gehören nicht zu den Großen der Zucht, und doch ist ihnen allen Glanz zuteil geworden durch ihren Nachfahren Asbach. Dessen Charakterstärke, Leistungsbereitschaft und Gangvermögen sind ein Kompliment an das hannoversche Pferd der früheren Zeit, das ja noch vorwiegend für den landwirtschaftlichen Zug gezüchtet wurde und auch für seine Zugleistung; denn diese Eigenschaften gehörten schon damals, quasi offiziell, zum Zuchtziel.

Und doch ist es eine glückliche Fügung, daß aus letztlich unbekanntem Blut dieses Pferd Asbach entstand, das in vielerlei Hinsicht dem vollendeten Reitpferd nahekam.

Bleibt noch zu berichten, wie Asbach überhaupt in den Großen Sport kam. Dreijährig wurde er auf dem Hof Dresing angespannt. Schon bald ging er ein- und zweispännig. Er war stets problemlos. Aufgrund seines Gangvermögens vor der Kutsche war er der Stolz seines Züchters, der mit ihm und seiner Mutter beim alljährlichen Schützenfest in Alfhausen die Königskutsche fuhr.

Helmut Barlage aus Alfhausen hat ihn angeritten und siegreich auf ländlichen Turnieren vorgestellt.

Nur dem Drängen des Gestütswärters Gleue aus Hesepe ("vör'n Meßwaogen kannste woll'n annern Wallach verschlieten") ist es zu verdanken, daß der anfangs zögernde Bernhard Dresing es schließlich seinem Bruder Gregor erlaubte, ihn in Hesepe Hans-Joachim Köhler für die Verdener Auktion vorzustellen. Dieser akzeptierte den großrahmigen Dunkelbraunen sofort, als Gregor Dresing mit dem Einspänner vor dem Gummiwagen auf dem Termin vorfuhr.

Im Auktionskatalog stand dann u.a.: "Hohe Eleganz in außergewöhnlich schwungvollen raumgreifenden Bewegungen. Ein- und zweispännig geschirrsicher". Im Herbst 1954 brachte Asbach 7600 Mark und war das Spitzenpferd der Auktion.

Sein Käufer war Dieter Busch aus Düsseldorf, der ihn anfangs bei Richard Wätjen und dann durch Robert Schmidtke (bis S-Dressur erfolgreich) ausbilden ließ.

Erst 1957 kaufte ihn Josef Neckermann. Der Rest ist bekannt.

Förster

Kurz nach Weihnachten rief mich der bekannte Dressurtrainer Herbert Behrendt an. Er hätte ein Pferd für mich. Genau das richtige, wie Asbach, doch schöner. Das Pferd gehörte einer Dame, die ausschließlich spazieren ritt und den talentierten Wallach in die richtigen Hände geben wollte.
Seitdem ich im deutschen Dressursport relativ bekannt war, wurden mir öfters Pferde angeboten. Die meisten kamen nicht in Frage. Nur wenige Pferde haben wirklich das Zeug für höhere Dressur, damals noch seltener als heute, wo sich die Qualität der deutschen Pferdezucht in den letzten Jahrzehnten erheblich verbessert hat.
Es muß so vieles zusammentreffen. Überdurchschnittliche Bewegungen sind eine Grundvoraussetzung. Viel Gang wird oft gleichgesetzt mit "viel Tritt", einem spektakulären Trab. Darauf kommt es aber gar nicht an. Den Raumgriff kann man durch richtige Ausbildung entscheidend verbessern, solange der Trab von Natur aus fleißig und schwungvoll ist. Mit fortschreitender Versammlung werden die Trabtritte ausdrucksvoller. Ich kann mich an keinen Fall erinnern, bei dem die Karriere eines begabten Dressurpferdes daran gescheitert ist, daß die Trabverstärkungen nicht überragend waren.
Anders als beim Trabe, kann man den Schritt überhaupt nicht, zumindest nur sehr schwer, verbessern. Im Gegenteil, wenn der Reiter nicht sehr aufpaßt, verschlechtert sich der Schritt im Laufe der Ausbildung. Er soll raumgreifend, taktmäßig und fleißig sein. Von einem riesigen Schritt, bei dem der Hinterfuß mehrere Hufbreit über die Spur der Vorderfüße tritt, halte ich wenig, obwohl solche Pferde in Materialprüfungen oft hoch bewertet werden. Sie neigen häufig zu Paß, wenn später der versammelte Schritt gefordert wird.
Wie beim Schritt kann der Reiter an der Galoppade in der Ausbildung wenig verbessern, und das nur bei großem Können, gepaart mit viel Erfahrung. Deshalb sollte dem Pferd ein runder, fleißiger Bergauf-Galopp angeboren sein. Die Qualität des Dressurgalopps wird nicht an der Länge der Galoppsprünge gemessen. Schließlich muß sich das Pferd geschickt auf kleinstem Raum bewegen können, seitwärts in den Traversalen, sich "auf dem Teller" drehen in den Pirouetten.
Der Erfolg der Ausbildung steht und fällt mit den Möglichkeiten des Pferdes, in allen drei Gangarten Schub aus der Hinterhand zu entwickeln, schwungvoll und mit Freude vorwärts zu gehen, sich nach einer entsprechenden Lösungsphase locker und entspannt zu bewegen und willig auf die Hilfen einzugehen. Ein leichtes Genick schafft eine feine Verbindung zum Maul. Das alles plus die Bereitschaft, sich versammeln zu lassen (die man beim Ausprobieren eines jungen Pferdes schon vorsichtig testen kann) sind die Anforderungen, die ich an ein Dressurpferd stelle. Wobei ich das Wichtigste an den Schluß setze: Auch das größte Talent nützt nichts, wenn das Pferd nicht mitspielt, nicht klar im Kopf ist, dabei sensibel, feinfühlig und lernwillig.

Nachfolger für Asbach

Es war Zeit, sich nach einem Nachfolger für Asbach umzusehen. Er wurde 13 Jahre alt, konnte noch ein paar Saisons gehen, aber ein Jüngerer sollte peu á peu seine Stelle einnehmen. Also bekundete ich Interesse bei Herbert Behrendt und meldete meinen Besuch an. Kurz darauf Absage. Förster, so hieß der neunjährige braune Hannoveraner, hustete.
Ende Januar wurde in Warendorf in der

Deutschen Reitschule eine neue große Halle eingeweiht. Ich ritt mit Asbach eine Schaunummer. Anschließend fuhren Annemi und ich noch zu Freunden nach Hannover. Nach dem Abendessen beschloß ich, auf dem Rückweg Förster anzuschauen. Ich telefonierte mit Behrendt und kündigte an, zwischen zwölf und eins (nachts) bei ihm zu sein. Behrendt fand das überhaupt nicht komisch. Er dächte gar nicht daran, mitten in der Nacht aufzustehen und zum Stall zu kommen. Der Pfleger würde mir das Pferd zeigen. Wahrscheinlich hielt Behrendt mich für volltrunken.

Walter Bauer mit der ihm eigenen Spürnase schaffte es, das dunkle Gehöft außerhalb Hamms zu finden. Auf der Stallgasse stand ein großer, ziemlich ungepflegter Wallach mit langem Winterhaar. Das also war Förster.

Ich begann zu reiten, stellte fest, daß das Pferd sich ziemlich auf die Hand lümmelte, immer eine Stütze, das sogenannte fünfte Bein, im Zügel suchte. Aber Förster war offensichtlich gutwillig und kooperativ. Nach 20 Minuten konnte ich ein paar Lektionen reiten, einzelne Galoppwechsel, Schulterherein, Traversalen. Annemi stand in der Bahn. Auf einmal flüsterte sie mir leise zu: "Wenn du den noch eine halbe Stunde reitest, kannst du ihn nicht mehr bezahlen."

"Wenn ich mit dem zu Hause ankomme, schmeißt mich Baranowski raus", befürchtete ich.

Wir fuhren nach Frankfurt zurück, riefen Herbert Behrendt am nächsten Morgen an und machten den Kauf perfekt. 15000 Mark plus ein Fernsehgerät seiner Wahl aus dem Neckermann-Katalog. Er entschied sich für das Standgerät Weltblick. Luxusausführung. Mit Nußbaumgehäuse.

Ende Januar kam Förster in Frankfurt an. Eine gründliche Ankaufsuntersuchung, der „TÜV", wie es heute salopp heißt, war damals nicht üblich. Unser Tierarzt Dr. Klöppel sah sich das Pferd an, es gab die üblichen Gewährsfristen von 14 Tagen und das war's. Bei Förster mußten wir die Gewährsfrist um zwei Wochen verlängern, weil Klöppel zunächst vermutete, Förster sei Kopper. Dabei setzen die Pferde die Zähne auf der Krippe oder auf Wandvorsprüngen auf und ziehen laut Luft ein. Es klingt, als ob sie rülpsen. Das Luftschlucken kann auf die Dauer Koliken verursachen. Deswegen gilt Koppen als Gewährsmangel, das heißt, man kann einen Kopper innerhalb von 14 Tagen zurückgeben. Der Verdacht bei Förster bestätigte sich zum Glück nicht. Er spielte gern mit der Tränke und seiner Anbindekette, das war alles. Also Entwarnung.

Bedauerlicherweise habe ich ihn beim Kauf nicht gründlicher untersuchen lassen. Förster blieb gesundheitlich ein Sorgenkind, in mehrfacher Hinsicht, was ich auf eine unzureichende Aufzucht und schlechte Fütterung zurückführte.

Bis oben hin saß er voller Würmer. Fünf Wurmkuren waren nötig, um der Parasiten Herr zu werden. Dabei darf man nicht vergessen, daß jede Wurmkur mit einem chemischen Gift vorgenommen wird, das nicht nur die Parasiten tötet, sondern auch die Organe des Pferdes strapaziert. Ich habe immer darauf geachtet, daß die Pferde nach einer Wurmkur ein paar Tage Ruhe mit ganz leichter Arbeit erhielten.

In der nächsten Zeit wurde Förster überaus vorsichtig gefüttert. Baranowski setzte seinen Ehrgeiz daran, den heruntergekommenen Kerl aufzupäppeln und ihn in "Lack" zu bringen wie unsere anderen Pferde. Und Försters Appetit kannte keine Grenzen.

Die Arbeit mit Förster

Bei der Arbeit mit meiner Neuerwerbung merkte ich bald, daß ich einen guten Griff getan hatte. Förster offenbarte

eine Begabung für die Lektionen der Hohen Schule, wie ich sie weder vorher noch nachher erlebt habe. Piaffen und Passagen waren sein Element. Er ähnelte in vielen Dingen Asbach, war ebenso freundlich und lerneifrig, hatte aber nicht Asbachs Handicap, den kurzen Hals.
Zunächst machte sich Förster sehr fest. Es dauerte Wochen - und kostete viele Stun-

Der leider viel zu früh eingegangene Förster zeigte ein besonderes Talent für Piaffe und Passage.

den Nachhilfe-Unterricht an Baranowskis Longe -, bis er zu voller Losgelassenheit fand. Außerdem hatte er Mühe, sich bei leichter Anlehnung selbst zu tragen. Immer wieder lümmelte er sich auf die Hand. Das wurde erst in dem Moment besser, in dem er die Hinterhand mehr engagierte. Alles in allem konnten wir die anfänglichen Schwierigkeiten schnell überwinden.
Unter anderem lernte Förster schon recht bald schöne Pirouetten. Ich habe die Erfahrung gemacht, daß manche Pferde mit steiler Hinterhand sich in den Pirouetten leichter tun als Pferde mit stark gewinkelten Hinterbeinen. Sechs bis sieben Galoppsprünge soll eine ideale Pirouette enthalten. Oft werden nur drei oder vier gezeigt, wobei der gleichmäßige Galoppsprung verloren geht.
Pirouetten erfordern vom Reiter besonderes Geschick und große Konzentration. In keiner Lektion kann man die Kunst des Reiters und die Feinabstimmung mit seinem Pferd so gut beurteilen wie in der Pirouette.
Viele Reiter verderben sich die Pirouette schon, bevor sie beginnt, indem sie das Pferd vorher nicht genügend durch halbe Paraden aufnehmen und nicht noch einmal vermehrt versammeln. Nach dem Aufnehmen wird die Pirouette mit dem inneren Zügel und dem äußeren Schenkel eingeleitet. Letzterer hat außerdem die Aufgabe, die Hinterhand auf der Linie zu halten, also zu verhindern, daß der Kreis zu groß wird. Die äußere Hand begrenzt gegebenenfalls die Wendung und gewährleistet die Aufrichtung des Pferdes. Ist die Pirouette vollendet, muß der Reiter sofort weiter geradeaus galoppieren. Das Pferd muß so an den Hilfen bleiben, daß der Reiter die Pirouette jederzeit beenden und geradeaus weiterreiten kann. Wirkt die Hand des Reiters rückwärts, dann kommt das Pferd zu tief, wird eng im Hals, kleben die Hinterbeine am Boden statt zu "trillern", das heißt lebhaft abzufußen.
Nach einem halben Jahr war es soweit, daß ich mit Förster erste Turnierstarts ins Auge hätte fassen können. Ich wollte jedoch warten, bis er wirklich Grand Prix-reif war. Uns drängte ja niemand, denn noch war mein alter Asbach frisch und munter und blieb vorläufig die Nummer Eins im Stall. Ein älteres Pferd, das alle Lektionen sicher beherrscht, muß anders trainiert werden als ein jüngeres, das noch viel zu lernen hat. Die "Erhaltungsarbeit" muß jetzt darauf ausgerichtet sein, die Muskeln, Sehnen und Gelenke geschmeidig zu halten, ohne das Pferd unnötig zu strapazieren. Man fängt an, Rücksicht zu nehmen, die

Könnten viele Geschichten erzählen: Stallplaketten an Asbachs Boxenwand.

Kräfte des Pferdes einzuteilen. Wenn ein Oldie sich lieber im ruhigen Galopp löst, wird man nicht auf freiem Vorwärtstraben bestehen wie bei einem Jüngeren.
Dem Pferd die Lust an der Arbeit erhalten, heißt jetzt die Devise. Nichts ist deprimierender in einer Dressurprüfung als ein altes Pferd, dem jeder Schritt lästig ist und das nur eins auszustrahlen scheint: den Wunsch, daß die Aufgabe möglichst bald vorbei ist. Leider sieht man auch solche Bilder häufig in Dressurprüfungen.

Turnier-Routine

Unsere in den letzten Jahren eingespielte Turnierroutine behielten wir bei. Mit den Hallenturnieren in Frankfurt und Dortmund begann das Jahr. Meine hauptsächlichen Gegner: Liselott Linsenhoff, die ihren Monarchist xx jetzt wieder selbst vorstellte und mich ein paarmal hinter sich ließ, Reiner Klimke, der inzwischen die Pferde des Gestüts Lauvenburg ritt, den feinen Vollbluthengst St. Georg und den Schimmel Brillant. Dazu der Stallmeister der Lauvenburg, der Ostpreuße Karl Balschukat mit dem Hengst Dreiklang und dem derben, dabei dynamischen Feuerzauber, der oft auch von seiner Besitzerin Anneliese Schaurte-Küppers selbst geritten wurde. Und wir alle bissen uns immer wieder die Zähne an Willi Schultheis auf der funkensprühenden Fuchsstute Doublette aus.
In Dortmund 1961 geriet ihm jeder Start zum Sieg, vier an der Zahl. Doublette war das einzige Pferd jener Jahre, das in der Regel besser ging als Asbach. Jedenfalls solange Willi Schultheis im Sattel saß. Das mußte ich neidlos anerkennen. Und als ich die beiden in Wiesbaden nach langer Zeit mal wieder schlagen konnte, wurde das in der Presse als Sensation gefeiert.
Den zweiten Platz im deutschen Dressur-Derby hatte ich anscheinend abonniert. Willi Schultheis zählte in diesem Jahr Sieg Nummer sechs im Hamburger Klassiker. Nach der Ergebnisbekanntgabe lief ein alter Herr auf ihn zu, schüttelte ihm die Hand und sagte: "Sie sind ein König." Da fiel selbst dem schlagfertigen Berliner Willi nichts mehr ein. Immerhin war das Ergebnis diesmal denkbar knapp - wenn Feuerzauber bei mir nicht die Dreierwechsel versprungen hätte ...
Dafür war Asbach das beste Pferd der vier Finalisten. Bei der Siegerehrung ritt Willi Schultheis mit ihm ein. Asbach wurde der Eichenkranz mit der blauen Schleife umgelegt. Und das war fast so schön, als hätte ich selbst gewonnen. Fast!
Erwähnen möchte ich, daß wir nach jeder Prüfung in Hamburg hervorragende Protokolle erhielten, die Reitmeister Niemann diktiert hatte. Damit konnte man für die Arbeit zu Hause wirklich etwas anfangen. Eine ausländische Reiterin lobte ihn bei der Begrüßung: "Also Sie sind

Herr Niemann, der uns immer so nette Protokolle schreibt."
Die Protokolle werden heute meist durch die Notenbögen ersetzt. Dort haben die Richter die Möglichkeit, Anmerkungen zu einzelnen Lektionen zu machen.
Diese Bögen sind meines Erachtens nicht halb so informativ und nützlich wie ein sachkundig formuliertes Protokoll.

Gewonnen und doch ausgepfiffen

Schon zwei Wochen später stand Aachen an, wo in diesem Jahr 1961 das Internationale Offizielle Dressurturnier der FEI, das CDIO, stattfand. Es stellte gewissermaßen die inoffizielle Weltmeisterschaft, den Vorläufer der heutigen FEI-Championate dar.
FEI-Dressurpreise hatten eine lange Tradition. Der erste wurde 1927 ausgetragen. Deutsche Reiter konnten den Preis bis dahin zweimal gewinnen: Friedrich Gerhard, Leiter des Schulstalls der Kavallerieschule Hannover, 1934 auf Fels in Thun und 1937 auf Absinth in Berlin, sowie Hermann Sachenbacher, ein bekannter Dressurreiter der Vorkriegszeit, 1939 in Aachen auf Inka. Nach dem Kriege belegten nur zweimal deutsche Reiter vordere Plätze, Reiner Klimke wurde 1955 in Thun auf Scipio Zweiter, Hannelore Weygand 1958 auf Perkunos in Wiesbaden Dritte.
Bevor Welt- und Europameisterschaften durchgeführt wurden, waren die FEI-Dressurpreise die beste Vergleichsmöglichkeit für den jeweiligen internationalen Standard zwischen den Olympischen Spielen. Mit 20 Teilnehmern aus 15 Nationen war in Aachen das größte Feld am Start, das ein FEI-Dressurpreis bisher aufzuweisen hatte. Darüberhinaus war es das

Fachsimpelei am Rande des Aachener Turniers 1961 mit Henri St. Cyr.

erste Zusammentreffen der Weltelite seit Rom. Und für mich eine Gelegenheit zur „Olympiarevanche".
Die Aachener machten sich viel Mühe mit uns Dressurreitern. Der Große Dressurpreis wurde im Tivoli, dem Fußballstadion der Allemannen, ausgetragen. Zum Stechen am selben Abend sollten die fünf Besten unter Flutlicht antreten.
Die Intermediaire, in der Filatow als Olympiasieger nicht starten durfte, gewann ich vor dem Rom-Zweiten Gustav Fischer auf Wald. Förster erfreute mich bei seinem ersten Aachen-Auftritt mit dem dritten Platz im St.-Georg-Preis. Sonntagnachmittag fand im Reiterstadion in der Soers traditionell der Einmarsch der Nationen statt. (Heute gibt es nur noch den Abschied der Nationen am letzten Tag). 15 Nationalhymnen mußten wir anhören, mit gezogenem Zylinder. Die Sonne glühte auf unsere Köpfe nieder. Und abends ließ ich mich mit Fieber und Schwindel in mein Bett im Quellenhof fallen: Sonnenstich.
Dienstagmorgen, am Tag des "Zweikampfs", zu dem die Presse das Zusammentreffen von Filatow und mir hochstilisiert hatte, fühlte ich mich nicht wesentlich besser. Sobald ich im Sattel saß und

mich auf mein Pferd konzentrierte, ging es. Asbach ließ mich nicht im Stich. Bis auf nicht besonders gut gelungene Piaffen und Passagen lieferte er eine makellose Vorstellung. Es reichte: Wir gehörten zu den fünf Reitern im Stechen. Ich hatte mich sogar mit 24 Punkten Vorsprung vor Filatow an die Spitze setzen können. Aber das behielten die Richter spannenderweise einmal mehr für sich. Den Rest des Tages bis zum Stechen verbrachte ich im abgedunkelten Hotelzimmer und pflegte meinen Sonnenstich. 5000 Menschen erschienen abends im Stadion, um in festlichem Rahmen die Darbietungen der höheren Dressur zu genießen. Der Aachen-Laurensberger Rennverein hatte sogar zur Auflockerung des Programms eine Ballett-Tanzgruppe engagiert.

Förster 1961 in Aachen: Korrekt gebogen in der Trabtraversale.

Außer Filatow und mir waren Liselott Linsenhoff mit Monarchist xx, Gustav Fischer mit Wald und die Engländerin Brenda Williams auf ihrem bildschönen Schimmel Little Model ins Stechen gekommen. Ich kannte sie von Rom. Brenda Williams und Little Model waren eines der charmantesten Paare, die man in jenen Tagen im Viereck sehen konnte, Reiterin und Pferd in völliger Harmonie. Leider erlangte Little Model nie die letzte unerläßliche Sicherheit in den Piaffen und Passagen, sonst hätten sich die beiden viel öfter weiter vorn plaziert.

Wem das Publikum die Daumen drückte, war phonmäßig meßbar an dem ohrenbetäubenden Jubel, der jedesmal ertönte, wenn der russische Olympiasieger Filatow und sein herrlicher Rapphengst Absent das Stadion betraten. Kein Zweifel, Absent war, wie in Rom, das schönste Pferd am Platze. Er piaffierte und passagierte an diesem Abend mit einer Brillanz, die seinen olympischen Auftritt bei weitem übertraf. Doch auch diesmal gab es ungleiche Tritte, und häufig kam die Nase des Pferdes hinter die Senkrechte.

Asbach ging besser als am Morgen, lebhaft und schwungvoll, wie ich meine, das Abbild eines solide gerittenen Pferdes, bei dem die Ausbildung in der hohen Versammlung nicht das Fundament der reinen Grundgangarten hat zerstören können. Die Richter, die die Noten bereits nach kurzer Beratung bekanntgaben - welch ein Fortschritt! - sahen es ähnlich, setzten mich im Stechen wie im Grand Prix auf Platz eins. Damit war ich Gesamtsieger des Großen Dressurpreises der FEI und inoffizieller Weltmeister. Ich hätte glücklich sein können. War ich aber nicht. Denn das Publikum wollte von Asbach und mir nichts wissen. Es pfiff und johlte - für Filatow. Gegen mich, wie ich meinte, und den Richterspruch.

So etwas kommt vor. In allen Sportarten, in denen Leistungen nicht meßbar sind, sondern von Menschen beurteilt werden, die keine Roboter sind, wird es Meinungsverschiedenheiten sowohl zwischen Reitern und Richtern als auch zwischen Richtern und Zuschauern geben. Es schmerz-

Großer FEI-Dressurpreis 1961 im Aachener Tivoli-Stadion. V.l.: Asbach und ich, Sergej Filatow auf Absent, Brenda Williams auf Little Model, Liselott Linsenhoff auf Monarchist xx, Gustav Fischer auf Wald.

te, vor heimischem Publikum in Aachen quasi ausgepfiffen zu werden. Am meisten schmerzte es mich, daß man für Asbach reichlich harte Worte fand. Nicht allein wegen der schwachen Piaffe und Passage am Vormittag. Wieder einmal war die Rede von seinem kurzen Hals, von mangelnder Eleganz. Ich wußte, daß Asbach nicht das schönste Pferd der Welt war, aber - und davon ließ ich mich nicht abbringen - ohne Einschränkung das Beste und Beständigste.
Die Siegesfeier abends fiel aus, nicht nur wegen der Nachwehen meines Sonnenstichs. Es war ein schwacher Trost, daß ich der erste deutsche Reiter nach dem Kriege war, dem der Sieg in einem FEI Grand Prix gelang, und der erste deutsche Zivilist überhaupt. Bis dahin hatten Militärreiter gesiegt, Offiziere der Kavallerieschule zum Beispiel. Mein erster internationaler, wenn auch inoffizieller Titel blieb der Höhepunkt des nacholympischen Jahres, das ich mit elf Siegen abschloß. Bei der Deutschen Meisterschaft in Berlin erneuerte ich mein Abonnement auf Platz zwei hinter Schultheis. Asbach war am Jahresende hinter Doublette das zweiterfolgreichste Dressurpferd. Er gewann 13305 Mark. Und Förster steuerte in seinem ersten Jahr mit 1605 Mark zu unserer Haferkasse bei.

Halbzeit

Neunzehnhundertzweiundsechzig. Halbzeit zwischen den Olympischen Spielen. Zeit des Suchens, Abschätzens, die Zeit, in der neue Pferde auftauchen, kritisch unter die Lupe genommen werden: Ist das wohl einer für Olympia?
In diesem Jahr betraten bemerkenswerte Pferde die sportliche Bühne. Förster war eines von ihnen. In Frankfurt schlug er in einer S-Dressur Doublette unter Willi Schultheis und seinen Boxennachbarn

Asbach. In Dortmund gewann er die Intermediaire. Fachleute wie Waldemar Seunig bescheinigten ihm Thronfolgerqualitäten, und am Ende des Jahres schrieb Richard Abé nach dem Turnier in Herborn: "Der Neckermannsche Förster hat sich wie erwartet unter seinem konsequenten Reiter in außerordentlichem Maße weiterentwickelt. Piaffe und Passage sind bereits weitgehend gefestigt, die fliegenden Wechsel bis zum à tempi von spielerischer Sicherheit. Der Vortrag in der mittleren Entscheidung war von hoher Reife und Ausgeglichenheit."

Lob kam auch aus dem Ausland. Der Schweizer Kavallerist schrieb: "Die, man darf wohl sagen, Sensation schon in Frankfurt und vollends in Dortmund war der Hannoveraner Förster, mit dem Josef Neckermann überlegen die schweren Dressurprüfungen gewann. Man wird im Laufe des Jahres noch viel von Förster hören; viele Fachleute sind sich einig, daß das Pferd in den kommenden internationalen Dressurprüfungen nur sehr schwer zu schlagen sein wird."

Wie es aussah, brauchte ich mir um meine olympische Zukunft keine Sorgen zu machen. Das behielt ich vorerst für mich. Ich befand mich in der ebenso seltenen wie beneidenswerten Situation, über zwei nahezu gleichwertige Grand Prix-Pferde zu verfügen.

Selbstverständlich gab es noch andere. Reiner Klimke ritt damals die Lauvenburg-Pferde Matador, Dreiklang und Brillant. Immer deutlicher schob sich der Münsteraner mit dem großen Duellant-Sohn Dux in den Vordergrund, einem Verwandten meines Douglas. Dux, mit unverwechselbar gezeichneter Blesse, hatte dasselbe Handicap wie Asbach, einen etwas kurzen Hals, dabei aber schwungvolle elastische Grundgangarten. Er sollte über viele Jahre im deutschen Dressursport eine wichtige Rolle spielen. Klimke hatte wie ich ein zweites Pferd, den Holsteiner Wanderfalk xx-Sohn Arcadius. Der Dunkelbraune war zwar bedeutend schöner als Dux, erreichte indessen nie seine Zuverlässigkeit, Sicherheit und Ausdruckskraft in den schweren Lektionen.

Harry Boldt ritt mit dem Schimmel Remus vom Gestüt Pütter mehr und mehr ins Rampenlicht. Remus war eines von vielen im Spring- und Dressursport erfolgreichen Kindern des Anglo-Arabers Ramzes und bestach durch seine völlige Losgelassenheit und Elastizität. Die dunkelbraune Holsteiner Stute Waldfee von Wanderfalk xx unter ihrer eleganten Reiterin Vroni Meyer-Johann zählte ebenfalls inzwischen zur ersten Garnitur. Waldfees Stärke waren die exzellenten Schritt- und Trabeprisen. Die Stute hatte jedoch Probleme mit einem etwas ungeschmeidigen Galopp.

Ein anderes spektakuläres Pferd, das viele Blicke auf sich zog, war der hannoversche Fuchs Granit, ein Pferd in gewaltigem Rahmen, das seinerzeit dem in Berlin lebenden Otto Schulte-Frohlinde gehörte und von Bubi Günther trainiert wurde, dem neben Willi Schultheis bedeutendsten Berufsreiter, Lörke-Schüler wie er. Ich habe nie wieder ein Pferd im starken Trab so dahinfliegen sehen wie Granit. Allerdings sah es nicht so aus, als ob der Reiter sehr bequem säße. Da Granit zeitlebens Probleme mit den Piaffen behielt, wurde er kein richtig gutes Grand Prix-Pferd. Unter Kurt Capellmann sammelte Granit in den nächsten Jahren viele Erfolge. Auf Intermediaire-Ebene war das Paar fast nicht zu schlagen.

1962 machten zwei Schimmel auf sich aufmerksam, einer schöner als der andere: Mariano, ein Ramzes-Sohn, im Besitz der Herzogin von Croy, und die Holsteiner Anblick xx-Tochter Anoinette. Sie wurden von Herbert Behrendt ausgebildet und von ihm und der Herzogin von Croy vorgestellt. Beim Turnier der Sieger in Münster gewannen die beiden die Paarklasse. Als ich ihnen applaudierte, wußte ich nicht, daß beide Pferde eines gar nicht so fernen Tages in meinem Stall stehen

Zum ersten Mal Deutscher Meister: Köln 1962 bei der gemeinsamen Ehrenrunde mit Meisterin Rosemarie Springer auf Brillant xx.

würden. Asbach gehörte ja noch nicht zum alten Eisen. Er gewann 1962 den Grand Prix in Aachen und den von Konrad Adenauer gestifteten "Preis des Bundeskanzlers". Meine Aachen-Bilanz in diesem Jahr 1962 konnte sich sehen lassen: Bei sieben Starts mit Asbach und Förster wurde ich dreimal Erster, dreimal Zweiter und einmal Dritter.

Darüberhinaus verhalf mir Asbach zu einem Erfolg, den ich mir insgeheim als "zwischenolympisches" Ziel gesetzt hatte. In Köln wurde ich im September 1962 Deutscher Meister der Dressurreiter. Solange diese Meisterschaft mit Pferdewechsel ausgetragen wurde, hieß der Sieger Willi Schultheis. Sieben Mal. Er konnte sich in Sekundenschnelle auf jedes Pferd einstellen - da hatte ich als waschechter Amateur, der täglich ein bis zwei Pferde in seiner knappen Freizeit ritt, aber nicht acht oder neun, einen schweren Stand.

Wir waren gewissermaßen alle alte Bekannte in diesem Finale, hatten die gegenseitigen Pferde bereits im Dressurderby

kennengelernt: Asbach, Doublette und Karl Balschukats Feuerzauber. Zwei erfahrene Berufsreiter und ich.
Nach der zweiten Runde lagen Schultheis, der aus Feuerzauber ganz unerwartete Funken schlagen konnte, und ich gemeinsam mit der Wertnote 1,8 in Führung. Auch bei mir gab sich der Lauvenburger Braune große Mühe, blieb fast fehlerlos. "Das sah gut aus." Annemi war zufrieden. 1,3, meinten die Richter. Immerhin 0,2 Punkte besser als der eigene Reiter. Schultheis galoppierte mit Asbach ein.
Ich glaubte an nichts mehr. Nur Baranowski machte unerschütterlich in Optimismus.
"Sie haben doch gesehen, daß Asbach sich nicht alles gefallen läßt. Der hat durchaus seinen Kopf." Balschukat hatte nämlich nicht den richtigen Draht zu ihm gefunden. Schultheis schon. Nur in den Einerwechseln faßte er ihn vielleicht etwas hart an. Asbach baute ihm einen dicken Patzer ein. 1,4 vermerkten die Richter. "Gratuliere", sagte Schultheis als erster zu mir. "Um einen kurzen Kopf geschlagen, nennt man das im Derby." Schließlich kam er aus dem Vollblutlager und hatte in Hoppegarten eine Jockey-Lehre begonnen, wechselte dann in den Tattersall Tiergarten, bevor Otto Lörke ihn entdeckte.
Nach der Meisterehrung wurden Willi Schultheis und Doublette vor die Reihe der Plazierten gerufen. Die Deutsche Meisterschaft, bei der sie das beste Pferd war, sollte der letzte Start der 13jährigen Stute

Erfahrungsaustausch: Willi Schultheis auf Asbach verläßt das Viereck bei der Deutschen Meisterschaft in Köln 1962.

sein. Doublette hat mehr als 100 000 Mark gewonnen, auf ihrem Konto stehen fünf Deutsche Dressur-Derbys, sieben Championats-und Meistertitel. Schon siebenjährig in Stockholm 1956 hatte sich Reiner Klimke mit ihr qualifiziert, blieb aber auf der Reservebank. Doublette ging im Anschluß an ihre Sportkarriere in die Zucht und brachte sechs Fohlen zur Welt. Ein wahrhaft bemerkenswertes Pferdeleben.

Meisterschaftsfinale 1962 auf Doublette.

Im vorolympischen Jahr 1963 wurde die Gangart etwas härter. Tokio rückte näher. Wer mit wollte, mußte sich in diesem Sommer nachdrücklich in Szene setzen. Das betraf uns alle. Wir - das waren, wie sich ganz deutlich abzeichnete, Reiner Klimke, inzwischen frischgebackener Dr. jur., mit Dux, Harry Boldt mit Remus und ich mit Förster. Gleich zu Jahresbeginn zeigte er, daß er allen Aufgaben gewachsen war und schlug immer häufiger seinen Stallgefährten Asbach. In Frankfurt gewann Förster seinen ersten Grand Prix, seinen zweiten in Dortmund, wo ich mit ihm nur in dieser einen Prüfung antrat und mit Asbach Dritter hinter Reiner Klimke mit Arcadius wurde. Bis zum Saisonhöhepunkt in Aachen allerdings mußte Förster monatelang pausieren. Beim Beschlagen hatte ihn der Schmied „vernagelt", das heißt einen Nagel versehentlich so gesetzt, daß er den lebenden Teil des Hufs traf. Es folgte eine häßliche Hufentzündung, die sich unerwartet lange hinzog. Erst in Aachen war Förster wieder ganz der alte. In jenem Jahr 1963 mußten wir eine neue Grand Prix-Aufgabe reiten, die auch etwas anders benotet wurde. Es gab keine Koeffizienten mehr für einzelne Lektionen, wodurch die vier Schlußnoten für 1. Reinheit der Gänge, 2. Schwung, 3. Losgelassenheit, Durchlässigkeit und Gehorsam und 4. Sitz und Einwirkung stärkeres Gewicht erhielten. Diese an sich vernünftige Regelung, die die reelle Grundausbildung des Pferdes deutlicher honorierte, wurde später erneut geändert. Ich persönlich hätte in der neuen Aufgabe gerne ein paar mehr Piaffen gehabt. Dafür wurden die Übergänge von Piaffe und Passage mit einer Extranote beurteilt. In den grundlegenden Anforderungen blieb die Aufgabe gleich. Teilweise änderte sich die Folge der Lektionen. Neu waren: zweimal im Mittelgalopp durch die ganze Bahn wechseln mit fliegendem Wechsel, Volten in der Passage nach statt vor den Galopplektionen.

Zum ersten Mal wurde eine Stechaufgabe konzipiert, gespickt mit schnell aufeinander folgenden Schwierigkeiten, Vorläufer des heutigen Grand Prix Special.

Förster gewann in Aachen beide Aufgaben vor Asbach, Remus und Monarchist xx. Diese vier Pferde waren im Stechen.

Horst Niemack schrieb über Förster:

"In Aachen bestach er wiederum durch die überragende Präzision in allen Details der Aufgabe und vor allem durch die einwandfreie Ausführung der schwierigsten Lektionen. Ausgezeichnet waren seine Galoppirouetten, schnurgerade alle fliegenden Galoppwechsel, gesetzt und taktmäßig die Piaffen, erhaben die Passagen und - was nur wenige Pferde beherrschen - flüssig und geschmeidig die Übergänge von Piaffe zur Passage und umgekehrt. Das Gesamtbild war vorzüglich. Gewiß wäre im starken Trabe und im starken Schritt mehr Raumgriff und Ausdruck erwünscht gewesen. Aber wo gibt es Vollkommenheit?"

Nirgendwo. Und deswegen nagte in mir

Asbach in einer schwungvollen Trabverstärkung. Frische und Elastizität von raumgreifenden Bewegungen, weiter Rahmen bei zwangloser Anlehnung.

die Sorge um Försters labile Gesundheit. Mit Mißvergnügen las ich Kommentare wie den folgenden in der Zeitschrift Reiter-Welt:
"... es ist nicht darüber hinwegzusehen, daß Förster in den Grundgangarten, besonders im starken Schritt und starken Trab, zu enge Grenzen hat. Bei Asbach gewinnt zeitweise der Eindruck des Steifen und Unelastischen die Oberhand. Daß für beide Pferde die Aussichten, mit nach Tokio zu gehen, mehr und mehr schwinden, weiß wohl Neckermann selbst am besten; denn nicht ohne Grund sucht er nach einem neuen Pferd, das diesen Anforderungen gewachsen ist."
Ich sah meine Chancen keineswegs schwinden, im Gegenteil. Schließlich war mein Doppelsieg in Aachen eher Grund zum Optimismus.
Was meine Pferdesuche anging, so war wie an den meisten Gerüchten auch an diesem etwas dran. Asbach wurde nicht jünger und elastischer, und neben Förster ein zweites Grand Prix-Pferd wäre nicht schlecht. Ich hielt die Augen offen und die schöne Schimmelstute Antoinette fest im Blick. Im Spätsommer kaufte ich sie.
Kurz nach Aachen meldete sich Förster erneut ab. Diesmal mit einer langwierigen Erkältung. Die Europameisterschaft Ende August in Kopenhagen war für mich gestorben und bedauerlicherweise damit für die deutsche Mannschaft ebenfalls. Es gingen nur zwei deutsche Reiter an den Start, Harry Boldt mit Remus, der die Intermediaire gewann und im Grand Prix hinter dem Schweizer Henri Chammartin auf Wolfdietrich einen hervorragenden zweiten Platz belegte. Remus war ja noch relativ neu in der Grand Prix-Klasse. Reiner Klimke auf Arcadius wurde Vierter hinter Chammartin auf Wöhler. Zudem belegte er mit Dux den fünften Platz. In

Wie sich die Silhouette gleicht: Förster in einer Trabverstärkung.

der Mannschaftswertung traten lediglich zwei Nationen an. Es siegten die Briten vor den Rumänen. Mit Förster, Remus und Arcadius hätten wir den Titel wohl ohne allzugroße Mühe gewinnen können. Erst im Oktober 1963 zum CDI Paris war Förster wieder einsatzbereit. Erstmalig fanden in der französischen Metropole internationale Dressurprüfungen statt. Die deutschen Reiter triumphierten in drei von vier Prüfungen, leider nicht im Grand Prix, der an Henri Chammartin auf Woermann ging vor Asbach, Förster und Dux. Reiner Klimke gewann auf Matador den Prix St. Georges, ich auf Asbach die Intermediaire und auf Förster die kombinierte Prüfung, Pflichtaufgabe plus Kür, also den Vorläufer der heutigen Weltcup-Kür.

Aber nicht wegen der Siege blieb mir dieses Turnier in besonderer Erinnerung, sondern wegen der größten Katastrophe, die ich in meinem Reiterleben je erfahren habe. Doch davon später mehr.

Dreiundzwanzigster Februar 1964. Ich fuhr morgens nach Würzburg zum Grab meiner Eltern. Vorher hatte ich geritten. Auch Förster. "Das ist mein Olympia-Pferd", sagte ich noch. Ich war mir ganz sicher. Als ich zurückkam, stand mein Sohn Peter vor unserer Wohnung.

„Du mußt sofort in den Stall kommen. Förster ist nicht in Ordnung." Es schwang in seiner Stimme etwas mit, was mich beunruhigte.

Unverzüglich fuhr ich zum Stall.

Förster stand schwer atmend in seiner Box, schweißüberströmt. Unser Tierarzt hatte, wie schon bei Douglas, sofort einen Kollegen der Tierärztlichen Hochschule Gießen gerufen. Beide schlossen auf Kolik. Als ich kam, hatten die Ärzte und Pfleger schon alles probiert, Förster zu helfen. Vergebens. Ich ging in die Box zu meinem Pferd, klopfte seinen Hals. Als ob Förster auf mich gewartet hätte, ging plötzlich ein Zittern durch seinen großen Körper, und er stürzte zu Boden. Mit einem Sprung zur Seite konnte ich verhindern, daß der schwere Pferdeleib mich an die Wand drückte. Förster war tot.

In diesem Moment dachte ich nicht an zerstörte Olympiahoffnungen, an die vielen Stunden Zeit, Energie und Arbeit, die ich in mein Pferd "investiert" hatte, sondern daran, daß ich - wieder einmal - einen guten Freund verloren hatte, über den ich mich gefreut und geärgert hatte, mit dem ich gesiegt und verloren hatte und der immer alles gegeben und mir grenzenlos vertraut hatte.

Die Obduktion ergab als Todesursache Darmverschlingung. Außerdem hatte ich eine Untersuchung der Vordergliedmaßen angeordnet, um Klarheit über die Ursache der Lahmheit im Frühjahr zu erhalten. Dabei stellten sich erhebliche Schäden im Hufbereich heraus.

Die Nachricht vom Tode Försters, der allgemein als sicherer Olympiakandidat galt, löste nicht nur in Reiterkreisen große Betroffenheit aus. Zahlreiche Freunde und Bekannte, aber auch ganz unbekannte Menschen schrieben mir, um mich zu trösten. Bei Horst Niemack hieß es:

"Seit seinem überlegenen Sieg im vorjährigen Grand Prix in Aachen hielt ich ihn mit Längen für unser bestes Dressurpferd, das bei mir auf der Tokio-Liste an erster Stelle stand."

Der kürzeste Brief kam von Irmgard Werther aus Bremen: "Sie armer Herr Neckermann, ich bedaure Sie aus tiefstem Herzen."

6

Antoinette und Mariano

Erntejahre

„Ein Vorderteil wie Brigitte Bardot, ein Hinterteil wie Gina Lollobrigida und Beine wie Marlene Dietrich" – der Spruch eilte Antoinette voraus. Er traf's genau. Zweifellos, die schöne Holsteiner Apfelschimmel-Stute beflügelte die Phantasie des Betrachters. Und kurz nach dem Aachener Turnier 1963 bezog die achtjährige Tochter des Vollblüters Anblick xx eine Box in unserem Stall. Eine Primadonna von den Ohren bis zur Schweifspitze, mit Launen, die einer Hollywood-Diva zur Ehre gereicht hätten. Was ich damals noch nicht so genau wußte.

Eine große Laufbahn im Rampenlicht war Antoinette nicht an der Wiege gesungen worden. Ihr Leben als Reitpferd begann sie als Vierjährige unter dem Namen Amelie in einem Bremer Reitstall ...

Ihre Ausbildung zum Dressurpferd erhielt sie, wie schon erwähnt, von dem bekannten Berufsreiter Herbert Behrendt. Er und seine Schülerin Hannelore Weygand stellten sie auf Turnieren vor. Am 25. Mai 1963 ritten beide mit Mariano und Antoinette in Dülmen, auf dem Besitz des Herzogs von Croy, anläßlich des Wildpferdefangs einen Pas de Deux. Der sogenannte Wildpferdefang, wobei aus der im Park lebenden Wildpferdeherde die Hengstfohlen gefangen und anschließend verkauft werden, ist jedes Jahr ein Riesenspektakel und zieht bis zu 30000 Zuschauer an. Mitten in der Vorführung erlitt Herbert Behrendt einen Herzschlag und glitt tot aus dem Sattel von Mariano.

Beide Pferde wurden in den folgenden Wochen von Hannelore Weygand weitergearbeitet und auf Turnieren vorgestellt, wo sie Plazierungen bis zum Grand Prix erreichten. Aber der Besitzer von Antoinette, Hans Dütting, Vorstandsvorsitzender der Gelsenkirchner Bergwerks-AG, war nicht abgeneigt, die Stute zu verkaufen. Und ich, im Sommer 1963 auf der Suche nach einem weiteren Spitzenpferd, griff zu. Der Kauf wurde wochenlang in der "Szene" diskutiert. Hannelore Weygand war verständlicherweise traurig, hatte aber Verständnis für den Wunsch des Besitzers. Anders einige Spitzenreiter, die die Stute wohl selbst gern im Stall gehabt hätten. Künstlerpech, ich war halt schneller gewesen.

Aller Anfang ist schwer

Antoinette war das erste und einzige Pferd, für das ich je 100000 Mark bezahlte.

Im Stall zeigte sich meine Neuerwerbung zunächst nicht von der besten Seite. Sie war unruhig. Band man sie an, fing sie an zu „weben", das heißt, sie trat ständig von einem Vorderbein aufs andere. Das ist eine sehr lästige Angewohnheit, die nicht nur auf die Vorderbeine geht, sondern auch allzu leicht von anderen Pferden nachgeahmt wird. Nach einer Weile legte sich Antoinettes Unruhe zum Glück.

In der Arbeit entpuppte sie sich als rechtes Seelchen: sehr empfindsam, manchmal ängstlich und etwas triebig, jedoch äußerst aufmerksam und gelehrig. Sie hatte ja schon ein paar Grand Prix-Plazierungen, unter anderem in Aachen, auf ihrem Konto. Um in die Spitzenklasse aufzurücken, gab es viel zu feilen. Wie oft lagen die Probleme weniger in den einzelnen Lektionen als in den reiterlichen Grundlagen. Ich hatte nicht vermutet, bei dem so weit geförderten Pferd auf so viele Schwierigkeiten zu stoßen. Antoinette hielt den Rücken fest, daraus resultierten ihre Maulprobleme, die uns noch einige Zeit in den Protokollen verfolgten, und der mangelnde Schub aus der Hinterhand. Antoi-

Antoinette bei der Morgenarbeit.

nette zog die Zunge hoch, nahm sie gelegentlich sogar über das Gebiß, eine Unart, die die richtige Einwirkung auf das Pferdemaul unmöglich macht.
In der ersten Zeit wurde Antoinette ausschließlich longiert und auf Trense gearbeitet. Auf Piaffe und Passage verzichtete ich zunächst, bis sie sich vollständig losließ und das Gebiß annahm. Ich stellte sie zum ersten Mal auf dem Turnier in Bad Kissingen vor. Im Oktober nahm ich sie neben Förster und Asbach für die „Kleine Tour", also Prix St. Georges und Intermediaire, mit zum internationalen Dressurturnier nach Paris. Das hätte ich besser gelassen.
Es wurde ein völliges Desaster. Die Richter saßen in zweieinhalb Meter hohen Militärtrucks, die beängstigend wirkten. Das alles fand meine Stute gar zu schrecklich. Sie weigerte sich standhaft, sich den Richtern auch nur zu nähern. Bei X blieb sie wie angewurzelt stehen. Als ich anreiten wollte, machte sie dreimal kehrt. Ich überlegte, ob ich aufgeben sollte - so war es eine Zumutung für Richter und Zuschauer. Aber ich wollte es jetzt wissen, biß die Zähne zusammen. Damit kommst du mir nicht durch, meine Liebe, dachte ich, machte die Beine zu und drückte sie mehr oder weniger durch zwei Drittel der Aufgabe. Allerdings mußte ich jedesmal zehn Meter vor den Richtern abwenden. Genervt gab ich kurz vor Ende der Prüfung auf. Die Noten wollte ich mir auf keinen Fall antun.
Bis zum Turnier der Sieger in Münster rauften Antoinette und ich uns leidlich zusammen. Wir errangen mehrere S-Plazierungen. Bei der Siegerehrung in Münster kehrte sie wieder die Diva raus: Keine Schleifen am Kopfstück, bitte! In kleinen Dingen gab ich gerne nach: Die Schleifen wurden fortan an den Mähnenzöpfchen festgemacht.

Winterpause

Seitdem der Turnierkalender eine Woche vor Weihnachten endet und Neujahr schon wieder beginnt, fällt die Winterpause für viele Pferde aus, leider. Ich war, allein aus beruflichen Gründen, nie ein "Vielstarter", ritt kaum mehr als zwölf, fünfzehn Turniere im Jahr, oft auch weniger. Zum Jahresende bekamen die Pferde mehrere Monate Pause. Das heißt freilich nicht, daß sie "weggestellt", nicht gearbeitet wurden.

Im Gegenteil, die Wintermonate sollen - hochgegriffen - so etwas wie eine schöpferische Pause sein. Reiter und Pferd können vom Druck der Wettkämpfe abschalten, psychisch und physisch. Jetzt ist die Zeit, in der junge Pferde gefördert werden, in denen bei älteren Schwierigkeiten behoben werden können, in der sie Gelegenheit erhalten, bei leichter Arbeit ihre Kräfte zu regenerieren.

Das "Durchstarten" halte ich für eine der unvernünftigsten Entwicklungen im heutigen Turniersport. Der Dauereinsatz rächt sich früher oder später, nicht nur an der Gesundheit, sondern überdies an der Psyche der Pferde. Nur wer Gelegenheit zum Abschalten erhält, ist im richtigen Moment wieder zur Höchstleistung bereit. Viele Turnierpferde bekommen eine längere Pause erst, wenn sie verletzt oder krank und darum nicht einsatzbereit sind. Deswegen begrüße ich die Bemühungen der Internationalen Reiterlichen Vereinigung (FEI), die Anzahl der Starts pro Pferd im Jahr zu beschränken; für Springpferde, die mehr Turniere haben, zugegebenermaßen noch wichtiger als für Dressurpferde. Doch selbst für unseren Sport füllt sich der Kalender von Jahr zu Jahr mehr.

Tokio im Visier

Neunzehnhundertvierundsechzig. Ein olympisches Jahr. Der Ton unter den Konkurrenten wurde wieder etwas schärfer. Man beäugte sich, mehr kritisch als wohlwollend. Chancen wurden errechnet, diskutiert, wieder verworfen. Die Olympischen Spiele standen in der zweiten Oktoberhälfte, also nach unserer grünen Saison, auf dem Programm, was die Szene nicht hinderte, sich seit Jahresbeginn dem Thema ausgiebig zu widmen.

Ende Januar. Berlin, Deutschlandhalle. Wohl das älteste der großen deutschen Hallenturniere. 1910 wurde das erste der damals noch seltenen "Indoors" im Louisen-Tattersall durchgeführt. Das Zuschauer-Interesse wuchs von Jahr zu Jahr. Schon in den 20er Jahren spielte Dressur beim Berliner Turnier eine wichtige Rolle. 1936 fand das erste Dressur- und Springturnier in der neuerbauten Deutschlandhalle statt, zusammen mit der Grünen Woche, der großen Landwirtschaftsausstellung. Diese Tradition wurde bei den Nachkriegsturnieren ab 1957 in der wiederaufgebauten Deutschlandhalle fortgesetzt. Zahlreiche westdeutsche Besucher der Grünen Woche füllten die Ränge. 1974 wurde das Turnier auf Ende November verlegt, 1978 klinkten sich die Veranstalter in die Springreiter-Weltcup-Serie ein. Die Abtrennung von der Grünen Woche kostete die Berliner viele Zuschauer, die erst jetzt, nach der Wiedervereinigung, langsam zurückgewonnen werden können.

Aber 1964 gab es sie noch, die ganz spezielle Grüne-Woche-Atmosphäre mit dem ländlichen Lodenmantel-gewandeten Publikum auf den Rängen. Ich freute mich auf Berlin. Es war mein erster Start in der Deutschlandhalle. Aus beruflichen Gründen hatte ich in den vergangenen Jahren darauf verzichten müssen. Mit An-

Antoinette in klarer Fußfolge des Galopps, flüssig gesprungen mit erhabenen Bewegungen.

toinette hatte ich ein gutes Gefühl. Mehrere Wochen intensiver Arbeit lagen hinter uns. Wir waren uns meistens einig. Losgelassenheit, Schubkraft und Maultätigkeit der Stute hatten sich entscheidend verbessert. Das fiel nicht allein mir auf, sondern zum Glück auch den Richtern. Drei Starts, drei Siege für Antoinette in

Siegerehrung in Berlin 1964. Lob von allen Seiten für die dreifach-siegreiche Antoinette, rechts Alois Podhajsky, links Horst Niemack.

Berlin (Intermediaire, Grand Prix und Kür), wobei sie jedesmal den braven alten Asbach hinter sich ließ. Über Antoinettes ersten Grand Prix-Sieg freute ich mich besonders, denn besser konnte das Olympiajahr gar nicht beginnen.
Antoinettes ehemaliger Stallgefährte Mariano wurde inzwischen von Harry Boldt geritten und stand wie Remus im Gestüt Pütter in Iserlohn. Die drei Schimmel zogen in Berlin alle Blicke auf sich. Am nächsten Wochenende in Hannover lief es genauso erfreulich weiter. Je ein Sieg für Asbach und Antoinette, die den von der Deutschen Richtervereinigung gestifteten Sonderehrenpreis für die beste Piaffe erhielt. Die Presse nannte uns bereits im Zusammenhang mit Tokio.

Prüfstein Piaffe

Die Fähigkeit, eine richtige Piaffe, also eine trabartige Bewegung auf der Stelle, zu lernen, entscheidet letztlich, ob ein Pferd ein Grand Prix-Pferd wird oder "nur" ein gutes S-Pferd bleibt. Auch das ist ja schon viel. Es gibt natürlich noch andere Kriterien, aber ohne eine zumindest befriedigende Piaffe wird ein Pferd sich nicht an der Spitze halten können - damals so wenig wie heute, wo im Grand Prix und Special rund ein Drittel der Richternoten im Zusammenhang mit Piaffe und Passage vergeben werden. Piaffieren erfordert besonderes Talent des Pferdes. Manchen Rassen, wie Andalusiern und Lipizzanern, ist es in die Wiege gelegt. Dafür fallen ihnen andere Dinge schwer, wie Galopp- und Trabverstärkungen. Aber wie auch sonst im Leben ist Talent nicht alles.
Kaum eine Lektion offenbart Ausbildungsmängel so erbarmungslos wie die Piaffe. Nur ein Pferd, das gelernt hat, sich im Gleichgewicht zu tragen, dessen Tragkraft aus der Hinterhand systematisch entwickelt wurde, das losgelassen über den Rücken schwingt, kann eine klassische Piaffe ausführen.
In dieser Lektion kann man nichts vertuschen. Man glaubt nicht, was Pferde sich alles einfallen lassen, um der reellen Versammlung, der Lastaufnahme mit der Hinterhand auszuweichen: Hinundherschwanken, Kreuzen der Vorderbeine, breite Hinterbeine. Oder die Beine kleben am Boden (dann piaffiert oft nur das Gesäß des Reiters) oder das Pferd mogelt sich

Antoinette überzeugt durch taktreine, energisch abfußende Tritte, durch williges Vorwärtsgehen und gute Hankenbiegung. Das Genick ist deutlich höchster Punkt.

Antoinette im Halten: Ruhig und aufmerksam.

Schritt für Schritt nach vorne, anstatt auf der Stelle zu treten. Letzteres ist noch der geringste Fehler. Aus einer leicht nach vorwärts gerittenen Piaffe, so wie sie in der Intermediaire II verlangt wird, läßt sich bei richter Ausbildung die klassische Piaffe auf der Stelle entwickeln. Antoinettes ausgesprochene Begabung für die Piaffe berechtigte zu den kühnsten Hoffnungen.
Leider riß meine Glückssträhne schneller wieder ab als erwartet. Das Ludwigshafener Hallenturnier mußte ich absagen, vor allem wegen Försters Tod, von dem ich schon berichtet habe und der mich tief traf. Antoinette hatte sich einen leichten Sehnenschaden zugezogen, nichts Langwieriges, doch so ernst, daß wir sie in die Tierärztliche Hochschule nach Gießen brachten. Dort erfuhr sie, wie andere meiner Pferde vor und nach ihr, beste fachärztliche Betreuung.
Försters Tod veränderte die Situation von Grund auf. Er war mit seiner Beständigkeit und Zuverlässigkeit meine Nummer Eins für Tokio gewesen. Jetzt mußte ich ganz auf die kapriziöse Antoinette bauen, mußte ihre Ausbildung intensivieren und sie schneller fordern als ich eigentlich vorhatte.
Asbach war zwar noch frisch genug, um auf dem Frankfurter Hallenturnier die Stall-Ehre mit einem Sieg im Grand Prix vor Granit unter Kurt Capellmann und Feuerzauber unter Karl Balschukat zu retten, aber für Olympia dürfte es wohl nicht mehr reichen.
Im Sport liegen Erfolg und Mißerfolg so dicht beieinander, daß die Bäume schon nicht in den Himmel wachsen. Im Reitsport ganz besonders. Denn schließlich müssen immer zwei Lebewesen "gut drauf" sein.

Vorolympischer Sommer

Pfingsten in Wiesbaden, bei der ersten Parade der Olympiakandidaten, war Antoinette wieder bestens drauf, gewann, wie vorher in Berlin und Hannover, die Großen Dressurpreise.
Sie wiederholte dasselbe bei den Sichtungen in Bad Harzburg, Köln und schließlich gegen internationale Konkurrenz in Aachen.
Leider waren die Schweizer beim CHIO 1964 nicht am Start, unsere potentiellen Medaillenkonkurrenten aus Rußland hingegen konnten wir überzeugend hinter uns lassen. Im Grand Prix wurde Iwan Kalita auf Korbej, allerdings mit einem Verreiten, Siebter hinter sechs Deutschen. Rom-Sieger Filatow war in Aachen nicht

Familienpferd Antoinette. Als Nachwuchsreiter präsentieren sich die Neckermann-Enkel Jojo und Susanne.

am Start. Die Ergebnisse wiesen uns eine Favoritenstellung zu, ob es uns paßte oder nicht.

Die deutschen Dressurreiter wurden in der Presse bereits als sichere Goldmedaillenanwärter gefeiert. Wir wußten nicht recht, ob wir uns über die Vorschußlorbeeren freuen sollten. Damit wuchs auch der Erwartungsdruck auf uns.

Aachen 1964 bescherte mir außer dem Grand Prix-Sieg auf Antoinette mit mehr als 50 Punkten Vorsprung vor Dux und Remus noch eine besondere Freude. Der Aachen-Laurensberger Rennverein zeichnete mich mit dem "Goldenen Ring der Stadt Aachen" aus, eine Ehrung, die in den Jahren zuvor solchen Größen wie William Steinkraus, Anna Clement, Hans Günter Winkler und Fritz Thiedemann zuteil geworden war.

Antoinette hatte in wenigen Monaten Försters Platz eingenommen. Mit ihren neun Jahren war sie für die allerhöchsten Ansprüche doch ein junges Pferd und ihr Aufstieg umso bemerkenswerter. Sie war zweifellos das schönste Pferd, das ich bis dahin in Grand Prix-Prüfungen geritten hatte. Es existieren von Antoinette kaum Fotos, auf denen sie nicht gut anzuschauen ist.

Schönheit ist gewiß nicht das Wichtigste für ein Dressurpferd. Viele hocherfolgreiche Dressurpferde sind im Stall, ohne Sattel und Kandare, ganz normale Zeitgenossen, waren und werden erst schön durch den Glanz von Schwung und Versammlung. Asbach und Förster zählten dazu.

Ein Pferd wie Antoinette freilich, dem die Herzen selbst dann zuflogen, wenn sie nicht ihren allerbesten Tag hatte, tut sich in der Dressur natürlich leichter. In der Dressur schadet Schönheit nur dem Pferd, das sie nicht hat!

Antoinette *12.3.1955

Züchter: Karl Hans Harder, Siethwende, Holstein

Antoinette	Anblick xx	Ferro xx	Landgraf xx
			Frauenlob xx
		Antonia xx	Herold xx
			Adresse xx
	Korinna	Heiner	Heintze
			Achtung
		Nelsa	Hallo
			Irma

Die ungewöhnlich ausdrucksvolle Stute Antoinette stammt aus der Kremper Marsch. Dieses ist eine Weidelandschaft zwischen Elmshorn und Glücksstadt in Holstein, auf deren fruchtbarem Boden seit Jahrhunderten Holsteiner Pferde von hohem Ansehen gezüchtet werden. In Siethwende, Antoinettes Geburtsort, ist seit jeher eine der großen Deckstationen der Holsteiner Zucht beheimatet.
Cicero, Favorit und Heintze haben dort gestanden und das Springvermögen des Holsteiners fest in den Stutenstämmen verankert. Auch in Antoinettes Mutterstamm ist dieses Blut zu finden. Ihre Mutter Korinna ist über ihren Vater Heiner eine Heintze-Enkelin. Auf der Mutterseite sind mit Lorbeer und Zieten (wie Favorit ein Sohn des großen Tobias) noch weitere Heroen der Holsteiner Zucht versammelt.
Die Schimmelfarbe ist Antoinette durch ihre Ururgroßmutter Amurette mitgegeben worden; diese hat ihre Farbe von dem im ungarischen Staatsgestüt Radautz im Jahre 1896 geborenen Amurath, der ein Shagya-Schimmel war und von 1901 bis 1916 in Holstein als Beschäler wirkte.
Dr. Rossow schreibt in seinem Holsteiner Hengstbuch über Amuraths Vererbung: "Gab seinen Nachkommen viel Adel mit, ohne den Holsteiner Typ zu verwischen, und trockenes Fundament. Einige waren etwas leicht, aber begehrte Verkaufspferde mit geraden, guten Gängen und besten Tugenden."
Ist es nicht eine wunderbare Geschichte, daß 40 Jahre später ein Schimmelstutfohlen geboren wurde, dessen Vorfahr mit ei-

nem Abstand von sechs Generationen dieser Radautzer Schimmel war und das ziemlich genau diese Eigenschaften hatte, die Dr. Rossow den direkten Nachkommen des Amurath bescheinigt hat?

Zwischen Amurath und Antoinette finden sich in ihrem Mutterstamm viele kräftige und schwere Holsteiner Hengste, und doch hat der Vollblüter Anblick xx in seiner wuchtigen Partnerin Korinna, die ja auch durch ihre Schimmelfarbe schon das Blut ihres Urahnen Amurath verriet, den Blutanschluß zum Araber gefunden. Hier liegt die Erklärung für den arabischen Überguß, der die Stute Antoinette so schön machte. In ihr vereinigte sich der Adel des leichten Vollblüters Anblick xx mit der Harmonie und Formschönheit des Arabers Amurath.

Diese Schimmelstute war mittelgroß, vom Fleck weg gefangennehmend durch ihre harmonischen Körperformen. Noch heute erinnert man sich in Siethwende an das ungewöhnlich schöne Stutfohlen, das später Olympiasiegerin und Europameisterin wurde.

Antoinette hatte einen kleinen Kopf mit breiter Stirn und großem Auge. Der Hals war genügend lang und gut geformt. Auffallend war ihre große Schulter und der klar pointierte Widerrist. Hier wird der Einfluß des Vollblüters Anblick xx sehr deutlich. Die Oberlinie war etwas linear und die Nierenpartie erschien ein wenig fest.

Die Kruppe war tief bemuskelt. Der Rükken war nur mittellang. Auffallend war die trockene Textur des ganzen Körpers. Die Muskulatur war plastisch und ausdrucksvoll. Das Beinwerk war eher leicht, aber beeindruckend durch seinen Ausdruck und seine Trockenheit, so daß man auf seine Belastbarkeit vertrauen konnte. Der etwas lockere Stand des Vorderbeines hat die Leistungsfähigkeit nie eingeschränkt.

Aufgrund ihres harmonischen Körperbaues war Antoinette immer fotogen. Es gibt viele hervorragende Bilder von ihr.

Ihr Mutterstamm trägt die Nummer 1916. Noch heute ist diese Stutenfamilie sehr populär in Holstein. Ihre Mitglieder zeichnen sich aus durch sehr viel Gang. Der Hengst Mowgli (Lene Nissen-Lembke) war selbst ein Springpferd mit vielen Siegen, bevor er in die Zucht ging. Er kommt ebenso aus dem Stamm 1916 wie Malteser; beide waren sie Marlon xx-Söhne. In neuerer Zeit ist der Hengst Arturo von Athlet aus dieser Familie hervorgegangen.

Heute, im Jahre 1992, stehen noch 31 Stuten aus dem Stamm 1916 in der Holsteiner Zucht, so daß man um den Bestand dieses Blutes nicht zu fürchten braucht.

Die herrliche Schimmelstute Antoinette hat dieser Familie 1916 besonderen Glanz verliehen, der auch heute noch nicht verblichen ist. Immer wenn ein Mitglied dieser Familie auf Stutenprämierungen oder auf Körungen zur Betrachtung ansteht, oder wenn ein Pferd aus diesem Stamm den Besitzer wechseln soll, wird die Erinnerung an die Stute Antoinette wieder wach, und ihre Ruhmestaten werden mit Stolz und Behagen von dem Eigentümer des betroffenen Pferdes ausgebreitet. So wird sie mit ihrer ungewöhnlichen Schönheit und ihren großen Taten noch lange den Holsteiner Züchtern vor Augen stehen.

Endspurt nach Tokio

Insgesamt verlief die vorolympische Saison friedlich. Deutlicher als vor Rom kristallisierten sich bald die Olympia-Anwärter heraus: Harry Boldt auf Remus, Reiner Klimke auf Dux und ich auf Antoinette.

Es waren die letzten Olympischen Spiele, bei denen die zwei deutschen Staaten mit einer gemeinsamen Olympiamannschaft antraten. Das bedeutete für die Springreiter, daß sie sich nach den westdeutschen Sichtungen noch einmal bei einer "Qualifikation" in Berlin mit den DDR-Reitern auseinandersetzen mußten - eine Farce, denn die ostdeutschen Springreiter hatten nach dem Krieg kein olympiareifes Niveau erreichen können - aus welchen Gründen auch immer. Für die Military benannte jeder der beiden deutschen Staaten zwei Reiter. Die Qualifikationen in der Dressur wurden kurzfristig abgesagt, weil, so die offizielle Lesart, die DDR-Pferde aus "veterinär-hygienischen Gründen" nicht in den Westen reisen könnten. Das kam einem Verzicht der DDR auf die Olympiadressur gleich. Damit hatten die westdeutschen Funktionäre freie Hand, eine Mannschaft zu benennen.

Endlich wieder eine Dressurmannschaft. Das IOC und die FEI hatten ein Einsehen nach der Rumpfprüfung von Rom und ließen erneut drei Reiter pro Nation zu. Es sollte, wie schon vor 1960, neben den Einzelmedaillen auch eine Mannschaftswertung geben. Unter einer Voraussetzung: Es mußten in Japan mindestens sechs Mannschaften an den Start gehen. Das bereitete uns in den Monaten vor Tokio erhebliches Kopfzerbrechen.

Zwar hatten sechs Nationen genannt, aber Henri St. Cyr, Olympiasieger von 1956 und Vierter von 1960, lag nach einem schweren Unfall im Krankenhaus. Damit fehlte den Schweden vorläufig noch der dritte Mann. Zum abschließenden öffentlichen Test trafen sich die deutschen Olympiakandidaten in Vechta. Diesmal gewann Reiner Klimke auf Dux beide Prüfungen, Grand Prix und Stechaufgabe. Mir passierte das Mißgeschick, daß sich während der Aufgabe Kandaren- und Trensengebiß miteinander verhakten. Antoinette fühlte sich sichtlich unbehaglich, und es war noch ein Wunder, daß sie so brav durch die Aufgabe ging. Es war das erste Mal im Olympiajahr, daß sie in einem Grand Prix geschlagen wurde.

Die Olympianominierung - Boldt, Klimke und ich - ging zuguterletzt ohne große Diskussionen vor sich. Mein 16jähriger Asbach ging als mein Reservepferd mit. Klimke hatte als zweites Pferd Arcadius. Mitte September, drei Wochen vor Tokio, trafen wir uns in Warendorf mit Horst Niemack zum Abschlußtraining. Einmal ritten wir den Grand Prix in der Halle, hatten die Japaner doch angekündigt, bei schlechtem Wetter die Olympiadressur in die neugebaute Reithalle zu verlegen. Leider machten sie von der Möglichkeit später keinen Gebrauch ...

Die Reihenfolge im Abschluß-Grand-Prix, den wir vor einer Handvoll geladener "VIPs" ritten, lautete: Antoinette-Dux-Remus, im Stechen Dux-Antoinette-Remus. Unsere Bestform hatten wir noch nicht erreicht. "Die Vorführungen in der Halle beweisen zwar erneut den hohen Stand der deutschen Dressurreiterei, aber sie zeigten auch klar, daß die drei Wochen in Tokio genutzt werden müssen, wenn die Medaillenchancen erhalten bleiben sollen", schrieb die Warendorfer "Glocke". Also kein Grund für frühzeitigen Jubel. Zudem war Ende September die Mannschaftswertung in Tokio bisher nicht gesichert. Wir gaben uns alle Mühe: Reiner Klimke nutzte eine USA-Reise, um die zögernden Nordamerikaner zu motivieren. Sie schickten drei Reiterinnen. Ich lud die Schweden zum Transport-Flug über den Pol ein. Anstelle von St. Cyr mobilisierten die Schweden Oberstleutnant Ljungqvist auf Karat, damit war die Dreier-Truppe komplett. Fast

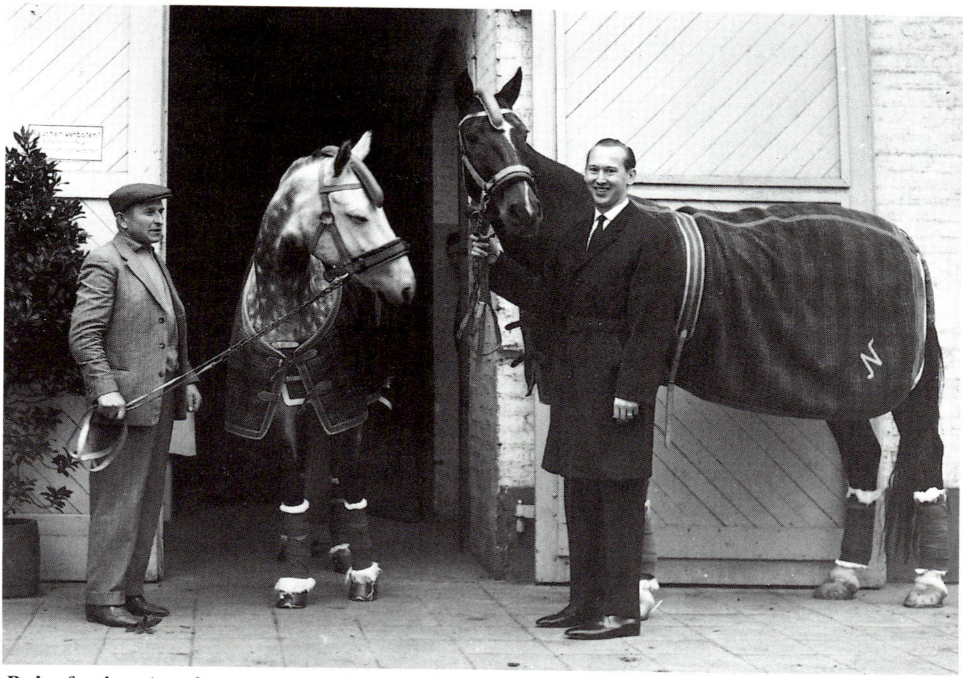

Reisefertig: Antoinette und Asbach auf dem Weg nach Tokio. Links Fritz Baranowski, rechts Peter.

wären die Schweizer im letzten Moment ausgefallen, weil ihre Pferde husteten. Sie wurden glücklicherweise rechtzeitig wieder gesund. Die Russen und Japaner - letztere sprangen nach der Absage der Franzosen und Rumänen ein - machten das halbe Dutzend voll.

Kurz vor meiner Abreise nach Tokio gab ich dem Blätterwald Gelegenheit zu kräftigem Rauschen. Ich übernahm kurzfristig Mariano in meinen Stall. Die Herzogin von Croy blieb Besitzerin. Harry Boldt, der mit dem neunjährigen Schimmel an allen Olympia-Ausscheidungen teilgenommen hatte, zeigte sich mir gegenüber erleichtert, daß das diffizile Pferd in meine Hände kam. Vielleicht wollte er sich seine Enttäuschung auch nicht anmerken lassen. Mariano war unter ihm ständig besser geworden und drohte die Nummer Eins im Stall, Remus, auszubooten. Was Remus-Besitzer Pütter wiederum nicht gefiel. Sei's drum, ich war froh, den schönen Schimmel, von dem noch ausführlich die Rede sein wird, in Arbeit zu bekommen. Einen Moment wurde sogar erwogen, ihn an Stelle von Asbach als Reservepferd mit nach Tokio zu nehmen, weil ja zwei Reiter, Harry Boldt und ich, mit ihm vertraut waren. Es blieb am Ende doch bei Asbach.

Am 28. September 1964 traten unsere Pferde in Amsterdam in einer Spezialmaschine der KLM mit dem vielversprechenden Namen „Alfred Nobel" die Reise über den Nordpol ins Land der aufgehenden Sonne an. Mit den 13 deutschen Pferden - die Springpferde waren auch dabei - reisten die drei schwedischen Dressurpferde und die Boote der deutschen Rudermannschaft. Kapazitätsausnutzung nennt man so etwas.

Die Presse rechnete uns vor, daß die Pferde die teuersten Olympiastarter waren, 30000 Mark Reisekosten pro Pferd.

Wir gehen in die Luft

Für Antoinette und Asbach war es wie für die meisten anderen Pferde der erste Flug, was mir mehr Herzklopfen verursachte als ihnen. Heute fliegen Pferde ja ständig von Kontinent zu Kontinent, aber damals war das ein richtiges Ereignis. Und es ist schließlich kein Schauermärchen, daß der Pilot immer eine Pistole mitführt, um im Notfall ein tobendes Pferd zu erschießen, bevor es die ganze Maschine in Gefahr bringt. Vier Jahre später, auf dem Rückflug von Mexiko, mußten dann tatsächlich zwei Pferde im Flugzeug erschossen werden, als sie in Panik gerieten.

Bei Baranowski und dem Mannschaftstierarzt Dr. Willi Büsing wußte ich unsere Pferde in besten Händen. Allerdings hatte der Transport sieben Stunden Verspätung, weil sich die drei schwedischen Pferde nicht verladen ließen. Was nicht nur die anderen Pferde, sondern auch uns allerhand Nerven kostete. Ich hatte es mir nämlich nicht nehmen lassen, bei der Verladung dabei zu sein. Es lief alles glatt. Nach 14 Stunden Flugzeit und einer Zwischenlandung in Anchorage in Alaska kamen die Pferde 27 Stunden nach Abflug wohlbehalten in Tokio an, bis auf Dux, der sich die Schweifrübe gestaucht hatte.

Als Antoinette als erste die Gangway herunterschritt, sagte einer der umstehenden Journalisten: "Endlich der erste echte deutsche Medaillenanwärter."

Annemi und ich folgten einen Tag später von Frankfurt aus. Ich glaube, ich war der einzige Olympiateilnehmer, der von einem Enkelkind verabschiedet wurde. Peters dreijährige Tochter Susanne drückte auf dem Flughafen ihrem Großvater einen dicken Kuß auf die Backe, bevor der sich anschickte, dem Ruf der Jugend der Welt zu folgen, gerade mal 52 Jahre alt.

Mit uns reisten Evi und Hans Pracht, während Peter zu Hause in der Firma für drei Wochen die Zügel übernahm.

Es erwies sich als vernünftig, daß wir so früh mit den Pferden nach Tokio gekommen waren. Die Impfungen vor der Abfahrt, der Flug und dann die Zeitverschiebung, hatten sie doch etwas durcheinander gebracht, Antoinette noch mehr als Asbach, der sich aufführte wie ein junger Hupfer.

In Tokio quartierte ich mich, wie schon in Rom, nicht im olympischen Dorf ein, sondern im Hotel Ginza Tokyo. Nicht nur, weil ich mit meiner Familie zusammen sein wollte. Ich wollte die Fernost-Reise nutzen, um wichtige geschäftliche Kontakte aufzubauen und zu pflegen. Um Mißverständnissen vorzubeugen: Reise-, Hotel- und Aufenthaltskosten gingen selbstverständlich - wie auch bei meinen anderen Olympia-Teilnahmen - zu meinen persönlichen Lasten. Unser Hotel war auf heimische Verhältnisse zugeschnitten, die Zimmer klein, mit niedriger Decke. Ich kam mir ein bißchen vor wie Schneewittchen bei den sieben Zwergen. Jedesmal, wenn ich mir die Hände waschen wollte, mußte ich in die Knie gehen. Meine kleine Frau hatte es da besser.

Ich besuchte Geschäftspartner und besichtigte Firmen, vor allem der Textil- und elektronischen Branche, die - seinerzeit noch recht unbekannt - heute zu Riesenkonzernen angewachsen sind. Zahllose Termine mußte ich absolvieren. Dinnerparties (mit Geishas!), Empfänge, Zeitungs-, Radio- oder Fernsehinterviews standen täglich auf dem Programm. Die japanische Presse interessierte sich für den Unternehmer Neckermann mindestens ebenso wie für den Reiter Josef Neckermann. Alles zusammen war ganz schön stressig.

Aus Frankfurt kamen nur gute Nachrichten. Peter vertrat mich bei der Einweihung unseres neuen Kaufhauses in Berlin in bester Lage Wilmersdorfer-/Ecke Kantstraße. Der Regierende Bürgermeister Willy Brandt war da und fuhr begeistert die glä-

sernen Rolltreppen rauf und runter - damals der letzte Schrei. 14 000 Quadratmeter Nutzfläche auf sieben Etagen. Zur Einweihung wurden 10 000 Nelken an die Damen verteilt. 100 000 Menschen kamen am ersten Tag. Der Verkehr brach zusammen, und Peter mußte die Schaufensterscheiben herausnehmen lassen, nachdem die erste im Gedränge zerbrochen war. Am nächsten Tag wurden sie wieder eingesetzt. Soweit die Nachrichten von zu Hause.
Wir akklimatisierten uns schnell, gewöhnten uns an das ewige Lächeln der Asiaten. Berichte von einem kleinen Erdbeben kurz vor den Spielen und dem Taifun "Wilda", der das Schiff mit den russischen Pferden arg mitgenommen hatte, fanden wir weniger komisch. Auch die Meldung, daß 300 Meter von den Ställen der Military-Pferde, im 150 Kilometer entfernten Örtchen Karinzara, Bären gesichtet wurden, ließ uns nicht ruhiger schlafen.
Anders als in Rom, wo wir uns mit dürftigen Trainingsplätzen zufrieden geben mußten, war im Equestrian Park von Tokio, auf dem riesigen Gelände der Japan Racing Association, alles vom Feinsten. Geräumige Boxen und ein ausgedehntes Trainingsgelände, für die Springreiter mit allen möglichen Hindernissen, mehrere Vierecke für uns Dressurreiter, Paddocks als Auslauf für die Pferde, und eine neue Reithalle mit den gigantischen Maßen von 95 mal 43 Metern. Der Grundstein für die Sportanlagen war schon vor 24 Jahren für die Olympischen Spiele 1940 gelegt worden. Sie mußten wegen des Zweiten Weltkriegs ausfallen. Die Olympia-Bauten: Kühne wegweisende Sport-Architektur, eine gelungene Verbindung von asiatischer und abendländischer Baukunst. Die prachtvoll gestaltete, teils fremdartig anmutende Eröffnungsfeier sahen Annemi und ich von der Tribüne aus.
Das olympische Feuer wurde ins Meiji-Stadion gebracht. Als Erster in der langen Reihe der Fackelträger hatte an antiker Stätte der junge Konstantin, König von Griechenland und Olympiasieger 1960 im Segeln, die Fackel in Empfang genommen. Der letzte Fackelläufer, der die Olympische Flamme entzündete, hieß Yoshinoro Sakai. Er war in derselben Stunde in der Nähe von Hiroshima geboren, in der die Atombombe auf diese Stadt fiel.
Mannschaften aus 94 Nationen marschierten ein, darunter die gesamtdeutsche. Einen Tag zuvor hatte das sowjetrussische IOC-Mitglied beantragt, die DDR anzuerkennen und zwei getrennte deutsche Mannschaften zuzulassen. Das sollte in Mexico-City 1968 der Fall sein.
Kaiser Hirohito erklärte die Spiele für eröffnet.
Ein Augenblick für eine Gänsehaut.

Grand Prix-Training

Zweiundzwanzig Teilnehmer aus neun Ländern, von denen sechs eine komplette Mannschaft stellten, bereiteten sich auf den Großen Dressurpreis vor. Einige traditionsreiche Dressurnationen hatten aus Kostengründen auf die weite Reise verzichtet, zum Beispiel die Franzosen.
Das Training gab bereits ein aufschlußreiches Bild über den Ausbildungsstand und die Kondition der einzelnen Pferde und darüber hinaus über die unterschiedlichen Trainingsmethoden. Die meisten Pferde, auch unsere, wurden täglich etwa eine Stunde gearbeitet, zunächst in lösenden und die Durchlässigkeit fördernden Lektionen, anschließend in versammelnden Übungen. Danach wurden sie noch ausgiebig Schritt geritten bzw. geführt.
Einige ritten ihre Pferde zweimal, morgens und nachmittags. Ein klares Konzept war dabei nicht zu erkennen. Wieder andere Pferde beherrschten einen Teil der verlangten Lektionen nur mangelhaft oder gar nicht - ich fand es recht mutig,

sich so in einen olympischen Grand Prix zu wagen. Sechs Pferde kannte ich schon aus Rom. Wir Deutschen waren die einzige Mannschaft, die drei "neue", noch nicht olympiaerprobte Pferde mit hatte.
Sergej Filatow, der Sieger von Rom, war mit seinem inzwischen zwölfjährigen Absent erneut Favorit. Der Reiter hatte ein

Auch in Tokio ein ernstzunehmender Konkurrent: Rom-Sieger Sergej Filatow auf Absent.

bißchen an Gewicht zugelegt. Sein Rapphengst war schön wie eh und je, wurde täglich intensiv gearbeitet und wir fragten uns, ob Filatow nicht ein bißchen des Guten zuviel tat. Aber das sollte unsere Sorge nicht sein.

Ein Blick auf die Konkurrenz

Als Mannschaft würden uns vor allem die Schweizer gefährlich werden mit ihren Rom-Reitern Gustav Fischer auf Wald und Henri Chammartin, diesmal auf dem schwedischen Wallach Woermann, sowie als Nummer drei die vorzüglich reitende Marianne Goßweiler auf ihrem soliden schneeweißen Stephan. Die übrigen Mannschaften aus der UdSSR, USA, Schweden und Japan fielen dagegen deutlich ab.
Wir „drei Musketiere" verstanden uns prächtig. Als "Kapitän" hatte ich meinen beiden wesentlich jüngeren Mannschaftskameraden das Du angeboten. Vor 30 Jahren war man damit ja nicht so schnell bei der Hand wie heute, was durchaus sein Gutes hatte, wie ich finde.
Harry, Reiner und ich, wir mochten uns, vor allem wohl deswegen, weil wir als Reiter ebenbürtig waren. Wir sprachen dieselbe Sprache. Wir blieben über Jahre ein gutes und ungeschlagenes Team - ich glaube nicht, daß Deutschland jemals eine stärkere und beständigere Mannschaft auf die Beine gestellt hat. Das sage ich trotz all der großartigen Erfolge, die es in späteren Jahren bis in diese Zeit geben sollte.
In dem Moment, in dem wir eine Mannschaft bildeten, trat alles Konkurrenzdenken, mit dem wir uns sonst natürlich begegneten, in den Hintergrund. Wir hatten ein gemeinsames Ziel, die Mannschaftsgoldmedaille. Das war uns wichtiger als eventueller Einzellorbeer. Einer half dem anderen, wir standen uns mit Rat und Tat beim Training zur Seite. Unter dem gestrengen Auge von Equipechef Horst Niemack wurden die letzten Schwächen ausgebügelt. Am 20. Oktober wurde noch einmal intensiv trainiert, am nächsten Tag die Pferde nur leicht bewegt. Und am 22. Oktober war es soweit.

Grand Prix-Tag

Die Aufgabe, mit der über die Mannschaftsmedaillen entschieden wird, besteht aus 32 Lektionen und Bewegungen, für die es Noten zwischen Null (nicht ausgeführt) und Zehn (vorzüglich) gibt.

Die Aufgabe muß in zwölfeinhalb Minuten auswendig geritten werden. Für Zeitüberschreitung gibt es Strafpunkte. Anders als in Rom, wo im Stechen der Grand Prix wiederholt wurde, müssen in Tokio die sechs Besten aus dem Grand Prix in einer sechseinhalbminütigen mit Schwierigkeiten gespickten Stechaufgabe, am drauffolgenden Tag um die Einzelmedaillen kämpfen.
In den Richterhäuschen sitzen der Schwede Gustav Nyblaeus, der Tscheche Frantisek Jandl und der Franzose Georges Margot. Die Startfolge ist bereits vor zehn Tagen ausgelost worden. Wir wollen ganz genau sein und trainieren seitdem zu der Tageszeit, in der auch der Start erfolgen soll. Harry Boldt ist dritter, Reiner Klimke zehnter Starter. Ich bin als letzter Reiter der deutschen Mannschaft an der Reihe. Das Wetter ist, nach mehreren Regentagen, verhältnismäßig gut. Ab und an scheint sogar die Sonne.
Harry hat sich viel vorgenommen. Der gebürtige Ostpreuße, aufgewachsen in Essen und von seinem Vater Heinrich Boldt, einem bekannten und erfolgreichen Reiter und Ausbilder, in die höhere Weihen der Dressur eingeführt, ist einer von der ruhigen Sorte. Keiner, der den Mund zu voll nimmt. Am Abend vor der Prüfung sagte er: "Das wird der Ritt meines Lebens."
Es wird der Ritt seines Lebens. Harry Boldt und Remus übertreffen sich selbst. Die Arbeit der zurückliegenden Wochen auf diesen Tag hin findet ihren Höhepunkt: Geschmeidig, voller Gummi und Elastizität absolviert Remus sein Programm. Nichts ist schwerfällig oder unbeholfen, alles leicht und flüssig. Ein herrliches Gesamtbild. Piaffe und Passage, die bei den Sichtungen gelegentlich zu wünschen übrig ließen, gelingen besonders gut. Kleine Mängel, Zurücktreten in der Schrittpirouette, Fehler in den Galopptraversalen, können den positiven Gesamteindruck nicht verwischen. Frantisek Jandl, einer der Richter, beschreibt den Ritt später in der "Kavalkade":
"Beide zeigten schon beim Einritt, daß hier Spitzenkandidaten Anrechte auf eine Medaille geltend machen würden. Boldt nutzte alle hervorragenden natürlichen Eigenschaften seines Pferdes geschickt aus, den richtig betonten Schwung, einen guten Schritt und Trab. Beide Grundgangarten konnte er maximal entwickeln. Mit feinem Reitergefühl führte er den Schimmel auch durch die schwierigen Lektionen, Passage, Piaffe und die Übergänge. Schwächen hat dieses Pferd im Galopp, die Sprünge sind nicht genügend kadenziert. Im ganzen aber war es eine ausgeglichene Vorstellung mit markanten Höhepunkten in Trab- und Galoppverstärkungen."
889 Punkte - kein Reiter erhält an diesem Tag mehr. Das ist eine phantastische Basis für unsere Mannschaftsmedaille.
Als nächster der Favoriten kommt Filatow mit Absent. Nach wenigen Runden sieht man: Das überaus intensive Training hat den gegenteiligen Effekt gehabt. Absent ist "über den Punkt". Der Hengst hat viel von seinem Glanz verloren. Die Paraden kommen zum Teil nicht richtig durch, der Schritt ist nicht taktrein, die Maultätigkeit läßt zu wünschen übrig und auch die Piaffen und Passagen sind längst nicht mehr, was sie mal waren. Toll dann wieder die Pirouette und der fliegende Wechsel. Nach Gold sieht das zwar nicht aus, aber zu einem vorläufig dritten Platz und damit einem Start im Stechen reicht es allemal.
Als nächster Deutscher ist Reiner Klimke mit Dux an der Reihe. Dem Fuchs tut die Schweifrübe noch weh, die er sich beim Flug gestaucht hat. Er hält den Schweif nicht so zwanglos wie sonst, was das Gesamtbild etwas stört.
Dennoch machen die beiden ihre Sache ausgezeichnet, mit besonders guter Trabarbeit, insgesamt flüssig und schwungvoll mit zwei leichten Fehlern in den Wechseln. Reiner Klimke qualifiziert sich mit 837 Punkten fürs Stechen.

Donner und Blitz

Während seines Rittes bereite ich mich mit Antoinette vor. Sie ist aufmerksam und willig, folgt auf die leisesten Hilfen. Tief im Innern macht sich die Hoffnung auf eine Medaille breit.
Wir werden zum Start aufgerufen. Annemi nickt mir noch einmal aufmunternd zu: "Wird schon werden", sagt ihr Blick. Von wegen. Als ich mich dem Viereck nähere und beginne, einige Runden außen herum zu reiten, verfinstert sich der Himmel. Eine giftig gelbrote Färbung, in die sich drohend Wolkenfetzen mischen, schafft unheimliche Lichtreflexe. Die Atmosphäre scheint zum Bersten aufgeladen. Mich und mein Pferd beschleicht ein Gefühl der Angst.
Es wird immer dunkler. Dann auf einmal öffnet der Himmel seine Schleusen, und es beginnt uferlos zu regnen. Ich sehe, wie unser Equipechef Horst Niemack zum Chefrichter läuft und bittet, die Prüfung zu unterbrechen. Von gleichen Bedingungen für alle Teilnehmer kann keine Rede mehr sein. Antoinette bricht der Angstschweiß aus und mir auch ein bißchen. Im Nu sind wir beide vom Regen bis auf die Knochen durchweicht.
Das fahle Licht schluckt alle Farben, es ist unmöglich, bis zum anderen Ende des Vierecks zu sehen. Von mir ist, so wurde mir später erzählt, nur die weiße Armbinde und die Satteldecke zu erkennen. Trotzdem lehnt die Jury eine Unterbrechung der Prüfung ab. Mir wird bedeutet, einzureiten.
Ich galoppiere an, da läuft ein Ordner auf mich zu. Hat es sich der Chefrichter anders überlegt? Natürlich nicht. Der Ordner will mich lediglich informieren, was ich im Falle eines "Earthquake", eines Erdbebens zu tun habe. Wie beruhigend. Was denn? Absitzen und von Gebäuden wegbleiben. Also auf keinen Fall mein Pferd in den Stall führen. Das wäre mir zur Not selbst eingefallen.
Ich drücke mir noch einmal den triefenden Zylinder in die Stirn und klopfe meiner Stute den Hals. Da müssen wir jetzt durch.
Ich spüre, wie Antoinettes Herz pocht. Sie ist innerlich aufgeladen. Zu den unheimlichen Lichtreflexen kommt die Unruhe unter den Zuschauern, die fluchtartig die Tribünen verlassen, ihre Regenschirme aufspannen oder sich helle Nyloncapes umhängen, die neue gespenstische Akzente setzen.
Wir reiten ein. Was jetzt zählt, ist die Mannschaft. Ich fühle, wie die eben noch nervöse Antoinette sich zusammenreißt. Aufmerksam spitzt sie die Ohren. Wir halten, traben an auf der Mittellinie. Genau uns gegenüber, auf der kurzen Seite bei den Richtern, steht ein zwei Meter hoher Blumenwall. Bei Sonne prächtig anzusehen. In diesem Moment wirkt das grelle Weiß der Blüten wie ein Wald von Scheinwerfern, gegen die wir anreiten müssen. Kurz zuvor ist die Neonbeleuchtung eingeschaltet worden, die das Weiß der Blüten stark phosphorisiert und gespenstische Effekte verursacht. Aber das ist nicht alles. Genau in der Mitte des Blumenwalls, vor dem Haus des Chefrichters, steht eine Fernsehkamera mit "langer Tüte". Auch sie ist, wie die anderen Kameras, zum Schutz gegen den Regen in einen Plastikumhang gehüllt, an dem der Wind zerrt und ihn hin und her schleudert. Ich kann es Antoinette nicht verdenken, daß sie den Ort des unheimlichen Geschehens am liebsten im gestreckten Galopp verlassen würde. Ich denke an Paris. Einen Augenblick wünsche ich, ich säße auf meinem unerschütterlichen Asbach. Schnell verscheuche ich den Gedanken aus meinem Kopf.
Und dann ist da noch die Sache mit dem Schweif. Das Geheimnis teile ich nur mit Annemi und Baranowski. Antoinette sind vor Tokio aus unerfindlichen Gründen die Schweifhaare ausgegangen. Wahrschein-

Schwere Aufgabe bei Donner und Blitz: Antoinette und ich verlassen das Dressurviereck in Tokio. Die Zuschauer haben unter Schirmen Schutz vor dem plötzlichen Unwetter gesucht.

lich aufgrund hormoneller Störungen. Ein Friseur hat ihr ein Ersatzhaarteil geknüpft, das kunstgerecht unter die Schweifrübe geklebt ist.
Und jetzt der Regen. Ich sehe im Geiste schon den Schweif davonsegeln.
Angesichts der Naturgewalten, die sich gegen uns verschworen haben, vollbringt Antoinette eine Glanzleistung. Zwar spüre ich jedesmal, wenn sie auf die Richter und den "Blumenscheinwerfer-Wall" zugehen muß, wie sie sich verspannt, doch sie hört auf mich, gehorcht mir, geht nicht von der Hand, setzt im Grunde keinen Huf falsch. Im letzten Viertel der Aufgabe wird es wieder heller. Die Galopp-Traversalen, der starke Galopp, die Pirouetten, der Trab, die letzte Passage, die Acht, die letzte Piaffe, gelingen uns in guter Harmonie. Zwangsläufig erreicht meine Stute nicht die Bestleistung.
Trotzdem ist der sechste Platz mit 832 Punkten in diesem olympischen Grand Prix mir wertvoller als mancher Sieg. Einen schöneren Vertrauensbeweis als Antoinette kann kein Pferd seinem Reiter erbringen. Sicherlich auch eine Folge des in der Ausbildung erreichten reiterlichen Gehorsams. Und es reicht für einen Platz im Stechen, bei dem es um die Einzelmedaillen geht. Jandl schrieb später über diesen Ritt:
"Unter solchen Umständen konnte der Reiter nicht wie gewohnt einwirken, vor

allem gelang es ihm nicht, Untertritt und Schubkraft der Hinterhand entsprechend zu aktivieren. Aber ich habe großen Respekt vor einem Reiter, der sein Pferd mit Takt, Gefühl und großem Können auch unter solchen schwierigen Verhältnissen beherrscht, der dennoch eine hochstehende Leistung vollbringt. Meine Bewunderung ist aufrichtig. Denn ich zählte Antoinette zu jenen Spitzenpferden der ganzen Welt, die sich hinsichtlich ihrer Ausbildung und auch in der Ausführung des Programms dem Ideal am weitesten nähern, das uns bei der Anwendung des Règlements Général vor Augen schwebt."

Mein erstes Gold

Mit 2558 Punkten ist uns die Mannschaftsgoldmedaille so gut wie sicher. Nur die Schweizer können uns noch schlagen. Gustav Fischer, der Silbermedaillengewinner von Rom, reitet als letzter seiner Mannschaft ein. Wald ist ein umstrittenes Pferd. Seine Freunde bezeichnen ihn als solide, seine Gegner als gewöhnlich. Unbestritten sind die Routine und Reitkunst von Fischer. Trotzdem kann er nicht verhindern, daß Wald häufig den reinen Gang vermissen läßt, im Schritt, im starken Trab und in der Passage, wo die Hinterhand nicht hält, was die Vorderbeine versprechen. Mit 854 Punkten liegt er zwar an vierter Stelle, aber für Mannschaftsgold reicht es nicht.
Wir sind Olympiasieger! Ganz oben auf dem Treppchen stehen wir, als Beethovens "Freude schöner Götterfunken" ertönt, die Kompromiß-Hymne für die gesamtdeutsche Mannschaft. Auf Silber- und Bronzerang die Schweizer und Russen.
Es gibt leider nicht für jedes Mannschaftsmitglied eine einzelne Medaille, sondern nur eine für die ganze Mannschaft, die Harry Boldt als dem besten Reiter umgehängt wird. Er liegt an der Spitze des Feldes.
Als einziges Team konnten wir alle drei Reiter ins Stechen bringen. Außerdem qualifizierten sich die beiden Schweizer Fischer auf Wald und Henri Chammartin auf Woermann, einem international bekannten und renommierten Pferd, der mit 19 Punkten hinter Harry Boldt die zweitbeste Grand Prix-Leistung erbracht hatte, sowie der Russe Filatow.
Anders als in Rom wurden im Grand Prix von Tokio die Wertnoten relativ schnell nach jedem Ritt bekanntgegeben, allerdings nur die Gesamtsumme, nicht die Benotungen der einzelnen Richter, geschweige denn die Noten für die einzelnen Lektionen. Eine Regelung, für die ich bis heute vergebens kämpfe. Immerhin war die prompte Notenbekanntgabe nach dem Grand Prix ein kleiner Fortschritt.
Im Stechen ging es dann allerdings wieder zwei Schritte zurück.
Doch von Anfang an. Unsere Siegesfeier verschoben wir um einen Tag. Vielleicht gab es ja noch eine Medaille in der Einzelwertung zu feiern. Wir alle drückten Harry Boldt die Daumen. Ich hatte mich im stillen damit abgefunden, daß meine Einzelmedaille in den Fluten des Gewitterregens untergegangen war. Da die Punkte für beide Prüfungen, Grand Prix und Stechen, zusammengezählt wurden, war mein Rückstand kaum aufzuholen. Die Startfolge im Stechen war die gleiche wie im Grand Prix. Harry Boldt mußte als erster ins Viereck. Die Glanzleistung vom Vortag konnte er nicht erbringen, auch wenn Remus recht gut ging. Sternstunden sind halt nicht beliebig wiederholbar. Keiner der Ritte im Stechen war übermäßig beeindruckend, alle ritten ein bißchen vorsichtig. Niemack schrieb im St. Georg-Almanach:
"Es fehlte der wirklich strahlende Sieger. Keiner der sechs Reiter hatte eine glanzvolle Leistung aufzuweisen. Bei allen gab es eine Menge zu beanstanden."

Siegerehrung in Tokio 1964: Mannschaftsgoldmedaille für uns, Silber für die Schweiz und Bronze für die Russen.

Am höchsten bewertet wurde an diesem Tag Henri Chammartin, der wie schon im Grand Prix durch vollendeten Sitz und Einwirkung bestach, mit Höhepunkten in der Galopparbeit, den Pirouetten und Galopptraversalen. 20 Punkte mehr als Harry Boldt - das reichte, um ihm den Olympiasieg um einen einzigen Punkt abzunehmen, vergleichbar dem Sieger eines Zehntausend-Meter-Laufs, der das Ziel mit einer Hundertstel Sekunde Vorsprung erreicht. Knapper und damit unglücklicher ist in der Dressur noch keine Goldmedaille verloren worden. Aber die Silbermedaille für Harry war ein toller Erfolg. Bronze, wieder mit nur einem Punkt Vorsprung, ging an Filatow, der sich im Stechen steigern konnte, vor Gustav Fischer. Antoinette war im Stechen noch nicht die Alte. Der Schreck von gestern steckte ihr noch in den Gliedern. Immerhin konnten wir uns um einen Platz auf Rang fünf verbessern. Reiner Klimke und Dux wurden Sechste.
Doch ich greife vor. Denn zweieinhalb Stunden ließen sich die Richter Zeit, ehe sie nach dem Stechen die Noten bekanntgaben. Das war zwar besser als in Rom, wo wir drei Tage auf die Ergebnisse warten mußten, bestätigte unseren Sport einmal mehr in seinem Ruf als "Geheimwissenschaft". Wie in Rom sahen sich die Richter die Filmaufnahmen der Ritte an. Es spricht für ihre Sachkenntnis und Urteilssicherheit, daß keiner der drei seine vorläufigen Ergebnisse nach Betrachtung der Filme nur um einen Punkt änderte.
Zweieinhalb Stunden lang also traten Harry, Reiner und ich von einem Bein aufs andere. Schließlich hielt ich es nicht mehr aus, holte mir Asbach aus dem Stall und fing an zu reiten, um mich abzulenken. Da kam der Präsident der Deutschen Reiterlichen Vereinigung, Wilhelm Hansen, in den Stall gelaufen: "Harry, Silber!"
IOC-Präsident Avery Brundage war selbst ins Reiterstadion gefahren, um die Medaillen zu überreichen. Die Zuschauer allerdings waren inzwischen fast alle nach Hause gegangen. Ihnen hatte es einfach zu lange gedauert, bis die Richter ihre Entscheidung getroffen hatten. Wer wollte es ihnen verübeln?
Natürlich gab es auch in Tokio Diskussionen um die Richternoten, aber zu so eklatanten Fehlurteilen wie in Stockholm 1956 oder Helsinki 1952 kam es nicht. Die Spitzengruppe in der Hauptaufgabe wurde klar erkannt, über die Plätze im Stechen hingegen konnte man unterschiedlicher Meinung sein.

Medaillenklau

Befreit vom Prüfungsdruck, glücklich über unsere Medaillen, konnten wir die restlichen Tage genießen. Zu unseren Erfolgen gesellten sich eine Goldmedaille für die Springreiter-Mannschaft, eine Silbermedaille im Einzelspringen für Hermann Schridde auf Dozent und zwei Bronzemedaillen für die Militaryreiter, eine für die einzige gesamtdeutsche Reitermannschaft und eine Einzelmedaille für Fritz Ligges auf Don Kosak. Als Teambesten wurde ihm die einzige Mannschaftsmedaille für die Military umgehängt. Nach der Siegerehrung zeigte er sie auf Wunsch einem ostdeutschen Funktionär. Der steckte sie kurzerhand ein, und Ligges sah sie nicht wieder. (Das DOKR spendierte später Ersatzmedaillen.) Erst im Herbst 1990, bei der Vereinigung der beiden Federationen, zog der Präsident des DDR-Pferdesportverbandes, Rudi Fuchs, auf einmal die Mannschafts-Bronzemedaille von Tokio als "Geschenk" aus der Tasche. Heute hängt sie, wie unsere Goldmedaille von 1964, in Warendorf im gläsernen DOKR-Trophäenschrank.
Insgesamt waren die Reiter in Tokio die erfolgreichsten deutschen Sportler mit zwei Gold-, zwei Silber- und zwei Bronzemedaillen - eine stolze Ausbeute.

Der Goldmedaillengewinner in der Einzeldressur: Henri Chammartin auf Woermann.

Noch einmal Olympia - warum nicht?

Im Anschluß an die Spiele flogen Annemi und ich über Hongkong und Taiwan, wo ich geschäftlich zu tun hatte, und New York - dort erwarteten mich ebenfalls Termine - nach Hause. Am zweiten November endlich landeten wir in Frankfurt.

Ankunft auf dem Frankfurter Flughafen nach den Olympischen Spielen in Tokio.

Unsere Enkelkinder empfingen uns mit einem gemalten, japanisch angehauchten Willkommensgruß. Fast die erste Frage der Journalisten auf dem Flughafen war die nach meinen Ambitionen für die Olympischen Spiele in Mexico-City 1968. Und selbstverständlich sagte ich: "Warum nicht?"

Schließlich hatte mir die in Hongkong erscheinende Morning Post gerade bescheinigt, ich sähe nicht aus wie 52, sondern wie 35.

Der Alltag hatte mich schneller eingeholt, als mir lieb war. Zum Feiern blieb nicht allzuviel Muße, obwohl sich alle Welt redlich bemühte, uns Olympioniken zu ehren und herumzureichen. Die Neckermann-Belegschaft ließ ihren Chef hochleben. In Warendorf gab es einen olympischen Empfang, und Bundespräsident Heinrich Lübke lud uns zu sich in die Villa Hammerschmidt ein. Er überreichte den erfolgreichen Olympia-Sportlern das Silberne Lorbeerblatt. Hans Günter Winkler und ich, die wir diese hohe sportliche Auszeichnung schon besaßen, bekamen ein Foto im Silberrahmen mit persönlicher Widmung des ersten Mannes im Staate.

Professor Asbach

Wie immer nach Olympischen Spielen schlafften die Energien aller Beteiligten zunächst einmal etwas ab. Kein Mensch und kein Pferd kann pausenlos auf Hochtouren laufen.

So schaltete auch ich mit den Pferden eine längere Pause ein, besuchte in diesem Jahr kein Turnier mehr.

Asbach wurde aufs Altenteil gesetzt. Ihn wollte ich nun nicht mehr auf Turnieren starten, standen mir doch mit Mariano und Antoinette zwei erstklassige junge Pferde zur Verfügung.

Asbach hatte seine Pflicht getan: 58 Siege wies sein Konto auf, davon 50 unter mir. Nur 23 Mark fehlten ihm an der Gewinn-Summe von 60000 Mark, in jenen Jahren, als das Geld noch mehr wert und in Dressurprüfungen deutlich weniger zu gewinnen war als heute, eine stolze Summe.

Eine neue Aufgabe wartete auf Asbach. Für unseren Bereiter Arndt Wiebus, der mir bei der Arbeit meiner Dressurpferde und unseren Söhnen mit ihren Springpferden half, wurde er der Lehrmeister auf Grand Prix-Niveau. In der folgenden Saison brachte es Wiebus mit Asbach zu mehreren guten Plazierungen. Wiebus löste Wolfgang Feld ab, der von 1962 bis 1965 unsere Pferde, vor allem die Springpferde von Peter und Johannes, aber auch meine Dressurpferde, arbeitete und zum Teil auch auf Turnieren vorstelle. Er errang zahlreiche Erfolge im Springsattel.

Wolfgang Feld ist heute einer der renommiertesten Gestalter von Military-Strekken, so wurde er mit der ehrenvollen Aufgabe betraut, die olympische Geländestrecke von Barcelona 1992 zu konzipieren.

Für einen Reiter gibt es kein größeres Glück, als ein Pferd zu haben, von dem er etwas lernen kann. Es ist sehr schwierig, fast unmöglich, Reiter und Pferd zusammen auszubilden. Zumindest ist der Weg zum Erfolg sehr viel länger. Ausbilder, die auf diesem schwierigen Weg Erfolg haben, verdienen höchste Anerkennung.

Arndt Wiebus war nicht etwa ein Anfänger, als er zu uns kam, sondern ein mit hervorragenden Zeugnissen versehener Berufsreiter, aber die Erfahrung auf Grand Prix-Ebene fehlte ihm noch.

Ein gutes Lehrpferd wie Asbach reagiert nur richtig, wenn der Reiter die Hilfen korrekt gibt - darin liegt der erzieherische Wert. Wirkte der Sporn zu stark ein, machte Asbach seinem Unwillen sichtbar mit kreiselndem Schweif Luft. Wurde die Hilfe zu schwach, rührte er kein Bein. Schlau genug war er.

Erst mit 18 Jahren wurde Asbach Vollrentner, wurde nicht mehr geritten, sondern konnte sich tagsüber nach Herzenslust auf der Weide vergnügen. Er war bis zu seinem Tode - er wurde 27 Jahre alt - ein idealer "Babysitter" für unsere jüngeren Pferde, sorgte auf der Weide für Ruhe und Ordnung, wenn nötig. Der unbestrittene Chef der kleinen Herde. Er biß und schlug niemals nach anderen Pferden. Nur einer durfte ihm nicht zu nahe kommen, Mariano. Den konnte er nicht ausstehen.

Im Winter 1964/65 war vom bequemen Rentnerdasein noch keine Rede, nicht bei Asbach und erst recht nicht bei Mariano, dessen Herz ich in diesen Monaten zu erobern suchte.

Ein komplizierter Herr

Nach Douglas war Mariano das zweite Pferd, in das ich mich stehenden Fußes verliebte, nachdem ich einen näheren Blick auf ihn geworfen hatte. Im Nachhinein besehen, war Mariano mein Lieblingspferd.

Er stammte aus bester Pferdefamilie, wie aus seiner Pedigree-Beschreibung ersichtlich. Sein Vater war der berühmte Anglo-Araber Ramzes, der zahlreiche Spitzenpferde in der Dressur und im Springen gemacht hatte, letztere vor allem aus Holsteiner Müttern. Ramzes war ein reinerbiger Schimmel, das heißt, alle seine Kinder waren ausnahmslos Schimmel. Mariano war von Clemens Freiherr von Nagel in Vornholz gezogen, der in der Nähe von Warendorf ein berühmtes Gestüt führte.

Von seinem Vater hatte Mariano die Intelligenz, gepaart mit Sanftmut, und den herrlichen arabischen Gesichtsausdruck, den "Schnabel", wie Pferdeleute sagen. Arabisches Erbteil war auch die leider etwas steile Hinterhand und die gerade Kruppe. Außerdem war Mariano "überbaut", das heißt, hinten höher als vorne. Das alles prädestinierte ihn nicht gerade zum Spitzendressurpferd, von dem in hoher Versammlung verlangt wird, daß es sich hinten "setzt", also hinten tiefer wird. Mariano glich diese Unzulänglichkeit durch einen geschmeidigen Bewegungsablauf und nie erlahmende Leistungsbereitschaft vollständig aus.

Er war eher klein, 1,64 Zentimeter Stockmaß. Als ich Mariano übernahm, war er neun Jahre alt, fertig ausgebildet und Grand Prix-erfolgreich. Wahrlich ein Zukunftspferd im besten Alter. Er gehörte nach wie vor der Herzogin von Croy, die sich nicht von ihm trennen mochte. Was ich gut verstehen konnte.

Mariano war in jeder Hinsicht ein Ausnahmepferd. Ein Herr. Im Stall eine Seele von

Pferd, eroberte er bald das Herz von Fritz Baranowski. Nie verwühlte er seine Box, äppelte immer in eine Ecke, bei Schimmeln eine nicht zu verachtende Eigenschaft. Er hatte einfach gute Manieren, gerade so als ob er noch wüßte, daß seine arabischen Vorfahren einst mit ihren Herren das Zelt teilten.

Unterm Sattel war Mariano ein Kämpfer. Er gab alles. Doch wehe, man behandelte ihn grob oder ungerecht. Es dauerte mindestens vierzehn Tage, bis er es vergessen hatte. Er wäre eher zusammengebrochen, als sich mit roher Gewalt zu irgendetwas zwingen zu lassen. Deshalb ließ man sich am besten auf keinen Streit mit ihm ein. Auf der anderen Seite brauchte er einen besonders konsequenten und geduldigen Reiter, der sehr sorgfältig mit ihm arbeitete.

Marianos Schwierigkeiten waren nervlich bedingt. Kopfzerbrechen bereiteten mir anfangs die Piaffen und Passagen, vor allem aber die Galoppwechsel von Sprung zu Sprung, die zeitlebens seine Problemlektionen blieben. Oft lud er sich schon auf der kurzen Seite auf, wenn er wußte, daß auf der Diagonalen die Wechsel warteten, um sich dann völlig zu verheddern. Dann mußte ich versuchen, das Pferd an möglichst ruhigen Hilfen wieder zu entspannen - leichter gesagt als getan.

Mariano liebte den großen Auftritt. Es konnten ihm gar nicht genug Zuschauer da sein. Je mehr, desto besser. Dann ging er regelrecht beschwingt.

Zirkus Krone und das Fußballspiel

Ich habe ihn einmal im Zirkus Krone und ein anderes Mal in der Pause eines Bundesligafußballspiels im Frankfurter Waldstadion geritten. Obwohl im Vergleich zu der Kirchenstille an den meisten Dressurvierecken ein Hexenkessel um uns tobte, schien er das applaudierende Publikum ausgesprochen zu genießen.

Mariano und ich fanden allmählich zusammen, hier in der Berliner Deutschlandhalle 1965.

Im Januar 1965 ritt ich Mariano zum ersten Mal beim Deutschlandhallenturnier in Berlin. Er gewann auf Anhieb beide Prüfungen, in denen ich ihn startete, Prix St. Georges und Intermediaire, letztere sogar gegen Antoinette, die die Kür sowie eine S-Dressur mit Piaffe und Passage gewann. Meine Mit-Olympiasieger Harry Boldt und Reiner Klimke waren in Berlin nicht am Start.

Mit Harry Boldt zusammen ritt ich ein Schaubild, das mir fast noch mehr Spaß machte als meine Siege, einen Pas de Deux mit Remus und Mariano bzw. Antoinette im Wechsel, in allen Lektionen des Grand Prix zu den Klängen des französischen Waldhorn-Bläserkorps Le Saint Hubert de Strasbourg.

Das Schaubild gefiel so gut, daß wir es beim Frankfurter Festhallenturnier wiederholten. Dort wartete noch eine andere Überraschung auf die Reiter. Bei der abschließenden Prüfung, dem Siegerpreis der Dressurpferde, war eine uns völlig unbekannte Aufgabe zu reiten, die Horst Niemack sich erst kurz zuvor ausgedacht hatte. Die Aufgabe enthielt alle Anforde-

Beim Berliner Hallenturnier 1965 ritten Harry Boldt auf Remus und ich auf Mariano einen Pas de Deux, ein begeistert aufgenommenes Schaubild, das wir noch auf anderen Plätzen wiederholten.

rungen des Grand Prix, also Einerwechsel, Piaffen, Passagen und ganze Pirouetten. Es wurde im getrennten offenen Verfahren gerichtet, mit sofortiger Bekanntgabe der Wertnoten. Von jedem der beiden Richter, einer an der langen, einer an der kurzen Seite, gab es eine Gesamtnote für den Ritt.

Die Prüfung war hochinteressant für das Publikum und für uns Reiter. Schade, daß die Idee nicht Schule gemacht und sich durchgesetzt hat. Die Richter waren gezwungen, sich rasch und offen zu entscheiden. Die Reiter mußten zeigen, daß ihre Pferde gehorsam auf die Hilfen reagierten, auch wenn sie die Aufgabe nicht kannten. Unbestrittener Sieger wurde Dux unter Reiner Klimke, der die schwierige Aufgabe in sicherem Gehorsam und mit viel Schwung erfüllte. Alle anderen Pferde nahmen Anstoß an einem großen Podest am Rande des Vierecks. Kein Mensch wäre auf die Idee gekommen, daß es auf die Dressurpferde furchterregend wirken könnte. Man steckt halt nicht drin. Antoinette, die am Tag zuvor eine S-Dressur gewonnen hatte, versuchte mit einem großen Satz, der ihr im Zirkus alle Ehre gemacht hätte, den Ort des Geschehens zu verlassen.

In der Dortmunder Westfalenhalle war die Welt für mich wieder in Ordnung. Zum Abschluß der Hallensaison siegten Mariano und ich vor unseren Mannschaftskameraden von Tokio in der S-Kür und dem Großen Dressurpreis. Angesichts der Ehrenrunde, die wir zu dritt, nebeneinander passagierend, ritten, fand Alois Podhajsky, der österreichische Berichterstatter des St. Georg, überschwengliche Worte:
"Wie glücklich ist ein Land zu preisen, dem diese Vertreter der edlen Reitkunst angehören." Das lasen wir gern.
Im März, zwischen Hallen- und grüner Saison, war endlich Zeit, unsere Medaillen zu feiern. Annemi und ich gaben in den Räumen unserer Firma in der Hanauer Landstraße ein großes Reiterfest für alle, die in Tokio dabei waren und die, die leider nicht dabeisein konnten. Es wurde ein ausgelassener Abend, bei dem reichlich Wodka, Wein und Sekt flossen. Er gipfelte in einer "Olympiakür", die Harry, Reiner und ich im Smoking zu Fuß auf die Tanzfläche legten und die, wie man uns versicherte, unserer Tokio-Darbietung nur wenig nachstand.

Königliche Visite

Ich hatte mir vorgenommen, im nacholympischen Jahr mit meiner Turnierteilnahme etwas kürzer zu treten. Unser Unternehmen, inzwischen eine Kommanditgesellschaft auf Aktien, expandierte kräftig. Mit Gründung der Tochtergesellschaft Neckermann und Reisen (NUR) erweiterten wir ständig unser weltweites Flugreisenangebot zu günstigen Preisen, nachdem wir bereits seit 1963 mit einem schweizerischen Reisedienst kooperiert hatten.
Für unsere Neckermann Eigenheim GmbH fanden wir in der Firma Streif einen neuen Partner für die Herstellung der von uns entwickelten Fertighäuser, die wir schlüsselfertig den Bauherren übergeben konnten. Und zur Erweiterung unseres Dienstleistungsangebotes hatten wir darüber hinaus gemeinsam mit der amerikanischen Nationwide Mutual Insurance Company die Neckura Versicherungs AG gegründet, die ebenfalls 1965 ihre Tätigkeit aufnahm.
Das alles bedeutete für mich vollen beruflichen Einsatz; ich wurde unterstützt von unserem Sohn Peter, der seit zwei Jahren mein gleichberechtigter Partner in der Firma war.
Ich war viel unterwegs, die Pferde mußten notgedrungen etwas hintenanstehen. Im Mai erreichte uns eine Anfrage der Bundesregierung, ob wir drei Tokio-Reiter bereit seien, anläßlich des Staatsbesuchs der englischen Königin vor dem Schloß Amalienburg eine Schaunummer zu reiten. Natürlich sagten wir zu. Weil Antoinette krank geworden war, mußte der alte Asbach noch einmal ran. Harry Boldt ritt Remus, Reiner Klimke Arcadius. Wir trafen uns eine Stunde vor der festgesetzten Zeit und hatten keine Gelegenheit mehr, gemeinsam mit den Pferden zu üben.
Schnell bastelten wir ein Programm zusammen, selbstverständlich mit allen Schikanen, wie Einerwechseln, Piaffen, Passagen, Pirouetten, und übten zu Fuß. Die Spaziergänger im Park von Nymphenburg, in dem das Rokokoschlößchen Amalienburg liegt, mögen sich wer weiß was gedacht haben, als sie drei ausgewachsene Männer in Stiefeln, Frack und Zylinder auf dem Rasen galoppieren, traversieren und piaffieren sahen.
"Nichts ist merkwürdiger als ein Reiter ohne Pferd im gestreckten Galopp", schrieb die Welt am Sonntag.
Punkt 14 Uhr trat die Königin in hellem Mantel und mit weißem Hut auf die Terrasse der Amalienburg. Für sie, ihren Gemahl Prinz Philipp und das bayerische Ministerpräsidentenpaar Dr. Alfons Goppel

Königlicher Besuch in Nymphenburg. Reiner Klimke, Harry Boldt und ich werden Queen Elizabeth II vorgestellt. Ganz rechts: Prinz Philip.

und seine Frau standen Sessel bereit. Dahinter befand sich eine Gruppe von etwa 30 Ehrengästen. Um das Viereck herum hunderte von Kameras, die jede Regung der königlichen Miene festhielten.
Zunächst regte sich gar nichts, die Queen schien etwas erschöpft vom vollgepackten Besuchsprogramm, das ihre deutschen Gastgeber zusammengestellt hatten.
Genau 15 Minuten waren für die Vorführung vorgesehen. Auf einmal legte Asbach einen kleinen Bocksprung ein, ganz unprogrammäßig. Von da an hellte sich das Gesicht Ihrer Majestät plötzlich auf. Als wir zum Schlußgruß aufmarschierten, applaudierte sie lebhaft. Mit steifen Schritten näherte sich der Chef des Protokolls dem Viereck. Wir saßen ab und gaben die Pferde den Pflegern. Der Protokollchef führte uns zur Queen, die uns schon auf den Stufen entgegenkam. Es war ihr ausdrücklicher, im Programm nicht vorgesehener Wunsch, daß wir ihr vorgestellt wurden. Sofort begann sie eine angeregte Unterhaltung, ausschließlich auf Englisch. Elizabeth II ist "Pferdefrau" durch und durch. Sie unterhält einen Rennstall und reitet selbst, wenn auch nicht gerade Dressur, eine in England eher unterentwickelte Sportart. Prinz Philipp beteiligte sich ebenfalls interessiert am Gespräch, teilweise auf Deutsch. Damals war er noch ein begeisterter Polospieler, später fuhr er Vierspänner. Von 1964 bis 1986 war er Präsident der Internationalen Reiterlichen Vereinigung (FEI).
Fachmännisch erkundigte sich die Queen nach unseren Pferden, nach ihrer Abstammung und fragte, ob wir Berufsreiter seien. Erstaunt nahm sie zur Kenntnis, daß wir alle drei einem ganz bürgerlichen Broterwerb nachgingen. "Woher nehmen Sie nur die Zeit? Kann man denn gleichzeitig einen Beruf haben und Pferde dressieren?" Man kann, Majestät, man kann, auch wenn es manchmal etwas anstrengend ist.
Wir hatten das Gefühl, sie hätte sich gerne

länger mit uns unterhalten, aber der Protokollchef trat schon von einem Bein aufs andere. Im Hintergrund wurden diskret die Wagen angelassen. Der nächste Termin wartete, eine Teestunde bei Herzog Albrecht und seiner Frau im Nymphenburger Schloß.
Selbst eine Königin kann nicht machen, was sie will. Irgendwie tröstlich.
Für Asbach war dies der endgültig letzte öffentliche Auftritt mit mir im Sattel.

Etappenziele

Etappenziel Europameisterschaft 1965 in Kopenhagen. In Aachen, dem für die EM-Teilnahme ausschlaggebenden Turnier, gewann ich zum 5. Mail hintereinander den Grand Prix mit Antoinette vor Dux und Liselott Linsenhoff auf Monarchist xx. Es blieb der einzige Sieg in dieser Woche. Kurz darauf wurde das EM-Team bekanntgegeben: Reiner Klimke mit Arcadius, Harry Boldt mit Remus, ich mit Antoinette. Ersatzreiter und Equipechef war Kurt Capellmann mit Granit, der auch in den nicht zur Europameisterschaft gehörenden Prüfungen starten konnte.
16 Reiter aus sieben Nationen hatten für die Europameisterschaft genannt. Der Bernstorff-Park mit dem herrlichen weißen Schloß in seiner Mitte bot einen stimmungsvollen Rahmen für die klassische Reitkunst. Die Dänen waren überaus rührig, was die Dressur anging, hatten schon vor zwei Jahren das CDIO ausgerichtet, obwohl sie nur in den 50er Jahren eine Reiterin von Weltklasseformat besaßen, Lis Hartel, die Silbermedaillengewinnerin von 1952 in Helsinki und 1956 in Stockholm. Die Folgen einer Kinderlähmung hatte sie mit eisernem Willen überwunden, um wieder reiten zu können. Sie saß jetzt zwischen den Zuschauern, ebenso wie Mitglieder der sehr pferdeinteressierten königlichen Familie. In den 60er Jahren hatten die Dänen selbst keinen Spitzenreiter aufzuweisen. An Lis Hartels große Tradition knüpfte erst viele Jahre später Anne Grethe Jensen mit Marzog wieder an, die Gewinnerin der Silbermedaille von Los Angeles 1984, Europameisterin 1983 und Weltmeisterin 1986.
Favoriten des Europachampionats waren die Deutschen und die Schweizer, sportliche Widersacher vieler Wettkämpfe nach dem Krieg. In beiden Equipen war gegenüber Tokio nur ein Pferd ausgetauscht worden, einmal sollte für Dux Arcadius gehen, und zum anderen ritt Olympiasieger Henri Chammartin statt Woermann diesmal den edlen schwedischen Fuchs Wolfdietrich.
Ich selbst hatte vor diesem Championat kein besonders gutes Gefühl. Antoinette war krank gewesen und bei weitem noch nicht wieder in Bestform. Mein Gefühl trog mich nicht. Sie ging nicht schlecht, aber ich verpaßte um vier Punkte das Stechen der vier Besten um den Einzeltitel. Immerhin, der Mannschaftssieg war unser. Mit 2428 Punkten gewannen wir vor den Schweizern (2348) und den Russen (2246). Die Olympiasieger von Tokio waren also auch Europameister geworden, allerdings mit weniger hohen Wertnoten. Ob die Leistungen schwächer oder die Richter strenger waren, läßt sich im Nachhinein nicht mehr feststellen, weil sich niemand die Mühe gemacht hat, diese für uns interessante Auswertung vorzunehmen. Leider.
Sonntagmorgen, bei herrlichem Wetter, stand die Einzelentscheidung an. Der Beginn der Prüfungen wurde um eine Stunde verschoben, praktischerweise ohne alle Reiter zu informieren, so daß manche ihre Pferde viel zu früh abritten. Harry Boldt, der wie in Tokio den Grand Prix gewonnen hatte, mußte den Reigen eröffnen.
Auch diesmal war Fortuna nicht auf seiner Seite. Bis zu den Galoppwechseln klappte alles vorzüglich, dann blieb Harry mit

dem Sporn im Sattelgurt hängen. Remus sprang weg - keine Wechsel.
Der Titel wurde somit relativ leichte Beute für Henri Chammartin, der Harry um 27 Punkte schlug, in einer wundervollen Demonstration der Dressur, das Pferd ganz leicht am Zügel, der Reiter mit fast unsichtbaren Hilfen. Es war der letzte große Erfolg dieses Ausnahmereiters, der die Dressur seiner Zeit und seines Landes so wesentlich geprägt hat.
Dritter wurde Reiner Klimke auf Arcadius, knapp gefolgt von Gustav Fischer auf Wald.
Ein kleiner Trost für mich: Mit Antoinette wurde ich Zweiter in der Kür hinter unserem Equipechef Kurt Capellmann, der in Kopenhagen mit seinem kapitalen Granit das Turnier seines Lebens bestritt: Drei Starts - Prix St. Georges, Intermediaire, Kür - drei Siege.
Im Endeffekt waren wir dann doch nicht Europameister, sondern "nur" Gewinner des CDIO-Mannschaftswettbewerbs, weil die FEI bei der Generalversammlung im Herbst, als alles längst vorbei war, der Veranstaltung aus unerfindlichen Gründen den Titel nicht genehmigte. (Obwohl sie im Jahrbuch Sport der Deutschen Reiterlichen Vereinigung (FN) letztendlich doch als erste Europameisterschaft geführt wurde.)
In dieser Saison nahm ich nur noch an zwei weiteren Turnieren teil, in Salzburg, wo Mariano zwei Prüfungen gewann, und in Iserlohn. Dort holte sich Mariano zwar die M-Dressur für S-plazierte Pferde, aber in der S-Dressur versetzte er mich mit einem groben Ungehorsam während der Aufgabe. Ganz waren wir noch nicht ein Herz und eine Seele.
Und fast wären wir es nie geworden. Im Herbst 1965 bekam ich Wind von dem Versuch, mir Mariano "unter dem Hintern wegzukaufen", um es einmal so drastisch zu sagen. Der in New York lebende Gerhard von Badewitz war über Richard Wätjen an Hilde Croy herangetreten. Sie war angesichts des verlockenden Angebots

Konzentration und Versammlung. Mit Mariano in Aachen 1965.

schwankend geworden, aber nahm dann doch von einem Verkauf Abstand. Schließlich räumte sie mir sogar ein Vorkaufsrecht für Mariano ein, falls sie es sich anders überlegen sollte. Immerhin hatte ich in Mariano ein riesiges Ausbildungskapital investiert und war schließlich kein Berufsreiter, dessen Job es ist, Pferde zu trainieren und dann wieder abzugeben.
Am Ende der Saison 1965 hatte ich nicht mehr als zehn Turniere geritten, hatte wichtige Plätze auslassen müssen wie Hannover, Wiesbaden, Hamburg und Münster. Auch die Deutsche Meisterschaft in Berlin im September sagte ich ab. Sie mußte schließlich wegen mangelnder Beteiligung bei den Herren - lediglich zwei Nennungen - ganz ausfallen und wurde nur bei den Damen ausgetragen.
Das Desinteresse an den nationalen Meisterschaften, das ich mit meinen Teamkameraden teilte, hatte verschiedene Gründe. Einer davon war der ungünstige Termin, nach dem jeweiligen internationalen Championat, wenn bei Reitern und Pfer-

den ein wenig "die Luft raus ist", das heißt keiner mehr große Lust hat, sich erneut der versammelten Konkurrenz zu stellen und eventuell einen internationalen Titel durch eine Niederlage im eigenen Lande zu entwerten.
Das ist heute besser gelöst, wo die Deutsche Meisterschaft in die Sichtungen vor Olympischen Spielen, Welt- und Europameisterschaften eingebaut ist.
Schon aus beruflichen Gründen mußte ich mir meine Turnierbesuche immer sehr genau einteilen. Vielstarterei, zu der ein ausufernder Turnierkalender verführt, war nie mein Problem. Bei einer Siegerehrung hörte Annemi folgendes Gespräch mit:
"Hat der Neckermann eigentlich was mit dem Versandgeschäft zu tun?"
"Ja, das ist der Besitzer."
"Was, der so viel arbeiten soll?"
"Ja!"
"Hat der denn das nötig, wo er so gut reiten kann?"
Leider ja.

Weltmeisterliches Jahr

Das Jahr 1966 wurde das erfolgreichste meiner reiterlichen Laufbahn. Die FEI hatte sich endlich zu einer offiziellen Weltmeisterschaft durchringen können. Sie sollte erstmals in der Schweizer Bundeshauptstadt Bern stattfinden und dann immer im Vier-Jahresrhythmus zwischen den Olympischen Spielen. In den ungeraden Jahren sollten Europameisterschaften ausgetragen werden, ein Turnus, der sich alles in allem bewährt und bis heute erhalten hat.
Zunächst deutete nichts darauf hin, daß 1966 für mich unter einem besonders guten Stern stehen würde. Antoinette machte mir Sorgen. Sie laborierte an einer Entzündung in den Sprunggelenken, die bei Dressurpferden in der Versammlung sehr stark belastet werden. Bis kurz vor Weihnachten 1965 wurde sie mehrere Wochen

Mariano: In schöner Versammlung dehnt sich das im Genick nachgiebige Pferd an die Reiterhand heran und bleibt in weicher Verbindung.

Mariano in einer Trabverstärkung, mit hervorragendem Ausdruck, entschieden nach vorwärts gehend bei leichtester Anlehnung in der Haltung.

in der chirurgischen Klinik der Tierärztlichen Hochschule Wien von Professor Otto Überreiter behandelt. Bevor wir sie abholten, bekam sie einen Spezialbeschlag, der das Sprunggelenk entlasten sollte, und wir einen genauen Trainingsplan. Demnach konnte sie ab Mitte Januar im Schritt geführt, später geritten werden. Erst Mitte Februar durften wir mit der Trabarbeit beginnen - die Hallensaison konnte ich somit abhaken.

Da war es ein Glück, daß Mariano erfreuliche Fortschritte gemacht hatte. Absichtlich hatte ich in der ersten Saison auf Grand Prix-Starts verzichtet und mich auf M- und S-Dressuren beschränkt. Ich wollte mich erst an die ganz großen Prüfungen mit ihm wagen, wenn wir uns völlig einig waren. Denn es gab genügend Kritiker, die lautstark verkündeten, Mariano werde nie ein sicheres Grand Prix-Pferd.

In der Berliner Deutschlandhalle wollte ich die Hallensaison beginnen. Wegen der peniblen Kontrollen an den DDR-Grenzen war der Transport nach Berlin grundsätzlich sehr umständlich, besonders im Winter, wenn die Transporter mit den Pferden unnötig lange aufgehalten wurden. Diesmal hatten sich die DDR-Behörden rechtzeitig vor dem Turnier eine neue Schikane ausgedacht. Wegen der in Niedersachsen grassierenden Maul- und Klauenseuche sperrten sie die Grenzen für alle Tiere. Nun haben Pferde keine Klauen, sondern Hufe, werden demzufolge gar nicht von der Seuche befallen, was die DDR-Behörden nicht hinderte, die Zoologie neu zu definieren und Pferde zu Klauentieren zu ernennen.

Um die Veranstalter in Berlin nicht im Stich zu lassen, die es in ihrer geteilten, vom Westen abgeschnittenen Stadt schon schwer genug hatten, wurde für die Pferde eine Luftbrücke für eine halbe Million Mark organisiert. Der improvisierte Brückenschlag gelang nur zum Teil.

Einige Pferde machten unvorhergesehene Schwierigkeiten, und zu denen gehörte leider auch Mariano. Er ließ sich gerade noch überreden, in die enge Box im Flugzeug zu klettern. Die Maschine war noch am Boden, als er begann, alles kurz und klein zu schlagen. Die feinen Manieren waren wie weggeblasen. Mariano randalierte so sehr, daß der Pilot die Maschine, die sich schon auf dem Rollfeld befand, umdrehte und sich weigerte zu starten.
Schweren Herzens mußte ich das Turnier absagen. Unser Debut auf Grand Prix-Niveau gaben Mariano und ich stattdessen in Ludwigshafen, wo wir die Grand Prix-Kür für uns entschieden. Selbst bei den Einerwechseln blieb Mariano die Ruhe selbst. Der Knoten schien geplatzt.
Mariano war jetzt auf dem besten Wege, sich in der Spitzengruppe der deutschen Dressurpferde zu etablieren. Unser Tokio-Trio dominierte auf den Hallenturnieren nach wie vor. Wenn sich die Gelegenheit bot, ritten Harry und ich die Schimmel-Schaunummer, immer ein Riesenerfolg.
In Dortmund gewann Mariano seinen ersten Grand Prix. Hier kam es im Vorfeld zu einem der zahllosen Kräche, die anscheinend zu unserem Sport gehören wie Piaffe und Passage. Die Reiter probten den Aufstand. Bis auf zwei - zu denen ich zählte - weigerten sie sich, vor dem österreichischen Richter Alois Podhajsky zu reiten. Es gab offenbar Animositäten. Ich weiß gar nicht mehr, um was es eigentlich ging. In stundenlanger Diskussion konnte die Turnierleitung die Rebellen schließlich umstimmen. Für das Publikum wäre der Ausfall des Grand Prix unverständlich gewesen, nahezu eine Katastrophe für unseren Sport. Die Stimmung blieb gedämpft. Marianos ersten Grand Prix-Sieg hätte ich gern etwas fröhlicher gefeiert.
Im Januar erreichte uns die Nachricht vom Tode Richard Wätjens. Er war 75 Jahre alt geworden, steckte noch voller Pläne. So wollte er in den USA, wo er seit einigen Jahren lebte, die Zelte abbrechen und in Deutschland weiter für die Förderung und Erhaltung der Reitkunst wirken, ein Wunsch, der sich nicht mehr erfüllte. Mit Richard Wätjen verließ uns einer der letzten großen Lehrmeister der alten Garde aus der Reihe der Staek, Lörke und Bürkner.
Zu Beginn der grünen Saison meldete sich Antoinette in alter Frische mit einem Grand Prix-Sieg in Wiesbaden wieder zurück.
In Aachen sollten sich die Weltmeisterschafts-Kandidaten herausschälen, obwohl es im Grunde nicht allzuviele Diskussionen gab. Harry, Reiner und ich hatten nach wie vor die besten Karten, Reiner und ich darüberhinaus das Glück, über zwei international einsetzbare Pferde zu verfügen. Weder Kurt Capellmann mit seinem sehr schwach piaffierenden Granit noch Vroni Meyer-Johann konnten uns in diesen Monaten ernsthaft gefährlich werden, trotz aller Qualitäten, die beide Paare auszeichneten.
Liselott Linsenhoff hatte nach Monarchist xx und Adjutant jetzt einen jungen schwedischen Fuchshengst, von dem wir alle noch viel hören sollten: Piaff. 1966 war er acht Jahre alt und machte sich gerade einen Namen in St.-Georg-Preisen und Intermediaire-Prüfungen.

Orkan in der Soers

Das 30. CHIO in Aachen war ein denkwürdiges Turnier. Es ging als das Orkan-Turnier in die Geschichte ein. Am dritten Tag, ausgerechnet am Tag der Schulkinder, entlud sich ein Unwetter über der Soers. In Minutenschnelle

verdunkelte sich der Himmel, ein Sturm fegte über den Platz, warf alle Hindernisse um, die neuerrichtete Metalluhr knickte um wie ein Streichholz, die Balken an den Zelten splitterten, die Menschen auf den Stehplätzen und offenen Tribünen waren im Nu klatschnaß. Die Aachener Wetterwarte meldete 22 Liter Regenwasser auf einen Quadratmeter.
Das Turnier mußte an diesem Tag abgebrochen werden, Fachleute meinten sogar, für mehrere Tage, bis das Wasser abgezogen war. Einsatzkommandos der Bundeswehr, Handwerker und das Personal des Aachener Platzes vollbrachten ein wahres Wunder. Mit einer behelfsmäßigen Drainage wurde der Platz einigermaßen trockengelegt. Die Show konnte dadurch schon am nächsten Tag weitergehen.
Da wolkenbruchartiger Regen dem Turnier treu blieb, waren die Bodenverhältnisse alles andere als ideal. Das bekamen auch wir Dressurreiter zu spüren. Denn erstmals gab es in Aachen einen Dressurpreis der Nationen, eine Mannschaftswertung, bestehend aus St. Georg, Intermediaire und einer Kür als Finale, die auf dem Hauptplatz ausgetragen wurde. Ich glaube, ich habe noch nie auf so schlechtem Boden geritten, vergleichbar allenfalls meinem denkwürdigen Springderby-Ritt in Hamburg-Flottbek.
"Unter solchen Bedingungen wurde das Reiten zum Glücksspiel", schrieb die Reiter Revue. "Verschiedene Pferde traten unregelmäßig, ein Hochplazierter ging im Trab sogar regelmäßig lahm, was natürlich nicht überraschend war: Wie kann man auch erwarten, daß Pferde noch über Maulwurfshügel Schritt und Trab im Gleichgewicht zeigen?"
Die Aufgaben verlangten keine Piaffen, Passagen und Einerwechsel, erfolgreiche Championatspferde waren ausgeschlossen. Das deutsche Team, dem Kurt Capellmann auf Granit, Vroni Meyer-Johann auf Waldfee und ich auf Mariano angehörten, gewann überlegen vor den Tschechen, dem holländischen Damenteam und Dänemark. Unser bester Reiter war Kurt Capellmann.
Die Idee war sehr gut und die Aachener immerhin die ersten, die mit viel Unternehmungsgeist einen Dressur-Nationenpreis ins Leben riefen. Die Beschränkung auf Intermediaire-Niveau und die Entscheidung durch die Kür, die damals so schwer zu richten war wie heute, haben sich dann doch nicht bewährt. Leider waren in Aachen unsere stärksten WM-Gegner, die Schweizer und Russen, nicht am Start.
Den Großen Dressurpreis holte sich Reiner Klimke, dessen Dux großartig ging, geschmeidig und elastisch, insgesamt reifer und schöner - in dieser Form ein ernster Anwärter auf den Weltmeister-Titel. Ich wurde hinter Harry Boldt Dritter mit Antoinette.
Damit stand das WM-Team fest. Als Einzelreiter wurden außerdem Kurt Capellmann und Vroni Meyer-Johann benannt.
Vor der Reise nach Bern trafen wir uns in Frankfurt zu einem abschließenden Trainingslehrgang auf unserer Reitanlage. Natürlich gab es Stimmen, die fragten, warum dieses Training nicht auf sozusagen neutralem Boden in Warendorf stattfände.
Ich hatte mich für Frankfurt sehr stark gemacht, einfach, weil ich es mir aus beruflichen Gründen nicht leisten konnte, zusätzlich zu den Tagen in Bern bereits eine Woche vorher in meinem Unternehmen zu fehlen. Dasselbe konnte Reiner Klimke für sich in Anspruch nehmen, der in Münster eine Anwaltskanzlei hatte und nun nicht am Training teilnahm.
Unbestritten war, daß Frankfurt nicht nur quasi auf dem Weg lag, sondern daß wir Halle und Reitplätze ausschließlich für uns zur Verfügung hatten - ein Vorteil, der im Warendorfer Betrieb nicht in gleichem Maße gegeben war.

Bern 1966

Die Schweizer hatten für diese erste Weltmeisterschaft der Dressur die Reitanlagen bestens hergerichtet. Die Wettbewerbe fanden auf dem riesigen Areal der EMPFA statt. Hinter diesem Kürzel verbarg sich eine Institution mit dem umständlichen Namen Eidgenössische Militärpferdeanstalt, die Kavallerieschule der Schweizer Armee, die Wiege der Schweizer Dressurerfolge der zurückliegenden Jahrzehnte. Oder die Höhle des Löwen, wie man's nimmt.

Hinter einem hohen weißen Gitter, das sich an der Straße entlangzog, lag das Eldorado der Pferdeleute: ausgedehnte Stallungen mit geräumigen Boxen für rund 1000 Pferde, drei gedeckte Reithallen, mehrere Springbahnen - die wir im Moment weniger benötigten - und gepflegte Dressurplätze, auf denen derselbe Boden war wie im Prüfungsviereck, Flußkies mit Sand gemischt. Zum Training benutzten wir die Galoppierbahn rund um das Gelände oder die Reithalle.

Bis dahin glaubten wir, daß das FEI-Reglement Rasenvierecke für Championate vorschreibt - eine Legende, wie sich herausstellte. Rasen ist viel witterungsanfälliger als Sandboden, weswegen heute auf allen bedeutenden Turnieren und bei Olympischen Spielen ein Sandviereck vorgeschrieben ist.

Die Umrandung des Vierecks und die Tribünen waren festlich mit Blumen geschmückt, die gesamte Anlage war dazu angetan, Zuschauer und Reiter in Hochstimmung zu versetzen. Gepaart mit der perfekten, dabei freundlichen Organisation unter Leitung von Oberst P. Mange, gehörte Bern zu den schönsten Turnieren, an die ich mich erinnern kann.

Acht Nationen waren zu diesem Welttreffen angereist. Die nicht-europäischen Länder waren nur durch eine einzige Reiterin aus den USA vertreten. Für die Mannschaftswertung hatten lediglich vier Nationen genannt, was zeigte, wie dünn die Decke in unserem Sport weltweit war und wie gefährdet die olympische Mannschaftswertung (für die, siehe Tokio, mindestens sechs Teams starten müssen).

Es wurde das ganze FEI-Programm geritten, angefangen vom St. Georg-Preis, an dem nur sieben Reiter teilnahmen, darunter kein Deutscher, über Intermediaire bis zum Grand Prix, dessen Ergebnis zugleich die Mannschaftsweltmeisterschaft ergab. Die sechs besten Grand Prix-Reiter mußten um die Einzelplätze stechen, wobei die Noten beider Prüfungen addiert wurden.

Leider neigen Veranstalter neuerdings dazu, die Kleine Tour, also St. Georg und Intermediaire I (heute gibt es zwei Intermediaires) unter den Tisch fallen zu lassen, weil diese Prüfungen nicht gerade publikums-attraktiv sind, dabei viel Zeit in Anspruch nehmen. In Bern wurde sogar eine Intermediaire-Mannschaftswertung ausgetragen, die die Deutschen gewannen, und zwar Reiner Klimke auf Dux, zugleich Gesamtsieger, Kurt Capellmann auf Granit (2.) und Harry Boldt auf Remus (3.). Ich wurde mit Antoinette und Mariano Vierter und Fünfter. Meine beiden Pferde hatten es in einer Prüfung, die die guten Grundgangarten besonders honoriert, schwer gegen Pferde wie Dux und Granit mit ihrem enormen Gangwerk. Je schwerer das Programm, desto größer meine Chance. Weswegen ich den moderaten Auftakt der WM leicht verschmerzen konnte.

Horst Niemack, der uns beim Abschluß-Training in Frankfurt betreut hatte, war in der Intermediaire Richter, was von einigen Leuten kritisiert wurde. Tatsache ist jedoch, daß Reiner Klimke, der einzige, der nicht in Frankfurt dabei war, von allen drei Richtern einmütig an die Spitze gesetzt wurde. Im Grand Prix, als es um die Weltmeisterschaft ging, saß Niemack nicht am Richtertisch. Für die Mannschaft

Wir sind Mannschafts-Weltmeister! In Bern 1966 von links: ich auf Antoinette, Reiner Klimke auf Dux, Harry Boldt auf Remus. Dieses Team - das Goldmedaillenteam von Tokio - wurde übrigens nie geschlagen. 1967 wurden wir in gleicher Besetzung Europameister.

wurden Remus, Dux und Antoinette benannt. Mariano und Arcadius durften wir als Zweitpferde starten. Das war damals, als die Teilnehmerfelder sehr viel kleiner waren, möglich. Das Vertrauen in Mariano war eben noch unterentwickelt.
Zusammen mit den beiden Einzelreitern Vroni Meyer-Johann und Kurt Capellmann kam die deutsche Phalanx auf die stolze Zahl von sieben Pferden von insgesamt 24. Das Ergebnis des Grand Prix: Die vier deutschen Teamreiter auf Platz eins bis vier, wobei ich mit Antoinette, meinem Mannschaftspferd, Vierter wurde, während Mariano, der angeblich Unzuverlässige, an diesem Tag zu großer Form auflief und den Grand Prix gewann, mit hauchdünnem Abstand von einem Punkt zu Dux. Dritter wurde Remus. Erst an vierter Stelle lag der Schweizer Favorit Henri Chammartin.
Sechs Reiter kamen weiter. Mit nur einem Punkt Abstand mußte Vroni Meyer-Johann auf Rang sieben dem Russen Iwan Kiszimow auf Ichor für das Stechen den Vortritt lassen. Arcadius wurde Zehnter, Granit Zwölfter.
Unsere Stärke war unsere Ausgeglichenheit. Kein Mannschaftspferd patzte an diesem Tag, kein Pferd fiel aus dem Rahmen. Der St. Georg schrieb:
"Die Pferde befanden sich auf dem Höhepunkt ihrer Leistungsfähigkeit. Die Reiter verstanden es, die Vorzüge ihrer Pferde voll zur Geltung zu bringen. Sie ritten elegant und weich und befanden sich in guter

Übereinstimmung mit ihren Pferden. Daß einzelne Lektionen noch zu verbessern sind, so zum Beispiel bei einigen Pferden die Piaffe, ist den Reitern bekannt und wird ihnen durch die Richterprotokolle, die eine echte, fachkundige Kritik darstellen, immer wieder bescheinigt."

Dies aus der Feder von Oberst Richard Abé, einem allseits geschätzten, uns wohlwollend verbundenen Richter.

Die fast erdrückende Übermacht, mit der wir diese Weltmeisterschaft beherrschten - den Mannschaftstitel gewannen wir mit 118 Punkten Vorsprung vor der Schweiz, der Sowjetunion und Schweden -, entfachte nicht überall die gleiche Begeisterung wie bei uns. Der französische Dressurrichter Oberst G. Margot schrieb im Pferdesportjahrbuch L'Année Hippique:

"Über die Reitkunst der Sieger läßt sich streiten. Man kann Kritik üben, aber bei allem muß man doch sportlich denken und zugeben, daß derartige wiederholte Siege nicht das Ergebnis des Zufalls oder der Parteiergreifung der Richter sind, die bei ähnlichen Gelegenheiten stets besonders unter die Lupe genommen werden. Die deutsche Mannschaft zeichnet sich besonders dadurch aus, daß sich ihre Pferde einheitlich verhalten, strikteste Disziplin wahren, sich stark auf den Zügel stützen und bedingungslos zuverlässig auf die Hand gehen. Kein Pferd versucht, sich dem zu entziehen... Man muß jedoch anerkennen, daß diese Reitkunst, die ihren eigenen Stil strengstens bewahrt hat, hinsichtlich der Ergebnisse brillant war. Es fehlt vielleicht die Poesie, aber dafür wird exakte Prosa geboten. Und wenn die deutsche Pferde keine 'lächelnde und devote' Unterw rfung zeigten, so war diese Unterwerfung doch zumindest mustergültig."

Mit der zähneknirschenden Anerkennung des Franzosen Margot konnten wir leben. Der Mensch, der Mariano hätte "unterwerfen" können, mußte freilich erst noch geboren werden. Gerne hätte ich Oberst Margot eingeladen, einmal meine Pferde zu reiten, um ihn zu überzeugen, daß sie sich keineswegs auf die Hand stützten. Und das galt im gleichen Maße für die Pferde meiner Mannschaftskameraden.

Die erste Mannschaftsweltmeisterschaft wurde vielleicht deswegen zu einem so sicheren Sieg für uns, weil unsere traditionell starken Gegner anderer Jahre diesmal deutlich schwächer waren.

Die Nummer Eins der Schweiz, Henri Chammartin, Olympiasieger und Europameister, dem natürlich das heimische Publikum für den "Hattrick", den dreifachen Erfolg, die Daumen drückte, konnte nicht an die Form von Kopenhagen anknüpfen. Nie erreichte Wolfdietrich denselben Schmelz und dieselbe Poesie. Pferde sind halt keine Maschinen. Auch die beiden anderen Schweizer Pferde hatten ihren Leistungshöhepunkt offenbar ebenfalls überschritten, Marianne Goßweilers Stephan und Gustav Fischers Wald. Am Können dieser drei Reiter konnte kein Zweifel bestehen, Chammartin und Fischer verfügten darüber hinaus über enorme Erfahrung.

Die Russen hatten ebenfalls Probleme. Ihre besten Reiter der vergangenen fünf Jahre, Kalita und Filatow, waren nicht dabei. Der eine, so die offizielle Erklärung, auf einem militärischen Lehrgang, der andere zog sich peu á peu aus dem Sport zurück. Elena Petuschkowa mit Pepel stand am Anfang ihrer Karriere, Kizimow kannten wir schon aus Tokio. Insgesamt fehlte es den Reitern an Feinheit der Einwirkung. Sie wußten auch anscheinend nicht bei allen Lektionen, worauf es ankam. In den Traversalen waren alle Pferde in der falschen Richtung gebogen. Dafür zeigten sie erstaunlich gute Piaffen und Passagen, besser als manch anderer.

In der Zeitschrift Pferd und Reiter schrieb Heinz Meyer:

"Die Russen scheinen den unglücklichen Begriff 'Dressur' zu wörtlich zu verstehen, scheinen zu übersehen, daß er paradoxerweise eben nicht 'dressieren', sondern ein systematisches Ausbilden meint."

Entspannt und zufrieden verläßt Mariano nach dem Siegesritt im Stechen um die Weltmeisterschaft das Dressurviereck.

Marscherleichterung

Achtundzwanzigster August 1966. Bei strahlendem Sonnenschein bereiten wir uns am nächsten Tag auf die Stechaufgabe vor. Beim Abreiten habe ich das Gefühl, daß Mariano sich irgendwie unwohl fühlt. Er verhält sich, ist bei den Galoppwechseln sehr unsicher, will partout keine Einerwechsel springen. Ich weiß überhaupt nicht, was los ist.

"Ich glaube, der muß noch mal äppeln", sagt Baranowski mit untrüglichem Instinkt. Er hat richtig getippt. Mariano wird wieder in den Stall geführt, abgesattelt, und als er völlig zur Ruhe gekommen ist - endlich, mistet er, wie es in der Reitersprache heißt. Von da an ist alles in bester Ordnung: Ein gelöstes, gut aufgelegtes Pferd betritt das Viereck. Schon beim Einreiten habe ich das Gefühl, die Prüfung halb gewonnen zu haben. Mariano erlaubt sich nicht das kleinste Fehlerchen, folgt den leisesten Hilfen.

Bevor ich ganz ins Schwärmen gerate, soll hier Horst Niemack zu Wort kommen, der den Ritt folgendermaßen beschreibt:

"Mariano - Josef Neckermann: Dieser feinnervige, intelligente, sehr sensible Ramzes-Sohn, der gebäudemäßig nicht unbedingt zum Dressurpferd prädestiniert ist, befand sich in Bern nach sorgfältigem, wohldurchdachten Training auf dem Höhepunkt seines Leistungsvermögens. Es ist das besondere Verdienst sei-

Dressurweltmeisterschaft 1966. Mariano steht wie ein Denkmal, als für uns die Nationalhymne gespielt wird.

nes Reiters und spricht für sein Können, daß es ihm gelungen ist, den gewiß nicht leicht zu reitenden Schimmel bis zu solcher Höhe und Reife zu fördern. Mariano absolvierte das Programm im Grand Prix und im Stechen mit souveräner Sicherheit und Präzision. Besondere Höhepunkte waren die klar zur Geltung gebrachten Tempounterschiede in allen Gangarten, die vorzügliche Piaffe und Passage, sowie die gut gelungenen Übergänge von Piaffe zur Passage und umgekehrt. Er war während der ganzen Vorstellung schnurgerade und präsentierte sich in einer stolzen Haltung und Aufrichtung, die dem jeweiligen Versammlungsgrad entsprach, stets leicht am Zügel. Es war eine weitgehend geregelte, harmonische Vorführung ..." Und gut genug für den Sieg.

Die Silbermedaille gewann Harry Boldt auf Remus, der durch seine sprichwörtliche Elastizität und Schwungentfaltung brillierte, vor allem im Trabe.

Die Bronzemedaille von Reiner Klimke auf Dux machte den totalen Sieg komplett. Letzten Endes trennten nur Kleinigkeiten die Medaillenränge, Harry und Reiner lagen wieder nur ein einziges Pünktchen auseinander. Vierter wurde Henri Chammartin, danach kam Antoinette. Ähnlich herausragende Erfolge sind den deutschen Dressurreitern nur bei den

Olympischen Spielen 1936, bei der Weltmeisterschaft 1974 in Kopenhagen und bei Europameisterschaft 1991 in Donaueschingen gelungen, wo sie alle erreichbaren Medaillen, drei Gold- und zwei Silbermedaillen, gewinnen konnten.
Wir waren - ich war Weltmeister!
Als Mariano und ich zur Siegerehrung gerufen wurden, da wurde mir doch ein wenig schwummerig. Mein Schimmel stand wie ein Denkmal, als die schwarz-rot-goldene Fahne hochgezogen wurde, und als die Hymne ertönte, da wieherte er ganz tief und leise. Es gibt Momente im Leben, da darf man ruhig ein bißchen sentimental sein!
Auch ausländische Pressestimmen gönnten uns unseren Erfolg neidlos. So schrieb der "Sport" in Zürich: „Der 'Hattrick' gelang Chammartin nicht. Zwar war des Schweizers Leistung wie gewohnt tadellos. Aber es ritten diesmal andere noch tadelloser. Der neue Champion, Josef Neckermann, ist ein würdiger Weltmeister. Seit Jahren zählt er schon zur Weltelite. Heuer gelang ihm nun der ganz große Erfolg. Neckermann hatte zwei Pferde (!) für das Stechen qualifizieren können: Mit Mariano lag er im Zwischenklassement an der Spitze, und mit demselben wunderschönen Pferd zeigte er im Stechen erneut eine tadellose Darbietung, die ihm den verdienten Titel des Weltmeisters eintrug."

Neckermann, was nun?

In Frankfurt wurden wir mit "großem Bahnhof" am Flughafen in Empfang genommen. Die Enkelkinder, die mich mit Blumen begrüßten, waren mal wieder ein Stückchen gewachsen, daran merkte ich, wie die Zeit eilte. Obwohl ich mir manchmal in diesen Tagen wünschte, sie würde einen Moment innehalten. Unsere Familie hatte sich vergrößert. Im April hatte unser jüngster Sohn Johannes die bildschöne, warmherzige Ingrun "Inki" Möckel geheiratet. Unsere Enkelkinder - jeweils ein Mädchen und ein Junge von Peter und Jutta und von Evi und Hans Pracht - entwickelten sich prächtig. Wir sahen sie oft. Es ging mir gut. 54 Jahre war ich jetzt alt, auf dem Höhepunkt meiner beruflichen und sportlichen Laufbahn.
Was mir in meiner Reiterlaufbahn fehlte, war nur noch olympisches Gold in der Einzelwertung. Was heißt hier nur?
Annemi war damals für eine richtig lange Ruhepause. Vielleicht hatte sie recht.
Pferde lassen es nicht zu, daß ihre Reiter zu lange Urlaub in Wolkenkuckucksheim nehmen. Meine beiden Schimmel holten mich schneller auf den Boden der Tatsachen zurück, als mir lieb war. Drei Wochen nach der Weltmeisterschaft stand die Deutsche Meisterschaft in Hannover auf dem Programm - aus den geschilderten Gründen ein ungünstiger Termin. Es wurde kein glückliches Turnier für mich. Die Form von Bern war nicht wiederholbar, ich wurde Dritter hinter Harry Boldt auf Remus und Reiner Klimke auf Dux und hatte Gelegenheit, meine Lektion zu lernen: Ruhm ist eine leicht verderbliche Ware.
Die Schlagzeilen von Hannover, wie "Neckermann, was nun?", "Ein schlechter Tag für Josef Neckermann", "Weltmeister nur Dritter", "Neckermann der große Verlierer von Hannover", stimmten mich nicht fröhlicher. Doch meine Freude über die beiden Titel und das bis auf die Deutsche Meisterschaft rundum gelungene Jahr konnten sie nicht schmälern. Zumal auch meine Tochter Evi Pracht sich in diesem Jahr ein paarmal nachdrücklich ins Bild hatte setzen können. Mit den beiden Vollblütern Königsfalter xx und Fasching xx kam sie zu beachtlichen Erfolgen in M- und S-Dressuren. Um noch weiter nach vorn zu kommen, brauchte sie jetzt ein Grand Prix-Pferd. Man würde sehen.

Vorgeplänkel

Es war erst Anfang 1967, noch gut ein Jahr hin bis zu den Olympischen Spielen in Mexiko, aber sie beherrschten jetzt schon viele Gespräche. Wer würde überhaupt hingehen? Nach welchen Auswahlkriterien würde vorgegangen werden? Alles Dinge, über die wir uns bereits mächtig den Kopf zerbrachen und mit uns die Presse.

Dabei wurde gelegentlich vergessen, daß in diesem Jahr in Aachen zunächst einmal Europameisterschaften auf dem Programm standen.

Nach einigen netten Erfolgen auf den Hallenturnieren fand ich mich bei der ersten EM-Sichtung in Wiesbaden auf der Tribüne wieder. Meine beiden Pferde waren nicht in Ordnung. Antoinette hatte immer wieder Probleme mit den Sprunggelenken, eine leichte Form von Spat, Gelenksverknöcherungen, bei denen die Pferde die Sprunggelenke in der Bewegung unnatürlich stark anwinkeln. Links war es schlimmer als rechts, und besonders in Lektionen, die die volle Federkraft in den Hinterbeinen verlangten wie Pirouetten, "zuckte" Antoinette gelegentlich. Deswegen wurde sie behandelt und konnte in der ersten Hälfte des Jahres nicht voll gearbeitet werden.

Noch übler hatte es Mariano erwischt. Während des Turniers in Köln stand er eines Morgens im Stall, fraß nicht und hatte offensichtlich Fieber. Außerdem taten ihm die Füße weh. Dr. Klöppel stellte Hufrehe fest, eine langwierige Entzündung der Huflederhaut, die im schlimmsten Fall zur Unbrauchbarkeit führen kann. Mariano mußte für mehrere Wochen völlige Ruhe haben und behandelt werden, fiel damit für den Sommer mehr oder weniger aus.

Mit Antoinette wurde ich dennoch für das EM-Team in Aachen nominiert. An der Mannschaftswertung nahmen immerhin acht Nationen mit 34 Reitern teil, ein gewaltiger Fortschritt gegenüber den vier Teams von Bern.

In der Kleinen Tour von Aachen setzte ich erstmals mein Nachwuchspferd Mazepa ein, ein Sohn des in Hannover wirkenden Vollblüters Marcio xx, den ich über Bubi Günther von der Familie Rimpau in Hamburg erworben hatte. Er hatte bereits schöne Erfolge auf den Hallenturnieren errungen. Ich hielt ihn für ein ganz gutes Pferd, von dem ich mir viel erhoffte, sogar schon im Hinblick auf Mexiko. Mazepa gewann den Prix St. Georges. Leider ging es nicht so erfreulich weiter.

Die Aachener gaben sich alle Mühe, die erste offizielle Europameisterschaft in der Soers genauso festlich zu gestalten wie ein Jahr zuvor die Schweizer in Bern die Weltmeisterschaft. Aber es glückte nicht so recht. Neben dem riesigen Programm an Spring- und Fahrprüfungen, das in Aachen traditionell abgewickelt wird, geriet die EM etwas zum Anhängsel. Außer einem Häufchen unentwegter Insider kamen kaum Zuschauer. Die rechte Atmosphäre wollte sich nicht einstellen.

Vielleicht erscheint es mir im Rückblick nur so, denn natürlich erstrahlen in der Erinnerung die Turniere, auf denen alles klappt, heller als die anderen. Mariano konnte nicht eingesetzt werden. Antoinette ging im Grand Prix, der Mannschaftsprüfung, weit unter ihrer Bestform und wurde lediglich Neunte. Reiner Klimke auf Dux und Harry Boldt auf Remus belegten die Plätze zwei und drei hinter Iwan Kizimow, so daß wir trotzdem Mannschaftssieger wurden, wenn auch bei weitem nicht mehr mit so sicherem Abstand wie in Bern. Wir mußten uns mit 2809 Punkten begnügen, 30 Punkte mehr als die Russen, 95 mehr als die Schweizer.

Ein Jahr vor den Olympischen Spielen war es gut, die Konkurrenz noch einmal aus der Nähe betrachten zu können. Die Russen waren stärker geworden, zweifelsohne. Sie hatten die Schweizer, die keine

neuen Pferde präsentieren konnten, inzwischen klar überflügelt. Wenn uns in Mexiko einer gefährlich werden würde, dann die russische Equipe, obwohl ihre Pferde in vielen Dingen so gar nicht dem entsprachen, was wir unter Gymnastizierung und solidem Gerittensein verstanden. Darüber wurde immer wieder grundsätzlich und öffentlich diskutiert - aber solange die Russen ihre Punkte erhielten, mußten wir mit ihnen rechnen.
Daß diese drei Teams auch die Olympiamedaillen unter sich verteilen würden, stand ebenfalls fest.
Mit dem Stechen um die Einzelmedaillen hatte ich nichts mehr zu tun, nur die sechs Besten kamen weiter. Mit einem hauchdünnen Vorsprung von vier Punkten wurde Reiner Klimke auf Dux Europameister vor Ivan Kizimow und Harry Boldt auf Remus.
Die Deutschen gewannen alle Dressurprüfungen in Aachen. Der Sieg von Reiner Klimke wurde in der Fachpresse als der Sieg des richtig gymnastizierten Pferdes über das zirzensisch abgerichtete gewürdigt, eine Meinung, die ich voll und ganz teilte.

Antoinette zieht um

Nach dem Aachener Turnier 1967 faßte ich zwei plötzliche Entschlüsse: Erstens beendete ich im Juli diese für mich nicht besonders glückliche Saison.
Zweitens gab ich Antoinette meiner Tochter Evi. Antoinettes gesundheitliche Probleme erforderten viel Rücksichtnahme bei der Arbeit. Ich mochte auf die Dauer kein Pferd reiten, das ich nicht richtig anfassen konnte, ohne befürchten zu müssen, ihm Schmerzen zu bereiten.
Evis Fliegengewicht würde Antoinette besser gefallen. Außerdem packte sie die Pferde doch nicht so an wie ich. In ihren Händen wußte ich die kapriziöse Dame mit den kleinen Wehwehchen bestens aufgehoben.
Apropos kapriziös: Antoinette wurde mit zunehmendem Alter keineswegs vernünftiger oder gelassener, eher im Gegenteil. Gelegentlich ließ sie ihren Launen freien Lauf. Ein falsch plazierter Blumentopf konnte sie dann an den Rand des Nervenzusammenbruchs bringen.
Viele Reiter haben Vorbehalte gegen Stuten im Hochleistungssport. Eigentlich gehöre ich nicht dazu. Daß Stuten oft launischer sind als Wallache, ist wohl unbestritten. Manche - nicht alle - Stuten sind zur Zeit der Rosse zu nichts zu gebrauchen. Es ist eine hochinteressante Tatsache, daß noch keine Stute einen olympischen Grand Prix gewonnen hat. Das kann Zufall sein. Was Stuten in der Dressur bisher nicht erreicht haben, gelang ihnen im Springen schon wiederholt: der Olympiasieg. Da ist die unvergessene Tora 1936 in Berlin unter Kurt Hasse, Halla 1956 in Stockholm unter Hans Günter Winkler und Touch of Class 1984 unter dem Amerikaner Joe Fargis.
Heute werden häufiger als früher Hengste im Sport eingesetzt, sogar in der Dressur. Sie bringen von Haus aus einige Vorteile mit: einen muskulösen, geschwungenen Hals - der ein Problem werden kann, wenn er allzu kräftig ausfällt, weil das Genick dann gar nicht mehr der höchste Punkt sein kann und oft auch Genickschwierigkeiten bedingt.
Ich meine, man sollte keinen Glaubenskrieg daraus machen. Zweifellos ist ein Wallach als geschlechtliches "Neutrum" in der Regel unkomplizierter und nervlich ausgeglichener als Stuten oder Hengste. Im allgemeinen, aber längst nicht immer. Antoinette mit ihren Zicken kam also zunächst zu Evi, und die war selig. Hatte sie doch endlich ein Grand Prix-Pferd, von dem sie die Lektionen der Hohen Schule lernen konnte. Sie ritt Antoinette gleich ein paar Wochen später bei den Hessi-

Evi mit Antoinette.

schen Meisterschaften, wo zwar noch kein Grand Prix, aber zwei S-Dressuren verlangt wurden und Evi auf Anhieb Dritte wurde.
Im nächsten Jahr lieh ich mir Antoinette noch für einige Turniere wieder aus, ehe unsere Partnerschaft endgültig beendet war, die zwar mit dreieinhalb Jahren nicht sehr lang, unterm Strich doch sehr erfolgreich war.
In den nächsten beiden Jahren erreichten Antoinette und Evi zahlreiche schöne Erfolge, Evi ihre ersten Grand Prix-Plazierungen.
Ehe ich das Kapitel "Antoinette" abschließe, möchte ich eine Geschichte erzählen, die viel schadenfrohes Gelächter ausgelöst hat und mir den Angstschweiß auf die Stirn trieb.
Es war beim Wiesbadener Pfingstturnier 1964.
Das ZDF drehte einen Beitrag für das Aktuelle Sportstudio. Moderator Wim Thoelke wollte dazu mit mir ein Interview machen. Er hatte vorher bei meinem Pressechef Dr. Winfrid Burau angerufen, ob er mich und mein Pferd interviewen könnte. "Wen wollen Sie denn zuerst sprechen, Herrn Neckermann oder das Pferd?" hatte Dr. Burau gefragt.
Wir verabredeten uns am Samstagvormittag nach meinem Ritt auf Antoinette. Au-

ßer Wim Thoelke waren zwei Kameramänner, mehrere Techniker und ein riesiger Übertragungswagen im Biebricher Schloßpark angerückt. Thoelke und ich wurden mit Mikrophonen ausgerüstet. Sie hingen uns um den Hals und waren mit einem dünnen Kabel verbunden, das um unseren Bauch lief, hinten unter dem Rock wieder hervorkam und dann irgendwo im Übertragungswagen verschwand. Drahtlose Mikrophone, mit denen man sich völlig frei bewegen kann, gab es damals noch nicht - was ein entscheidendes Handicap war, wie sich später herausstellte.

Das Interview begann. "Sagen Sie mal, Herr Neckermann, stört der Reiter bei der Dressur nicht nur?" fragte Wim Thoelke vor laufenden Kameras. Was soll man nun darauf sagen?

"Na ja," sagte Thoelke, "man hat ja manchmal den Eindruck, daß sich da feine Leute für viel Geld feine Pferde kaufen, denen irgend jemand vorher so ein paar Kunststücke beigebracht hat. Und wenn's losgeht mit der Vorführung, dann spulen die Pferde einfach ihr Programm ab, so ähnlich wie der Elefant im Zirkus, der ja auch schon das Bein hebt, wenn er nur die Trompete hört. Der Reiter wird einfach mitgenommen."

So stellte er sich das vor. Ich sagte: "Also, wenn Sie meinen, daß das so einfach ist, schlage ich Ihnen vor, daß Sie die Antoinette einfach einmal besteigen und nur mal versuchen, das Pferd ein paar Schritte zu reiten."

Er zierte sich ein bißchen, verwies auf sein tatsächlich damals nicht unbeträchtliches Gewicht von gut zwei Zentnern. Aber jetzt war ich hartnäckig. Von wegen Zirkus!

"Da unterschätzen Sie Pferde aber sehr. Vor allem Antoinette ist ein braves, starkes Tier. Die freut sich schon auf Sie", behauptete ich dreist und fuhr fort: "Ich erwarte gar nicht, daß Sie hier jetzt eine S-Dressur hinlegen. Mir reicht es schon, wenn Sie das Pferd einfach irgendwie in Bewegung bringen. Wer so stark zweifelt wie Sie, muß doch jede Gelegenheit benutzen, seinen Zweifel zu beweisen. Sie haben selbst gesagt, daß alles so schrecklich einfach ist."

Jetzt konnte Thoelke nicht mehr zurück. Inzwischen hatte sich eine erwartungsvolle Zuschauermenge um uns herum versammelt. Thoelke musterte den Bügel und fand, daß er reichlich hoch hing. Ich half ihm ein bißchen, und tatsächlich manövrierten wir seinen Fuß in den linken Bügel. Antoinette stand bis jetzt wie ein Denkmal. Die Ohren gespitzt, äugte sie mißtrauisch in unsere Richtung.

Thoelke hob ab, schwang das rechte Bein über die Kruppe und ließ seine mehr als 200 Pfund satt auf Antoinettes Rücken plumpsen. Die sah einen Moment so aus, als wollte sie in der Mitte durchbrechen. Sie machte einen entsetzten Sprung nach vorne, aber ich hielt sie eisern an der Kandare fest. Da Wim Thoelke im Zügel keinen rechten Halt fand, klammerte er sich mit den Beinen so fest er konnte. Antoinette stieg, und es kam, wie es kommen mußte - zu allem Unglück wickelte sich auch noch das Mikrophonkabel um ihre Hinterbeine.

Das Chaos war komplett. Die Kamera lief und lief. Und das Team lachte und lachte. Ich hatte nur einen Gedanken: "Wie kriege ich den Kerl heil wieder runter?"

Im Geiste sah ich Antoinette sich losreißen und mitsamt ihrem schwergewichtigen Reiter am Horizont entschwinden. Ich redete auf sie ein, klopfte sie am Hals und wies Thoelke an, um Himmels Willen die Schenkel vom Pferd wegzunehmen. Er streckte sofort seine Beine in Westernmanier weit nach vorne. Er hätte in diesem Augenblick alles getan, was ich sagte.

Immerhin hatte er, seine Kameras fest im Blick, noch die Nerven für einen lockeren Smalltalk.

"Da habe ich wohl aus Versehen das Gaspedal gedrückt", sagte er im vergnügten Plauderton, der allerdings durch sein kreidebleiches Gesicht Lügen gestraft wurde. Genau das hatte er und es blieb mir gerade genügend Zeit, ihn zu überzeugen, daß An-

Noch ist Antoinette ganz friedlich, aber nicht mehr lange. Wenig später kommt Showmaster Wim Thoelke in arge Bedrängnis.

toinette keine Schuld an dem Desaster traf. Mit einer kühnen Flanke schwang er sich aus dem Sattel. Die Zuschauer applaudierten. Mir fiel ein Felsbrocken von mindestens zwei Zentnern Gewicht vom Herzen und Wim Thoelke vermutlich auch.

Ich bekam einen fürchterlichen Anpfiff von unserem Dressurchef Horst Niemack in nicht druckbaren Ausdrücken, wie ich auf die Schnapsidee kommen könnte, das gute Pferd in Gefahr zu bringen.

Nicht viel besser ging es Wim Thoelke, der bei seinen Kindern Hohn und Spott erntete, als der Film abends im Sportstudio gezeigt wurde. Er trug es mit Fassung. Ich schrieb ihm damals nach der Sendung: "Antoinette geht es äußerlich gesehen gut. Sie leidet allerdings unter dem Kummer, daß es ihr nicht gelungen ist, Sie abzuwerfen, und hofft auf ein anderes Mal."

Thoelke hat sie vergebens hoffen lassen. Er hat allerdings nie wieder behauptet, Dressurpferde machten alles von allein wie die Elefanten im Zirkus.

Zum 25jährigen Jubiläum des ZDF-Sportstudios wurde der Beitrag im Fernsehen wiederholt. Endlich konnte auch ich darüber lachen.

Zuchtversuche

Nach dem Ende ihrer sportlichen Laufbahn sollte Antoinette in die Zucht. Sie selbst stammte ja aus guter Holsteiner Familie, und der Gedanke, daß sie ihren Kindern ihr Dressurtalent vererben würde, war sehr verlockend. Wir stellten uns das so schön vor.
1971 - da war sie 16 Jahre alt - wurde sie von dem Ramzes-Sohn Römischer Prinz tragend. Er gehörte dem Militaryreiter Klaus Wagner und hatte dessen Olympiapferd Prinzess zur Mutter. Im Mai 1972 bekam Antoinette Zwillinge. Leider. Zwillinge in der Pferdezucht sind kein Grund zur doppelten Freude, im Gegenteil. Meist bleiben sie zu klein - wenn überhaupt beide lebensfähig sind. Zwar entwickelten sich Antoinettes Stutfohlen zunächst gut, sie war eine rührende Mutter. Aber eines der Fohlen mußten wir doch töten lassen, weil es aufgrund einer Hufdeformierung nicht richtig laufen konnte. Das andere Fohlen, das wir Romane tauften, kam später zu Fritz Baranowski, als er pensioniert war.
Das nächste Fohlen im Jahr darauf war ein Hengst von dem Vollblüter Cardinal xx, bekannt als Vererber elegant veranlagter Dressurpferde. Ceci Bon, wie wir den kleinen Kerl tauften, wurde Schimmel wie seine Mutter. Antoinettes letztes Fohlen schließlich stammte von dem hannoverschen Wöhler-Sohn Wotan, ein Stutfohlen namens Angelique. Alle Fohlen waren sehr hübsch, leider zu klein, weswegen wir sie bald verkauften.
Antoinette selbst wurde 22 Jahre alt.
Unterm Strich gesehen waren unsere züchterischen Bemühungen mit ihr eine Enttäuschung. Wir erlebten dasselbe wie andere vor uns: Stuten, die nach intensiver Sportlaufbahn als ältere Pferde in die Zucht kommen, werden selten bedeutende Vererberinnen. Die erwähnte Prinzess war eine Ausnahme. Ganz abgesehen von Fruchtbarkeitsproblemen, die häufig bei Stuten auftreten, die erst nach ihrer Sportkarriere zum ersten Mal gedeckt werden, halten die Fohlen qualitativ oft nicht das,

Antoinette (Mitte) als Mutterstute. Rechts Prinzess im Alter von 32 Jahren, die 1956 unter Klaus Wagner an der olympischen Military in Stockholm teilnahm.

was Abstammung und Leistung der Mutter versprechen. Die berühmte Halla ist ein gutes Beispiel: Sie kam mit 17 Jahren in die Zucht, brachte noch sechs Fohlen von verschiedenen Hengsten, keines jedoch erreichte auch nur annähernd die Klasse der Mutter. Wobei Halla selbst wohl auch eher ein Zufallsprodukt als das Ergebnis einer auf Springleistung gezielten Paarung war.
Antoinette blieb unser einziger Versuch in züchterischer Richtung.

Streiflichter

1968. Olympiajahr. Wir dachten an Mexiko. Die Welt hatte ganz andere Sorgen. Der Krieg in Vietnam erreichte seinen Höhepunkt. Weltweit mehrte sich die Kritik an der amerikanischen Kriegsführung in Südostasien.
Ein Jahr der Gewalt und der Konfrontationen. In Amerika wurden der schwarze Bürgerrechtler Martin Luther King und der Präsidentschaftskandidat Robert Kennedy erschossen, fünf Jahre nachdem sein Bruder, Präsident John F. Kennedy, unter den Schüssen von Dallas starb.
Am 21. August marschierten sowjetische Truppen in der Tschechoslowakei ein. Das bedeutete das Ende des "Prager Frühlings", des ersten Versuchs eines demokratischen Aufbegehrens gegen das kommunistische autoritäre System. In der Beziehung zwischen Ost und West brach eine neue Eiszeit an. Mexiko würde ein Duell der beiden die Welt beherrschenden Systeme sein. Es gibt keine Nische für den Sport jenseits aller Politik.
In der Bundesrepublik erreichte die Studentenrevolte ihren Höhepunkt.
Die "68er"-Generation schickte sich an, "unter den Talaren den Muff von 1000 Jahren" auszulüften. Das beschäftigte viele von ihnen etliche Semester lang, eine Zeit, in der sie "keinem über 30" trauten. Inzwischen haben die meisten der ehemaligen Rebellen den "Marsch durch die Institutionen" nicht nur angetreten, sondern, selbst längst jenseits der Deadlinie von 30, arriviert überstanden, als Beamte, Politiker oder Wirtschaftsmanager. Und beim Glas Champagner trauern sie den Zeiten nach, in denen so eherne Grundsätze galten wie "Wer zweimal mit derselben pennt, gehört schon zum Establishment." Na ja.
Ich konnte mit den Sprüchen nicht allzuviel anfangen. Das war nicht einmal mehr die Sprache meiner Kinder. Und gegen Establishment hatte ich überhaupt nichts. Aber manchmal ist es ganz nützlich, sich in Erinnerung zu rufen, daß der Sport, der uns soviel bedeutet, nicht alles ist im Leben.

Höhenangst

Inniger Friede herrschte in diesem Jahr 1968 auch unter den Reitern nicht. Jede Disziplin hatte ihre Streitereien, ihre Mißtöne. Bei den Militaryreitern wurde kurzfristig der Trainer gewechselt. Dr. Willi Büsing, Olympiateilnehmer 1956, wurde durch Max Habel ersetzt, ohne die Reiter zu fragen. Max Habel, ehemaliger Kavallerist, erfüllte seine Aufgabe dann viele Jahre mit großer Sachkenntnis und viel Erfolg.
Im Springen gab es Auseinandersetzungen mit dem Olympiainspekteur Fritz Thiedemann. Der hochverdiente frühere Springreiter, eine Legende des deutschen Nachkriegssports, hatte Mühe, die Aktiven auf seine Seite zu ziehen. Ein paarmal kam es zu Konfrontationen, so als er Hans Günter Winkler im Großen Preis von Wiesbaden „setzte", ohne daß dieser sich

qualifiziert hatte, was Thiedemann zwar durfte, aber von den anderen Reitern als ungerechte Bevorzugung eines alten Kampfgefährten und "Etablierten" (schon wieder dieses Wort) empfunden wurde. Die Situation spitzte sich im Laufe des Sommers zu und endete mit dem Rücktritt Thiedemanns von seinem Amt kurz vor den Spielen, nachdem als vierter Reiter statt des von ihm favorisierten Kurt Jarasinski Hermann Schridde nominiert wurde.

Und im Dressurreiterlager wurden nach jeder Sichtung Stimmen laut, die mit der Reihenfolge der Plazierung nicht einverstanden waren. Aber das war ja nun wirklich nichts Neues.

Das Thema, das uns in diesen vorolympischen Monaten am heftigsten bewegte, war die Frage, ob und wie unsere Pferde die klimatischen Bedingungen verkraften würden. Mexico-City liegt 2240 Meter über dem Meeresspiegel. In dieser Höhe ist der Sauerstoffgehalt der Luft vermindert. Das kann sich vor allem bei Dauerleistungen auswirken, bei Leistungen, die länger als eine Minute und 40 Sekunden erbracht werden müssen. Unsere Dressuraufgaben dauerten rund zehn Minuten - eine erhebliche Belastung für die Pferde, selbst wenn der Laie sich das nicht vorzustellen vermag, weil sich ein Dressurpferd nicht pausenlos im gestreckten Galopp bewegt.

Besonders bedenklich war die Höhenlage natürlich für die Militarypferde, deren Geländestrecke rund tausend Meter tiefer liegen sollte. Wo genau, stand allerdings bis wenige Monate vor Beginn der Spiele noch nicht fest.

Wie lange die Pferde zur Akklimatisierung brauchen würden, das heißt, wann wir anreisen mußten, um am Tag X in Top-Form zu sein, wußten wir in etwa. Im Herbst 1967 war ein deutsches Springreiterteam, begleitet von Tierarzt Dr. Dietmar Specht, zum vorolympischen Freundschaftsturnier nach Mexiko geschickt worden. Dort sollten alle relevanten Messungen und Untersuchungen vorgenommen und für die deutschen Olympiapferde ausgewertet werden.

Vor der Abreise aus Europa waren die Pferde gründlich untersucht und Kreislaufwerte und Blutzusammensetzung überprüft worden. Die Pferde wurden nach einem genauen Trainingsplan auf die Prüfungen Ende Oktober vorbereitet, die gleiche Jahreszeit, in der 1968 die Olympischen Spiele stattfinden sollten. Unsere "Vorhut" arbeitete außerordentlich sorgfältig und sammelte wertvolle Erkenntnisse, die uns später zugute kamen.

Täglich wurden Puls, Atmung und Körpertemperatur der Pferde gemessen und ein EKG erstellt. Die Veränderung der Blutzusammensetzung wurde in wöchentlichen Abständen überprüft. Die für die zweibeinigen Sportler zuständigen Ärzte, Prof. Dr. Joseph Keul und Dr. Scharf vom Bundesausschuß für Leistungssport (BAL), wurden gleichfalls zu Rate gezogen. Zeitgleich mit dem Olympiavorbereitungsturnier der Reiter wurden vorolympische Wettkämpfe für die anderen Athleten mit ähnlichen Untersuchungen durchgeführt. Im großen und ganzen verlief die Akklimatisierung der Springpferde ähnlich wie bei den Athleten. Einige Tiefpunkte, die in der ersten Zeit auftraten, waren nach der dritten Woche verschwunden.

Das bedeutete eine Vorbereitungszeit von mindestens 22 Tagen, besser vier Wochen, in Mexico-City bzw. einem Ort in gleicher Höhenlage. Das IOC erklärte sich sogar bereit, den Reitern mit Rücksicht auf die Pferde sechs Wochen offizielle Trainingszeit zu genehmigen.

Ich begann mir Gedanken zu machen, wie mein Unternehmen im Herbst einige Wochen lang ohne mich - Peter würde wieder die Stellung allein halten müssen - auskommen könnte. Ich war eben ein unverbesserlicher Optimist.

Man kann nie wissen

Bei den Hallenturnieren 1968 ging es zwar offiziell um gar nichts, doch man konnte nie wissen. Ich hatte im Olympiajahr fünf Pferde zur Verfügung. Das hört sich besser an, als es war. Von Antoinette hatte ich mich innerlich schon getrennt, obgleich ich sie noch ein paarmal ritt, bis wir beide schließlich in Köln zum letzten Mal auftraten - Antoinette gewann den Grand Prix - und sie endgültig von Prachts übernommen wurde.

Mariano hatte seine schwere Erkrankung zwar gut überstanden - aber zehn Monate Trainingsrückstand mußten erstmal aufgeholt werden. Inzwischen gehörte er mir. Als Mariano die Hufrehe mit ungewissem Ausgang für seine sportliche Zukunft bekam, hatte ich einige Bedenken, ausgerechnet zu diesem Zeitpunkt soviel Geld (es ging um 85000 Mark) auszugeben, andererseits konnte ich Hilde Croy verstehen, die das finanzielle Risiko für das wertvolle Pferd nicht mehr tragen wollte.

Die meiste Freude in diesen Monaten bereitete mir Mazepa, der sich anschickte, Grand Prix-Niveau zu erreichen. Cantate, eine brave braune elfjährige Stute von Apfelwein, gezogen in Rheinland-Pfalz-Saar, hatte ich soeben erst übernommen. Sie machte sich gut, wurde jedoch kein Spitzenpferd für allerhöchste Ansprüche. Und dann gab es noch den Marcio xx-Sohn Marc, talentiert, aber schwierig, mit dem ich mir noch lange nicht einig war. Einmal verließ er unmittelbar nach dem Gruß das Viereck rückwärts auf demselben Weg, den er gekommen war. Meine lieben Konkurrenten behaupteten, sie hätten nie in ihrem Leben ein Pferd so schnell rückwärts laufen sehen.

Mariano gewann in Frankfurt seinen ersten Grand Prix nach seiner Krankheit. Im Mai traf sich eine Auswahlmannschaft von zehn Reitern zum Olympiavorbereitungslehrgang im Landgestüt Celle, natürlich nicht, ohne daß vorher ausführlich, öffentlich und kontrovers über den Sinn von Lehrgängen für Spitzenreiter im allgemeinen und diesen im besonderen diskutiert wurde. Ich fand das Theater ziemlich überflüssig. Selbstverständlich braucht ein Spitzenreiter keinen Reitunterricht im herkömmlichen Sinne. Schließlich ließ uns Horst Niemack ja nicht in der Abteilung reiten wie Rekruten, sondern er widmete sich jedem einzelnen mit seinen besonderen Problemen. Daß zehn Reiter in den offiziellen Olympiakader berufen wurden - was ihnen eine begehrte Urkunde bescheinigte - hielt ich für gerechtfertigt. Bis September konnte viel passieren. Tatsächlich befanden sich Reiter darunter, deren Chance auf einen Mexiko-Start minimal waren. Die Berufung in die Auswahlmannschaft stellte an sich schon eine Auszeichnung dar, auf die ein Reiter stolz sein konnte.

Die Praxis hat außerdem gezeigt, daß man lieber einen Reiter zuviel als einen zuwenig in Reserve haben sollte. Ich denke da nur an den Springreiter Karsten Huck, der 1988 zunächst nur Reserve war, durch verschiedene Ausfälle von Pferden doch noch ins Team für Seoul rückte, wo er dann schließlich die Bronzemedaille gewann.

In der Dressur war die Situation zu Beginn der vorolympischen Saison offener, als es einige Kritiker wahrhaben wollten. Sie mutmaßten, die "Großen Drei", Harry Boldt, Reiner Klimke und ich, hätten die Fahrkarten ohnehin in der Tasche, bei den Sichtungen handele es sich mehr oder weniger um Scheingefechte. Das stimmte so nicht, und letztlich kam es ja auch anders. Unser Dreierteam war tatsächlich seit Tokio 1964 ungeschlagen. Wir drei verfügten über beträchtliche Erfahrung und daraus resultierend gute Nerven, über routinierte Pferde, alles Kritierien, die Selektoren nicht außer acht lassen können.

Von unseren Pferden hatte Dux die deutlichsten Fortschritte gemacht. Er war jetzt voll ausgereift, alt genug, um alle Lektionen sicher zu beherrschen, jung genug, um

Dr. Reiner Klimke mit Dux in einer Intermédiaire-Prüfung beim CHIO in Aachen.

sie voller Schwung und Elastizität auszuführen. Reiner Klimke gewann in Celle beide Prüfungen, die zum Abschluß des Trainings geritten wurden, den Grand Prix, an dem 16 Pferde teilnahmen, und das Stechen der fünf Besten, und zwar mit der hervorragenden Gesamtpunktzahl von 1768, das entspricht 79,63 Prozent. Mariano wurde im Grand Prix Dritter hinter Piaff unter Liselott Linsenhoff. In der Stechaufgabe und insgesamt wurde er Zweiter mit 1749 Punkten oder 78,42 Prozent. An vierter Stelle lag immerhin schon Mazepa, dann folgte Remus.

Ausweichmanöver

Dem CHIO Aachen kam 1968 der Rang einer olympischen Generalprobe zu, zumindest was die Dressur anging. Das war eigentlich erstaunlich, denn es hat sich, wie gesagt, die Unsitte eingebürgert, daß sich die führenden Dressurreiter vor Olympischen Spielen aus dem Weg gehen, um eine Art vorzeitige Rangfolge zu vermeiden. Das spricht nicht gerade für grenzenloses Vertrauen in das Vermögen der Richter, das zu benoten, was sie am jeweiligen Tag sehen, und nichts anderes!
Statt taktischer Winkelzüge habe ich es lieber mit der Maxime "Ran an den Feind!" gehalten. Nur so erfährt man, wo man sportlich steht und wo es hapert. Die Möglichkeit, mich einer kritischen Selbsteinschätzung zu unterziehen, sollte ich in Aachen reichlich erhalten, mehr als mir lieb war.
Die große Starterzahl in den Dressurprüfungen, 37 Reiter im Grand Prix, stellte an das Steh- oder besser Sitzvermögen der Richter hohe Anforderungen. Von morgens sieben bis nachmittags um fünf ging die Prüfung. Ich habe die Richter nicht beneidet und es ist die Frage, ob eine derartige Belastung überhaupt zumutbar ist und noch gerechte Urteile zuläßt.

Im Richterhäuschen saßen die Herren de Breuil, Graf Rothkirch und der Holländer Jaap Pot, als internationaler Grand Prix-Richter in Aachen zum ersten Mal dabei. Er sollte auch in Mexiko richten.
Anscheinend traute man dem Newcomer nicht so recht über den Weg. Manche Insider glaubten deswegen, nicht richtig zu gucken, als sie sahen, welche "Sekretärin" neben Herrn Pot beim Grand Prix Platz nahm. Es war niemand anders als Käthe Franke, selbst Dressur-Richterin bis zum Grand Prix, wie bereits erwähnt, Dressurausbilderin von hohem Rang und ehemals weltbekannte Dressurreiterin.
"Nun frage ich Sie, was würden Sie denken, wenn Sie entdecken sollten, daß Ihr Hausarzt als Sprechstundenhilfe eine medizinische Kapazität vom Range eines Professor Sauerbruch beschäftigt? Würden Sie sich dann nicht fragen, wer da eigentlich von den beiden die Diagnose stellt, ober ob es sich hier nicht um ein getarntes Ärztekonzilium handelte?" fragte die Reiter Revue. Besonders geschickt war diese Zusammenstellung jedenfalls nicht.
Insgesamt bestätigte Aachen, was wir schon wußten: Die Russen würden unsere stärksten Gegner in Mexiko sein. Immer noch wich ihre Reitauffassung in vielen Dingen grundsätzlich von der unsrigen ab, doch sie hatten sich entscheidend verbessert, saßen tiefer und geschmeidiger am Pferd. Den Grand Prix gewann Reiner Klimke auf Dux knapp vor Iwan Kizimov auf Ichor - die beiden waren die Favoriten für den Olympiasieg. Es würde schwer werden, auch für uns als Mannschaft, wieder einmal die Goldmedaille zu gewinnen. Die meisten Nationen, die in Aachen ihre Olympia-Auswahl präsentierten, griffen auf altbewährte Reiter und Pferde zurück. Eine Ausnahme machte eine 22jährige Sekretärin aus der Schweiz, die ihren zehnjährigen Iren Merry Boy mit einer soliden Grand Prix-Vorstellung auf den elften Platz ritt. Sie hieß Christine Stückelberger. Ihr erster Auftritt in der Soers war nur der Anfang einer großartigen Karriere, die sie jahrelang zu unserer gefährlichsten Gegnerin machte.
Ich verließ Aachen mit gemischten Gefühlen. Drei von fünf Prüfungen hatte ich gewonnen, zwei mit Mariano, eine mit Mazepa. Im wichtigen Grand Prix wurde ich nur Siebter, hinter den beiden bereits erwähnten, sowie Piaff, Lenard - einem weiteren schwedischen Gasparisohn, geritten von Rosemarie Springer -, Wolfdietrich und Absent, jetzt unter Iwan Kalita. Remus wurde Achter.
Woran mein schlechtes Abschneiden lag, konnte ich gar nicht sagen. Mariano war noch nicht wieder voll da, aber letztlich waren es wohl Kleinigkeiten, die mich von der Spitzengruppe trennten. Wenn Mariano erst seinen alten Schwung wiedergefunden hätte, würde ich erneut vorne mitreden, da war ich mir sicher. Der Sieg in der Kür vor Chammartin und Kizimov tröstete mich etwas.
"Der Frankfurter demonstrierte bei diesem Erfolg erneut seine reiterlichen Fähigkeiten, in denen eiserne Konzentration und Feinfühligkeit eine glückliche Ehe eingehen", schrieb der Berichterstatter des St. Georg. Das tat gut.
Ursprünglich sollte im August nach dem Wolfsburger Turnier die Olympiamannschaft bekanntgegeben werden. Infolge des frühen Nennungsschlusses mußte an das NOK die Mannschaft bereits vor Wolfsburg benannt werden, das dadurch zu einem reinen Trainingsauftritt wurde. Schon in Aachen erfuhren wir, wer nach Mexiko reisen würde: Reiner Klimke mit Dux, Liselott Linsenhoff mit Piaff, ich mit Mariano und Harry Boldt mit Remus als Ersatzreiter. Als Reservepferd für mich wurde Mazepa benannt, darüber hinaus Reinald für Reiner Klimke.
Bis zum Abflug nach Mexico am 28. September waren noch drei Monate Zeit, in denen wir die Pferde frisch und in Form halten mußten.

7

Mexiko und die Folgen

Der große silberne Vogel, der am Abend des 28. September 1968 am Flughafen Amsterdam-Schiphol auf unsere Pferde wartete, war ein alter Bekannter, dieselbe DC 8 der holländischen Fluggesellschaft KLM namens Alfred Nobel, die uns vor vier Jahren nach Tokio gebracht hatte. Ich beschloß, dies für ein gutes Omen zu halten.
Als "Fracht-Reiseleiter" war Reiner Klimke ausgewählt worden. Mit ihm flog seine Schwester Grethe Klimke, selbst eine erfolgreiche Dressurreiterin, die ihren Bruder als Pferdepflegerin für Dux und Reinald begleitete.
Wir anderen Reiter reisten ein paar Tage später von Frankfurt aus hinterher. Bei der Verladung wollte ich unbedingt dabeisein. Ich erinnerte mich an die Unruhe und Verzögerungen, die es vor vier Jahren gegeben hatte, als einige Pferde nicht die enge Gangway heraufgehen wollten. Und ich hatte den Auftritt von Mariano bei seinem letzten Flugversuch nach Berlin vor anderthalb Jahren nicht vergessen. Ein ähnlicher Tobsuchtsanfall unterwegs nach Mexiko konnte ihn das Leben kosten.
Sogar unter modernsten Transportbedingungen bleiben Flugreisen ein Risiko. Pferde können nicht verstehen, warum sie in einen engen Wagen oder eine schmale Box einsteigen sollen. Die normale Reaktion des Fluchttieres Pferd ist Angst, die es nur durch Vertrauen zu den Menschen, die mit ihm umgehen, überwinden kann - und ja meist bei ruhiger liebevoller Behandlung und Gewöhnung auch überwindet. Trotz allen Risikos ist eine Flugreise für Pferde einer wochenlangen Schiffsreise mit vielleicht unruhiger See vorzuziehen. Da sie besonders schlimm unter Seekrankheit leiden, sind in den vergangenen Jahrzehnten mehr Pferde bei Schiffsreisen zu Schaden gekommen als bei Lufttransporten. Gegenüber der Reise nach Tokio hatte sich der Komfort für die Pferde im Jahre 1968 bedeutend verbessert. Zwar standen sie immer noch sehr eng in der Maschine. Aber dadurch standen sie sicherer, wenn auch nicht sehr bequem. Mit der Brust reichte das Pferd bis an die vordere Wand des Kastens, Hals und Kopf ragten heraus. Die Kästen wurden am Boden des Flugzeugs verankert. Die Pferde waren ebenso wie im Autotransporter vorne angebunden.
Anders als vor vier Jahren mußten sie nicht mehr die enge steile Gangway hinauf in ihre Reiseboxen geführt werden, sondern diese wurden direkt an die Pferdetransporter gerollt, so daß die Pferde problemlos umsteigen konnten. Mit einer Hebebühne wurden die Flugboxen dann hinauf in die Maschine gehievt, von da auf Gleitschienen zu dem jeweiligen Platz im Flugzeug geschoben.
Wir hatten uns bemüht, Pferde, die sich von zu Hause kannten, nebeneinander zu stellen. So standen Mazepa und Mariano in Nachbarboxen, von den Springreitern die beiden Pferde von Alwin Schockemöhle, Donald Rex und Wimpel, Porta Westfalica und Simona von Hartwig Steenken, Dux und Reinald von Reiner Klimke. Außerdem flogen Piaff und Remus sowie sechs japanische Olympiapferde mit, die in Deutschland trainiert wurden.
Die Militarypferde, sowie Enigk von Hans Günter Winkler und Dozent von Hermann Schridde flogen zusammen mit den französischen Pferden von Paris aus.
Alle unsere Pferde bekamen, um Komplikationen vorzubeugen, eine Beruhigungsspritze. Das wurde uns von den Tierärzten empfohlen, ist nichtsdestoweniger ein zweischneidiges Schwert. Die Dosis muß genau bemessen werden, da die Pferde im Flugzeug unbedingt stehenbleiben müssen und sich nicht hinlegen können. Nach 25 Stunden Transport, inclusive der Anreise mit dem LKW, landeten die Pferde ohne Zwischenfälle in Mexico City. Etwas steifbeinig und müde, aber sonst wohlauf, bezogen sie ihre geräumigen Boxen in den Olympiaställen.

Das Trainingszentrum für die Reiter, das "Campo Desportivo", lag eine halbe Stunde vom Dressurstadion entfernt, eine großzügige Anlage mit Stallungen, Pflegerunterkünften, Dressurvierecken und Springplätzen. Hierhin drang weder der Lärm der überbordenden Millionen-Stadt Mexico-City, noch der Benzingestank aus zehntausenden von Auspuffrohren. Einziger Nachteil: Da das Dressurstadion, das Campo Marte, mitten in der Stadt lag, mußten wir die Pferde dorthin verladen.
Wir Deutschen waren am äußersten Ende des Stallbezirks untergebracht. In der Akklimatisierungsphase wurden die Pferde streng nach den im Vorjahr gewonnenen Erkenntnissen gearbeitet, um jegliches Risiko auszuschalten. Die ersten Tage wurde nur Schritt geritten oder geführt. Tägliche Messungen der roten Blutkörperchen gaben Aufschluß darüber, ob sich die Pferde schon genügend an das Höhenklima gewöhnt hatten. Die Ergebnisse wurden auf gelben DIN A 4-Bögen festgehalten. Auf den bloßen Augenschein könne man sich jedenfalls nicht verlassen, wurden die Tierärzte nicht müde zu versichern.
Annemi und ich hatten wieder ein Hotelzimmer bezogen, in der Avenida Mariano. Das zweite gut Omen!

Tanz auf dem Vulkan

In einem krisengeschüttelten Jahr wurden die Olympischen Spiele in Mexico-City bis zum letzten Moment durch politische Ereignisse gefährdet. Es begann mit der Boykott-Drohung der schwarzafrikanischen Staaten, falls das IOC eine Mannschaft aus Südafrika zulasse. Die Sowjetunion unterstützte die afrikanische Forderung. Das IOC gab nach, obwohl es auf seiner Sitzung in Grenoble einen anderen Beschluß gefaßt hatte. Der olympische Friede war zumindest nach außen hin gerettet: Südafrika wurde wegen seiner Apartheids-Politik ausgeschlossen. Allerdings wurden nicht alle teilnehmenden Staaten gleichermaßen streng auf die Beachtung der Menschenrechte überprüft.
Nach dem Einmarsch der Russen in die CSSR dachten auch die Tschechen und aus Solidarität mit ihnen die Skandinavier kurzfristig über einen Olympiaboykott nach. Schließlich starteten sie doch. Seit Mexiko sind die Olympischen Spiele ständig als politisches Druckmittel der einen oder anderen Seite mißbraucht worden.
In der Olympiastadt selbst nutzten oppositionelle Kräfte die Tatsache, daß die Augen der Welt auf das Land der Azteken gerichtet waren. Kurz vor den Spielen brachen Studentenunruhen aus, die mit einer Straßenschlacht auf dem „Platz der drei Kulturen" mit offiziell 26 Toten und über 100 Verletzten endeten. In Wahrheit war die Zahl der Opfer weit höher.
Auch sportlich standen makabre Vorzeichen am Beginn der Spiele. Da ging seit Jahren die Schlagzeile "Der Tod läuft mit" um die Welt und verwies auf die für Mensch und Tier gesundheitlich belastenden Bedingungen. Zwar kann ich mich nicht erinnern, daß die Höhenluft tatsächlich Todesopfer forderte, doch bei zahlreichen Leichtathletik-Wettbewerben, vor allem in der ersten Woche, sah man Menschen, die über ihre Leistungsgrenze hinaus um Medaillen gekämpft hatten und nun, von Atemnot gepeinigt, dem Zusammenbruch nahe, auf Tragen weggebracht wurden und erst unter Sauerstoffmasken wieder zu sich kamen.
Diese Bilder gab es bei den Reitern und Pferden nicht, auch nicht in der Military. Die hatte andere Probleme, aber davon später.
Mariano akklimatisierte sich schnell, seine gelben Zettel wiesen schon bald die erwünschten Blutwerte auf. Sehr viel schwerer tat sich Mazepa. Er litt unter Atemnot,

schwitzte bei der geringsten Anstrengung stark, bekam schließlich Lungenprobleme, von denen er sich zeitlebens nicht mehr richtig erholte. Die Sorgen wegen der klimatischen Bedingungen in Mexiko waren also keineswegs unbegründet.
Ebenso wie die politische und sportliche Großwetterlage war die Stimmung in unserer Mannschaft nicht so unbeschwert und fröhlich wie vier Jahre zuvor. Das hatte verschiedene Gründe und ist schwer zu erklären. Wir hatten den Eindruck, daß sich unser zuständiger Olympia-Bevollmächtigter Horst Niemack bevorzugt mit Liselott Linsenhoffs Piaff und weniger mit unseren Pferden beschäftigte. Das mochte daher rühren, daß Piaff als noch junges, erst achtjähriges Pferd gegenüber unseren championatserfahrenen alten Cracks mehr Betreuung brauchte. Ich wollte allerdings auf keinen Fall drei Wochen lang ohne Aufsicht trainieren. So ließ ich auf eigene Kosten den Bundestrainer Bubi Günther einfliegen, der mir zu Hause oft half und meine Pferde gut kannte.
Auch den Schmied spendierte ich der Mannschaft, Heinrich Rühl von der Hufbeschlagschule der Tierärztlichen Hochschule in Gießen, ein Meister seines Faches. Es sind schon viele Siege verloren gegangen, weil Pferde der Schuh drückte, das Eisen nicht paßte oder ein Nagel falsch saß. Das Risiko wollte ich nicht eingehen.
Heinrich Rühl war bald der gefragteste Mann am Platze, seine Anwesenheit sprach sich in Windeseile in den Ställen herum. Sogar von außerhalb kamen Pferdebesitzer zu uns, luden ihn auf ihre Haziendas ein, um von seinem Fachkönnen zu profitieren. Am Ende blieb er zwei Wochen länger in Mexiko, bis er alle Beschlagswünsche erfüllt hatte.

Es wird ernst

Am 24. Oktober war es soweit. Acht komplette Mannschaften zu je drei Reitern und zwei Einzelreiter traten im Grand Prix an, insgesamt 26 Teilnehmer. Wie schon in Tokio sollte der Grand Prix über die Mannschaftsmedaillen entscheiden. Am nächsten Tag mußten die sieben punktbesten Reiter um die Einzelmedaillen stechen. Das Richteramt lag in den Händen von George Margot aus Frankreich als Chefrichter, Vigil Samson aus Chile und Jap Pot aus Holland. Diskussionen hatte es vorher vor allem über die Ernennung des Chilenen gegeben, ein Neuling am Richtertisch eines Grand Prix und darüberhinaus aus einem Land, in dem Dressur so gut wie keine Rolle spielt. Er konnte beim besten Willen nicht über die notwendige Erfahrung verfügen.
Die Aufgabe umfaßte 33 Grundlektionen, die in zehn Minuten zu reiten waren. Sie wurden von jedem Richter mit Noten zwischen 1 und 10 bewertet. Die beiden Galopp-Pirouetten zählten doppelt, ebenso wie die drei Gesamtnoten für 1. Reinheit der Gänge, 2. Schwung, 3. Sitz und Einwirkung des Reiters. Die Note für Losgelassenheit, Durchlässigkeit und Gehorsam des Pferdes wurde sogar mit drei multipliziert.
Jeder Richter konnte maximal 440 Punkte in der Hauptaufgabe und 310 Punkte in der 24 Einzellektionen umfassenden sechsminütigen Stechaufgabe vergeben.
Anders als Japan ist Mexiko ein Pferdeland. Nicht weniger als 10000 Zuschauer waren zum Campo Marte im Herzen der Sechs-Millionen-Stadt gekommen, um sich die Dressur anzuschauen, gut gelaunt und fröhlich lärmend, jeden Ritt begeistert beklatschend. Von andächtiger Kirchenstille, die europäische Dressurvierekke umwabert, konnte keine Rede sein. Das alles mitten im Großstadtgewühl, gleich

hinter dem Viereck hupende Autos, fluchende Fahrer und ein Polizist, der gerne und häufig von seiner Trillerpfeife Gebrauch machte. Es war richtig was los.

Sternstunde

Mariano ist in Hochform. Rechtzeitig haben wir zum Wettkampfplatz verladen, ich habe ihn leicht abgeritten und noch einmal zum Misten gebracht. Als erster deutscher Reiter soll ich mit einem möglichst guten Ergebnis für die moralische Aufrüstung sorgen. Ich bin der siebte Starter.

Den Anfang macht der Mexikaner Frederico Serrano. Er und sein Mannschaftskamerad Julio Herrera werden von Frantisek Jandl betreut, einem auch in Deutschland bekannten und von uns sehr geschätzten Dressurrichter. Andere Nationen haben sich gleichfalls europäisches Dressur-Know-how zunutze gemacht. Willi Schultheis zum Beispiel trainiert die Kanadier.

Nach einem Chilenen betritt als drittes Paar der Schweizer Olympiasieger von Tokio, Henri Chammartin auf Wolfdietrich, das Viereck. Die Schweizer haben sich letztendlich völlig auf ihre Routiniers verlassen und sind mit denselben drei Reitern wie in Tokio am Start. Doch für den 17jährigen Wolfdietrich sind die besten Zeiten vorbei. Wiederholt konstatieren die Richter hinten ungleiche Tritte, andere Fehler kommen dazu, insgesamt der neunte Platz - damit hat Chammartin nicht einmal das Stechen erreicht.

Der nächste ist Wolfgang Müller aus der DDR. Diesmal gibt es ja bekanntlich zum ersten Mal zwei deutsche Olympia-Mannschaften. Den ostdeutschen Reitern eilt ein guter Ruf voraus. Sie haben vor einem Jahr in Leipzig sogar die russische Mannschaft geschlagen, allerdings auf Intermediaire-Niveau. Sie werden betreut von Willi Lorenz, der in Potsdam als Leiter der Dressur-Abteilung tätig ist und seine Grundausbildung in der Vorkriegs-Kavallerie erhalten hatte. Müllers Vollblüter Marios kann sich an den Lärm nicht gewöhnen. Der gesamte Ritt leidet unter der Aufregung des Pferdes, das sich verspannt und ein paarmal ungehorsam ist.

Noch zwei Reiter, dann bin ich an der Reihe. Das Lampenfieber, das mir seit dem frühen Morgen mal wieder den Magen umgedreht hat, ist wie weggeblasen in dem Augenblick, in dem ich ins Viereck galoppiere.

Mariano ist ganz locker und ganz aufmerksam. Der Großstadtlärm, die lauten Menschen um uns herum - alles versinkt. Wichtig ist jetzt nur, was sich auf dem 20 mal 60 Meter großen Stück Rasen abspielt, auf dem Mariano seine Aufgabe tanzt. Beobachter sprechen später von einer Sternstunde meines 13jährigen Schimmels. Alles klappt, nichts geht schief. Mariano folgt meinen leisesten Hilfen, es wird die beste Prüfung seines Lebens. Der St. Georg schreibt dazu:

"Mariano ging mit einer Leichtigkeit, wie er sie bisher wohl kaum gezeigt hat. Eine ganze Klasse besser als bei seinem Weltmeisterschaftsritt in Bern. In den Verstärkungen brachte er deutlichen Raumgriff mit ausgeprägter Rahmenerweiterung, in der Versammlung eine kadenzierte Bewegungsfolge, die von der tragenden Hinterhand bestimmt wurde. Auf diese Weise gelang es dem Reiter, das Pferd vor den Schenkel zu bekommen. Mehrfach akzentuierte er in der Passage diese Versammlung durch tiefes Einsitzen, wobei er sichtlich über den Rücken 'durchkam'. Gute Kadenz in der Passage und geregelter Takt in der Piaffe, die sich vielleicht etwas mehr vom Boden hätte lösen können. Bei den Zweier- wie bei den Einer-Galoppwechseln sprang das Pferd fließend durch, ohne sich aufzuladen und gegen die Hand zu kommen."

Wie ein vierbeiniger Engel sei Mariano

Olympische Spiele in Mexiko 1968: Im Grand Prix gelang Mariano und mir eine Sternstunde, die wir im Stechen leider nicht wiederholen konnten. Aus der fast sicheren Goldmedaille wurde zu meiner großen Enttäuschung Silber.

durch die Lektionen marschiert, las ich später in einer Tageszeitung. Genauso war's. 948 Punkte, vorläufiges Bestergebnis. Wir hatten getan, was wir konnten: Den Rest mußten meine Mannschaftskameraden besorgen.

Die Prüfung zog sich den ganzen Tag lang hin. Favoriten wechselten sich ab mit Nobodies, die Mühe hatten, die geforderten Lektionen der Hohen Schule zu zeigen. Im Endeffekt waren es nicht mehr als eine Handvoll Teams, denen man olympische Reife bescheinigen konnte: den Russen, den Schweizern, wenngleich auf betagten Pferden, und außer den Westdeutschen auch den Ostdeutschen. Vor allem Horst Köhler auf dem zwölfjährigen Schimmel Neuschnee zeigte eine solide Vorstellung bei einem schönen Gesamtbild, die ihm den 5. Rang und damit einen Platz im Stechen sicherte.

Für Westdeutschland startete als nächste Liselott Linsenhoff auf Piaff.

Der schwedische Fuchshengst wurde sehr vorsichtig vorgestellt. Die Reiterin war sichtlich darum bemüht, keinen Fehler zu machen und die Mannschaftsmedaille nicht zu gefährden, verzichtete darum auf manchen möglichen Höhepunkt. Piaff war noch längst nicht auf dem Zenit seiner Leistungsfähigkeit angekommen. Platz acht war ein gutes Ergebnis für die Mannschaft, reichte aber leider nicht für einen Start im Stechen. Zwei Pferde weiter kam Ivan Kizimov an die Reihe, der zusammen mit Reiner Klimke als Gold-Favorit gehandelt wurde. Diszipliniert und gehorsam absolvierte der zehnjährige Dunkelbraune die Lektionen. Im Vergleich zu früher war das Maul lebendiger geworden, zeigte nicht mehr soviel Widerstand. Bei allem Lob, das dieser Vorführung gebührte, durfte nicht übersehen werden, daß sich die Hinterhand besonders in den Piaffen und Passagen nicht richtig senkte, daß es deswegen zu keiner echten Versammlung kommen konnte und daß das Pferd seinen Rücken nur bedingt gebrauchte. Dennoch erhielt Kizimov auf Ikhor 908 Punkte, das zweitbeste Ergebnis. Nach je zwei Reitern lagen wir in Führung. Alles kam jetzt auf den jeweiligen dritten Mann an.

Siegerehrung bei den Olympischen Sommerspielen in Mexico-City. Auf dem Podest die bundesdeutsche Goldmedaillenmannschaft (Josef Neckermann, Liselott Linsenhoff, Reiner Klimke). Silber ging an die Mannschaft der UdSSR (links), Bronze an die Schweizer (rechts).

Dicht gedrängt stand die deutsche "Kolonie" am Rande, als Reiner Klimke einritt. Über den Ritt berichtete der St. Georg: "Die Vorstellung von Dux wurde in erster Linie durch den Zug der soliden Ausbildungsarbeit gekennzeichnet. Der ebenso korrekt wie energisch einwirkende Reiter präsentierte den mächtigen Fuchs mit sehr viel Schwung und suchte die Differenzen in den Grundgangarten klar zu akzentuieren. Mit der guten Schrittarbeit hob dieses Paar sich von vielen anderen ab. Der Bewegungsfluß blieb auch in den Piaffen und Passagen erhalten, Lektionen, in denen der Fuchs durch seine Ruhe und Gelassenheit überzeugte. Die taktreine Bewegungsfolge ging allein in der Passage auf dem Zirkel kurzzeitig verloren."
Es war ein Glanzritt von Reiner Klimke, und er brachte endgültig die Goldmedaille für unsere Mannschaft. Zum Jubeln war es allerdings zu früh. Der dritte Russe, Iwan Kalita auf dem 16jährigen Achal-Tekkiner Absent, stand noch aus. Der Rapphengst, Sieger von Rom und Dritter von Tokio, beide Male unter Sergej Filatow, hatte seinen Zenit inzwischen deutlich überschritten. Trotzdem war es erstaunlich, mit welcher Frische er sich präsentierte. Wenn auch nicht mit der Brillanz früherer Tage, so machte er manchem jüngeren Konkurrenten in Piaffe und Passage noch etwas vor. 879 Punkte, das reichte zwar für den fünften Platz, aber nicht für den Mannschaftssieg.
Wir waren erneut Mannschafts-Olympiasieger vor den Russen geworden, und ich lag mit 40 Punkten Vorsprung gut im Rennen für eine Einzelgoldmedaille!
Reiner Klimke und Dux belegten den aussichtsreichen dritten Platz, obwohl sich abzeichnete, daß der französische Richter Margot, der Autor jenes kritischen Berichts nach der Weltmeisterschaft 1966, sich wenig für den großen Fuchs erwärmen konnte und die Russen bevorzugte. Dritte in der Mannschaftswertung wurden die Schweizer mit 2547 Punkten vor Ostdeutschland (2357) und Großbritannien (2332).
Ich hätte die ganze Welt umarmen können. Die Siegerehrung wurde vom deutschen IOC-Mitglied Georg von Opel vorgenommen. Es fiel mir schwer, bei der Zeremonie die gebotene feierliche Würde aufzubringen, nicht nur, weil die Musiker unsere Ersatzhymne "Freude schöner Götterfunken" zum Zwölftöner umfunktionierten. Man kann auch behaupten, sie spielten schrecklich falsch!
Diesmal hatte die Bekanntgabe der Wertnoten "nur" eine Viertelstunde gedauert, so daß die gute Nachricht am selben Abend in die ganze Welt und vor allem nach Deutschland übermittelt werden konnte.

Jähes Erwachen

Voller Optimismus sah ich dem nächsten Tag entgegen. Der Ritt im Stechen war in meinen Augen nicht viel mehr als eine Formsache. Bei diesem Vorsprung! Nur Annemi wiegelte ein bißchen ab, wenn ich mich schon im Glanz des doppelten Goldes sah.
Ein Pferd ist keine Maschine, ich weiß. Wenn es an einem Tag über sich selbst hinauswächst, ist es nicht vermessen, die gleiche Sternstunde am nächsten Tag noch einmal zu erwarten?
Es war so viel gegen uns an diesem Tag, an dem es auf dem Campo Marte von Mexico City um die olympischen Einzelmedaillen ging.
Ein bitterer Tropfen war bereits am Vortag in unsere Siegesfreude gefallen. Die Russen hatten offiziell Beschwerde gegen die Benotung der deutschen Reiter eingelegt. Ich kann mich nicht erinnern, daß es so etwas jemals bei Olympischen Spielen gegeben hat. Ich selbst habe mich schon tausend Mal über Richterurteile geärgert. Auf die Idee, mich an höherer Stelle zu be-

klagen und eine Änderung der Benotung zu verlangen, bin ich allerdings nicht gekommen. Die Russen hatten mit ihrer Aktion zwar keinen Erfolg, weil ein derartiger Fall im Reglement gar nicht vorgesehen ist, ohne Wirkung blieb sie indes nicht. Um zwei Uhr mittags sollte die Prüfung beginnen. Ich war als erster Starter dran - die Reihenfolge der Einzelentscheidung galt auch für das Stechen. Aus unerfindlichem Grunde verzögerte sich der Transport der Pferde von den Ställen zum Campo Marte. Ich mußte mich beim Abreiten beeilen. Das hieß unter anderem, daß ich Mariano nicht mehr vor dem Start noch einmal zum Misten wegstellen konnte. Bereits bei der Vorbereitung spürte ich, daß er nicht so locker und ungezwungen ging wie gestern. Und viel schlimmer: ich merkte, ich konnte nichts dagegen tun. Mein Schimmel fühlte sich rundherum unbehaglich, und in wenigen Minuten mußten wir ins Viereck.

Inzwischen haben sich wieder mehrere tausend Zuschauer auf den Rängen eingefunden, wie am Vortag eine fröhliche, lärmende Kulisse. Die Stechaufgabe dauert etwa sechs Minuten. Eine Schwierigkeit folgt der nächsten - sie verlangt vollste Konzentration von Reiter und Pferd.

Mein Startzeichen ertönt. Jetzt geht es um Gold.

Schon das Einreiten und Halten ist nicht von gewohnter Gelassenheit. Dann nehmen die Dinge ihren Lauf. Präzise reihen wir Lektion an Lektion, exakt, aber nicht mit demselben Glanz und Schwung wie gestern. Bei den Trablektionen gibt es ein kleines Versehen, Mariano fällt kurz in den Galopp. Die Piaffen und Passagen in Ordnung, der Schritt auch, sieht man davon ab, daß der starke Schritt ohnehin nicht Marianos Stärke ist. Es folgt die Galopp-Tour. Die Diagonale mit den Zweierwechseln. Auf der kurzen Seite merke ich, wie Mariano sich verspannt und auf die Hand kommt. Es gelingt mir, ihn durch die neun Zweierwechsel auf der Diagonalen zu lavieren. Es ist noch mal gut gegangen. 15 Einerwechsel folgen. Jetzt habe ich richtig Gewicht in der Hand, bekomme das Pferd vorne nicht mehr weg. Und die Einerwechsel gehen dann gründlich daneben. Eine vertrackte Lektion: Wenn der Anfang mißlingt, gibt es kaum Chancen, den Knoten zu entwirren und den Rhythmus wiederzufinden. Ich reite weiter, als ob nichts gewesen wäre. Die Pirouetten, eine von Marianos Glanzlektionen, gelingen gut. Noch einmal werden Einerwechsel auf der Mittellinie verlangt und wieder klappen sie nicht. Das war's dann wohl. Im Inneren verabschiede ich mich von der Goldmedaille. Jetzt nur mit Anstand zu Ende reiten. Sich nichts anmerken lassen! Die letzte Piaffe, die letzte Passage, alles gut. Letztes Halten, ich ziehe den Zylinder und bemühe mich um ein freundliches Lächeln. Viel lieber hätte ich geheult oder wenigstens kräftig geflucht.

Am Viereck stehen Baranowski und Annemi. Mein alter Stallmeister nimmt mir Mariano ab, gibt ihm seinen Zucker wie alle Tage. Baranowski lockert den Sattelgurt, hängt die Kinnkette aus, löst den Nasenriemen. Mariano streckt den Hals nach vorn, macht sich ganz lang. Olympia ist für ihn vorbei. Kaum hat er später den Stall erreicht, legt er als erstes einen großen Haufen in die Ecke. Er mistet. Leider eine Stunde zu spät.

Das Gold ist weg, das ist mir klar. Um die Silbermedaille müssen wir zittern. Am Ende habe ich zwar das schlechteste Ergebnis der sieben Reiter im Stechen, doch zusammen mit meinem 40 Punkte-Vorsprung reicht es zum zweiten Platz mit 1546 Punkten, 26 Punkte hinter dem Russen Ivan Kizimov auf Ikhor, neun Punkte vor Reiner Klimke auf Dux.

Ich würde lügen, behauptete ich, es hätte mir wenig oder nichts ausgemacht. Silber wäre doch auch sehr schön, versuchte mich Annemi zu trösten. Das stimmt zwar, aber wenn man so nah dran war am Gold, ist die Silbermedaille doch eine Enttäuschung. Heute noch stelle ich mir manchmal vor, was gewesen wäre wenn, ja wenn Mariano zur rechten Zeit gekonnt hätte, wie er gewollt hätte, dann wären die Wechsel vielleicht gelungen ... Ich will den Faden nicht endlos spinnen. Ich bin nie Olympiasieger geworden - in der Einzelwertung -, und damit habe ich ein ganz großes Ziel, das ich mir in meinem Leben gesetzt hatte, verfehlt. Von allen Niederlagen, die ich wie jeder Mensch habe einstecken müssen, wurmt mich diese am meisten. Ich kam immer wieder darauf zu sprechen, so daß meine Familie, die Freunde und Mitarbeiter schließlich sagten: „Bitte, Herr Neckermann, nicht schon wieder." Da Reiter Menschen sind, und keineswegs die besseren Menschen, neigen sie dazu, die Schuld für eine sportliche Niederlage bei ihrem Pferd zu suchen. Jeder andere Sportler kann nur mit sich selbst hadern, wenn er eine Leistung nicht erbringt. Reiter greifen gern darauf zurück, daß "der Bock" nicht wollte, wie er sollte und deswegen der Erfolg nicht zustande kam. Ich habe es meiner strengen Ausbildung in der Jugend zu verdanken, daß derartige Ausreden mir nie in den Sinn kamen. Das Pferd hat nie die "Schuld", denn dazu bedarf es eines Verstandes, der gut und böse, richtig und falsch unterscheiden kann. Insofern ist, falls überhaupt, immer der Reiter der "Schuldige" und sei es nur, weil er die Möglichkeiten und die innere Verfassung seines Pferdes nicht richtig eingeschätzt hat. Ich war also ziemlich niedergeschlagen an diesem Oktobernachmittag und heilfroh, daß ich eine Frau wie Annemi an meiner Seite hatte. Sie schien von allen am wenigsten überrascht und trug die verlorene Goldmedaille mit erstaunlichem Gleichmut. Später erzählte sie mir, warum sie das Ergebnis kein bißchen überrascht hatte.

Annemi war ziemlich abergläubisch, vermied es zum Beispiel, Freitag den 13. wichtige Dinge zu planen oder zu tun, und war todunglücklich, wenn ihr eine schwarze Katze von der falschen Seite über den Weg lief. Außerdem konsultierte sie regelmäßig einen renommierten Astrologen, um zu erfahren, was auf sie und ihre Familie in nächster Zeit zukam. Sie hatte ihn vor unserer Reise nach Mexiko aufgesucht, nicht ohne sich vorher Geburtstag und - stunde von Mariano (!) und mir zu notieren. Und da hatte sie erfahren, daß in Mexiko Ruhm und Ehre auf ihren Mann warteten, freilich auch eine große Enttäuschung. Genau so ist es ja auch gekommen, und ich konnte nun mit Fug und Recht behaupten: Die verpatzten Einerwechsel, das stand halt in den Sternen! Das Schicksal hat es so gewollt.

Daß wir diesen zweiten Tag der olympischen Dressur nicht halb so vergnügt feierten wie den ersten, hatte noch andere Gründe. Einer war die Bemerkung von Ivan Kizimov, die Richter hätten am ersten Tag ein Pferd ungebührlich bevorzugt und diesen Fehler am nächsten Tag korrigiert. Damit meinte er meinen Mariano, und das war eine veritable Unverschämtheit.

Zurück zum Stechen. Die Russin Elena Petuschkowa auf dem hübschen Pepel zeigt eine leichtfüßige flüssige Vorstellung. Allerdings waren das offene Maul und die nicht gesenkte Hinterhand unübersehbar ein Fehler, der genauso den Siegesritt von Ivan Kizimov auf dem zehnjährigen Ikhor durchzog, trotz vieler guter Momente: harmonischer Bewegungsfluß, auch in Piaffen und Passagen, genaue und disziplinierte Aufgabenerfüllung. Jedoch, wie der Berichterstatter des St. Georg vermerkte: "Bei aller Glätte des äußeren Ablaufs ist die nach hinten herausgedrückte Hinterhand nicht zu verkennen. Insbesondere in der Piaffe und Passage senkt sie sich nicht zu echter Versammlung ... Ferner gebraucht das Pferd seinen Rücken nur bedingt, eine Tatsache, die sich nicht nur darin zeigt, daß der Reiter 'geworfen' wird, sondern auch in der versammelten Trabarbeit."

Alle Richter sehen Kizimov auf Platz eins im Stechen. Mit einem Plus an 66 Punkten mir gegenüber schmilzt mein Vorsprung wie Butter in der Sonne.

Ein Musterbeispiel solider Ausbildung zeigt der Ritt von Reiner Klimke auf Dux, der so etwas wie die Vorführung seines Lebens abliefert, zumindest die beste, die man bis dahin von ihm kannte. Mit schwingendem Rücken, energisch und dynamisch, absolvierte, der mächtige Fuchs die Aufgabe, ohne Fehler, gehorsam, dabei leicht an den unsichtbaren Hilfen des Reiters stehend.
Es gab genügend Zuschauer - zu denen ich mich auch zählte -, die in ihm den verdienten Olympiasieger sahen. Es gelang ihm nicht, die zwölf Punkte Rückstand zu Kizimov in der Hauptaufgabe aufzuholen. Darüberhinaus konnten die Richter sich auch nicht entschließen, seinen Stechritt entsprechend zu honorieren. Klimke war mit Recht sehr enttäuscht.
Vor allem der französische Richter Margot konnte sich für die deutschen Reiter nicht erwärmen. Bei ihm rangierten nach dem Stechen die drei Russen auf Platz eins bis drei. Wäre es nach ihm gegangen, hätten die Deutschen in der Mannschaft die Silbermedaille und in der Einzelwertung überhaupt keine Medaille erhalten.
Das hat uns verbittert und entfachte erneut einen Streit in der Tages- und Fachpresse über die Richterurteile.
Derjenige Richter, der nach unseren Begriffen am deutlichsten die gute solide Ausbildungsarbeit in seinen Noten honorierte, war übrigens jener Herr Simpson aus Chile, dessen Nominierung wir so skeptisch kommentiert hatten. So kann man sich irren.
Wenn die Diskussion um die "romanische", sprich russische, und "germanische" Schule aufflackert, dann wird allzuleicht vergessen, daß das internationale Dressurreglement keine "Schulen" zuläßt. Es gibt eine klassische Reitkunst, die genau definiert ist und die nicht jedem Richter gestattet, nach seinem Geschmack die Richtlinien neu zu interpretieren.
Obwohl ich nicht behauptet habe, im Stechen von Mexico-City unvertretbar schlecht behandelt worden sein, gab es ge-

Der Russe Ivan Kizimov auf Ikhor gewann die Goldmedaille. Nach dem Grand Prix lag er noch hinter mir an zweiter Stelle, holte aber in der Stechaufgabe den Rückstand nicht nur auf, sondern ritt einen klaren Vorsprung heraus.

nügend Stimmen in der Fachwelt, die trotz der Fehler Marianos bessere Grundrittigkeit höher honoriert hätten. Im St. Georg stand zu lesen:
"Hätte Mariano in der Stechaufgabe einen völlig schwarzen Tag gehabt, wäre die ganze Entscheidung weniger problematisch gewesen; aber das traf nicht zu und es zeugt von einem undisziplinierten Urteil, von den verpatzten Wechseln aus die ganze Aufgabe schwarz zu verzeichnen. Meines Erachtens hatte Mariano den Anspruch auf den Siegeslorbeer. Und sieht man von Mariano ab, so bleiben die Vorstellungen des ausgezeichnet aufgelegten Dux denen Ikhors gegenüber zu stellen. Vor allem ist die Frage aufzuwerfen, warum man die solide Arbeit dieses in seiner Konstitution nun einmal nicht leichten, sondern mächtigen Pferdes hinter die von Ikhor rückte,

Olympische Medaillenträger 1968: Zwei Einzelmedaillen gingen in die Bundesrepublik, Silber an mich, Bronze an Reiner Klimke.

Die siegreiche deutsche Mannschaft mit den beiden bewährten Pferden Mariano unter mir (links) und Dux unter Reiner Klimke (rechts) sowie dem achtjährigen Piaff unter Liselott Linsenhoff, der erstmalig an einem internationalen Championat teilnahm. Vorne Equipechef Horst Niemack.

hinter Ikhor, der sich ständig festhielt und mit der Hinterhand mehr schob als trug. Die Vorzüge des russischen Pferdes in Piaffen, Passagen und Übergängen fallen nur vordergründig ins Gewicht, da das Pferd mit der Hinterhand hochbleibt, gar nicht mit der Schwierigkeit des Lastaufnehmens konfrontiert wird und daher der Bewegungsfluß nicht vor die eigentlichen Probleme gestellt wird." Unterm Strich besehen waren die olympischen Dressurprüfungen für uns ein Riesenerfolg, um den uns andere deutsche Sportler glühend beneideten: eine Gold-, eine Silber- und eine Bronzemdaille. Ich war mit meinen beiden Edelmetall-Plaketten sogar der erfolgreichste Sportler der westdeutschen Mannschaft. Für einen, der dauernd gefragt wurde, wie lange er's denn noch machen will im Sattel, recht ordentlich, fand ich.

Auf der abschließenden Pressekonferenz nach der Vergabe der Einzelmedaillen ließen wir uns Ärger und Enttäuschung nicht anmerken. Es war die Stunde von Horst Niemack. Er erläuterte die Medaillen sozusagen vom militärischen Standpunkt, „wie nach einem gelungenen Frontalangriff" schrieb eine Tageszeitung. Zackig stand er den Journalisten Rede und Antwort.

"Unsere Schule hat sich gegen die sowjetische durchgesetzt. Wir arbeiten nach den klassischen Regeln. Vor allem die Hinterhand stark machen! Keine Zirkusreiterei! Einmalige Leistung von Neckermann! Jawoll! n'Abend meine Herren!"

Man muß es nur auf den Punkt bringen können.

Licht und Schatten

Bei unseren Reiterkameraden in den beiden anderen Disziplinen lief nicht alles so wie erhofft. Die Springreiter wurden im Nationen-Preis hinter Kanada und Frankreich Dritte mit dem denkbar knappsten Vorsprung von einem Viertel Zeitstraf-Punkten vor den USA.
Zum letzten Mal durften nur drei Reiter an den Start gehen. Bereits in München war ein vierter Starter und damit ein Streichergebnis beim olympischen Nationenpreis erlaubt. Der Pechvogel der deutschen Mannschaft war Hermann Schridde, Silbermedaillengewinner von Tokio. Sein Pferd Dozent hatte einen aus seinen Leistungen in den Sichtungen heraus gesehen völlig unerklärlichen rabenschwarzen Tag. Er sammelte im ersten Umlauf 33,75 und im zweiten sage und schreibe 36,50 Fehlerpunkte. Er sprang einfach durchgehend eine Etage zu tief. Eine Katastrophe.
Dozent hatte sich von den Olympiapferden am schlechtesten akklimatisiert, hatte am längsten gebraucht, bis seine Blut- und Atemwerte sich einpendelten. Vielleicht lag es daran.
Pech hatte in diesem olympischen Springwettbewerb auch Alwin Schockemöhle. Mit Donald Rex war er mit einem Gesamtergebnis von 18,75 Punkten in beiden Umläufen mit Abstand der beste Deutsche, darüber hinaus der beste Reiter des Tages. Nach dem bisherigen Modus, bei dem der Nationenpreis über Einzel- und Mannschaftsmedaille zugleich entschied, hätte er bequem die Goldmedaille gewonnen. Doch die Einzelmedaillen wurden neuerdings in einem gesonderten Springen vergeben, das schon Tage zuvor stattgefunden hatte: Schockemöhle beendete es als Siebter. Die Goldmedaille holte sich der hochverdiente Sportsmann William Steinkraus (USA) auf Snowbound vor der jungen Engländerin Marion Coakes auf ihrem Doppelpony Stroller und ihrem Landsmann David Broome auf Mister Softee.
Die Militaryreiter gingen sogar ganz leer aus. Die Mannschaft belegte den fünften Platz. Die olympische Vielseitigkeit stand unter einem unglücklichen Stern. Ursprünglich sollte sie in Oaxtepec, einem kleinen Dorf etwa 110 Kilometer südlich von Mexico-City, stattfinden. Wegen des steinigen Untergrunds und des subtropischen Klimas wurde die Prüfung auf Wunsch der FEI in das Gelände des Avandaro-Golfclubs, 150 Kilometer westlich von Mexico-City, mit mildem Klima verlegt. Was wir nicht wußten, die Organisatoren aber sehr wohl hätten wissen können: Jeden Mittag zog mit schöner Regelmäßigkeit ein Gewitter auf und verwandelte die Bäche und Flüßchen, die das Gelände durchzogen, in reißende Flüsse. Am Nachmittag war dann alles wieder vorbei. Da die Organisation sich weigerte, die Prüfung anderthalb Stunden vorzuverlegen, um dem Regen auszuweichen, kam es, wie es kommen mußte: Als Ersten traf es ausgerechnet den deutschen Reiter Jochen Mehrdorf. Mitten in seinem Ritt, er war 30. Starter, platzte wolkenbruchartiger Regen. Alle Hindernisse in der Nähe von Wasserstellen waren sofort überschwemmt, besonders die beiden letzten Sprünge, an denen Absprung- und Landestelle nicht mehr zu erkennen waren. Mehrdorfs Pferd Lapislazuli versank in den Fluten, als es versuchte, einen Graben zu durchqueren, der völlig unter den Wassermassen verschwunden war. Bis dahin fehlerlos und in phantastischer Zeit, mußten Reiter und Pferd mit Helfern an Land gezogen werden. Lapislazuli erlitt einen Kälteschock. "Eine sichere Medaille war dahin", berichtete Reiner Klimke in seinem Olympiabuch. Wie Mehrdorf verlor auch Horst Karsten auf Adagio an diesem Hindernis seine Chance auf eine Einzelmedaille. Er wurde Elfter. Klaus Wagner, der Senior unter den Buschreitern, ritt

zwar vor dem Regen, stürzte aber zweimal. Lutz Goessing, dessen eigenes Pferd Rebell kurz vor dem Abflug nach Mexiko lahm geworden war, stürzte ebenfalls mit dem von Klaus Wagner geliehenen Arwed und mußte wegen einer Verletzung des Pferdes die Prüfung nach dem Gelände abbrechen.

Alles in allem fand die Military von Avandaro unter völlig irregulären Bedingungen statt, eine Katastrophe für diesen Sport, der ohnehin ständig mit öffentlichen Angriffen konfrontiert ist. "Als Avery Brundage den Siegern und Plazierten die Medaillen umhängte, erinnerte ein kurzer heftiger Regenschauer noch einmal an die tückischen Naturgewalten vom Vortage. Der Kampf war zu Ende, doch die Mahnung an die Verantwortlichen bleibt: Verhindert ein zweites Avandaro!" So weit Reiner Klimke.

Um das Unglück zu komplettieren, mußte Jochen Mehrdorfs Pferd auf dem Rückflug erschossen werden, weil es im Flugzeug zu toben anfing und es den Begleitern nicht gelang, an Lapislazuli heranzukommen, um ihm eine Beruhigungsspritze zu geben. Ähnlich erging es einem ostdeutschen Dressurpferd. Unser aller Albtraum!

Die bundesdeutschen Reitermannschaften in Mexico-City. Untere Reihe (v.l.n.r.): Militaryreiter Horst Karsten, Lutz Goessing, Jochen Mehrdorf und Klaus Wagner. Mittlere Reihe: Springreiter Hans Günter Winkler, Alwin Schockemöhle, Hartwig Steenken und Hermann Schridde. Obere Reihe: Dressurreiter Josef Neckermann, Reiner Klimke, Liselott Linsenhoff, Harry Boldt.

Auf Wiedersehen in München!

Die Schlußfeier der Spiele gestalteten sich zur wahren Fiesta Olympica. Wenn die Mexikaner vielleicht nicht die größten Organisatoren waren, feiern konnten sie. Ein Feuerwerk brannte ab, direkt über dem Stadion, die Funken segelten in die Menge - keinen störte es. Dreimal wurde die mexikanische Nationalhymne gesungen, beim drittenmal mit der gleichen Inbrunst wie beim ersten Mal. Und dann erschien auf der riesigen Anzeigetafel der Schriftzug "Munich 72". Vier Jahre noch, dann würde die Welt nach Deutschland, nach München, blikken. Bis dahin gab es viel zu tun für uns alle.

Meine erste Anstrengung in Richtung München bestand darin, daß ich mich erst einmal gründlich unbeliebt machte. Das passiert jedem, der sich nicht scheut, unbequeme Wahrheiten auszusprechen. Im Fall Mexiko und deutscher Sport lautete die simple Wahrheit: Wir waren in Tokio noch einmal davongekommen. In Mexiko sind wir gründlich auf die Nase gefallen.

Es waren, wie gesagt, die ersten Spiele mit zwei nach West und Ost getrennten Olympiamannschaften. Und wenn wir - Westdeutschen - sportlich gesehen nicht völlig untergehen wollten, mußte etwas geschehen. Ehestens. Vordringlich.

Ich hielt mit meiner harschen Kritik nicht hinter dem Berg. Im Flugzeug und am Frankfurter Flughafen ließ ich die Medien wissen, wo es meiner Ansicht nach hakte. Die Spiele in Mexiko hatten bewiesen, daß im internationalen Sport nur noch derjenige Athlet gegen die Staatsamateure östlicher und die Universitätssportler westlicher Prägung eine Chance hat, der sich ganz auf die sportliche Leistung konzentrieren kann.

Ich vertrat öffentlich die Ansicht: „Die Gesellschaft erwartet den sportlichen Erfolg, sonnt sich im Glanz von Titeln und Medaillen - dann ist es auch die Aufgabe dieser Gesellschaft, den Sportler zu unterstützten, ihm wirtschaftliche Hilfen zu geben, Anerkennung zu verschaffen und ihm zu ermöglichen, ohne finanzielle Sorgen zu trainieren und sich auf seinen späteren Beruf vorzubereiten."

Nicht die Sportler trugen die Schuld am kläglichen Abschneiden in Mexiko, sondern die Funktionäre, die meiner Ansicht nach versagt und es an der Betreuung der Athleten hatten fehlen lassen. Abgesehen davon, daß es viel zu viele Funktionäre gab. Das hörten die so Gescholtenen nun gar nicht gerne. Auch die Reitsportfunktionäre sparte ich bei meiner Kritik, die in ganz Deutschland für Schlagzeilen sorgte, nicht aus.

Seit Jahren sonnten sich diese Herren in den Erfolgen der deutschen Reiter. Und nach Tokio überreichte der Bundespräsident der Deutschen Reiterlichen Vereinigung sogar für die Verdienste um den deutschen Sport das Silberne Lorbeerblatt.

"Er händigte es Versagern aus", zitierte mich die Bild-Zeitung, "denn nicht die Funktionäre hatten gewonnen, sondern die Reiter. Die Herren aus Warendorf hatten es nicht einmal geschafft, einigermaßen olympiareife Pferde zu kaufen. Sie überließen immer und überall die Inititative den Privatleuten. Trotz des vorhandenen Geldes schaffte man es nicht, dem guten Reiter Hermann Schridde ein vernünftiges Pferd zu kaufen. Und in der Military gab es eine ganz dicke Pleite. Nur die Dressur, von Privatreitern hochgehalten, glänzte mit Gold, Silber und Bronze. Funktionäre waren genug in Mexiko, aber keine Pferde." Ich redete mich bei diesem Interview richtig in Rage. Schließlich ging es um unsere Sache, um die Reiterei.

Beim Bauen war Warendorf großzügig. Gerade sollte mit Hilfe von öffentlichen Mitteln das viele Millionen teure Bundes-

leistungszentrum in Angriff genommen werden. Dabei waren im Moment weder Ausbilder noch Pferde vorhanden - was bis heute das große Problem der DOKR-Anlage ist. Zum Abschluß zitierte mich die Bild-Zeitung: „Wenn Sie mich fragen, was diese Herren geleistet haben, dann kann ich kaum antworten - nichts! Dann muß ich sogar sagen: gar nichts!"
Damit hatten die Verbandsoberen in Warendorf ihr Fett weg. Die Entgegnung ließ natürlich nicht lange auf sich warten. Alfons Schulze-Dieckhoff, DOKR-Geschäftsführer, schlug zurück: Er bezeichnete meine Kritik als ungerechtfertigt und im Interesse des deutschen Reitsports bedauerlich. Dazu die Reiter Revue: "Im Gegensatz zu J. Neckermann vertritt A. Schulze-Dieckhoff die Auffassung, daß sich das DOK für Reiterei sowohl bei der Vorbereitung und Organisation für die Olympischen Spiele in Mexiko als auch bei der Bereitstellung von Pferden und Trainern für die Spitzenreiter bewährt habe, was nicht zuletzt durch die Erfolge der deutschen Olympiareiter bestätigt worden sei. Wenn Josef Neckermann behaupte, in dem gegenwärtig entstehenden Reitsportzentrum in Warendorf werde das Geld in Steine und Erde und nicht in Pferde und Trainer gesteckt, so werde, wie A. Schulze-Dieckhoff erklärte, die allernächste Zukunft beweisen, daß sich der deutsche Dressurreiter auch in diesem Punkt geirrt habe."
Ich war gespannt. Ich würde mich nur allzugerne geirrt haben. Im übrigen war es nicht das letzte Mal, daß ich mit den Sportfunktionären nicht nur meines eigenen Verbandes die Klingen kreuzte.
Streng genommen war ich inzwischen ebenfalls zum Funktionär geworden, denn 1967 hatte ich den Vorsitz der Stiftung Deutsche Sporthilfe übernommen, auf die ich noch zu sprechen komme. Doch die Sportler betrachteten mich als einen der ihren, obwohl ich von vielen der Vater und von manchen der Großvater hätte sein können. Das hing zum einen mit meinen eigenen Erfahrungen und Erfolgen als Sportler zusammen - ich war ja tatsächlich einer der ihren - und damit, daß mich die Belange der Sportler, ihre menschlichen Sorgen und Nöte immer mehr interessiert haben als Regularien. Das kann ich ohne Selbstbeweihräucherung sagen. Es war wohl das Erfolgsgeheimnis der Sporthilfe in jenen Jahren, daß die Athleten spürten, hier waren Leute, die auf ihrer Seite standen, die sie nicht von oben herab mit Ge- und Verboten gängeln wollten, die ihnen die Hand entgegenstreckten.
Ich frage mich, warum das Verhältnis zwischen Sportlern und Funktionären oft so gespannt ist. Viele Funktionäre waren früher selbst gute Aktive in ihrer Disziplin. Vermutlich vergißt mancher schnell, wie ihm zumute war in den Sekunden vor dem Start, in der Verzweiflung nach der Niederlage. Die Freude über einen Sieg bleibt länger im Gedächtnis haften. Nur so ist es erklärlich, warum sich viele Funktionäre so gerne im Glanz der Erfolge ihrer Athleten sonnen, sich dagegen unendlich schwer tun, in der Niederlage Solidarität zu zeigen.
Ich kritisierte nicht nur, ich hatte auch Pläne. Im Mai 1967 war die Stiftung Deutsche Sporthilfe gegründet worden, zu spät, um für die Spiele 1968 viel zu bewirken. Die Sporthilfe hatte den Auftrag - innerhalb der strengen Regeln des IOC -, Sportlern helfend zur Seite zu stehen. Ich sah nun in dieser Institution das richtige Medium, zugunsten der Sportler intensiv tätig zu werden.
Ende der sechziger Jahre war noch vieles anders im Sport als heute. Gesellschaftspolitisch gesehen war er eine Randerscheinung, abgesehen von Golf, Tennis und Reiten fast "nicht gesellschaftsfähig". Das sollte, das mußte anders werden.
Mit Feuereifer machte ich mich daran, die Wirtschaft für den Sport zu interessieren, was durchaus nicht einfach war. "No sports" - das Wort von Churchill schien allgegenwärtig in den Chef-Etagen. Und

gerade dort suchte ich meine Ansprechpartner, hoffte ich auf Unterstützung. Widerstände haben schon immer meine Phantasie beflügelt, und so gelang es mir, ein Kuratorium als Kreis von Freunden und Förderern zu bilden, dem anzugehören für die Prominenz aus Wirtschaft, Politik und Medien schließlich fast zur Prestigefrage wurde. Zum guten Gelingen wesentlich beigetragen haben die gesellschaftlichen Benefiz-Veranstaltungen der Stiftung - vom Konzert der Berliner Philharmoniker unter Herbert von Karajan über hochkarätige Soireen bis hin zum alljährlichen "Ball des Sports" mit seinem illustren Gästekreis aus allen Bereichen des gesellschaftlichen Lebens - inklusive Sport. Damals ein wahrhaft gewagtes Unterfangen - der Erfolg gab uns recht. Sportzuschlagsbriefmarken, Fernsehlotterie Glücks-Spirale, Spenden der Wirtschaft und der Bevölkerung - das war das finanzielle Standbein, das uns in die Lage versetzte, gezielte Förderungsmaßnahmen durchzuführen. Dabei ist uns das Geld keinesfalls in den Schoß gefallen, wir mußten uns sehr anstrengen, es zu bekommen. Auch der Reitsport profitierte von der Sporthilfe in vielerlei Hinsicht.

Umzug ins Paradies

Die Freude über meine Gold- und Silbermedaillen von Mexiko teilten unzählige Freunde und Bekannte mit mir, Geschäftspartner und Mitarbeiter des Hauses Neckermann, aber auch ganz Unbekannte. Ein Phänomen, das ich nach allen Olympischen Spielen erlebt habe. Menschen, die ich gar nicht kenne, setzen sich hin und bringen spontan ihre Glückwünsche zu Papier. Über jeden einzelnen Brief habe ich mich sehr gefreut und versucht, alle zu beantworten. Zu all den Ehrungen, die medaillenschweren Olympioniken zuteil werden, Empfänge beim Bundespräsidenten, beim Bundeskanzler, beim Ministerpräsidenten, Händeschütteln beim Sportminister, beim Oberbürgermeister, im Verband, im Verein ... und ... und ... und, kam diesmal eine weitere Ehrung hinzu: Besonders begeistert wurden wir in der kleinen Gemeinde Götzenhain, 20 Kilometer südlich von Frankfurt, begrüßt. Dorthin zogen wir mit Sack und Pack am 5. November 1968, geradewegs ins Paradies.

Das Paradies hatte einen Namen, Haus Kirchborn. Damit erfüllten Annemi und ich uns einen Jugendtraum: ein großzügiges Haus, groß genug, um auch gesellschaftliche Verpflichtungen, die das Unternehmen mit sich brachte, wahrnehmen zu können, dabei gemütlich, wenn man, wie wir jetzt immer öfter, nur zu zweit war. Das Allerschönste: Die Pferde hatten ihren Stall in Sichtweite. Eine Reithalle, Außenplätze und Weiden gehörten dazu. Ich mußte nicht mehr durch halb Frankfurt fahren, wenn ich morgens reiten wollte, sondern brauchte bloß über den Rasen zu gehen, schon war ich im Stall.

Die Gemeinde Götzenhain feierte ihre neuen Bürger mit bewegender Herzlichkeit. Mit einer vierspännigen Kutsche wurden wir vom Rathaus, wo der Bürgermeister uns zu Ehren einen Empfang gegeben hatte - mit Spielmannszug der Freiwilligen Feuerwehr, Gedichten und Schülerchor, - nach Kirchborn gefahren, begleitet von 25 Reitern im roten und schwarzen Rock aus den umliegenden Vereinen. Ich hatte das Gefühl, wir kommen jetzt wirklich "nach Hause".

Ein Blick auf den Umsatz

Die Winterarbeit mit den Pferden konnte beginnen.
Zuvor ein kurzer Blick auf das Unternehmen. Es stand Ende 1968 besser da denn je. Die Neckermann Versand KG verfügte über 34 Warenhäuser und 90 Verkaufsstellen in der Bundesrepublik und Westberlin. Die beiden ausländischen Tochtergesellschaften in Hulst (Niederlande) und in Straßburg florierten ebenso wie die Inlandstöchter NUR (Neckermann und Reisen), die Neckermann Eigenheim und die Neckura.
Unser Katalog hatte sich zum "Warenhaus im Buchformat" mit 700 Seiten gemausert, auf denen mehr als 53 000 Artikel angeboten wurden.
Über 14 000 Menschen standen bei uns in Lohn und Brot. Der Umsatz belief sich 1968 auf seinerzeit stattliche 1,6 Milliarden Mark.
Zum Abschluß eines Jahres, das uns so viel Freude gebracht hatte, will ich - Chronistenpflicht - "Wahlergebnisse" erwähnen, auf die ich zugegebenermaßen sehr stolz bin:
Bei der von einer Fachzeitschrift ausgeschriebenen Wahl wurde ich unter 180 genannten Reitern zum "populärsten Dressurreiter des Jahres" mit den meisten Stimmen aller Disziplinen gewählt. Dieses Ergebnis hatte ich sicherlich meinen beiden Medaillen von Mexiko zu verdanken.
Bei der Wahl zum "Sportler des Jahres", die seit 1947 alljährlich von der "Internationalen Sportkorrespondenz" in Stuttgart durchgeführt und von den deutschen Sportjournalisten vorgenommen wird, belegte ich hinter Franz Keller, dem Olympiasieger in der Nordischen Kombination bei den Olympischen Winterspielen in Grenoble, den zweiten Platz. Damit führte ich die Liste der bundesdeutschen Sportler der Olympischen Sommerspiele 1968 an. Zu guter Letzt bekam ich zusammen mit Hans Günter Winkler, Detlev Lewe und Ingrid Mickler-Becker beim Sportpressefest in Dortmund den erstmals verliehenen Goldpokal der Westdeutschen Sportpresse, der von Bundespräsident Heinrich Lübke überreicht wurde.
Jetzt hätte ich mich ein paar Monate zurücklehnen und meine Erfolge genießen können. Ich hätte endlich einmal Annemi in die Oper oder in ein Konzert begleiten können, was sie sich seit Jahren vergeblich wünschte. Natürlich tat ich nichts dergleichen. Mich trieb es wieder um. Zusätzlich zur Weiterentwicklung des Unternehmens hatte ich mir zwei wichtige Aufgaben gestellt: die Stiftung Deutsche Sporthilfe in Schwung zu bringen und meine Pferde in Schwung zu halten.
In Mexiko war ich mit 56 Jahren der älteste Olympiasieger. In vier Jahren in München würde ich 60 Jahre alt und hoffentlich dabei sein!
Ich durfte mir nichts vormachen. Man würde mich nicht mitnehmen, um mir eine Freude zu bereiten oder weil der Necko so ein netter Kerl ist. Die Leistung mußte stimmen, so wie ich es auch von den Sporthilfe-Athleten erwartete. Ich machte mir einen längerfristigen Plan. Mein Weg nach München: Europameisterschaft 1969, Weltmeisterschaft 1970, Europameisterschaft 1971, das jährliche CHIO in Aachen und schließlich als Endspurt die Sichtungen. Alles hing davon ab, rechtzeitig vor den Olympischen Spielen das richtige Pferd zu haben, um mitmischen zu können. Und da wurde es problematisch: Mariano war jetzt 14 Jahre alt. Ich konnte vernünftigerweise nicht damit rechnen, daß er 1972 noch so gut beieinander sein würde, um die jungen frischen Konkurrenten aus dem Feld zu schlagen. Also mußte ich bald einen Nachfolger für ihn finden. Je eher, desto besser. Das war leider, wie sich zeigen sollte, gar nicht so einfach.

Mariano *13.1.1955

Züchter: Clemens Freiherr von Nagel-Doornick, Vornholz in Westfalen

Mariano	Ramzes (Anglo-Araber)	Rittersporn xx	Saint Saulge xx
			Molly Clarke xx
		Jordi	Shagya x-3
			Demeter
	Malta	Oxyd	Irrlehrer
			Oxalis
		Meerfahrt	Meleager
			Finnländerin

Mariano war ein Vornholzer von Weltklasse als Dressurpferd, wie vor ihm schon Afrika, Adular, Pernod xx und Chronist xx.

Der Züchter dieser Pferde ist der unvergessene Clemens Freiherr von Nagel-Doornick auf Vornholz, der nach dem Krieg dem größten Dressurausbilder der neueren Zeit, Otto Lörke, eine neue Heimat gab und mit seiner Hilfe der deutschen Dressurreiterei quasi im Alleingang wieder zu internationalem Ansehen verhalf.

Mariano war ein Schimmel, wie alle Kinder seines Vaters Ramzes. Dieser war ein Anglo-Araber, in Polen 1937 bei der Gräfin Plater gezogen. Der Krieg hatte ihn nach Deutschland verschlagen. Seine Mutter Jordi war eine Shagya-Stute, eine Araber-Stute also, während sein Vater Rittersporn xx, selbst ein erfolgreiches Pferd über Hindernisse, den berühmten französischen Schimmel Saint Saulge xx zum Erzeuger hatte. Rittersporn xx brachte auch die vor dem Krieg weltberühmte Stute Warczawianka, Olympiateilnehmerin 1936.

Ramzes, der selbst ein gutes Springpferd bis zur mittleren Klasse war, ist einer der Unsterblichen der deutschen Reitpferdezucht. Er verbrachte einige Jahre als Zuchthengst in Holstein (1951 und 1952 sowie 1959 und 1960) und erzeugte Weltklassepferde im Springen: Retina, Ramona, Romanus und der in Vornholz gezogene Robin seien genannt.

In Westfalen waren die Olympia-Pferde Remus (Harry Boldt) und Mariano seine

Kinder. Der Vollbruder des Mariano ist der Hengst Radetzky. Ohne diesen Hengst, ohne seine Nachfahren, ist das heutige westfälische Reitpferd nicht vorstellbar. Sein Urenkel Romadour II brachte den Olympiasieger Rembrandt.
Der Mutterstamm des Mariano ist in den ersten Generationen auf Vornholzer Blut aufgebaut.
Die Mutter Malta hatte den in Beberbeck gezogenen Oxyd zum Vater, der auch für Adular und Afrika verantwortlich zeichnete. Er kam erst als 17-jähriger Hengst im Jahre 1941 nach Vornholz und hat dort elf Jahre lang gewirkt. Seine Bedeutung erkannte man erst, als er tot war.
Marianos Großmutter war die Meerfahrt von dem Beberbecker Meleager, die nur dieses eine Fohlen brachte.
Aber die nächste Mutter, die Finnländerin v. Intschede, ist berühmt geworden als Stammutter der Vornholzer Leistungspferde. Über die Malta-Tochter Marina v. Krol Walca, ein Sohn der oben erwähnten Rittersporn xx-Tochter Warczawianka, gehört auch der von Bubi Günther glänzend herausgebrachte Macbeth zu dieser Familie.
Die Finnländerin war ein Verdener Pferd. Sie hatte jenen Glanz, der in früheren Jahrzehnten den Verdener Pferden vor allen anderen hannoverschen Pferden zu eigen war. Ihr Züchter war Hermann Müller aus Intschede, eine kleine Bauerschaft in der Nähe Verdens, direkt an der Weser gelegen. Die beiden Celler Landbeschäler Finnland I und II waren Vollbrüder der Finnländerin.
Die Mutter der für Vornholz so wichtigen Finnländerin war die Stute Kebandina, die Hermann Müller von dem Hengst Kirkland gezogen hatte, während Flirt, der Vater der Finnländerin, ein Vollbruder zu dem berühmten Fling war. Hier offenbart sich eine Blutkombination, die in Hannover die berühmte F-Linie groß gemacht hat: Es ist die über mehrere Generationen fortgeführte Vereinigung der von Flenheim ausgehenden F-Linie mit dem Blut des englischen Vollblüters Kingdom xx.
Der berühmte Hengst Feiner Kerl, der in dem Zeitraum von 1920 bis 1940 der bedeutendste Warmbluthengst Deutschlands war, führt auf der Mutterseite dreimal das Blut des Kingdom xx-Sohnes King.
Feiner Kerls Mutter war eine King-Enkelin über ihren Vater Kirkland.
Auch die Finnländerin ist nach diesem Muster gezogen, denn ihr Vater Flirt war ein Vollbruder zum Fling und ihre Mutter war gleichfalls eine Kirkland-Tochter. Hieraus ergibt sich eine sehr enge Verwandschaft zu dem einmaligen Feiner Kerl.
Mariano war in seinem äußeren Bild stark beeinflußt vom Araber, im Guten wie im Schlechten. Er war eher kurzlinig bei mittlerer Größe (1,64 m Stock); seine zu hoch liegende Kruppe war kurz und ziemlich gerade. Auch sein Hinterbein war reichlich steil im Sprunggelenk.
Nun aber das Gute: Seine Halsung war recht lang und sein Genick war leicht, der Kopf war ausdrucksvoll, das Auge groß und Intelligenz ausstrahlend.
Seine inneren Werte, wie Leistungsbereitschaft und Gutartigkeit, psychische Belastbarkeit und Kampfesfreude, sind ihm wohl von beiden Elternteilen zugeflossen. Vornehmlich diese Merkmale des Interieurs haben dieses auf den ersten Blick nicht besonders beeindrukkende Pferd zum Weltmeister und Olympiasieger gemacht.
Und noch eines: Mariano in seinem Leistungsvermögen war die fleischgewordene Idee seines genialen Züchters, der bewußt bestimmte Blutströme zusammenfügte, um das ganz Besondere zu erzielen. Welch tiefe Befriedigung muß den oftmals mißverstandenen "Erbauer" dieses Pferdes erfüllt haben, als Mariano Weltmeister wurde!
Mariano und Clemens von Nagel - noch lange wird man sich ihrer erinnern.

Hallenturniere 1969

*K*ommt Zeit, kommt Rat. Zunächst behielt ich auch 1969 meinen bewährten Turnierrhythmus bei. Berlin machte einen vielversprechenden Anfang: vier Siege. Zwei in der kleinen Tour durch Cantate, Grand Prix sowie die kombinierte Prüfung (also Aufgabe plus Kür) für Mariano, der ganz frisch war und alle Unkenrufe Lügen strafte. Von wegen älterer Herr! In diesen beiden Prüfungen lieferte ich mir einen spannenden Zweikampf mit Bubi Günther auf Macbeth, einem engen Verwandten von Mariano.

Berlin 1969: Mariano demonstriert seine ausgezeichnete Rittigkeit durch einen gelassenen Schritt, gehorsam und mit schöner Selbsthaltung.

Macbeth'Vater war der Vollblüter Pernod xx, einst unter Willi Schultheis hocherfolgreich im Dressurviereck. Seine Mutter Marina war eine Halbschwester von Mariano, damit war Macbeth gewissermaßen sein Neffe, um es mal in menschlichen Verwandtschaftsgraden auszudrücken.

Ein sehr erfolgreiches Berliner Turnier hatte diesmal auch meine Tochter Evi, die mit ihrem Vollblüter Fasching xx, in der Intermediaire nur knapp von Olympiareiterin Liselott Linsenhoff geschlagen wurde. Nach dem Ritt sagte Willi Schultheis zu ihrem Mann: "Hänschen, det war ne Pracht."

Das Frankfurter Turnier fiel aus. Fritz Linsenhoff, der langjährige Organisator in Frankfurt, hatte ziemlich überraschend die Brocken hingeschmissen, aus Gründen, die weniger mit dem Turnier zusammenhingen, sondern mit Personalentscheidungen, die die Verbandsführung betrafen. Dieter Graf von Landsberg-Velen war gerade zum Präsidenten der Deutschen Reiterlichen Vereinigung gewählt worden, und da gab es andere, die sich selbst gerne in diesem Amt gesehen hätten.

Wir alle bedauerten den Ausfall dieses Traditionsturniers jedenfalls sehr.

Dortmund rundete die Hallensaison 1969 ab. Hier gewann Mariano den Grand Prix mit 1001 Punkten - mehr als in Mexiko - vor Dux (985), Macbeth (982) und Mazepa (971).

Kurz nach Beginn der grünen Saison mußte ich eine Zwangspause von zwei Monaten einlegen, die ich einzig und allein meiner eigenen Ungeschicklichkeit zuzu-

Der Marcio xx-Sohn Mazepa war mein Ersatzpferd für Mexiko. Später kam er zu meiner Tochter Evi Pracht.

schreiben hatte. Bei der Handarbeit mit der Gerte stand ich zu dicht hinter Mazepa, den ich mit leichtem Touchieren zu lebhafterer Piaffe animieren wollte. Da keilte er unerwartet aus und traf mich am Arm. Röntgendiagnose: Bruch des Unterarms. Wiesbaden erlebte ich von der Tribüne aus - und ärgerte mich schwarz über meine eigene Dummheit.

Fünf Siege in Aachen

Aachen wollte ich nicht auch noch verpassen - schließlich wurde hier über die Zusammensetzung des EM-Teams 1969 befunden. Hilfe kam von Dr. Joachim Jötten, dem Verantwortlichen für die Dressur beim Aachener Turnier, von Beruf Chirurg und Chefarzt der Aachener Klinik, der mir schmerzlindernde Mittel gab, so daß ich ohne Beschwerden reiten konnte.

Das Pillenschlucken lohnte sich. Fünf Siege, drei mit Cantate, zwei mit Mariano, und ein zweiter Platz mit Mariano waren die reiche Ausbeute.

Das nacholmypische Jahr 1969 brachte nicht nur für mich die Frage, mit welchen Pferden wir uns in den nächsten Jahren international behaupten wollten.

Das einzige Pferd, das sichtlich seinem Höhepunkt erst entgegenging, war der zehnjährige Piaff. Er hatte seit Mexiko noch weiter an Sicherheit und Reife gewonnen und war bereits jetzt der Favorit für den Europameistertitel. Über Mariano habe ich schon gesprochen. Der 17jährige Dux war in Aachen nicht am Start. Dafür ritt Reiner Klimke Remus, das Tokio-Pferd von Harry Boldt, der sich inzwischen vom Gestüt Pütter, dem Remus gehörte, getrennt hatte. Da wir Harry und seinen Schimmel jahrelang miterlebt hatten, als Konkurrenten und Mannschaftskameraden, fiel es uns schwer, uns an die neue Kombination zu gewöhnen. Aber auch Reiner Klimke hatte in dieser Zeit kein jüngeres Grand Prix-Pferd zur Verfügung.

Immer richtig beritten zu sein, stets ein junges Pferd zur Hand zu haben, das den alternden Crack ablöst, ist schwieriger, als es sich anhört. Als Faustregel sollte man vielleicht neben dem zwölfjährigen Grand Prix-Pferd bereits einen Achtjährigen im Stall haben, der an der Schwelle zur höchsten Dressurklasse steht. Und darunter einen Vier- bis Sechsjährigen, der in die Kleine Tour hineinwächst. Aber das ist reine Theorie.

In der Praxis schlägt längst nicht jedes Pferd ein, das in Dressurausbildung genommen wird. Das hängt nicht unbedingt mit dem Talent des Pferdes oder dem Können des Reiters zusammen. Der Weg ist so weit, es gibt so viele gesundheitliche Probleme, die selbst bei sorgfältiger Ausbildung auftreten können, reiterliche Schwierigkeiten, die die ganze Arbeit in Frage stellen, daß der Reiter manchmal wieder von vorne anfangen muß.

Um sicher zu gehen, müßte man also von jeder Altersklasse mindestens zwei Pferde im Stall haben - und wer kann sich das schon leisten? Nicht nur vom Geldbeutel, sondern auch vom Zeitaufwand her.

Zurück zu Aachen. Liselott Linsenhoff auf Piaff gewann den Grand Prix vor mir auf Mariano und Evi auf der guten alten Antoinette.

Vierte wurde Vroni Meyer-Johann auf Waldfee. Diese brave Stute war inzwischen 17 Jahre alt. Sie feierte in Aachen ein besonderes Jubiläum: ihren 100. Sieg. Sechs Goldschleifen hatte sie im Grand Prix errungen, zwei auf Deutschen Meisterschaften und eine sogar in einem Springen!

Die Olympiamannschaft sollte die deutschen Farben bei der Europameisterschaft in Wolfsburg vertreten, also Reiner Klimke auf Dux, Liselott Linsenhoff auf Piaff und ich auf Mariano. Wie schon vor zwei

Jahren gab es auch 1969 neben den eigentlichen Titelkämpfen auf Grand Prix-Niveau eine Intermediaire-Mannschaftswertung. Dafür wurden Ilsebill Becher auf Mitsouko, Wolfgang Haug, ein Fleischfabrikant aus dem süddeutschen Raum, auf

Zu beachtlichen Erfolgen kam auch der Turnierstall von Evi und Hans Pracht. Hier in Aachen, Evi auf Antoinette und ich auf Mariano.

Lorlot, und ich auf Cantate benannt. Absichtlich hatten die Selektoren für die Mannschaft auf so erprobte Pferde wie Waldfee und Kurt Capellmanns Granit, die gerade auf Intermediaire-Niveau gute Siegesaussichten hatten, verzichtet, um neuen jüngeren Pferden eine internationale Chance einzuräumen. Was ich im Prinzip sehr vernünftig fand.
Unser Equipechef war zum ersten Mal Generalmajor Albert Stecken, langjährig erfahren als Reiter, Richter und Ausbilder, u.a. von Reiner Klimke, August Lütke-Westhues (Silbermedaille in der Mannschafts- und Einzelwertung in der Military in Stockholm 1956) und von Alfons Lütke-Westhues (Goldmedaille im Springen in der Mannschaftswertung in Stockholm 1956). Albert Stecken wurde gewählt, nachdem sich Horst Niemack für dieses Amt nicht mehr zur Verfügung gestellt hatte.
Die Spannungen zwischen Horst Niemack und einigen Spitzenreitern hatten seit Mexiko zugenommen. Wir hatten immer weniger das Gefühl, daß ihm der Erfolg aller Reiter gleichermaßen am Herzen lag. Es schien, daß er sich persönlich sehr an einige Ställe gebunden hatte, was mit dem Amt eines offiziellen Ausbildungsleiters und Richters in unseren Augen schwer zu vereinbaren war. Die Differenzen eskalierten in den folgenden Monaten, doch davon später.

EM'69 in Wolfsburg

In Wolfsburg, dem Austragungsort der Europameisterschaften, war der Turniersport 1969 noch jüngeren Datums. Die Stadt der Volkswagen-Werke, die den Zuschlag erhielt, nachdem Wiesbaden einen Rückzieher gemacht hatte, stand in diesen Tagen ganz im Zeichen der nicht-motorisierten, trabenden und galoppierenden Pferdestärken. Es gab einen großzügigen Turnierplatz für die Springprüfungen und herrliche Dressurvierecke vor dem Wolfsburger Schloß.
Die Turnierleitung lag in den Händen von VW-Manager Horst Münzner, Vorsitzender des Reit- und Fahrvereins Wolfsburg. Er und sein Stab hielten die Zügel fest und umsichtig in den Händen.
Wenige Wochen vor der EM hatte Münzner einen schweren Autounfall, der ihn allerdings nicht daran hinderte, die Vorbe-

reitungen vom Krankenbett aus mit eingegipstem Arm zu überwachen.
Die Stadt war voller Pferde und Menschen. Alle Hotels waren bis auf das letzte Bett belegt. Die Pferde waren in Zelten untergebracht, zum Glück nicht in Ständern - wo die Verletzungsgefahr doch sehr groß ist -, sondern in Boxen.
Es wurde das gesamte FEI-Programm geritten, auch die "Kleine Tour", beginnend mit dem Prix St. Georges, an dem nur neun Reiter teilnahmen und den ich mit Cantate gewinnen konnte, vor Harry Boldt auf einem Nachwuchspferd namens Leopard und Werner Wilhelms auf Durus, einem Duellant-Sohn, mit dem Wilhelms 1965 Juniorenmeister geworden war.
Nachmittags wird die Startfolge für die Intermediaire ausgelost. Ich habe mal wieder Pech. Mit sicherer Hand wurde unter 24 Startnummern für mich die Eins herausgefischt. Also muß ich am nächsten Morgen um acht Uhr, bei tiefverhangenem Himmel, als erster ins Viereck.
Fünf Mannschaften gehen in der Intermediaire an den Start. Abgesehen von uns sind es meist Reiter, die auch an den Titelkämpfen auf Grand-Prix-Level teilnehmen würden. Cantate geht sehr ordentlich, schwungvoll und sauber, insgesamt wird sie Zweite. In der Mannschaftswertung reicht es nur zu Platz drei, weil es meinen Mitstreitern, Ilsebill Becher auf Mitsouko und Wolfgang Haug auf Lorlot, nicht gelingt, unter die ersten Zehn zu kommen.

Zwischen 1968 und 1970 gewann Cantate 26 Dressurprüfungen. Mit Evi erzielte sie später auch Grand Prix-Erfolge.

Trotzdem wird es deutscher Sieg: Die Reiter der DDR, mit großer Spannung bei ihrem ersten Auftritt in der Bundesrepublik erwartet, gewinnen verdient die Intermediaire, Horst Köhler auf Neuschnee überdies die Prüfung selbst. Die Reiter und Pferde bieten solide Ausbildungsarbeit: neben Köhler noch Gerhard Brockmüller auf dem talentierten, etwas derben Tristan und Wolfgang Müller auf dem Vollblüter Marios xx.
Olympiasieger Kizmow auf Ichor kommt in dieser Prüfung über den achten Rang nicht hinaus, trotz hervorragender Galoppwechsel und Pirouetten. Die mangelnde Losgelassenheit im Trabe schlägt in einer Intermediaire mehr zu Buche als im Grand Prix, wo Gutpunkte in Piaffe und Passage gesammelt werden können. Ob diese Tatsache im Sinne der klassischen Reiterei ist, möchte ich dahingestellt sein lassen.
Die russische Mannschaft, der außer Kizimov die Mexiko-Starter Elena Petuschkowa auf Pepel und Iwan Kalita, diesmal auf Tarif, nicht auf Absent, angehören, erreicht vor uns Platz zwei, nach uns folgen Dänemark und die Schweiz. Natürlich hagelt es Kritik an der westdeutschen Mannschaftsbesetzung, denn mit Waldfee und Remus, die unter Vroni Meyer-Johann und Reiner Klimke Vierte beziehungsweise Siebter wurden, hätten wir leicht gewinnen können. Ich fand es in Ordnung, daß einmal andere Reiter und Pferde eine Chance erhielten. Daß sie sie nicht nutzen konnten, war allerdings bedauerlich.
Das Wetter verschlechtert sich nun von Stunde zu Stunde, Nieselregeln beginnt den Boden aufzuweichen, an dem sich Helfer bei jeder Gelegenheit zu schaffen machen. Dem Enthusiasmus der Schulkinder kann der Regen überhaupt nichts anhaben. Sie kommen und umringen

mich, wann immer ich einen Fuß aus dem Bügel setze. Ein junges Mädchen möchte ein Interview für die Schülerzeitung machen. Nur los.
"Wie trainieren Sie Ihre Rennpferde, daß Sie Erster werden, Herr Neckermann?" fragte sie. Und das ist so ziemlich die erste Frage in einem Interview, auf die ich keine Antwort weiß.

Kein Losglück

Im Grand Prix treten lediglich sechs Nationen an, davon vier komplette Teams zu drei Reitern. Traditionsreiche Dressurländer wie Schweden und die Schweiz haben gar keine Grand Prix-Mannschaft geschickt, was zeigt, daß nicht nur wir Probleme haben, die älteren Cracks durch junges Blut zu ersetzen.
Auch diesmal haben wir mit der Auslosung kein Glück. Zwar bin nicht ich die Startnummer Eins, dafür Reiner Klimke. Noch früher als gestern, um halb acht, betritt er mit Dux das Viereck. Immerhin haben sich schon 1500 Menschen eingefunden. Sie erfahren den Genuß der sachkundigen Erläuterungen von Dr. Dietmar Specht, der in den Pausen alle Lektionen erklärt und auf diese Weise die angeblich so schwarze Kunst Dressur dem Laien näherbringt. Das finde ich ungeheuer wichtig. Je mehr die Menschen über Dressur wissen, umso besser ist es für unseren Sport.
22 Reiter sind gemeldet, darunter sieben Teilnehmer aus der Bundesrepublik. Es war damals erlaubt, daß die veranstaltende Nation außer den drei Mannschaftsreitern mehrere Einzelstarter benennen durfte. Heute ist das nur noch bei Vielseitigkeitschampionaten möglich. Zu den Einzelreitern gehörte auch meine Tochter Evi auf Antoinette.

Am Richtertisch saßen General Rethoré (Frankreich), Major Boltenstern (Schweden) und Jaap Pot (Holland), allesamt Richter aus Ländern, die keine Mannschaft für die Europameisterschaft am Start hatten. Das ist im Prinzip eine ganz gute Lösung, solange sichergestellt ist, daß die Richter aus Ländern kommen, in denen die Dressur eine entsprechende Tradition und Verbreitung hat - die freilich auf der anderen Seite im Idealfall bei einem Championat auch vertreten sein sollten.
Dux als erstes Pferd geht so frisch, als ob er es all seinen Kritikern noch einmal zeigen will. Dieses Championat wird seine Abschiedsvorstellung vom großen Dressursport - ein Pferd, das eine ganze Epoche Dressurreiterei mitgestaltet hat.
Inzwischen ist Kalita auf Tarif im Viereck, wenig später Evi, die ich mir nicht anschauen kann, weil ich selbst schon abreiten muß.
Ich habe ein gutes Gefühl, endlich, denn vor zehn Tagen sah es ganz anders aus. Mariano war irgendwie aus dem Tritt, ohne ersichtlichen Grund. Ihm fehlte nichts, doch in der Arbeit gab es Probleme, vor al-

1969 war Mariano 14 Jahre alt und wurde zuweilen vorschnell zum alten Eisen gezählt. Aber sein dritter Platz bei der Europameisterschaft in Wolfsburg bestätigte, daß er noch immer europäischer Spitzenkonkurrenz gewachsen war.

lem mit den verflixten Galoppwechseln. Ich war ratlos.
Bubi Günther, der im Sommer 1969 von Hamburg nach Frankfurt umgesiedelt war, half mir. Er ritt Mariano ein paar Mal und bekam ihn wirklich wieder hin.
Natürlich ist Bubi Günther auch in Wolfsburg dabei, und als ich einreite, entdecke ich ihn in seiner unverkennbaren Statur mit der Lederjoppe am Rande. Er ist aufgeregter als ich. Wie immer fällt alle Nervosität in dem Moment von mir ab, in dem ich ins Viereck reite.
Mariano geht sehr sicher und gehorsam durch den ersten Teil der Aufgabe. Jetzt folgen die Wechsel, erst die zu zwei Tempi - Mariano macht keine falsche Bewegung. Noch einmal auf der kurzen Seite das Pferd versammeln, jetzt die Einer. Nach fünf Metern gebe ich die ersten Hilfen zum Umspringen. Es ist mucksmäuschenstill, so, als ob jeder Zuschauer wüßte, worauf es ankommt. 15 Wechsel, nicht mehr und nicht weniger - fehlerlos. Auch der Rest der Aufgabe gelingt gut, die Pirouetten, die letzte Piaffe, das mustergültige Halten. Geschafft - ist vor allem Bubi Günther. Er hat bei jedem einzelnen Galoppwechsel den linken Fuß gehoben. "Das hält ja kein Mensch aus", sagte er, "das ist ja anstrengender, als wenn ich selber zehn Grand Prix reiten müßte."
Langsam lockert sich unsere Anspannung. Mariano bekommt sein obligates Stück Zucker, das ihn viel mehr interessiert als alles andere.
Als Christine Stückelberger, Einzelstarterin für die Schweiz mit Merry Boy, ihre Aufgabe beendet hat, erfahre ich meine Wertnoten: 973 Punkte. Mittags liege ich noch in Führung. 15 Punkte vor Olympiasieger Kizimov. Der Mannschaftssieg ist in

Europameisterschaft in Wolfsburg 1969. Das siegreiche bundesdeutsche Team, von links: Ich mit Mariano, daneben die Gewinnerin des Einzeltitels Liselott Linsenhoff auf Piaff und Reiner Klimke auf Dux.

greifbare Nähe gerückt. Die drei Russen haben zusammen 2723 Punkte gesammelt. Bei uns ist noch Liselott Linsenhoff dran. Sie liefert eine Glanzleistung ab. „Piaff, der muskulöse schwedische Fuchshengst, gab die beste Vorstellung, die man von ihm bisher je sah", schrieb eine Fachzeitschrift. Sehr exakt vorgestellt, machte er in den Piaffen seinem Namen alle Ehre, gelungene Pirouetten und Galoppwechsel - das bedeutete die Führung mit 1013 Punkten und für uns den Mannschaftstitel bei dieser Europameisterschaft. Mit einer Punktzahl, die bis dahin noch nie erreicht wurde: 2918, mit sicherem Abstand von 190 Punkten zu den erfreulich starken Reitern aus der DDR, die sogar die Russen hinter sich lassen konnten, allerdings mit dem geringen Abstand von fünf Punkten. Zum Stechen am Sonntagmorgen traten die sechs besten Reiter aus dem Grand Prix wieder an, vor immerhin 3000 Zuschauern und damit ausverkauften Rängen. Mariano geht nicht so gut wie am Vortag, etwas verspannt und weniger geschmeidig. Auch Piaff erreicht nicht ganz die Top-Form von gestern, läßt sich ein paar kleine Versehen zuschulden kommen, während Kizimov und Ikhor sich steigern können. Am Ende des Tages ist Liselott Linsenhoff verdiente Europameisterin, der erste Titel in einer langen Reihe von Erfolgen, die in den nächsten Jahren auf sie warten und mit dem olympischen Gold von München gekrönt werden. Kizimov gewinnt die Silbermedaille, ich werde Dritter. Wolfsburg ist vorbei, für mich mit gemischten Gefühlen, hatte ich mir doch in der Einzelwertung etwas mehr ausgerechnet. Aber das Jahr 1969 war noch nicht zu Ende. Ich nahm wieder an einer Deutschen Meisterschaft teil, die diesmal in Berlin ausgetragen wurde und wie in den Vorjahren unter schwacher Beteiligung litt. Nur acht Reiter und sechs Reiterinnen hatten genannt. Ich regte im Dressurausschuß an, den Modus zu ändern, was auch geschah, so daß ab 1971 die nationalen Meisterschaften immer gut besetzt waren. Die Meisterschaft bestand damals aus drei Wertungsprüfungen - Intermediaire und Aufgabe 49 mit Grand Prix-Anforderungen sowie einer doppelt bewerteten Sonderprüfung als Finale.
Vier Reiter starteten schließlich, jeweils mit zwei Pferden. Ich konnte alle drei Prüfungen gewinnen, die Intermediaire mit Cantate, die beiden anderen mit Mariano. Die Bilanz am Jahresende war so schlecht nicht: 26 Siege insgesamt. Die Erfolgsstatistik von Mariano belief sich jetzt auf 56 Siege und eine Gewinnsumme von 57 084 Mark.

Halbzeit

Neunzehnhundertsiebzig. Olympische Halbzeit. Alles redete von München. Keiner konnte sich so recht vorstellen, wie die deutsche Dressurmannschaft aussehen würde in zwei Jahren, wenn wir vor heimischen Publikum antreten und große Erwartungen erfüllen sollten. Die Stimmung war nicht die beste im Lager der deutschen Dressurreiter - von Mannschaftsgeist war im Moment wenig zu spüren.
Das Jahr fängt für mich schlecht an. In Berlin wird Mariano in der Kür zu niedrig bewertet. Finde ich. Wir werden nur Zweiter hinter Piaff.
Und diesmal halte ich mich nicht zurück, sondern nehme mir meinen alten Freund Richard Abé "zur Brust", und zwar in aller Öffentlichkeit, leider. Nach der Prüfung gehe ich zu ihm und mache ihn quasi zur Schnecke. Viel zu viele Leute hören mit. Die Presse tritt den Vorfall genüßlich breit, mit dem Tenor: Als Spieler einer B-Mannschaft wäre der Neckermann längst gesperrt.
Ich hätte mich ohrfeigen können. So etwas tut man einfach nicht. Ich habe mich nachher bei Abé entschuldigt.

Die Behauptung, ich hätte ihn abends im Hotel Kempinski tätlich angegriffen, am Kragen gepackt und geschüttelt, muß ich allerdings energisch zurückweisen. Das nun doch nicht!
Was mich noch mehr ärgerte: Mariano wurde "alt" geschrieben. Kein Bericht, in dem nicht von seinem erloschenen Feuer, von dem alternden Schimmel und den vermeintlichen Ermüdungserscheinungen die Rede war. Daß Mariano kein taufrischer Achtjähriger mehr war, wußte ich selbst. Dennoch hätte ich ihn nicht gestartet, wenn ich nicht überzeugt von ihm gewesen wäre. Und immerhin schaffte er auch in diesem Jahr beachtliche Erfolge.

Turnierstall Pracht im Aufwind

In Dortmund präsentierte ich erstmals ein Pferd, mit dem ich mich insgeheim schon in München sah, den achtjährigen Hannoveraner Van Eick. Er gehörte meiner Tochter Evi und Hänschen Pracht. Ausgebildet war er von George Theodorescu, einem gebürtigen Rumänen, der mit seiner Frau Inge in der Nähe von Warendorf einen hochqualifizierten Ausbildungsstall unterhielt - und heute noch

Evi und Lyogen in Toronto.

führt. Inzwischen ist es schon Tochter Monica Theodorescu, die die Fahne der Familie auf Turnieren hochhält. George Theodorescu hatte immer sehr edle, aber auch sehr sensible Pferde. So einer war Van Eick, hinreißend schöner Sohn des Vollblüters Velten xx. Hänschen hatte ihn Evi geschenkt. Sie war bereit zu tauschen, und zwar gegen meine Stute Cantate.
Dazu muß ich gestehen, daß ich Evi Cantate einst vor der Nase weggeschnappt habe. Sie hatte mir von dem Pferd erzählt. Die Stute hatte bereits Erfolge in M- und S-Dressuren unter Silvia Herzmann - und als sie mir plötzlich angeboten wurde, griff ich umgehend zu. Evi war verständlicherweise nicht sehr begeistert gewesen. Nun also sollte sie ihre Cantate haben. Ich ritt sie noch auf einigen Turnieren, dann zog sie um nach Haiger, wo sich Antoinette schon äußerst wohl fühlte und wo Evi mit Gazal und Duccas zwei weitere Pferde auf den Weg zum Grand Prix brachte.
Cantate, die ich zwar für ein braves, doch begrenztes Pferd hielt, lernte bei Evi im reifen Alter von 14 Jahren piaffieren und passagieren. Mit 19 Jahren gewann sie ihren ersten Grand Prix und bekam anschließend das Gnadenbrot.
Der Turnierstall Pracht hatte sich im Laufe der Jahre zu einem der führenden Dresserställe in Deutschland entwickelt. Evi hatte von so guten Trainern wie Kurt Laabs, Bernd Noske, Walter Christensen, Bubi Günther, Willi Schultheis, Heinz Lammers, Harry Boldt - und ein wenig wohl auch von mir - profitiert. Ihre Erfolgsliste bis zur Auswanderung der Familie nach Kanada 1981 konnte sich sehen lassen. Evi gewann auf verschiedenen Pferden nationale und internationale Prüfungen. Von 1969 bis 1981 gehörte sie zur Auswahlmannschaft I des DOKR. Bei Deutschen Meisterschaften erreichte sie vier dritte und einen zweiten Platz sowie einmal mit der hessischen Mannschaft den Meistertitel. 1974 wurde sie beim berühmten Winterhallenturnier in Toronto mit Duccas inoffizielle kanadische Meisterin. Grund der Reise über den Ozean war eine Einladung, ein Schaubild zu reiten, einen Schimmel-Pas-de-Trois mit Duccas (Heinz Lammers), Gazal (Christilot Hansen) und Tiga, die Evi ritt. Noch erfolgreicher gestaltete sich ihr Gastauftritt bei den Vorolympischen Wettbewerben in Montreal 1975, wo Evi mit Duccas und Cantate vier von fünf Prüfungen gewann und mit Van Eick noch zweimal Zweite wurde.
Bei diesen Besuchen wurden die Kontakte geknüpft, die Evi und Hans schließlich bewogen, ihre Zelte in Deutschland abzubrechen und in Kanada eine neue Heimat zu suchen. Nach ihrer Auswanderung betrieben beide bis 1987 ein internationales Reitsportzentrum bei Toronto, in dem unter anderem erstmals außerhalb Europas die Dressurweltmeisterschaft 1986 ausgetragen wurde.
Um für die kanadische Olympiamannschaft starten zu können, nahm Evi die kanadische Staatsbürgerschaft an. Sie startete in den folgenden Jahren recht erfolgreich für Kanada. Ihr schönster Erfolg war der Gewinn der Mannschaftsbronzemedaille in Seoul 1988.
Im Sommer 1991 starb Hans Pracht. Evi hält für ihre hochbegabte Tochter Martina noch einige Reitpferde und bleibt dem Sport durch Training von Reitern und Pferden verbunden. Doch zurück zum Jahr 1970.
Mit Van Eick gab es nur zwei Möglichkeiten: Ruhm oder Blamage. Jedes Mittelmaß lag ihm fern. Er konnte wunderbar gehen, mit phantastischen Piaffen und Passagen. Er war aber auch sehr frech und ängstlich zugleich, konnte bei der kleinsten Kleinigkeit auf dem Absatz kehrtmachen und sich in die Büsche schlagen. Wir entwickelten für ihn ein eigenes Gewöhnungsprogramm mit flatternden Fahnen, Musik, Motorengeräuschen, vorzugsweise am Sonntagvormittag in Kirchborn, wenn Freunde und Bekannte kamen, um uns beim Reiten zuzuschauen. Einmal sprang er beim Training mit einem Rie-

sensatz über einen Gartentisch, an dem Annemi mit ein paar Freunden Tee trank. Unser Einstand in Dortmund geriet recht manierlich. Van Eick wurde Zweiter in der Intermediaire. Dasselbe wiederholte er in Frankfurt, wo dieses Jahr wieder ein Turnier stattfand und wo Mariano seinen vorletzten Grand Prix gewann. Der letzte Sieg seiner Laufbahn gelang uns in Wiesbaden. Die Kritik verstummte dennoch nicht.
Im Mai 1970 verlieh mir die Veterinärmedizinische Fakultät der Justus-Liebig-Universität Gießen für meine Verdienste um den Reitsport die Ehrendoktorwürde. Ich durfte mich jetzt Dr. h.c. Josef Neckermann nennen.

Rückzugsgefechte

In Aachen fand in diesem Jahr die Dressur-Weltmeisterschaft statt. Die Chancen, meinen Titel zu verteidigen, waren sehr gering. Die Kampagne gegen mein Pferd Mariano belastete mich sehr, so daß ich einen Brief an das Deutsche Olympiade Komitee für Reiterei (DOKR) schrieb:
"Wenn ich es auch als eine große Anerkennung ansehe, mit Mariano für die Teilnahme an der Weltmeisterschaft in Aachen berufen worden zu sein, so fühle ich mich trotzdem verpflichtet, meine Bedenken vorzutragen ...
Die planmäßigen, seit Monaten in den Fachzeitschriften und neuerdings auch in der allgemeinen Presse vorgenommenen Abwertungen von Mariano und auch von mir zwingen mich zu der Frage, ob dadurch nicht unsere Mannschaft einer Belastung ausgesetzt ist, die ihr nicht zugemutet werden kann. Ich darf deshalb bitten, die Entscheidung nochmals einer Prüfung zu unterziehen, wobei ich der Überzeugung bin, daß man von einer Nominierung von Mariano und mir absehen sollte. Selbstverständlich muß ich darauf hinweisen, daß ich mich auch heute in gleicher Weise wie in der Vergangenheit einer Verpflichtung nicht entziehen und mich - wenn auch schweren Herzens - einer meiner Auffassung entgegenstehenden Entscheidung unterwerfen werde."
Der Dressurausschuß blieb dabei, mich für das WM-Team zu nominieren, zusammen mit Liselott Linsenhoff auf Piaff und Harry Boldt auf Silverdream, einem schwedischen Schimmel, der ihm in letzter Minute von Ilsebill Becher zur Verfügung gestellt worden war. Remus war bereits beim Dortmunder Turnier in Pension geschickt worden, in Anwesenheit von Boldt und Klimke, der ihn in der Westfalenhalle zum letzten Mal öffentlich vorstellte.

Weltmeisterschaft Aachen

Zum erstenmal saßen bei einem Championat fünf Richter am Tisch - eine neu eingeführte Regelung des Weltverbandes FEI, die sich bis heute gehalten hat, drei an der kurzen Seite und je einer an der Mitte der langen Seite. Außerdem durften die Richter nicht mehr im Anschluß an einen Ritt ihre Noten vergleichen und sich besprechen, sondern jeder mußte seinen Bogen sofort nach jedem Reiter abgeben.
So wie die Stimmung das ganze Jahr, so war das Ergebnis dieser Weltmeisterschaft für uns: ziemlich mies. Die Intermediaire-Mannschafts-Wertung gewannen, wie schon im vergangenen Jahr in Wolfsburg, die drei Reiter aus der DDR. Damit konnten wir leben. Viel schlimmer:

Mariano als Lehrmeister für meinen Enkel Christian Neckermann.

Die Russen schlugen uns im Grand Prix, also der Weltmeisterschaft, um zwei Punkte. Zudem ging der Einzeltitel an Rußland, an die 29jährige Biochemikerin Elena Petuschkowa auf Pepel. Liselott Linsenhoff auf Piaff wurde Zweite. Sie lag zwar nach dem Grand Prix vorne, aber am Tag des Stechens hatte sie auf dem Weg zum Turnierplatz einen Unfall - ihr Auto fuhr in einen Brunnen -, so daß sie verständlicherweise ziemlich durcheinander war und sich zu allem Unglück noch verritt, nicht rechtzeitig abgeläutet wurde und dadurch die Zeit überschritt, was ihr die entscheidenden Abzüge einbrachte. Dritter wurde Ivan Kizimov auf Ikhor. Für mich und meinen viel geschmähten Mariano reichte es zu Platz vier. Ich war hochzufrieden. Für Mariano war es sein letzter öffentlicher Auftritt mit mir. Er begann eine Karriere im aktiven Ruhestand, und zwar als Lehrpferd für meinen Enkel Christian Neckermann, den er in die höheren Lektionen einführte (und mit dem er so manches Mal Einerwechsel hinlegte, daß ich vor Neid erblassen konnte). Christian holte sich auf Mariano seine ersten Schleifen in Jugendreiter- und Dressurprüfungen. Der Schimmel genoß noch jahrelang sein Leben auf der Weide, bis er 1978 eingeschläfert werden mußte.

8

Venetia und Van Eick

Auf dem Weg nach München

Nach Aachen wehte uns erfolgsverwöhnten Goldkindern der Nation nun plötzlich ein anderer Wind aus den Schlagzeilen entgegen. Von grauer Dressurzukunft und bösen Überraschungen war zu lesen. Alles Blödsinn und nicht gerade sehr hilfreich.
Bei Licht besehen gab es für Depressionen überhaupt keinen Grund. Wir hatten nicht gewonnen, gut. Aber die Wertnotenunterschiede waren erstens doch sehr gering, zwei Punkte in der Mannschaftswertung, das machte einen Unterschied von 0,03 Prozent aus, und 2,5 Punkte in der Einzelwertung, das entspricht 0,07 Prozent.
Zweitens: Im Grand Prix erfüllten Piaff und Mariano die in sie gesetzten Erwartungen voll und ganz. Der Versuch, Harry Boldt mit dem sehr guten Silverdream beritten zu machen, hatte nicht sofort den gewünschten Erfolg. Damit bestätigte sich, daß ein Pferdewechsel nicht so einfach ist, wie manche Leute sich das vorstellen.
Drittens: Das Ausscheiden der älteren Pferde, wie Antoinette, Dux und Remus, hatte Lücken hinterlassen, die nicht so schnell, vor allem nicht bis zur Weltmeisterschaft, gefüllt werden konnten. Das traf auch für andere Dressurnationen zu. Jüngere Pferde, die in diesem Sommer auf sich aufmerksam gemacht hatten, wie Reiner Klimkes Mehmed, ein eher unauffälliges Pferd, das aber gewaltigen Schwung entfalten konnte, der dynamische Löwe xx-Sohn Liostro unter Karin Schlüter oder auch Van Eick, versprachen zwar einiges, Aachen war für sie jedoch zu früh.
Und viertens: Das organisatorische Umfeld stimmte nicht. Die Meisterschaften waren nicht optimal vorbereitet, vor allem hinsichtlich Stallbesuchen, Betreuung durch die Trainer und Vorbereitungslehrgängen.
Ausgerechnet in jenem Augenblick, als wir vor aller Welt als zweiter Sieger dastanden, stellte Horst Niemack in Aachen bei einer Pressekonferenz die "Aktionsgemeinschaft Dressur" vor mit der Begründung, innerhalb der derzeit bestehenden Reitsportorganisationen werde dem Anliegen des Dressursports keine ausreichende und sachgerechte Beachtung geschenkt - eine unberechtigte Behauptung. Der Aktionsgemeinschaft gehörten bis dato an: Liselott Linsenhoff und Wolfgang Haug, die Reiter, um die sich Niemack auch persönlich sehr kümmerte. Keines der übrigen Mitglieder der Auswahlmannschaft trat ihr bei, obwohl einige, nicht alle, aufgefordert wurden. Der Fehdehandschuh war geworfen, in den nächsten Monaten wurden die Auseinandersetzungen mehr an Sitzungstischen und Schreibmaschinen geführt als vom Sattel aus im Viereck.
Die Dressurreiter waren deutlich in zwei ungleich große Lager gespalten, auf der einen Seite die Aktionsgemeinschaft, auf der anderen Seite die übrigen Reiter der Auswahlmannschaft I und die Verbandsführung. Es folgte eine Anzahl Besprechungen, Vermittlungsversuche, Pressemitteilungen - ein ständiges Hin und Her, das hauptsächlich dazu angetan war, allen Beteiligten die Freude am Dressursport zu verleiden.
Schließlich eskalierte die Auseinandersetzung in einem Boykott der Deutschen Meisterschaft in Euskirchen durch die Spitzenreiter, womit der Titel bei den Herren mehr oder weniger kampflos an Wolfgang Haug fiel.
Wie es dabei zuging, kann folgende Anekdote verdeutlichen: Während der Vorführung rief Horst Niemack dem Mitglied der Aktionsgemeinschaft und späteren Deutschen Meister Wolfgang Haug zu: "Wolfgang, du hast dich verritten!"
Wolfgang Haug hielt sofort an. Nachdem

sich in einer Diskussion zwischen Niemack und Haug, wobei sich beide Herren mit "Horst" und "Wolfgang" anredeten, herausstellte, daß sich Niemack geirrt hatte, setzte Haug seinen Ritt fort und gewann die Prüfung.

Im Oktober 1970 wollten wir uns in Köln zu einer Aussprache treffen. Leider sagten die Mitglieder der Aktionsgemeinschaft aus verschiedenen Gründen ab. Schließlich beschlossen die Reiter der Auswahlmannschaft einstimmig eine Resolution, die mehrere Punkte enthielt, die uns am Herzen lagen:

Bei FN- und DOKR-Besprechungen, in denen es um unsere Belange ging, sollte ein Reiter dabei sein (heute längst selbstverständlich, jeder DOKR-Ausschuß hat einen Aktivensprecher).

Die Bildung von Teilgruppierungen jeder Art wurde entschieden abgelehnt.

In unserer Resolution hieß es wörtlich, daß

„die Gründung einer Teilgruppierung überflüssig war, da alle sachlich berechtigten Bestrebungen innerhalb der satzungsgemäßen Ordnung zu verwirklichen waren,

folglich die Gründung weder ein notwendiger noch ein nützlicher oder geeigneter Weg war, objektiv vorhandene Schwierigkeiten zu überwinden,

diese Gründung nicht die Voraussetzungen bot, die berechtigten Einzelinteressen mit den Erfordernissen der Gesamtbelange in eine angemessene Übereinstimmung zu bringen,

die Gründung kaum die Fülle der zwangsläufig eintretenden Folge- und Nebenwirkungen, ihre Bedenklichkeiten und Gefahrenmomente realistisch bedacht hatte und

die Zugehörigkeit von Richtern zu Teilgruppierungen notwendigerweise ihre Richtertätigkeit für die Gesamtheit der Reiterinnen und Reiter ausschließen mußte."

Man kam überein, daß Richter, bei denen die Besorgnis der Befangenheit und/oder mangelnder Objektivität bestand, von einer Richtertätigkeit ausgeschlossen werden sollten. So sah es die Turnierordnung LPO ohnehin vor. Besorgnis der Befangenheit war in unseren Augen, wenn Richter zugleich bestimmte Ställe oder Reiter betreuten, zu Pferdebesitzern und Reitern wirtschaftliche Beziehungen unterhielten, am Kauf oder Verkauf von Pferden beteiligt waren und wenn persönliche Beziehungen mit wirtschaftlichen Vorteilen verbunden waren.

Ich meine, diese Forderungen waren nicht überzogen, sondern sollten von jedem Richter als selbstverständlich akzeptiert werden.

Es ging noch weiter: Richter sollten nicht in der Presse über Prüfungen schreiben, die sie selbst gerichtet hatten.

Richtertagungen sollten nicht mehr in privaten Turnierställen stattfinden.

Außerdem sollte sich die FN verstärkt um die Ausbildung von Nachwuchsrichtern bemühen.

Zu Turnieren, bei denen die offiziellen FEI-Prüfungen (also St. Georg, Intermediaire, Grand Prix) ausgeschrieben werden sowie bei olympischen Vorbereitungsprüfungen, sollten Richter nur in Abstimmung mit der FN eingeladen werden. Auf diese Weise sollte vermieden werden, daß ein Veranstalter bestimmte, ihm genehme oder befreundete Richter einladen konnte.

Unsere Beschlüsse gipfelten in der Forderung, Horst Niemack wegen Besorgnis der Befangenheit vorerst nicht mehr als Richter einzusetzen, andernfalls würden die Reiter der Auswahlmannschaft diese Prüfungen boykottieren.

Es kam in dieser Sache zu einem Schiedsgerichtsverfahren, in dem alle Mitglieder des Schiedsgerichts, auch der Vertreter der Aktionsgemeinschaft, übereinstimmend und uneingeschränkt unserer Auffassung recht gaben.

Nachdem ein Versuch von FN-Präsident Graf Landsberg, Niemack als Berater Dressur erneut in die Arbeit der FN einzubinden, gescheitert war, zog sich Niemack aus dem Richteramt und damit mehr oder weniger aus unserem Sport zurück, der dadurch einen verdienstvollen Fachmann verlor.

Wir waren damals alle sehr aufgebracht, die Diskussionen emotionsgeladen, und ich frage mich heute, ob es wirklich soweit hat kommen müssen oder ob wir nicht gemeinsam - immerhin alles erwachsene Menschen -, uns hätten zusammenfinden können. Allerdings bin ich nach wie vor der Ansicht, daß man in der Frage, ob ein Richter Anlaß zur Besorgnis der Befangenheit gibt, streng sein sollte. Besorgnis der Befangenheit heißt ja noch nicht befangen oder gar bestechlich. Wenn zum Beispiel ein Richter ein von ihm ausgebildetes Pferd verkauft - ein völlig legitimer Vorgang - sollte er dieses Pferd in Zukunft nicht mehr richten. Das ist, wie ich meine, nur recht und billig.

Unser Sport steht und fällt mit dem Vertrauen auf objektive und faire Richternoten. Über einzelne Plazierungen werden immer genügend Meinungsverschiedenheiten und Mißverständnisse entstehen, doch jeder sollte zunächst davon ausgehen können, daß sich der Mann oder die Frau am Richterpult bemüht, seine Leistung korrekt einzuordnen.

Andere Töne

Daß Sport auch Spaß machen kann, erfuhr ich in diesen Monaten weniger durch die Reiterei, als durch die Sporthilfe, die im Hinblick auf München gewaltige Anstrengungen unternahm, Millionenbeträge für die Olympiakandidaten aller Sportarten zusammenzukratzen. Pfennigweise, durch die Zuschlagerlöse von Sportbriefmarken und Aktionen. Oder

„Von den blauben Bergen kommen wir ...": Harry Boldt (Mitte), Reiner Klimke (rechts) und ich als Cowboys von der Ponderosa-Ranch in der ZDF-Talkshow "Der große Preis". Ehrlich gesagt, im Sattel fühlten wir glorreichen Drei uns wohler als hinter dem Mikrophon.

durch kleine und große Spenden, die sich langsam summierten. Ich "trommelte" nicht nur, ich machte gelegentlich auch andere „Musik".
Wim Thoelke, der erstaunlicherweise vom Pferdesport immer noch nicht die Nase voll hatte - er war mittlerweile zur Unterhaltung gewechselt -, bat Harry, Reiner und mich, in seiner Unterhaltungsshow "Der Große Preis" aufzutreten, singenderweise!
Als Cowboy-Dreigestirn aus der damals beliebten Fernsehserie Bonanza. Mit Lederwesten, Cowboy-Hüten und Patronengürteln bewaffnet - eigentlich hatte ich noch auf schwarzen Lederhandschuhen bestanden, aber das gab der ZDF-Fundus nicht her - traten wir vor die Mikrophone. Nun hielt sich zumindest meine Musikalität in Grenzen, Reiner galt auch nicht gerade als Caruso. Nur Harrys Stimme war Klasse. Noten lesen konnten wir wohl alle drei nicht, aber was machte das schon! Wir probten zunächst mit Max Greger und seinem Tanzorchester, der sich die Haare raufte und später nicht aufhörte zu behaupten, gemessen an uns gäbe es überhaupt keine unmusikalischen Menschen! Wir übten vorher noch auf dem stillen Örtchen des ZDF, bevor wir uns mit dem Song "Von den blauen Bergen kommen wir ..." unter die Ohren von Wim Thoelke und der Zuschauer trauten. Uns hat's gefallen. Es wurde dann auch flugs eine Benefiz-Schallplatte aufgelegt.

Ein Denkmal für den Klassenfeind

Zweimal in jenen Jahren flog ich mit Annemi in die Sowjetunion, zu der wir gute Geschäftsbeziehungen unterhielten. Die NUR wollte die UdSSR in ihrem Reiseprogramm anbieten. Es gelang uns, in komplizierten Verhandlungen die erste direkte Flugverbindung zwischen der Bundesrepublik und Moskau zu erwirken und zwar mit der Chartergesellschaft Condor, noch bevor die Lufthansa später den Linienverkehr aufnahm.
Zur Vorbereitung dieser ersten Neckermann-Reisen in die UdSSR fuhren Annemi und ich also nach Moskau, mit uns Vertreter der Fluggesellschaft des Verkehrsministeriums und der Gewerkschaft. Der einzige, der bei der Besprechung mit dem russischen Verkehrsminister ohne Krawatte im offenen Hemd erschien, war unser deutscher Gewerkschafter, der den Minister auch gleich mit "Genosse" anredete. Der erstarrte, die Sitzung wäre fast geplatzt. Schließlich sagte er: "Ich wüßte nicht, Ihnen gestattet zu haben, mich mit Genosse anzureden. Im übrigen leihe ich Ihnen gerne eine Krawatte."
Bei unserer zweiten Reise 1971 hatte ich den Wunsch geäußert, das berühmte Gestüt Orlow außerhalb Moskaus besichtigen zu dürfen. Der Bitte wurde gern entsprochen. Vor dem Schloß stand eine Statue des Grafen Orlow, des früheren Besitzers, der hier die berühmten Orlow-Traber gezüchtet hatte. Ich schaute etwas erstaunt auf die Figur, die einen Vertreter der angeblich so verhaßten ehemals herrschenden Klasse darstellte.
"Graf Orlow war ein hochverdienter Mann und ein großer Pferdemann obendrein," sagte mein Führer, "für uns spielen diese politischen Dinge überhaupt keine Rolle." Ich freute mich riesig, daß alle russischen Dressurreiter ins Gestüt Orlow gekommen waren. Einige trainierten dort ständig, andere waren eigens für uns angereist. Sie ritten ihre Pferde vor, die älteren, die ich ja von den verschiedenen Meisterschaften und Olympischen Spielen kannte, und ihre jungen, durchweg bildschönen Nachwuchspferde. Unter uns Reitern gab es keine politischen und bei Fachsimpeleien über Pferde auch keine sprachlichen Barrieren.

Der Sturm legt sich

Zu Jahresbeginn 1971 zog Albert Stecken, der Vorsitzende des DOKR-Dressurausschusses, Bilanz des WM-Jahres 1970. Sie sah, trotz der Enttäuschungen bei der Weltmeisterschaft in Aachen, so schlecht nicht aus.
Es gab in der Bundesrepublik über 50 Pferde, die in Dressurprüfungen Klasse S gesiegt oder in Grand Prix plaziert waren. Damit standen wir besser da als alle anderen Nationen der Welt, obwohl man sich nichts vormachen durfte: Grand Prix - plaziert, das hieß noch nicht, olympiareif, damals so wenig wie heute. Inzwischen war das Bundesleistungszentrum in Warendorf fertiggeworden, wo die ersten Lehrgänge stattfinden konnten. Meine Skepsis über Sinn und Notwendigkeit des teuren Prachtbaus blieb allerdings bestehen. Eine andere Idee hielt ich dagegen für sehr vernünftig: Stecken schlug vor, allen Reitern der Auswahlmannschaft I, sofern sie es selbst wollten, einen Ausbilder zuzuordnen, der sie in der täglichen Arbeit unterstützen sollte. Das war besonders wichtig für diejenigen, die alleine ohne ständigen Trainer zurechtkommen mußten. Das halte ich, wie bereits mehrfach gesagt, für ein Grundübel. Mit Bubi Günther, der in Frankfurt unseren alten Stall in Niederrad bezogen hatte, stand mir, wie ich meine, der beste Trainer, den wir zu jener Zeit hatten, zur Verfügung. Er hatte die Gabe, Reiter und Pferd zu Höchstleistungen zu führen. Wie alle Genies war er nicht immer einfach im täglichen Umgang, aber er konnte Pferde motivieren und zum Tanzen bringen wie kein Zweiter.
Sein eigenes Pferd Macbeth gehörte inzwischen zur ersten Garnitur deutscher Dressurpferde. Als Berufsreiter war er, ebenso wie auch Willi Schultheis und andere, von Olympischen Spielen ausgeschlossen. Erst vor den Spielen 1988 in Seoul, nachdem der Profibegriff neu definiert wurde - offizielle Ausbilder und Trainer auf internationalem Niveau - hatten Berufsreiter die Möglichkeit, sich reamateurisieren zu lassen - was einige ja genutzt haben.
Neunzehnhunderteinundsiebzig kehrte wieder etwas Ruhe ein in der deutschen Dressurreiterszene. Wir bereiteten uns auf die Europameisterschaft vor, wieder in Wolfsburg, die allein deswegen wichtig war, weil sie als Generalprobe für die Olympischen Spiele in München gelten sollte.
Ich wollte mein Glück mit Van Eick versuchen und mit einem neuen Pferd, das seit Mitte 1970 in meinem Stall stand, der Holsteiner Stute Venetia. Kein Pferd, auf das alle flogen, ich zuerst auch nicht.
Sie war höchstens mittelgroß, etwa 1,64 Meter Stockmaß (das Maß vom Boden bis zum höchsten Punkt des Widerrists), hatte einen etwas tiefen Rücken - worin man zwar sehr bequem saß, der aber die Versammlung und das Senken der Hinterhand nicht erleichterte. Außerdem rissen ihre Bewegungen die Betrachter nicht gerade zu Begeisterungsstürmen hin.
Trotzdem wollte ich sie gerne haben, als das Ehepaar Herzmann sie mir anbot. Unter Silvia Herzmann hatte Venetia bereits Erfahrungen in M- und S-Dressuren gesammelt.
Sie stammte wie Antoinette von dem Vollblüter Anblick xx. Venetia war eine etwas pummelige Schönheit, manchmal zickig, aber im Prinzip immer bemüht, ihr Bestes zu geben. Meine Frau nannte sie "unser fleißiges Lieschen", ein Spitzname, der an ihr hängengeblieben ist.
Ihr eilte kein besonders guter Ruf voraus. Richard Abé sagte zu mir, als ich sie zum ersten Mal starten wollte: "Die Zicke richte ich nicht, die springt ja doch aus dem Viereck." Tat sie nicht.
Ich pachtete Venetia zunächst von Herzmanns, wobei ich mir ein Vorkaufsrecht einräumen ließ.

Ich griff im vorolympischen Jahr erst beim Dortmunder Hallenturnier wieder ins Geschehen ein. Es wurde in der Presse als eine Art vorolympische Parade betrachtet, nach dem Motto, nun zeigt mal her, was ihr für München in Reserve habt. Da wurden zunächst wir drei Mexiko-Fahrer kritischer Beobachtung unterzogen. Am schwierigsten war die Lage für Harry Boldt, dem es nicht gelungen war, nach Remus ein gleichwertiges Pferd aufzubauen. Mit Leopard versuchte er, Anschluß an die Spitze zu halten, außerdem stellte ich ihm aus meinem Stall die Fuchsstute Ariadne zur Verfügung, ein etwas diffiziles Pferd, mit dem er aber gut zurechtkam.

Reiner Klimke schob sich mit dem Hannoveraner Mehmed langsam und stetig in den Vordergrund. Gerade dieses Pferd hatte in den nächsten Jahren mit vielen Vorurteilen zu kämpfen. Mehmed war, wie schon gesagt, kein Strahlemann, und vor allem seine Passage gelang nie besonders eindrucksvoll, weil er den Unterarm, das Stück des Vorderbeins, das der Laie eher für den Oberarm halten würde, nicht genügend anwinkelte. Das hat man häufig bei Pferden mit einer flachen Trabaktion - es ist die Eigenart ihres Ganges, so wie ein Pferd mit Knieaktion es ungleich leichter hat, eine erhabene Passage zu zeigen. Vom Standpunkt der klassischen Reitkunst aus ist für die Qualität einer Passage nicht entscheidend, wie hoch das Vorderbein angewinkelt wird, sondern ob die Passage kadenziert, erhaben und mit gesenkter Hinterhand ausgeführt wird. Das mag die hohen Noten für Mehmeds Passagen erklären. Hinter Macbeth und Bubi Günther, die in der Olympia-Diskussion ja außen vor waren, kamen im Dortmunder Grand Prix Van Eick und Liostro gemeinsam auf Platz zwei, wobei uns der Berichterstatter der Reiter Revue mit freundlichen Worten bedachte: "Neckermann hat meiner Ansicht nach das Pferd gefunden, mit dem er äußerlich und innerlich harmoniert."

Die kalte Dusche folgte sogleich: "Venetia, das zweite Pferd Neckermanns, hat zu große Mängel in den Grundgangarten, um sich im Spitzendressursport auf die Dauer vorne halten zu können."

Fünfter hinter Mehmed wurde übrigens Evi auf Mazepa. Er war inzwischen ebenfalls nach Haiger umgezogen. Seit Mexiko hatte er Atembeschwerden, hustete chronisch und entwickelte eine Stauballergie, die seinerzeit noch relativ selten war, heute jedoch bei vielen Pferden auftritt.

Im Gegensatz zu uns in Kirchborn hatte Evi die Möglichkeit, ihn völlig staubfrei in einer Außenbox zu halten, mit ständigem Zugang nach draußen. Auf diese Weise wurde Mazepa symptomfrei und wieder voll belastbar. Außerdem wurde Evi glänzend mit ihm fertig, manche Beobachter meinten, besser als ich.

Neben den genannten Pferden und Piaff, der in Dortmund fehlte, unter den von Amateuren gerittenen Pferden zweifellos die Nummer Eins, war Liostro unter Karin Schlüter stark im Kommen. Zwar ging der Fuchs in der Regel ausdrucksvoller und dynamischer, wenn ihn sein Ausbilder Herbert Rehbein selbst ritt - vor allem die Piaffen waren dann zwei Klassen besser - aber mit seiner zierlichen, fein einwirkenden Reiterin bot Liostro mit den raumgreifenden Bewegungen ein Bild, zu dem jeder gern hinsah.

Pfingst-Test

Nach Kassel und Ludwigsburg trafen wir uns Pfingsten in Wiesbaden zum entscheidenden EM-Test. Hier wurde die Stechaufgabe geritten, die Vorläuferin des heutigen Grand Prix Special. Erstmalig in Wolfsburg würde allein das Stechen über die Einzelwertung entscheiden und nicht mehr, wie bisher und wie noch in Mexiko,

Van Eick in energischer Trabverstärkung. An Schwung und Ausdruck mangelte es ihm nicht.

die Wertnoten aus Grand Prix und Stechen addiert werden.
Darüber wurden endlose Diskussionen geführt. Puristen befürchteten, daß durch die Stechaufgabe mit ihrer schnellen Abfolge schwierigster Lektionen die "Zirkusreiterei" gefördert, das solide gerittene Pferd gegenüber demjenigen, das auf Piaffe und Passage "abgerichtet" war, benachteiligt werden würde. Im Hinterkopf hatten die Kritiker natürlich unsere Hauptgegner, die Russen, die sie schon in großem Stil absahnen sahen.
Nichts wird so heiß gegessen, wie es gekocht wird. Und die klassische Reiterei ist durch diesen neuen Modus keineswegs untergegangen. Dabei sollte ich der letzte sein, der ihn verteidigte, schließlich wäre ich, hätte er bereits in Mexiko gegolten, ohne Einzelmedaille nach Hause gekommen.
Wiesbaden 1971 hätte für mich kaum besser ausgehen können. Van Eick gewann Grand Prix und Stechen, beide Prüfungen vor Piaff. Venetia wurde jeweils Dritte, Mehmed Vierter. Die Sache schien klar. Die Kritik war sachlich bis freundlich. "Josef Neckermanns Pferde Van Eick und Venetia sind im letzten halben Jahr bedeu-

Venetia hatte von Natur aus eher begrenztes Gangvermögen. Durch sorgfältige Ausbildung, besonders durch Verbesserung der Trag- und Federkraft der Hinterhand, bekam sie mit der Zeit einen raumgreifenden und ausdrucksvollen Trab.

Nach einer Dressurprüfung in Aachen 1971. So zwanglos und gelassen ging Van Eick leider nicht immer, aber dennoch: 1971 wurde ich mit ihm Vize-Europameister in Wolfsburg.

tend gefördert worden. Van Eick ist der Elegantere und Harmonischere, Venetia schon mehr ein Pferd, das durch die exakte Absolvierung der verschiedenen Lektionen seine Punkte sammelt. An der Losgelassenheit beider Pferde wäre noch zu arbeiten, auch an der Biegung in den Ekken, die übrigens bei der Mehrzahl der Pferde in der gedrängten Aufgabenfolge etwas vernächlässigt wurde. Van Eick besticht durch leichtfüßigen Bewegungsablauf, der allerdings in den Trabtraversalen nicht ganz erhalten blieb, in der Trabverstärkung jedoch imponierte." Soweit eine Fachzeitschrift.

Offenbar stand ich mit meiner Ansicht, wieder auf dem aufsteigenden Ast zu sein, nicht allein.

EM 1971: Wie in alten Zeiten

Nach der WM-"Niederlage" von 1970 gelang die Revanche bei der Europameisterschaft in Wolfsburg auf der ganzen Linie. Sechs von sieben Prüfungen wurden von bundesrepublikanischen Reitern gewonnen, darunter beide Mannschaftswettbewerbe, Intermediaire und Grand Prix, sowie der Einzeltitel, der an Liselott Linsenhoff auf Piaff ging, die im Grand Prix und im Stechen siegte. Van Eick wurde in beiden Prüfungen Zweiter, für die Einerwechsel erhielt ich die einzige „10" dieser EM. Das alles war weit mehr, als wir erwartet hatten. Evi war Mitglied der Sieger-Intermediaire-Mannschaft EM Wolfsburg mit Cantate, außerdem gehörten Reiner Klimke mit York und ich mit Van Eick dazu.
Zugegebenermaßen hatten sich unsere Gegner kaum verbessert. Die Russen mit den drei uns vom Vorjahr bekannten Pferden wurden Zweite, Olympiasieger Kizimov auf Ichor Dritter in der Einzelwertung.
Die Reiter aus der DDR waren nicht mehr so stark wie im Vorjahr. Auf ihrem besten Pferd Neuschnee saß diesmal Gerd Brockmüller, der allerdings mit dem Schimmel noch nicht völlig einig war. Ihr bester Reiter Horst Köhler ritt mit Imanuel immerhin auf Platz fünf. Der zehnjährige Trakehner hieß früher Kassim und gehörte dem Stall Springer, wo er von Willi Schultheis ausgebildet worden war, ehe er an die DDR-Equipe verkauft wurde.
Für die DDR-Reiter reichte es in der Europameisterschaftswertung nur zu Platz vier hinter einer neuen schwedischen Mannschaft mit guten Pferden. Fünfte wurden die Österreicher, die seit langer Zeit wieder mit einem Team an einem Championat teilnahmen, denen aber sichtlich die internationale Erfahrung fehlte. Mit 91 Punkten hatten wir die Russen hinter uns gelassen, Liselott Linsenhoff wurde wieder Europameisterin mit einem Piaff, der sich von Jahr zu Jahr steigerte und seinem Leistungszenit zustrebte. Van Eick gab zu schönsten Hoffnungen Anlaß, ebenso Mehmed, der im Grand Prix Fünfter und in der Stechaufgabe Siebter geworden war - was wollten wir mehr?
Fazit dieser EM: Wir waren auf dem richtigen Wege. Was machte die Presse daraus? Sie ernannte uns kurzerhand zu olympischen Favoriten.
Unterstützt wurde sie darin von einem Bericht des Bundesausschusses für Leistungssport (BAL), in dem Welt- und Europameisterschaften aller Sportarten nach einem Punktsystem bewertet wurden. Dabei lagen die Sportler der Bundesrepublik weit abgeschlagen hinter den Athleten der UdSSR, USA und der DDR. Wörtlich hieß es: "Eine Spitzenstellung in diesem internationalen Vergleich nehmen nur noch die Reiter ein, die insgesamt doppelt so viele Punkte erhielten, wie die Reiter aus der Sowjetunion."
So erfreulich es war, daß man uns vorab so stark einschätzte, so hätten wir uns den Erfolgsdruck, der dadurch erzeugt wurde, doch gerne vom Leibe gehalten.
Abschließende Pflichtübung der Saison '71 war die deutsche Meisterschaft in Berlin, nach einem neuen Modus ausgetragen und endlich wieder mit allen Spitzenreitern besetzt, ein repräsentatives Bild also der deutschen Dressurreiterei. Eine Fachzeitschrift bemerkte dazu: "So darf das bereits mehrfach betonte breite Fundament an ehrenwerten Grand Prix-Pferden erneut hervorgehoben werden."
Die Meisterschaft bei den Herren war eine Angelegenheit zwischen Bubi Günther auf Silverdream bzw. Macbeth und mir mit Venetia und Van Eick. Bubi gewann den Grand Prix, ich die Stechaufgabe und damit meinen dritten Titel, wobei mir der neue Modus in diesem Fall zugute kam.

Dritter in beiden Prüfungen, also auch in der Meisterschaft, wurde Reiner Klimke auf Mehmed. Bei den Damen hatte Liselott Linsenhoff auf Piaff leichtes Spiel, gefolgt von Vizemeisterin Karin Schlüter auf Liostro.

Blütenweiße Amateure

Neunzehnhundertzweiundsiebzig. Deutschland, genauer die Bundesrepublik, war vom olympischen Geist erfüllt. München, die "Weltstadt mit Herz" (Eigenbeschreibung), die "Leuchtende" (Thomas Mann), der "deutsche Traum" (der englische Dichter Thomas Wolfe) schickte sich an, die sportliche Jugend der Welt zu empfangen und ich, der ich im Juni des Olympiajahres meinen 60. Geburtstag feierte, bereitete mich zum vierten Mal darauf vor, dabei zu sein.
Die Pläne hätte ich mir um ein Haar schon vor der ersten Sichtungsprüfung auf dem Viereck abschminken können. Denn mit dem olympischen Geist blies den Olympiakandidaten der rauhe Wind der damals unerbittlichen Zulassungsregeln des IOC ins Gesicht. Sie wurden puritanisch strikt ausgelegt von Avery Brundage, dem liebenswerten, doch in dieser Frage unbeugsamen IOC-Präsidenten. Ihm hatte München den Zuschlag für die Spiele in erheblichem Maße zu verdanken. Ausgerechnet ich wäre beinahe über diesen sogenannten "Amateur-Paragraphen" gestolpert.
Auslöser war eine Anzeige in der Bild-Zeitung. Sie zeigte ein Foto von mir auf Antoinette mit dem Zusatz: „Bild hat durch seine aufklärende und unterstützende Berichterstattung sehr viel für die Deutsche Sporthilfe getan. Für mich gehört die Bild-Zeitung zur täglichen, angenehmen Pflichtlektüre."
Nun war und ist die Bild-Zeitung sicherlich das Medium, an dem sich in Deutschland die Gemüter am heftigsten erhitzen, besonders in jenen Jahren, als der Axel-Springer-Konzern zum Lieblingsfeind der APO (Außerparlamentarische Opposition) und der Linken allgemein avancierte. Man kann von Bild halten, was man will, die Anliegen der Sporthilfe hat diese Boulevard-Zeitung tatkräftig und nachhaltig unterstützt, was in den Aufbaujahren des Förderungs- und Sozialwerks des Sports außerordentlich nützlich und wichtig war.
Deswegen bin ich gern dem Wunsch der Bild-Leute gefolgt und habe bei dieser PR-Aktion mitgewirkt. Auch andere Leser kamen in der Anzeigenserie zu Wort, zum Beispiel der Schlagerstar Udo Jürgens oder der Hamburger Universitäts-Professor Dr. Werner Selberg - die aber nicht nach München wollten - sowie Springreiter Alwin Schockemöhle.
Ich hatte wohl damit gerechnet, daß mir die Aktion nicht nur Lob einbringen würde. So schrieb ein Kunde, er werde fortan nicht mehr bei mir kaufen. Einen derartigen Wirbel über die, wie ich fand, völlig harmlose Anzeige hatte ich nicht erwartet.
Am 7. Oktober erschien das Inserat erstmals in der Tageszeitung "Die Welt". Reaktionen folgten prompt.
Anläßlich einer Sitzung des Springreiter-Ausschusses ließ der Hamburger Rechtsanwalt Rolf Becher sinngemäß die Bemerkung fallen, diese Anzeige werde mir nunmehr den Hals brechen. Ich bat Becher daraufhin schriftlich um nähere Stellungnahme, weil ich selbst an der Sitzung nicht teilgenommen hatte. Becher berief sich auf die jüngste Auslegung des Amateur-Paragraphen durch das IOC, die damals lautete: "Kein Konkurrent darf seinen Namen, seine Fotos oder seine sportliche Leistung weder direkt noch indirekt zu Werbezwecken zur Verfügung stellen." In einem Brief hatte IOC-Präsident Brundage gerade erneut bekräftigt: " ... werden jene Sportler ausgeschlossen, deren Namen oder Fotografien, wann auch immer, zu Reklamezwecken verwandt worden sind."

So unrecht hatte Becher, der als Berater des Springausschußvorsitzenden Otto Schulte-Frohlinde agierte und mit der Dressur nicht verbandelt war, mit seinen Bedenken also nicht. Aus ähnlichen Gründen hatte das IOC bereits Österreichs Ski-Star Karl Schranz für die Winterspiele 1972 in Sapporo gesperrt. Seine Verfehlung: Er hatte sich einen Werbeauftritt bezahlen lassen.
Eine deutsche Fachzeitschrift gefiel sich darin, meinen Auftritt in der Bild-Zeitung zum Anlaß zu nehmen, um über den Amateur-Status des Josef Neckermann laut nachzudenken. Ähnliche Probleme hatte in jenen Monaten Hans Günter Winkler, der auf dem Pferd Jägermeister alias Terminus in einer Anzeige für den Kräuterlikör gleichen Namens - ohne seine Zustimmung - abgebildet war.
Heute, wo millionenschwere Tennis-Profis unter der olympischen Fahne antreten, kann man die ganze Aufregung um ein Foto und ein harmloses Zitat zur Sporthilfe nicht mehr nachvollziehen. Wenige Monate vor den Olympischen Spielen kostete mich die Angelegenheit reichlich Nerven und allerhand Schriftwechsel.
Eine weitere Amateur-Falle tat sich auf, weil ein Geschäftspartner unseres Unternehmens als Logo für seine Herrenpflegeserie "Dressur" die Silhouette eines Reiters zu Pferde wählte. Die IOC-Oberen vermuteten darin mein Abbild - zu Unrecht, wie gottseidank belegbar war.
Beruhigt konnte ich erst sein, als ich einen Brief des Nationalen Olympischen Komitees für Deutschland (NOK) in den Händen hielt, in dem mir der Vize-Präsident bestätigte, daß die Amateurkommission im vorliegenden Fall keinerlei Verstoß gegen das Amateur-Statut des IOC sehe.
Als eiserne Regel der Olympia-Oberen galt noch immer, daß kein Sportler die Arena mit mehr Geld in der Tasche verlassen solle, als er vorher drin hatte. Den Dressurreiter, der von den Geldpreisen auch nur den Hafer für seine Pferde bezahlen kann, den möchte ich sehen.

Sichtungskarussell

Der Weg nach München war klar vorgegeben. Die offiziellen Sichtungen wurden in Wiesbaden, Wolfsburg und Aachen angesetzt. Die Olympia-Aspiranten mußten an wenigstens zwei Sichtungen teilnehmen. Olympiapässe wurden Ende 1971 Harry Boldt mit Ariadne, Reiner Klimke mit Mehmed, Liselott Linsenhoff mit Piaff, Karin Schlüter mit Liostro und mir mit Venetia und Van Eick ausgehändigt.
Die Hallensaison des Olympischen Jahres blieb mehr oder weniger ein Vorgeplänkel für das große Ziel des Sommers, wobei erwartungsgemäß die Olympiakandidaten die Oberhand behielten.
Albert Stecken zeichnete in seinem Buch über die Olympischen Reiterspiele folgendes Bild nach der Hallensaison:
"Piaff bestätigte den auch in der internationalen Fachpresse allgemein vertretenen Eindruck: Er ist das Pferd, das in München mit den besten Aussichten an den Start geht.
Venetia war in der Hallensaison - von in- und ausländischen Richtern in gleicher Weise beurteilt - sehr erfolgreich. Bei allen Prüfungen erzielte sie günstige Wert-

Venetia in der Piaffe bei gutem Diagonaltakt, Vorderbeine leicht unterständig.

Venetia in der Passage: Erhabene und kraftvolle Bewegungen.

noten in den schwierigsten Lektionen. Ihre Vorzüge in den Pirouetten, in der Piaffe und Passage sowie in den fliegenden Wechseln charakterisierten sie als ein in den hohen Dressuranforderungen weit fortgeschrittenes und bewährtes Pferd.
Mehmed überzeugte durch die Zuverlässigkeit und korrekt ausgeführte Lektionen. Seine besonderen Stärken waren der starke Schritt und die Galopp-Pirouetten - beides Lektionen, die in der Wertung mit zwei multipliziert werden. Piaffe und Passage zeigen deutliche Fortschritte. Liostro erzielte aufgrund seiner hervorragenden Grundgangarten und einer ungewöhnlich federnden Elastizität - sowohl in den versammelten Tempi als auch in den Verstärkungen - sowie seiner schwungvollen und erhabenen Passage sehr positive Wertungen. Insgesamt ging er zuverlässiger als im Vorjahr.
Ariadne hatte sich zwar in der Aufrichtung, Anlehnung und Maultätigkeit verbessert, aber noch nicht wieder die Form der vorangegangenen Saison erreicht."
Venetias Fortschritte waren zum großen Teil der intensiven Arbeit mit Bubi Günther zu verdanken. Er machte zwar

keinen Hehl daraus, daß die Stute nicht sein Traumpferd war - besser gesagt, er mochte sie nicht besonders -, leider - was aber den Erfolg unserer gemeinsamen Arbeit in keiner Weise beeinträchtigte. Unser fleißiges Lieschen schob sich jedenfalls in der Neckermannschen Stallhierarchie in aller Bescheidenheit auf Platz eins. Bereits in der Hallensaison gelang es Van Eick, dem Genialen, kein einziges Mal, sie zu schlagen.

Desaster mit Van Eick

Ich hielt nach wie vor große Stücke auf ihn, im Gegensatz zu Annemi, die aus mir unerklärlichen Gründen eine entschiedene Abneigung gegen den eleganten Schwarzbraunen hegte und am liebsten gesehen hätte, wenn er wieder zu Evi

Arbeit mit Van Eick. Der hochveranlagte und bildschöne Velten xx-Sohn verfügte über hervorragende Bewegungen und Intelligenz. Sein Temperament war jedoch ungewöhnlich schwierig, so daß es mich fast in den Rollstuhl brachte.

nach Haiger gegangen wäre. Im April 1972 wußte ich warum.
Es war ein kühler, sonniger Frühlingstag - gerade richtig, der Halle den Rücken zu kehren, in der wir den ganzen Winter lang geschwitzt hatten, und die Pferde draußen in der frischen Luft auf dem Sandviereck zu arbeiten. An solchen Tagen erinnern sich selbst brave Pferde gern an allen Unsinn und alle Bocksprünge, die sie im Programm haben. Und Van Eick war kein Braver. Plötzlich schoß aus dem Unterholz ein Häschen hervor, Van Eick direkt vor die Füße. Er erschrak und stieg. Ich war so überrascht, daß ich gerade noch mit beiden Armen den Hals umfassen konnte. Ihn zu strafen, wie es höchste Zeit gewesen wäre, kam mir gar nicht in den Sinn. Steigen ist so ziemlich die übelste Untugend, die sich ein Pferd erlauben kann, weil der Reiter in dem Augenblick, in dem er das Pferd strafen müßte, meist damit beschäftigt ist, das Gleichgewicht zu halten, um sich nicht mitsamt seinem Pferd zu überschlagen. Einen Moment dachte ich: "Es wird schon nichts passieren, Van Eick hat eine viel zu steile Hinterhand."
Falsch gedacht. Van Eick stieg erneut. Ich versuchte, ihn energisch vorwärts zu reiten, als er zum drittenmal stieg, fast senkrecht auf den Hinterbeinen stand und das Gleichgewicht verlor.
Ich saß fest im Sattel und schaltete nicht schnell genug, um seitlich abzuspringen. Ich kam gerade noch aus den Bügeln heraus und rollte mich so zur Seite, daß mich nicht das volle Gewicht des Pferdekörpers traf. Die Ausbuchtung des Sattels schützte mich dabei wie ein Schild.
Van Eick sprang auf die Beine. Ich spürte einen stechenden Schmerz im Rücken. Fritz Baranowski half mir beim Aufstehen.
Wir fuhren sofort ins Krankenhaus zum Röntgen. Diagnose: Fraktur des dritten Lendenwirbels. In Bruchteilen von Sekunden war München mitsamt allen Medaillenhoffnungen Lichtjahre entfernt. So schnell wollte ich nicht aufgeben. Ganz ruhig bleiben, dachte ich, jetzt bloß keine Schlagzeilen wie "Neckermann - schwerer Unfall" oder so ähnlich. Etwas verspätet erschien ich, den Oberkörper vorläufig in ein simples Damenkorsett gezwängt, bei der Sporthilfe zur Vorstandssitzung, die am selben Tag stattfand.
Für die folgenden Wochen verpaßten mir die Ärzte für nachts eine Gipsschale, in der ich mehr schlecht als recht schlafen konnte, und für den Tag ein spezielles Stahlkorsett. Es wurde vorne geschnürt und zwar so eng, daß mir fast die Luft wegblieb. Untertags mußte es ab und zu geöffnet werden, um die Blutzirkulation anzuregen. Es wieder zuzukriegen, war eine Tortur. Gerda Singer schaffte es nie. Am besten wurde eine zartgliedrige Mitarbeiterin aus meinem Sekretariat damit fertig, mich energisch wieder ins Korsett hineinzuzwängen. Ich kann jetzt nachfühlen, wie den Damen früherer Zeiten zumute gewesen sein muß, wenn sie mit festgezurrter Wespentaille nach dem Riechfläschchen verlangten, bevor sie dekorativ in Ohnmacht fielen.
Es gelang mir, die behandelnden Ärzte mit Hilfe meines Hausarztes Dr. Schieback sogar zu überzeugen, daß meine Rükkenmuskulatur regelmäßig beansprucht werden mußte, so daß ich nicht zum Stilliegen ins Bett verbannt wurde.
Mit dem Spezialkorsett konnte ich meinem normalen Tagesablauf nachgehen, auch wenn das ziemlich beschwerlich war. Nur eines durfte ich nicht: reiten. Da die Ärzte mir eine winzige Hoffnung auf Olympia gelassen hatten, wenn ich nur ihre Ratschläge genau befolgte, war ich zu allem bereit. Ich ging jeden Tag in den Stall und arbeitete mit Venetia an der Hand. Van Eick hatte ich insgeheim noch nicht aus meinen Plänen gestrichen. Nur Annemi durfte ich damit nicht kommen.
Als überzeugter Anhänger des mentalen Trainings memorierte ich Nacht für Nacht, wenn ich schlecht schlafen konnte, jede einzelne Prüfung, Aufgabe für Aufgabe, immer und immer wieder. Ich hatte

mich darin in meiner mehr als zwanzigjährigen Pause in meinem aktiven Reiterleben geübt und bin bei jeder Gelegenheit die Lektionen der einzelnen Prüfungen im Geist geritten.
Die erste Sichtung in Wiesbaden fand ohne mich statt. Piaff-Liostro-Mehmed hieß die Reihenfolge im Grand Prix. Hinter Ilsebill Becher auf der Fuchsstute Mitsouko - eine Duellant-Tochter - setzte sich Evi auf Cantate gut ins Bild.

Runder Geburtstag

Fünfter Juni 1972. Mein sechzigster Geburtstag. Wir feierten ein großes Fest.
Geschäftliche Zwischenbilanz: der Umsatz des Neckermann-Konzerns betrug 2,7 Milliarden Mark.

60. Geburtstag in Kirchborn. Evi (3. von rechts), Harry Boldt, Reiner Klimke und Bubi Günther (von links) ritten einen Pas de Quatre. Links neben Evi Albert Stecken, am rechten Flügel Annemi und ich. An diesem Tag stieg ich zum ersten Mal nach meinem Unfall wieder aufs Pferd, auf Venetia.

Sportliche Zwischenbilanz: Heute stieg ich zum ersten Mal wieder in den Sattel von Venetia. Mit Stahlkorsett. Es ging ganz gut, nur im Trab war das Eisengerüst etwas unbequem. Hauptsache, ich war München ein Stückchen näher gerückt. Strahlend nahm ich die Glückwünsche von 60 ländlichen Reitern entgegen, die unter Leitung von Dr. Egon Schumacher aus Frankfurt und Umgebung nach Kirchborn gekommen waren, um mir zu gratulieren.

Wolfsburg

Die zweite Olympiaqualifikation in Wolfsburg durfte ich nicht versäumen. Die Situation im Lager der deutschen Dressurreiter hatte sich grundlegend gewandelt. Neben den Militaryreitern, die Trainerprobleme hatten, und den Springreitern, die im Juni 1972 den Aufstand gegen Hans Günter Winkler probten und sich bei dieser Gelegenheit bis aufs Messer bekämpften, waren wir die friedlichste Disziplin. Zumindest nach außen hin. Schon zu Jahresbeginn wollte uns die Bild-Zeitung zur "Mannschaft des Jahres" erklären, weil wir den Streit vom Vorjahr vergessen hatten. So schnell kann es gehen, wenn die Vernunft schließlich obsiegt. Die Vernunft wurde in diesem Fall verkörpert durch den Dressur-Ausschußvorsitzenden Albert Stecken, dem es gelang, in wenigen Monaten Ruhe in unser zerstrittenes Häuflein zu bringen, durch sachliche, objektive Beurteilung der Leistungen, durch klare Vorgaben, wie, wann und wo der Weg nach München verlaufen würde und durch sein ausgeglichenes Naturell, das es fast unmöglich machte, mit ihm Krach zu bekommen.

Einige Besserwisser ließen es sich nicht nehmen, von einer "Ruhe vor dem großen Sturm" zu sprechen.

Wolfsburg schaffte Klarheit über zwei Dinge: Liselott Linsenhoff und Piaff festigten ihre Spitzenstellung und damit ihren sicheren Platz im München-Aufgebot. Harry Boldt hingegen mußte auf Ariadne seine Olympia-Hoffnungen begraben. Übrig blieben drei Reiter, von denen einer die Reservebank würde drücken müssen: Reiner Klimke, Karin Schlüter und ich. Mehmed war in Wolfsburg nicht am Start. Ein Nachteil des Sichtungssystems, das zwei Starts auf drei Turnieren verlangte, war, daß sich im olympischen Vorfeld nicht einmal alle Kandidaten gemeinsam stellen mußten. Die Reihenfolge nach Wolfsburg lautete in Grand Prix und Stechen: Piaff, Liostro, Venetia.

Da weder Venetia noch ich unsere Bestform erreicht hatten, war ich damit ganz zufrieden.

Allerdings hätte ich fast zum zweiten Mal meine Olympiachancen um ein Haar verspielt.

Gegen den Willen von Annemi machte ich einen weiteren Versuch mit Van Eick. Die Intermediaire gewann er. Optimistisch startete ich ihn auch im Grand Prix in Wolfsburg. Kurz nach dem Einreiten passierte es: Ein paar Zeltplanen knatterten im Wind, unmittelbar neben dem Viereck. Eh ich mich versah, stand Van Eick wieder auf zwei Beinen. Das war genug. Nicht allein für mich, vor allem für die Damen der Familie Neckermann.

Evi erklärte mir, sie wolle das Pferd unbedingt zurück haben und bot mir sogar Cantate als "Tauschobjekt" an. Es war ihr sichtlich unangenehm, mir diesen Wunsch zu unterbreiten. Dahinter steckte meine Frau, die sie händeringend gebeten hatte, dafür zu sorgen, daß ich nicht fortfuhr, auf Van Eick mein Leben zu riskieren.

Der Astrologe, den sie gelegentlich konsultierte, hatte die Probleme mit Van Eick, auch den Unfall, vorhergesagt und vor der Kombination Josef Neckermann/Van Eick dringend gewarnt.

Ich ließ mich nicht lange bitten, so scharf

Venetia in einer gut gelungenen Piaffe, schwungvoll und energisch. Das Hinterbein wird etwas übers Fesselgelenk, das Vorderbein bis etwa zur Waagerechten angehoben. Deutlicher Impuls nach vorwärts.

war ich auf mein Unglückspferd nicht mehr. Van Eick ging also nach Haiger zurück.
Im Anschluß an das Wolfsburger Turnier erhielten Evi und Ilsebill Becher nachträglich den Olympiapaß, eine Anerkennung der guten Leistungen in den ersten beiden Sichtungen.

Das Team steht

In Aachen mußte die Entscheidung fallen. Liselott Linsenhoff brauchte nicht mehr anzutreten.

Venetia gewann Grand Prix und Stechen jeweils vor Liostro und Mehmed, der in Aachen zwei rabenschwarze Tage erwischt hatte.
Damit stand fest, wer die deutschen Farben in München vertreten würde: Liselott Linsenhoff, Karin Schlüter und ich. Reiner Klimke war Reservereiter. Equipechef: Albert Stecken. Das bedeutete, daß wir auf einen unserer versiertesten und besten Reiter würden verzichten müssen. Reiner Klimkes Nervenstärke und Erfahrung waren uns schon in zwei olympischen Schlachten zugute gekommen. Auf der anderen Seite ließ das Ergebnis der Sichtungen - Karin Schlüter hatte als einzige an allen drei Turnieren teilgenommen und war jedesmal Zweite geworden - gerechterweise keine andere Wahl zu. Es wurde offen ausgesprochen, daß sie und Liostro aufgrund mangelnder Erfahrung ein Risiko darstellten, zumal der Ausbilder des Pferdes, Herbert Rehbein, es längere Zeit vorher nicht reiten würde. Denn mit Eintreffen in der Olympiaanlage durfte nur noch der Olympiateilnehmer selbst sein Pferd arbeiten - eine sehr vernünftige Bestimmung, die verhindern soll, daß ein Reiter lediglich in den warmen Sattel zu steigen braucht, um Olympiasieger zu werden.
Ich sah den Spielen optimistisch entgegen, mit einem leisen Schatten: Im Laufe des Jahres hatte sich herausgestellt, daß der schwedische Richter Gustav Nyblaeus Venetia konstant schlechter bewertete als seine Kollegen. Er halte sie nicht als Dressurpferd für geeignet, sagte er sogar. Ausgerechnet er würde Chefrichter in München sein.

Die Trabverstärkungen von Venetia wurden häufiger bemängelt. Hier zeigt sie als Folge richtiger Einwirkung energische und raumgreifende Tritte. Die Hinterbeine könnten deutlicher herangeschlossen sein.

Venetia *18.4.1961

Züchter: Frau Lieselotte Windig, Hemdingen

Venetia II	Anblick xx	Ferro xx	Landgraf xx
			Frauenlob xx
		Antonia xx	Herold xx
			Adresse xx
	Rhea	Marder	Makler I
			Dornröschen
		Adele	Heideläufer
			Monika

Die braune Stute Venetia, im mittleren Maß mit 1,64 m Stock, verkörperte nicht das ideale Reitpferd, wenn sie auf den ersten Blick auch gefangen nahm durch ihren ungewöhnlich schönen Kopf.

Er war kurz und ausdrucksvoll, leicht und fein, ausgestattet mit einem lebendigen Auge. Der genügend lange Hals war tief angesetzt und recht breit; die ideale Freiheit fehlte.

Die Schulter war nur knapp in ihrer Länge, der Widerrist in der Ausprägung matt, die Mitte war reichlich gezogen, gleichwohl war der Rücken nicht weich; die Kruppe war schön geformt und gut bemuskelt, sie lag jedoch deutlich zu hoch, so daß das Pferd überbaut war. Dieser Umstand ließ den Eindruck einer gewissen Disharmonie entstehen. Das Beinwerk war stark und ausdrucksvoll, wenn auch die Vorderbeine etwas locker standen.

Nach heutigen Maßstäben war die Stute kurzbeinig. Aber was soll all dieses heißen, wenn ein Pferd gut genug ist, auf der Olympiade 1972 in München das drittbeste Dressurpferd der Welt zu sein?

Das eben beschriebene Pferd stand nicht unbedingt im Typ eines Halbblüters, und doch war der Vollblüter Anblick xx ihr Vater. Dieser recht leichte, hochelegante, noch im Hauptgestüt Graditz gezogene Vollblüter hatte vor 1953 für elf Saisons in Hannover gestanden, zuletzt in Achim bei Bremen, und es war ihm nicht gelungen, dort Bleibendes zu hinterlassen.

In Holstein war das anders. Hier brachte er zu jener Zeit, als die Umstellung vom schweren Karossier zum Reitpferd be-

gann, den dringend benötigten Adel. Seine Kinder brachten den "new look" in die Zucht.
Über Generationen hin konnte Anblick xx, der in der Regel das berühmte Holsteiner Springvermögen verminderte, zwar seinen Adel nicht immer weitergeben, so wie dies z.B. Abglanz in Hannover gelang, aber über seine 14 gekörten Söhne hatte Anblick xx doch zeitweise großen Einfluß in der Holsteiner Zucht. Dieser wurde jedoch bald wieder eingedämmt, weil man die in aller Welt geachtete Springanlage des Holsteiner Pferdes nicht gefährden wollte. Als Vater von Dressurpferden machte der Graditzer sich jedoch einen großen Namen.
Für die wuchtigen, ganggewaltigen Holsteiner Stuten der damaligen Zeit war dieser grazile Vollblüter, der vieles glättete und auch geschmeidiger machte, der richtige Partner.
Als sein bester Sohn erwies sich dann Aldato, der aus der mächtigen Greta von Heidelberg stammte. Aldato lieferte das Olympiapferd Albrant, den Herbert Blöcker in den 70-er Jahren regelmäßig zu Spitzenleistungen in der Military (u.a. Europameisterschaft in Kiew und Olympiade 1976 in Montreal) beflügelte.
Die größte Bedeutung erhielten Aldato und damit auch Anblick xx jedoch aufgrund der Tatsache, daß seine Tochter Warthburg die Mutter des Ladykiller xx - Sohnes Landgraf ist. Als Vererber von Springpferden ist Landgraf, inzwischen 26 Jahre alt, der momentan begehrteste Warmbluthengst der Welt. Als Urgroßvater des Landgraf wird Anblick xx in wenigen Jahren im Pedigree nahezu eines jeden Holsteiner Pferdes zu finden sein.
Die Mutter der Venetia ist die bekannte Stute Rhea, die dem in Holstein hoch angesehen Stutenstamm 730 b entstammt, der ursprünglich bei Paul Bahlmann in Moorhufen beheimatet ist und dort auch heute noch in voller Blüte steht. In Holstein haben alle Stutenstämme eine Nummer und es gibt Stämme, die über Jahrzehnte hin immer wieder Leistungspferde und hochklassige Zuchttiere gebracht haben. Diese Stämme zählen dann zum Hochadel der Zucht. Venetia stammt aus einer solchen Familie.
64 Zuchtstuten und neun gekörte Hengste vertreten momentan diesen Stamm. Caletto I und Caletto II sind Mitglieder dieser Familie. Caletto I war als Springpferd erfolgreich unter Michael Rüping und Caletto II ist ein großer Springpferdevererber. Einmal mehr zeigt es sich, daß Dressurveranlagung und gutes Springen durchaus zusammenpassen können.
Venetias Mutter Rhea ist heute noch in Holstein mit ihren Nachfahren auf verschiedenen Höfen vertreten. Eines ihrer Enkelkinder ist der Hengst Sidney von Silvester.
Rheas Vater hieß Marder, ein formschöner Hengst, der Holstein auf der DLG-Schau als Zuchthengst vertreten hat. Auf der Mutterseite der Rhea finden sich dann noch die Hengste Heideläufer und Favorit, die beide auch im Mutterstamm des bekannten Ramiro zu finden sind. Heideläufer war ein Enkel des Heintze, der ein Garant für Springveranlagung war, und Favorit war der beste Sohn des großen Tobias, so daß bewährte Holsteiner Leistungsveranlagungen sich im Pedigree der Venetia zusammenfinden.
Hier liegt auch die Erklärung für die ungewöhnliche Leistungsbereitschaft der Venetia, die es anfangs als Dressurpferd schwer hatte, denn weder im Trabe noch im Galopp war sie überragend.
Aber sie wollte es lernen, und sie schaffte es. Sie war belastbar und immer bereit, hinzuzulernen. Wegen dieser Eigenschaft erhielt sie im Neckermannschen Stall den Namen "fleißiges Lieschen".
Venetia ist das lebende Beispiel dafür, daß für ein Sportpferd die Interieureigenschaften zumindest so wertvoll sind wie ein makelloses Exterieur.

Abschlußlehrgang

Im Anschluß an die Nominierung trafen wir uns zum Abschlußtraining im Bundesleistungszentrum in Warendorf zur "Generalüberholung": Verfeinerung der Grundrittigkeit der Pferde - bei Venetia kam es vor allem darauf an, sie zur völligen Losgelassenheit zu bringen -, Verbesserung von Sitz und Einwirkung - da gab es genügend zu tun, schleichen sich doch im Eifer des Gefechts auch beim besten Reiter Sitzfehler ein -, und die korrekte Ausführung der Lektionen und Hufschlagfiguren. Außerdem wurden Filme über die Vorbereitungsprüfungen in Wiesbaden, Wolfsburg und Aachen sowie Filmaufzeichnungen vom Training ausgewertet und besprochen - ein heute nicht mehr wegzudenkendes Hilfsmittel in der Ausbildung und Korrektur von Reiter und Pferd. Einen großen Raum bei diesem Lehrgang nahm das Üben der Olympiaquadrille ein - davon später mehr.
Das einzige, was uns in diesen Wochen vor München zu unserem Glück fehlte, war ein Vergleich mit unseren Gegnern: Zwar hatten sich die schwedischen Damen in Aachen für eine Mannschaftsmedaille empfohlen, aber unsere schärfsten Konkurrenten aus der Sowjetunion und der DDR waren statt nach Aachen nach Leipzig zum vorolympischen Leistungsvergleich gefahren. So blieb es noch ein bißchen spannend.

Der Galopp von Venetia, war nicht einfach zu reiten. Hier zeigt er sich recht ansprechend, wird schön bergauf gesprungen. Die Hinterbeine fußen kraftvoll ab, das Genick bleibt der höchste Punkt, die Nase vor der Senkrechten.

9

Olympische Spiele 1972

Weißblaues Olympiafest

*O*lympische Spiele 1972. Die heiteren Spiele sollten es werden. München und die Münchner, 1,2 Millionen an der Zahl im Jahre 1972, hatten das ihre dazugetan. Die Voraussetzungen waren ideal: München konnte für sich neben allem anderen die Titel Stadt der Jugend und Stadt des Sports für sich in Anspruch nehmen. Mehr als ein Fünftel seiner Einwohner waren nach 1945 geboren. 1972 waren mehr als 40 Prozent aller Münchner Bürger jünger als 30 Jahre. Und jeder zehnte Bewohner der bayerischen Landeshauptstadt gehörte einem Sportverein an. Nicht alles verlief reibungslos. Ein Problem waren die Kosten, die schon 1969, drei Jahre vor den Spielen, mit 800 Millionen Mark angegeben wurden, wobei vor allem die Kosten für das futuristische, zeltartige Dach des Olympiastadions von Jahr zu Jahr stiegen. Aber mit vereinten Kräften - auch mit Hilfe zahlreicher privater Initiativen - wurden diese Klippen gemeistert und letztendlich Sportstätten geschaffen, die über die Spiele hinaus lebendiges Zentrum für den Sport blieben. Das allerdings gilt nicht für das Reitstadion in Riem, leider. Politische Probleme tauchten auf. Weniger denn je ließen sich im geteilten Deutschland Sport und Politik trennen. Es ging um Hymne und Fahne der DDR. Die Bundesregierung beschloß schließlich, beides zuzulassen und jegliche Einreisebeschränkungen aufzuheben. Es wurden eine Million Zuschauer erwartet, 8000 Athleten und 4000 Journalisten. Bei aller Zwanglosigkeit und Heiterkeit, in der die Bundesrepublik sich der Welt präsentieren wollte, in der Organisation war teutonische Perfektion gefragt und wurde selbstverständlich erbracht. Die Olympiastadt München beabsichtigte, 36 Jahre nach den Spielen in Berlin das neue, veränderte Deutschland zu verdeutlichen, das eben nicht im furchterregenden Gleichschritt marschierte.

Reitanlage Riem

*Z*entrum der pferdesportlichen Wettbewerbe war das olympische Reiterstadion in München-Riem. Die Dressurwettbewerbe sollten im Nymphenburger Park stattfinden, - dort, wo Harry Boldt, Reiner Klimke und ich vor sieben Jahren vor der englischen Königin einen Pas de Trois geritten hatten.
"Ich kann mich nicht erinnern, inmitten einer so bezaubernden Kulisse so hohe reiterliche Kunst gesehen zu haben", soll Elizabeth II. damals auf der Terrasse der Amalienburg gesagt haben.
Der Satz machte möglicherweise olympische Geschichte. Denn zunächst sollten die Dressurwettbewerbe abseits vom großen Publikum im Englischen Garten vor maximal 4000 Zuschauern stattfinden. In Nymphenburg fanden 8000 Besucher Platz, immer noch viel zu wenige, denn die Eintrittskarten für die Dressurwettbewerbe waren so ziemlich als erste ausverkauft. 30000 Menschen hätten im olympischen Reitstadion in Riem zusehen können ... eine riesige Chance für unseren Sport, sich einer breiten Öffentlichkeit vorzustellen, wurde nicht genutzt.
Wir sollten uns nicht beklagen, denn wir hatten ein exquisites Äquivalent: Noch nie zuvor oder danach wurde die olympische Dressur in so märchenhafter Umgebung inszeniert, vor dem Schloß in einem wunderschönen Park, einer gelungenen Verbindung von französischer und englischer Parklandschaft.
Über die Beschichtung des Prüfungsplatzes hatten sich die Fachleute monatelang den Kopf zerbrochen. Am Ende ließ sich auf der Mischung aus Sand und Nadelholzspänen vorzüglich reiten, zumal das Wetter während der Spiele vom ersten bis zum vorletzten Tag den Namen Kaiserwetter durchaus verdiente.
Für drei olympische Tage entstand in

Olympiadressur im Nymphenburger Schloßpark. Nie hatte unser Sport eine schönere Kulisse - obwohl wir lieber im Reiterstadion von Riem angetreten wären.

Nymphenburg eine komplette Turnieranlage mit Stahlrohrtribünen für 8000 Zuschauer, 150 Presseplätzen, einem Wettkampf-Viereck von 20 mal 60 Meter, einem Bereithalteplatz und zwei Abreitevierecken. Außerdem provisorische Stallungen für rund 50 Pferde, die kurz vor der Prüfung aus der 18 Kilometer entfernten Reitanlage Riem nach Nymphenburg gebracht wurden.

Das ganze Unternehmen Nymphenburg kostete 2,8 Millionen Mark extra, und ich fragte mich, ob man die Dressur nicht in Riem hätte belassen können. Ein Problem nämlich bereitete uns seit Monaten Kummer:

Millionen Mücken und Bremsen, die es sich allsommerlich im Park von Nymphenburg gut gehen ließen. Mit Hilfe der chemischen Industrie wurden diese Schwierigkeiten soweit gelöst, daß Nymphenburg an den entscheidenden Tagen als "mückenfrei" gelten konnte.

Nur der Nationenpreis der Springreiter fand am Schlußtag im Olympiastadion statt, alles weitere, auch das Training, spielte sich in Riem ab. Und hier herrschte für die Pferde Luxus pur. Boxen mit gefederten Böden und Klimaanlagen, zehn Trainingsplätze für die Springreiter, acht Dressurvierecke, davon eines mit Kunststoffbelag, eine Galoppierbahn für die Militaryreiter und endlich einmal vernünftige Quartiere für die Pferdepfleger, die aus ihren Zimmern ihre Zöglinge überwachen konnten.

Ursprünglich hatte das Reitstadion getreu der Devise "Olympia der kurzen Wege" in unmittelbarer Nähe des Olympiastadions entstehen sollen. Das scheiterte an Väterchen Timofej, einem russischen Eremiten, der sich mitsamt seiner Schwester Natalie auf dem vorgesehenen Gelände, das offiziell der Bundeswehr gehörte, häuslich niedergelassen hatte. Aus alten Fässern, Steinen, Balken und Brettern hatte er eine russisch-orthodoxe Kuppelkirche errichtet. Er pflanzte Obstbäume und Kartoffeln an und lebte stillvergnügt vor sich hin - bis Olympia die Idylle zu zerstören drohte. Ein Aufschrei ging durch die Münchner Presse und die bayerische Volksseele. Timofei weigerte sich zu gehen, trotzte allen Räumungsbefehlen und durfte schließlich bleiben. Die Reiter mußten weichen. Das Reitstadion in Riem bestach durch seine kühne Architektur mit einer freitragenden Dachkonstruktion, die von riesigen vorgefertigten Trägern gehalten wurde. Von jedem Platz der gedeckten Tribüne aus reichte der Blick ungehindert über das Stadion. Das Ganze kostete die damals mehr als stattliche Summe von 50 Millionen Mark. Kritiker wurden darauf hingewiesen, daß es sich hier um eine zukunftsträchtige Investition handele, weit über die Olympischen Spiele hinaus. Das teure Dach sei im übrigen unverwüstlich. Beides erwies sich leider als Irrtum. Das Reitstadion in Riem rottet heute langsam vor sich hin, große Teile der Tribüne wurden inzwischen von der Baupolizei wegen Einsturzgefahr gesperrt.

Spione am Werk

Schon Anfang August 1972 trafen die ersten Equipen in München-Riem ein, Chilenen, Argentinier und Japaner. Mitte des Monats füllten sich die Ställe und Trainingsplätze mit munterem polyglotten Leben.
Trotz der vielen Dressurvierecke - die nicht numeriert waren, sondern Namen berühmter Pferde trugen - mußte nach einem genauen Plan trainiert werden, um allen Wünschen gerecht zu werden. Das war für mich, als Präsidiums-Mitglied von NOK und DSB, der ich mit der Sporthilfe sowie vorrangig mit meinem Unternehmen genügend zusätzliche Verpflichtungen hatte, ein beschwerlicher Zwang. Mit Albert Stecken und Bubi Günther, der uns offiziell als Bundestrainer begleitete, hatten wir zwei ausgezeichnete Fachleute zur Verfügung, die unser Training beobachte-

Morgenarbeit in Riem mit Bundestrainer Bubi Günther auf einem der sorgfältig angelegten Abreiteplätze.

ten und begleiteten. Die Stimmung war gut, besser als in Mexiko. Das verdankten wir unter anderem der großen Dressurquadrille - einer Schaunummer, die wir, das heißt die deutschen Spitzendressurreiter, nach der offiziellen Schlußfeier im Olympiastadion aufführen wollten. Das gemeinsame Üben entkrampfte manches. Aber in den Tagen vor den Spielen hatten wir natürlich vor allem unseren Auftritt in Nymphenburg im Kopf, angesetzt für den 5. und 6. September (Mannschaftswertung) und den 8. September (Einzelwertung). Und da hatten Liselott Linsenhoff und ich eigentlich nur ein Problem: Unsere Pferde Piaff und Venetia waren beinahe zu fit. Beide strotzten vor Kraft und Gehlust, und Albert Stecken hatte mich schon im Verdacht, mit Venetia zuwenig gearbeitet zu haben.

Auch unser Ersatzpferd Mehmed unter Reiner Klimke befand sich in Top-Form, ließ die Aachen-Schlappe fast vergessen, während Karin Schlüter Mühe hatte, den großrahmigen, voller Tatendrang steckenden Liostro auf dem Pfad der Tugend und in gebührender Versammlung zu halten. Wäre es nicht sicherer, anstelle der olympisch unerfahrenen Karin Schlüter den bewährten Kämpen Reiner Klimke einzusetzen? Es wurde gelegentlich laut darüber nachgedacht. Letztendlich mochte sich die Mannschaftsführung doch nicht zu diesem Schritt entschließen. Daß Liostro an einem guten Tag weit mehr Glanz entfalten konnte als der etwas biedere Mehmed, war unbestritten. Die Zweifel, ob ausgerechnet der 5. September einer dieser Glanz-Tage sein würde, wuchsen allerdings.

Wie bei allen Olympischen Spielen, die ich miterlebt habe, wurde eifrig „spioniert" und der Konkurrenz offen oder verdeckt in die Karten geguckt. Sehr neugierig waren wir auf unsere "Erzrivalen", die Russen, mit denen wir uns seit der Europameisterschaft 1971 nicht mehr hatten messen können. Das Interesse war durchaus gegenseitig. Eines Morgens pirschte sich der russische Trainer Gregorj Anastasjew in großen Schlangenlinien mit betont unbeteiligter Miene an unser Viereck namens „Adular". Seine eigene Truppe zog gerade ein paar hundert Meter weiter auf Viereck "Kronos" ihre Kreise.

Offenbar war es ihm peinlich, die gefürchtete Konkurrenz ungeniert aus der Nähe zu betrachten, obwohl ja niemand etwas dagegen haben konnte. Er schlich sich von Baum zu Baum näher. Natürlich entdeckten wir ihn sofort in seinem Trainingsanzug und der weißen Mütze über dem gebräunten Gesicht mit den unzähligen Furchen.

Ich begrüßte ihn freundlich: "Sie sehen gut aus" und versuchte mich in lockerer Plauderei. "Und Sie werden noch besser aussehen, wenn Sie siebzig sind" antwortete Gregorj Anastasjew schlagfertig.

Olympia und Sporthilfe

Die Olympischen Wochen waren große Tage für die Sporthilfe. Von den bundesdeutschen Athleten, die in München antraten, waren fast alle auf die eine oder andere Weise von der Sporthilfe unterstützt worden.

Mitte August bezogen einige Mitarbeiter der Sporthilfe ein bescheidenes Büro im Münchner Neckermann-Kaufhaus. Das Sporthilfe-Sonderbüro wurde in Windeseile zum Mädchen für alles: Sportlerinnen, die auf den harten Seegraskissen der Bundeswehr nicht schlafen konnten, bekamen weiche Kopfkissen, die Leichtathletinnen die gewünschten Blumenvasen (für offensichtlich erwartete Glückwunsch-Gebinde) und die Reiter einige Fahrräder, denn motorisierte PS waren in der weitläufigen Anlage von Riem verboten. Das Olympia-Sonderbüro mit seinen Mitarbeitern war Dreh- und Angelpunkt für viele und alles und täglich 24 Stunden im Einsatz. Es mangelte an einigem und hakte hier und dort: Da mußten 35 000 Kleiderbügel für das Olympische Dorf besorgt werden, ein Teppichboden für den Massageraum der bundesdeutschen Unterkunft, Heizgeräte, Kühlschränke, Fernsehgeräte, Hockeystöcke, Eintrittskarten, Hotelzimmer. Improvisationsfähigkeit und Organisationstalent triumphierten. Erst kurz vor der Ruderregatta wurde z.B. entdeckt, daß die langen Haare einiger Ruderer wie Bremsen wirken könnten: Das Sporthilfe-Büro beschaffte Mützen und enganliegende, windabstoßende Spezialhemden. Und weil in den Zimmern im olympischen Dorf lediglich Pappbecher vorhanden waren, beschafften wir Geschirr und Gläser - wem schmeckt schon Siegessekt aus Pappbechern! Jetzt fehlten nur noch die Siege.

Mit Schwung ins Vergnügen

Die Eröffnungsfeier wurde zu einem beschwingten, heiteren Auftakt. 80 000 Zuschauer erlebten den Einmarsch der 121 Mannschaften, den Reigen der 3200 Schulkinder mit ihrem Blumenspiel.

Was sich bei der Eröffnungsfeier gezeigt hatte, setzte sich fort: Es waren die Spiele der Zuschauer, die morgens und nachmittags in Scharen herbeiströmten, die Wettkampfstätten füllten und begeistert den Siegern wie den tapferen Verlierern, gleich welcher Nationalität, zujubelten und applaudierten.

Am Abend des 3. September stieg im Münchener Sheraton Hotel das "Olympia-Rendezvous" mit über 1300 Gästen aus mehr als 100 Ländern, das die Sporthilfe gemeinsam mit dem NOK für Deutschland ausgerichtet hatte. Es wurde mit Hilfe großzügiger Sponsoren ein überaus gelungenes Treffen. Zu Goldmedaillengewinnern früherer Olympischer Spiele aus aller Welt gesellten sich die Mitglieder des IOC (Internationales Olympisches Komitee), damals noch ein reiner Herrenclub, mit dem scheidenden Avery Brundage, dem gerade gewählten Lord Killanin und dem heute amtierenden Präsidenten Juan Antonio Samaranch, sowie die Vertreter der internationalen und nationalen Sportfachverbände, Spitzenpolitiker, die Top-Repräsentanten der deutschen Wirtschaft, die sowohl die Sporthilfe - als Mitglieder des Kuratoriums - als auch das Organisationskomitee der Münchener Spiele nachhaltig unterstützt hatten; Prominente aus Show, Film und Fernsehen fehlten ebensowenig wie Verleger und Journalisten. Hinzu kamen viele, viele internationale und deutsche Sport-Stars, die in München ihr ganz persönliches Kapitel olympischer Geschichte zumeist schon geschrieben hatten - eine vortreffliche Mischung und ein überschäumend fröhliches Fest mit ausgelassener Stimmung, die bis in den Morgen andauerte.

Die Sporthilfe war in aller Munde, die Klatschreporter fuhren reiche Ernte ein. Fürstin Gracia von Monaco erschien schön und charmant im rotweißen Hosenanzug mit Olympischen Ringen; während der sonst so schüchterne elfjährige Erbprinz Albert nicht von der olympischen Spielwiese im ersten Stock wegzubringen war, schaute seine niedliche Schwester Caroline neugierig dem bunten Treiben zu, und Fürst Rainier kam auf den Geschmack des Münchner Bieres. Als fleißigste Tänzer machte die einschlägige Presse Hans Günter Winkler und meine Schwiegertochter Jutta aus, während der griechische König Konstantin nur auf eine Stippvisite hereinschaute. "Josef hat eine Medaille verdient", textete am nächsten Tag ein Münchner Boulevard-Blatt, und irgendwie fand ich, der Mann hatte recht. In zwei Tagen würde sich herausstellen, ob die Richter der gleichen Meinung waren.

Tanz im Park

Am Montag, 4. September, einen Tag vor dem Beginn des Grand Prix, wurden die Pferde nach Nymphenburg verladen. Neben den langgestreckten provisorischen Holzställen war eine kleine Zeltstadt für Stallmeister, Pferdepfleger, für die Unterbringung von Sattelzeug und Futter entstanden.

In der Abenddämmerung konnten wir ein letztes Mal unsere Pferde trainieren, beobachtet von verdutzten Spaziergängern, die im Nymphenburger Park an Enten und Schwäne, aber nicht an den Anblick von Pferden gewöhnt waren. Alle Beteiligten lobten den guten Boden, die herrliche Kulisse. Trotzdem moserte ich. "Wir wären alle lieber in Riem geritten", sagte ich. Dies wäre, davon war ich fest überzeugt, eine einheitliche Dokumentation unseres Reitsports gewesen. Außerdem hätten wir den Pferden das Verladen erspart, das ja immer Verletzungsmöglichkeiten in sich birgt.

Die Mannschaftswertung wurde - wie schon in Tokio und Mexiko - im Grand Prix ermittelt. Die besten zwölf Reiter des Grand Prix qualifizierten sich fürs Stechen, das, wie gesagt, erstmals bei Olympischen Spielen allein für die Medaillenvergabe in der Einzelwertung ausschlaggebend war.

Als Richter fungierten der Franzose Pernot de Breuil, der Mexikaner Julio Herrera, der Holländer Jaap Pot, der schon in Mexiko am Viereck saß, Oberst Heinz Pollay, deutscher Olympiasieger 1936 auf Kronos und als Chefrichter Venetias Intimfeind Gustav Nyblaeus aus Schweden.

33 Reiter, davon zehn komplette Dreier-Mannschaften, gingen an den Start, mehr denn je zuvor.

Die deutsche Equipe zog die Startnummer drei hinter der Schweiz und der Sowjetunion. Liselott Linsenhoff sollte als erste am Dienstagmorgen ins Viereck, nachmittags Karin Schlüter und ich am Mittwochnachmittag. So war es vorgesehen. Unsere interne Strategie sah folgendermaßen aus: Liselott sollte punktemäßig Weltmeisterin Elena Petuschkowa auf Pepel "halten", das voraussichtlich stärkste Paar, Karin Schlüter den schwächsten Russen, Iwan Kalita auf dem Vollblüter Tarif und ich den Olympiasieger von Mexiko, Ivan Kizimov auf Ikhor. Das müßte möglich sein. Allen war klar, daß die Mannschaftsentscheidung auf ein Duell Bundesrepublik Deutschland contra UdSSR hinauslaufen würde. Die Wetten für die Bronzemedaille teilten sich zwischen den schwedischen Damen und den Reitern aus der DDR.

Am 5. September ritt pünktlich um acht Uhr morgens der Schweizer Hermann Dür auf Sod ein, bei strahlend blauem Himmel. Die ungetrübte heitere Atmosphäre verdunkelte sich im Laufe der nächsten Stunden dramatisch. Gerüchte verdichteten sich, daß im olympischen Dorf etwas Schreckliches passiert sei. Im Laufe des Vormittags wurden aus den schlimmen Gerüchten Wahrheit. Arabische Terroristen hatten an diesem 5. September, morgens zwischen 4.30 und 5.00 Uhr, das Quartier der israelischen Sportler überfallen, zwei ermordet und neun Geiseln genommen.

Schon oft hatte die Politik Olympische Spiele dominiert, und das würde sich nicht ändern. Noch nie aber ist der olympische Friede so brutal und blutig gebrochen worden. Unfaßbar, entsetzlich - wie konnte das geschehen?

Während die Verhandlungen mit den Terroristen begannen, ging in Nymphenburg vor heiterer Barockkulisse die Dressur weiter, nicht so, als ob nichts geschehen wäre. Im Gegenteil - wie wichtig war es eigentlich jetzt noch, ob jene Piaffe gelang oder diese Pirouette korrekt gesprungen wurde? Wir mußten versuchen, die Ereignisse aus unserem Kopf zu verbannen. Nur nicht daran denken, was im olympi-

Liselott Linsenhoff auf Piaff.

schen Dorf wohl vor sich gehen mochte. Als zweiter Reiter ritt Ivan Kizimov auf Ikhor ins Viereck, "mein" Gegner, auf den ich mich besonders konzentrierte. Der inzwischen 14jährige Rappe hatte etwas von seiner Elastizität eingebüßt, bot eine routinierte gehorsame Vorführung mit sicheren fliegenden Wechseln bei kaum sichtbarer Hilfengebung, geregelten Piaffen und Passagen, aber auch seinen alten Fehlern, dem unruhigen Maul, dem schlagenden Schweif. Nach wie vor ließ der Sitz des Reiters Geschmeidigkeit vermissen. 1701 Punkte für Kizimov - das müßte zu schaffen sein.
Liselott Linsenhoff wurde ihrer - von ihr gar nicht geschätzten - Favoritenrolle völlig gerecht. Die Notizen unseres Equipechefs Albert Stecken vermeldeten dazu: "Piaff ging ausgesprochen schwungvoll und mit zahlreichen Höhepunkten. Einer großen Zahl sehr gut ausgeführter Lektionen standen nur vereinzelte Mängel gegenüber. Die Reitkunst der Reiterin verdient höchste Anerkennung."
Als Vorzüge waren zu vermerken die durchlässige Schaukel, eine nur auf den ersten Blick einfache Lektion, die aber sehr deutlich zeigt, ob ein Pferd wirklich die Hilfen von hinten nach vorne und umgekehrt ohne Widerstand "durchläßt" - eine Lektion, die sogar in höchsten Klassen oft Probleme bereitet. Piaffe und Passage erhaben und gut schwingend, harmonische Übergänge, kraftvolle Galoppverstärkungen. Nachteilig zu Buche schlugen Fehler in den Galoppwechseln und der starke Schritt, eine bekannte Schwäche von Piaff. Der Sieg unserer Frankfurter Mannschaftskameradin, die sich so ausgezeichnet präsentierte, war mehr als gerechtfertigt. Und so sahen es auch die Richter. Elena Petuschkowa mußte sich anstrengen morgen. Falls es ein Morgen für diese olympische Dressur überhaupt geben würde. Die Nachrichten aus dem olympischen Dorf wurden immer bedrükkender. Die Verhandlungen mit den Geiselnehmern zogen sich hin und gestalteten sich äußerst schwierig. Sie verlangten die Freilassung von 200 Palästinensern aus israelischen Gefängnissen. Stimmen forderten den Abbruch der Spiele.
Noch ging es weiter in Nymphenburg.
Die erste Starterin nach der Mittagspause war Christine Stückelberger, nicht auf dem uns bekannten Merry Boy, sondern auf einem kalibrigen, erst siebenjährigen Holsteiner. Er hieß Granat und kam in diesem olympischen Grand Prix nicht über den 16. Platz hinaus.
Iwan Kalita, der zweite russische Reiter, stellte den zehnjährigen Tarif in sehr weitem Rahmen, zuweilen nicht genügend versammelt, vor. Auch hier wieder die gehorsame Ausführung der schwierigen Lektionen Piaffe und Passage. Kalita erhielt 1647 Punkte - das müßte Liostro leicht übertreffen können.
Müßte, würde, hätte. Alles müßig. Auch in der Dressur gibt es so etwas wie eine Tagesform. Gottseidank, sonst brauchten wir ja gar nicht mehr zu reiten, sondern könnten die Medaillen nach der Papierform "auswürfeln".
Liostro unter Karin Schlüter fing gut an, mit viel Schwung und Ausdruck, was im Laufe der Aufgabe immer mehr nachließ. Es schlichen sich Fehler ein. Die zierliche Hamburgerin konnte den mächtigen Fuchs nicht mehr richtig packen, und bei der ersten Piaffe hörte man ihn geradezu sagen: "Du kannst mich mal ..."
1614 Punkte, 33 hinter Kalita. Schade. Die Goldmedaille hing jetzt am seidenen Faden.
Im olympischen Dorf spitzte sich die Situation zu. Endlich wurde ein Kompromiß ausgehandelt. Die Terroristen und die Geiseln wurden per Hubschrauber zum Militärflughafen Fürstenfeldbruck gebracht, wo eine Boing für den Flug nach Kairo bereitstand. Dann nahm das Drama seinen bekannt tragischen Verlauf. Bei dem Versuch der deutschen Polizei, die Geiseln zu befreien, kam es in Fürstenfeldbruck zum Massaker: Die neun israelischen Sportler wurden bei dem Feuerge-

fecht getötet, auch ein Münchener Polizist und fünf der Geiselnehmer starben, drei überlebten und wurden festgenommen.
Weltweit herrschten Empörung, Abscheu und tiefe Trauer. Die Forderungen nach Abbruch der Spiele wurden lauter. Hat das Fest der sportlichen Jugend der Welt noch einen Sinn? "The Games must go on!" rief bei der Trauerfeier am 6. September IOC-Präsident Avery Brundage. Es klang wie eine Beschwörungsformel, für die Menschen im vollbesetzten Münchener Olympiastadion ebenso wie für das Millarden-Publikum vor den Fernsehgeräten in aller Welt. In stundenlangen Konferenzen, in Tag-und Nachtgesprächen und nach verantwortungsbewußter Abwägung aller möglichen Konsequenzen kamen die Verantwortlichen im Sport zu dem Schluß, die olympische Idee dürfe nicht dem Wahnsinn einer Handvoll Verbrecher geopfert werden. Für den Tag der Trauerfeier wurden die Spiele unterbrochen, wehte die olympische Flagge auf Halbmast, ruhten die Wettkämpfe. Es war der Tag, an dem ich für die Mannschaft hätte an den Start gehen sollen. Dann wurden die Spiele fortgesetzt.
Auch ich plädierte für eine Fortführung der Spiele. Einige Athleten reisten ab. Das schreckliche Erlebnis veranlaßte sie, auf eine weitere Teilnahme zu verzichten, zu der sie sich psychisch nicht mehr in der Lage sahen. Trotz bayerisch-blauem Himmel war die Freude, die Heiterkeit verschwunden. Das olympische Programm wurde von nun an abgespult, perfekt und ohne Zweifel mit weiteren großen Höhepunkten. Doch die Stimmung blieb gedrückt!
Donnerstag, 7. September 1972. Mit 24stündiger Verzögerung - Pferde und Reiter mußten die auf den Punkt ausgerichtete Form halten, was schwieriger ist, als es klingt - wurde der Mannschaftswettbewerb in der Dressur fortgesetzt, der 48 Stunden zuvor begonnen hatte.
Ich war am Abend zuvor spät ins Bett gekommen, weil ich in die Beratungen über den Fortgang der Spiele einbezogen war. Obendrein hatte ich schlecht geschlafen. Meine Frau legte mir das Reitzeug zurecht. "Es wird schon schiefgehen", munterte sie mich auf. Das Gefühl hatte ich allerdings - im wörtlichen Sinne - auch. Wir fuhren nach Nymphenburg. Nun mußte alles seinen Lauf nehmen.
Um zehn vor zwei betrat das dritte russische Pferd, der 16jährige Trakehner Hengst Pepel unter Weltmeisterin Elena Petuschkowa, das Viereck. Die Reiterin, seit kurzem verheiratet mit dem früheren Rekordhochspringer Valerie Brumel, stellte ihr routiniertes Pferd frisch und ausdrucksvoll vor, mit bewundernswerter Leichtigkeit. Höhepunkte, um zwei zu nennen, waren die Traversalen und Galopp-Pirouetten. Abzüge mußte es im Schritt, im versammelten sowie im paßartigen starken Schritt und für das wiederholte Schweifschlagen geben. So jedenfalls wurde mir berichtet. Ich selbst war nämlich als nächster dran, und während ich noch eine Runde ums Viereck drehte, hörte ich noch die Punktzahl für Elena Petuschkowa: 1747. Damit hatte Liselott Linsenhoff "ihre" Gegnerin überflügelt. Für mich blieb jetzt die undankbare Aufgabe, nicht nur besser als Kizimov zu sein, sondern dazu die Punkte aufzuholen, die Karin Schlüter gegenüber Kalita verloren hatte.
Ich hatte ein gutes Gefühl, auf Venetia war Verlaß. Sie absolvierte brav und korrekt ihre Lektionen. Plötzlich, in den Galoppwechseln, verspürte ich einen stechenden Schmerz im Oberschenkel, als ob sich ein spitzer Gegenstand durch die Reithose in mein Fleisch bohrte. Der Dorn der Bügelschnalle! Anders konnte ich mir den Schmerz nicht erklären. Ich biß die Zähne zusammen und ritt weiter, innerlich meinen Pfleger zum Teufel wünschend, weil er die Schnalle nicht richtig nach oben geschoben hatte. Ich versuchte mich zu konzentrieren. Venetia tat, was sie konnte. Hier das Protokoll von Albert Stecken:

Es wird ernst. Venetia (mit dunkel gefärbten Beinen) kurz vor dem Einritt ins olympische Viereck.

"Venetia löste ihre Aufgabe dank einer hervorragenden reiterlichen Leistung des Reiters insgesamt sehr zufriedenstellend. In den Grundgangarten war sie deutlich verbessert, konnte aber in der Piaffe und Passage - im vorigen Jahr ausgesprochene Stärken - an frühere Leistungen nicht voll anknüpfen.
Vorzüge: Einreiten und erste Aufstellung. Geregelte und schwungvolle Trabverstärkungen. Sehr gut durchgesprungene fliegende Galoppwechsel auf den Diagonalen. Durchlässige Schaukel. Traversale nach links flüssig mit besonders guter Stellung und Biegung. Starker Schritt, fleißig und raumgreifend, schöne Dehnungsbereitschaft des Pferdes. Ausgezeichnete Galopptraversale. Gut aus der Hinterhand entwickelte Galoppverstärkungen. Vorbildliche Galopp-Pirouetten. Fliegende Galoppwechsel zuverlässig umgesprungen, besonders gelungene Ausführung der Wechsel von Sprung zu Sprung. Schwächen: Traversalen nach rechts mit nachlassender Kadenz. Passagen nicht immer voll geregelt. In der Piaffe, vor allem in der zweiten - unreine Tritte. Vor der zweiten Galopp-Pirouette Fehler beim fliegenden Wechsel. Zwei-Tempi-Wechsel teilweise etwas schwankend."
So, das war's. Würde es reichen? Nach dem Applaus des Publikums, ja. Er klang mir noch in den Ohren, als ich im Schritt zum Stall ritt. Hans Hamel, Venetias Pfleger, kam mit großen Schritten hinterher. "Es hat gereicht!" rief er. Leider hatte er sich verhört. Es reichte nicht. 1706 Punkte. Damit war ich um fünf Punkte besser als Kizimov und vorläufig auf Platz drei. Aber das Mannschaftsgold war weg. Um 17 Punkte. Was ich befürchtet hatte: Gustav Nyblaeus hatte Venetia nur auf Platz acht gesetzt, ihr 30 - 40 Punkte weniger als seine Kollegen gegeben. Wobei allerdings er-

wähnt werden muß, daß Nyblaeus auch bei anderen Reitern allgemein in seinen Noten etwas niedriger blieb als die übrigen Richter. Mit solchen Feinheiten setzte ich mich in diesem Augenblick noch nicht auseinander.

Ich war einfach maßlos enttäuscht. Das Publikum wußte ich dabei auf meiner Seite. Im feinen Nymphenburger Schloßpark folgte nach Bekanntgabe der Noten für meinen Ritt ein ganz unfeines Pfeifkonzert.

Ich stand unter den Bäumen bei den provisorischen Boxen und war stocksauer. Für Gold war ich angetreten, nicht für Silber. Annemi stand neben mir. Sie strich mir tröstend über die Wange. "Ich gehe zu Venetia und bringe ihr was Gutes," sagte sie. Sie hatte ja recht, Venetia konnte am wenigsten dafür.

Recht hatte auch Liselott: "Und jetzt freuen wir uns über Silber."

Ob Reiner Klimke ebenfalls recht hatte, der sich in den Tagen der zwangsweisen Untätigkeit als vorbildlicher Helfer für uns alle und quasi zu unserem Pressesprecher entwickelt hatte, nicht müde wurde, Journalisten den Unterschied zwischen Piaffe und Pirouette zu erklären und alle Ritte ausführlich zu kommentieren, das mag ich hier nicht beurteilen. Er wurde von der Reiter Revue zitiert: "Die Schlüter hat das Gold vergeigt."

Meinem Pfleger mußte ich übrigens Abbitte leisten: Nicht die Bügelschnalle war Schuld an meinem stechenden Schmerz, sondern ein Muskelfaserriß. Er wurde ausgelöst durch mein Stahlkorsett, das sich beim Reiten gelegentlich unangenehm bemerkbar machte - ein zusätzliches Handicap für das Stechen übermorgen.

Insgesamt wurde dem Grand Prix von München von Fachleuten ein hohes Niveau bescheinigt. Hinter den Russen, die die Goldmedaille gewannen, und uns mit der silbernen, setzten sich die drei schwedischen Damen nicht überraschend auf Rang drei, wie schon bei der Europameisterschaft im Jahr zuvor. Bestes schwedisches Pferd war der 15jährige Fuchswallach Ajax, geritten von Ulla Hakanson, ein Pferd, das bereits im Springsport eine beachtliche Karriere hinter sich hatte. Er gefiel durch seine ungezwungene natürliche Art zu gehen, obgleich ihm zuweilen die nötige Versammlung fehlte.

Eine Überraschung war das dänische Team auf dem vierten Platz, mit Pferden, die wir noch im vorigen Jahr in St. Georg und Intermediaire gesehen hatten.

Die Reiter aus der DDR blieben hingegen mit dem fünften Platz hinter den Erwartungen zurück. Was für den Pferdesport in der DDR schlimme Folgen hatte: Der medaillen-orientierte Spitzenverband des DDR-Sports strich nach München Reiten aus der Liste der förderungswürdigen Sportarten, was bedeutete, daß die Reiter keinerlei staatliche Unterstützung mehr erfuhren - und private schon gar nicht - und keine Gelegenheit mehr erhielten, bei westlichen Turnieren oder Olympischen Spielen zu starten. Damit war der Reitsport im östlichen Teil Deutschlands für fast zwei Jahrzehnte zu einem Schattendasein verurteilt.

Bei den Kanadiern, die den sechsten Platz belegten, war Christilot Hanson die herausragende Reiterin. Sie saß auf einem in Deutschland wohlbekannten Pferd, dem von Willi Schultheis ausgebildeten Armagnac, einem 14jährigen Hannoveraner von Aumund, der in München durch seine gewaltige Schwungentfaltung bestach, wenn auch die Reiterin ihn in der Versammlung nicht so "packen" konnte wie der große Meister selbst. Durch sein fröhliches Wiehern während der Prüfung erfreute er das Publikum, weniger die Richter, die daraus auf mangelnde Konzentration schlossen. Willi Schultheis übrigens verzeichnete in München einen besonderen Rekord: Allein sechs der Pferde im Grand Prix waren von ihm ausgebildet.

Hinter der Schweiz, Holland und den USA kamen die britischen Reiterinnen auf Platz zehn. Sie hatten die älteste Teilnehmerin der Olympischen Spiele in ih-

ren Reihen, die 70jährige Lorna Johnstone, die mit dem bildhübschen Vollblüter El Farucco sogar das Stechen erreichte. Gegen Mrs. Johnstone war ich mit meinen 60 Jahren geradezu noch ein Jüngling im Dressurviereck. Oder andersherum: Dressurreiten hält ganz offensichtlich jung.
Die Siegerehrung nahm FEI-Präsident Prinz Philip vor. Er ließ sich nicht davon abhalten, den Pferden die traditionelle Schleife ans Kopfzeug zu heften. Obwohl IOC-Präsident Averg Bandage dieses nicht IOC-abgesegnete Ritual eigentlich untersagt hatte.
Im versammelten Galopp drehten wir die Ehrenrunde um das Dressurviereck. Vielleicht hätte ich mich über die verlorene Goldmedaille weniger geärgert, wenn ich gewußt hätte, daß bis auf weiteres keine deutsche Dressurmannschaft bei Olympischen Spielen, Welt- und Europameisterschaften mehr geschlagen würde, zumindest für die nächsten 20 Jahre.
Die Hoffnung auf eine weitere Medaille schlug ich mir aus dem Kopf, obwohl der Wettkampf in München noch nicht zu Ende war.

Einzelwertung

Für die Einzelwertung am Sonnabend, 9. September, einen Tag später als ursprünglich vorgesehen, hatten sich zwölf Reiter qualifiziert, alle neun Reiter der drei Medaillen-Mannschaften, sowie Christilot Hanson, der Däne Axel Mikkelsen auf dem Schimmel Talisman und Mrs. Johnstone, acht Damen und vier Herren. Zwischen Mannschafts-und Einzelwertung lag ein Tag Ruhepause.
Um zwanzig Minuten vor zwei sollte der erste Reiter, Iwan Kalita, mit seiner Aufgabe beginnen. Schon eine Stunde zuvor strömten die Menschen auf die Tribünen. Sie mußten eine äußerst penible Durchsuchung ihrer Taschen über sich ergehen lassen. Die Sicherheitskontrollen waren erneut verstärkt worden. Ordnungshüter bewachten das Gelände und berittene Polizei patroullierte überall. Niemand beschwerte sich darüber. Viel zu tief saß noch der Schock des Terroristenanschlags. Da ich erst um kurz vor vier als Drittletzter an der Reihe war, konnte ich einige meiner Konkurrenten in Augenschein nehmen. Der zweite Ritt brachte schon den Sieg: Liselott Linsenhoff lieferte, abgesehen von Fehlern in den Einerwechseln, eine Glanzleistung an Ausdruck, Schwung und Gehorsam mit ihrem Piaff. Auch ihre schärfste Konkurrentin, Elena Petuschkowa, blieb in den Wechseln nicht ohne Patzer, insgesamt war deren Vorstellung schwächer als im Grand Prix. Für mich als dem nächsten Starter kam es darauf an, ob Venetia mehr Punkte würde sammeln können als Pepel. Ihr Nachteil: Anders als Piaff und Pepel war Venetia kein international bekanntes und anerkanntes Pferd. Das sollte zwar keine Rolle spielen, das zu glauben, wäre aber pure Illusion. Zudem wußte ich, daß sie kein Überflieger war. Doch mein fleißiges Lieschen mit dem großen Herzen erwischte an jenem Nachmittag in der Nymphenburg eine Sternstunde. Venetia spürte, daß es - jetzt oder nie - darauf ankam. Sie wuchs über sich selbst hinaus, zeigte Glanz und Schönheit, ging leicht und sicher und ohne Fehl wie nie zuvor - und nie wieder danach. Ich fühlte es und war glücklich.
Albert Stecken schrieb über unseren Ritt: "Eine ausgezeichnete Vorstellung, harmonisch und von äußerster Präzision. Die Grundgangarten kamen vorteilhaft zur Geltung. Überzeugende Durchlässigkeit und Versammlung. Die Vorzüge überwogen bei weitem die angeführten Schwächen".
Stecken verschwieg nicht: "In der Passage ging Venetia mehrmals hinten ungleich." Insgesamt urteilte er: "Eine reiterlich

Siegerehrung nach der Einzelwertung. FEI-Präsident Prinz Philip überreicht die Medaillen an Olympiasiegerin Liselott Linsenhoff auf Piaff (Mitte), Elena Petuschkowa (UdSSR) auf Pepel (links) und mich auf Venetia.

außerordentlich hochwertige Leistung." So sah es auch das Publikum. Es spendete frenetischen Beifall, der sich allerdings nur Minuten später in ein ebenso frenetisches Pfeifkonzert verwandelte, als nämlich die Richternoten bekanntgegeben wurden: 247, 245, 240, 234 Punkte von den Richtern bei E, M, H und B. Lediglich Chefrichter Gustav Nyblaeus konnte sich zu nur 211 Punkten entschließen. Er hatte mich auf den siebten Platz gesetzt. Ich glaube, weder vorher noch nachher hat ein Dressur-Publikum seinem Ärger so deutlich Luft gemacht. Die durchaus fachkundigen Zuschauer so unverhohlen auf meiner Seite zu wissen, war Balsam für meine Sportlerseele. Was soll's, Venetia und ich hatten die Bronzemedaille, näher am zweiten als am vierten Platz, und unterm Strich war es ein ganz toller Erfolg.

Noch großartiger war der Erfolg für Liselott Linsenhoff, die als erste Frau in der Geschichte der Dressur Olympiasiegerin wurde. Bei der abschließenden Pressekonferenz wurde ich dann doch einmal deutlich: "Ich möchte aus meinem Herzen keine Mördergrube machen, aber diese Wertung befremdet mich doch sehr. Als Reiter bin ich überrascht, daß ein Richter sich so sehr von den anderen unterscheidet."

München 1972. Ehrenrunde nach der Einzelwertung, von links: Elena Petuschkowa auf Pepel (UdSSR), Silbermedaille, Liselott Linsenhoff auf Piaff, Goldmedaille, und ich auf Venetia, Bronzemedaille.

Wieder einmal sorgten umstrittene Richterurteile bei Olympischen Spielen für Diskussionen. Der deutsche Richter Heinz Pollay wurde übrigens von der Kritik nicht ausgenommen. Er setzte die drei deutschen Reiter auf Platz eins bis drei, freilich mit sehr geringen Wertnotenunterschieden zu den übrigen. Das ging, was Liostro anbelangte, auch hierzulande Experten zu weit, selbst wenn man berücksichtigte, daß Karin Schlüter sich in der Stechaufgabe gegenüber dem Mannschaftsritt erheblich steigern konnte. Die Auseinandersetzung mit Gustav Nyblaeus war mit dem Tag der Münchner Entscheidung noch nicht abgeschlossen. Ich hatte trotz allen persönlichen Unmutes nie einen Hehl daraus gemacht, daß ein Reiter einen Richterspruch zu akzeptieren hat, wie ungerecht er ihm auch erscheinen mag. Die blanke Freude über die Bronzemedaille, die ich nach dem Dilemma mit Van Eick nur im hintersten Winkel meines Herzens zu erhoffen gewagt hatte, überwog alles andere. Es war mir klar, daß es meine letzte olympische Medaille sein würde.

Die Presse ließ nicht locker. Die Schlagzeilen in den nächsten Tagen sprachen eine (über-)deutliche Sprache: "Richter machen sich lächerlich", "Manipulation feierte Triumphe", "Schwede betrog Neckermann".

Das war mir und der deutschen Mannschaftsführung ziemlich unangenehm. Die Sachkunde und die persönliche Integrität von Gustav Nyblaeus war von uns keinen Moment lang angezweifelt worden. Ich fand nur, daß er die Akzente gelegentlich - wie bei meinem Ritt - falsch setzte.

Die Pressekonferenz hatte ein Nachspiel. In der Reiter Revue wurde mir vorgeworfen, ich hätte nach "scheinheiliger Anerkennung" der Richterurteile Gustav Nyblaeus bösen Vorsatz unterstellt.

Diesen Vorwurf widerlegte Nyblaeus selbst in einem Brief an mich vom 19. Dezember 1972, in dem er seinen Bericht in einer schwedischen Pferdezeitschrift zitierte:

"Er (der Journalist, Anm.d.Verf.) fragte stattdessen Neckermann, was er von meiner Wertung über ihn und sein Pferd halte. Zu meiner Erleichterung - ich gestehe dies bereitwillig - antwortete Neckermann als ein Gentleman, daß er überzeugt sei, daß hinter meiner Wertung nichts Persönliches stecke ..."

Der Brief schloß mit den Worten: "Glücklich ist, wer vergißt, was nicht mehr zu ändern ist."

Dabei will ich es hier bewenden lassen. Eines allerdings hat die Richterdiskussion von München erneut vor Augen geführt: Die Notwendigkeit einer Ausbildungsstätte für Dressurrichter. Wie ich sie bereits gefordert habe.

Quadrille zu zwölft

Bei diesen Olympischen Spielen erlebte die Dressurreiterei eine weitere Sternstunde. Bei der Schlußfeier am Montag präsentierten wir, das heißt zwölf Reiterinnen und Reiter, die Große Dressurquadrille. Mit diesem Schaubild hatte es seine besondere Bewandtnis. "Erfunden" hatte Oberst Felix Bürkner die Deutsche Dressurquadrille, die während des Krieges in Krampnitz von Reitern der Kavallerieschule aufgeführt worden war. Sie enthielt alle im Grand Prix geforderten Lektionen der Hohen Schule, bis hin zu ganzen Pirouetten, Einerwechseln, Piaffen und Passagen. In der Quadrille ritten Angehörige des Schulstalles und hochqualifizierte Berufsreiter mit, die damals als Soldaten zur Heeres-Reit- und Fahrschule einberufen waren. Als die Quadrille einstudiert war, wurde sie jeweils mittwochs vor einem kleinen Kreis geladener Gäste vorgeführt, bei denen sie jedes Mal Begeisterung entfachte. Albert Stecken hatte die Idee, die Quadrille im einmaligen Rahmen während der Schlußfeier der Olympischen Spiele in München wiederauferstehen zu lassen. Wir hatten Glück, Willi Schultheis und Bubi Günther, die die Quadrille in Krampnitz mitgeritten hatten, konnten die einzelnen Figuren aus dem Gedächtnis nachzeichnen.

Bürkner hat in seinem Buch "Ein Reiterleben" das Konzept der Quadrille geschildert.

Dort heißt es:

„Die Figuren der Schulquadrille waren auf die Reitbahn-Maße von 20 mal 60 Meter für zwölf Reiter zugeschnitten und enthielten in reiterlicher Steigerung ein Zusammenfließen und Auseinandergehen all der hübschen und eleganten Lektionen einer S-Dressuraufgabe und der hohen Schule - mit allen nur denkbaren Übergängen auf beiden Händen und mehrfacher Einlage von freien Gängen, die mit höchster Versammlung abwechselten.

Die Quadrille verlangte vom Reiter feinstes Gefühl bei höchster Einwirkung, vom Pferde völlige Durchlässigkeit und Schwung, sowie eine Durchbildung bis zur Piaffe auf der Stelle, größte Elastizität und Versammlung für die ganzen Pirouetten auf dem Mittelzirkel und absolutes Geradegerichtetsein bis zu einem Tempo. Bei allen Lektionen möglichst kurze Re-

München 1972: Bei der Abschlußfeier im Olympiastadion wurde zum ersten Mal die Große Deutsche Dressurquadrille wieder aufgeführt. Die zwölf besten Reiter einschließlich der Olympiareiter nahmen daran teil.

prisen, elegante Übergänge und eine jede Langweiligkeit ausschließende Lebhaftigkeit. Den Schritt hatte ich aus diesem Grund schon ganz weggelassen. Es sollte schon beim Hereinreiten im Galopp mit einer Länge Abstand und ebenso durch das Hinausreiten im Galopp vom ersten bis zum letzten Moment der freudige Fleiß, der Ausdruck lebendiger Frische zum Ausdruck gebracht werden."

Soweit Felix Bürkner.

Bis es zur Renaissance der "Olympia-Quadrille" kam, mußten einige Hürden genommen werden. Unbedingt sollten die zwölf besten Reiterinnen und Reiter mit ihren besten Pferden starten. Das war nicht ganz einfach, weil wir Reiter aus der Olympia-Mannschaft uns auf die Wettkämpfe vorbereiten mußten und nicht allzuviel Zeit zum Üben abzweigen konnten. Auch Bubi Günther und Albert Stecken waren durch unser Training beansprucht.

Die Vorbereitung der Quadrille übernahm George Theodorescu. Das gemeinsame Üben schweißte in kurzer Zeit die Reiter zu einer Gemeinschaft zusammen, wie sie die deutsche Dressurreiterei lange vermißt hatte. Rückblickend war es die gemeinsame Arbeit an der Olympia-Quadrille, die uns half, die Querelen im deutschen Dressurlager endgültig zu überwinden und wieder wie Sportsleute miteinander umzugehen.

Als die sechs je Reiterinnen und Reiter mit ihren farblich genau abgestimmten Pferden ins Münchner Olympiastadion einritten, brandete ihnen herzlicher Beifall von 80000 Zuschauern entgegen. Die Teilnehmer waren Reiner Klimke auf York, Liselott Linsenhoff auf Piaff, Wolfgang Haug auf Lorlot, Karin Schlüter auf Liostro, ich auf Venetia, Ilsebill Becher auf Mitsouko, Willi Schultheis auf Armagnac, Inge Theodorescu auf Marzio, Walter Günther auf Partisan, Gabriela Grillo auf Honduras, Harry Boldt auf Ariadne und Evi auf Mazepa.

Die Quadrille wurde ein Riesenerfolg. Fachleute sprachen von einem Dokument deutscher Reitkunst, und ein Berichterstatter schrieb: "Es gab Beifall, als sei in der Leichtathletik gerade ein Weltrekord erzielt worden. Die Pferde hatten die Herzen der Menschen erobert."

Ende gut, alles gut

Der Medaillenschatz der bundesdeutschen Reiter konnte sich sehen lassen.
Keiner von ihnen fuhr ohne Edelmetall nach Hause.
Die Militaryreiter gewannen Mannschaftsbronze hinter Briten und Amerikanern, in einer Prüfung, die als eindrucksvolle Werbung für diesen Sport gelten konnte. Kein einziges Pferd kam auf der von Ottokar Pohlmann meisterlich konzipierten Strecke zu Schaden. Gegner der Military, zum Protest bereit, konnten unverrichteter Dinge wieder abziehen.
Die Springreiter, die im Einzelwettbewerb enttäuschten und medaillenlos blieben, wetzten die Scharte am letzten Tag mit einem, wenn auch hauchdünnen, Sieg über die USA und Italien wieder aus. Wir Dressurreiter mit unseren drei Medaillen waren die erfolgreichste Disziplin.
In München nahm ich mir viel Zeit, zusammen mit meiner Frau die Wettbewerbe in den unterschiedlichen olympischen Disziplinen zu besuchen. Daß mein Herz für meine jungen deutschen Mannschaftskameraden schlug, ist sicher in doppelter Hinsicht verständlich. Manche der großen Wettkämpfe stehen mir so deutlich vor Augen, als wäre es gestern gewesen. Das kräftige Daumendrücken hat vielleicht mit dazu beigetragen - und die Leistungen der Sporthilfe natürlich erst recht -, daß der vierte Platz in der Nationenhierarchie der olympischen Sportwelt 1972 hinter der UdSSR, den USA und der DDR noch vor Japan und Australien erreicht werden konnte.
Natürlich wußte es die Bild-Zeitung mal wieder zuerst, quasi vor mir selbst: "Neckermann macht Schluß", titelte sie am Morgen der Einzelentscheidung. Tatsächlich hatte ich beschlossen, bei Championaten und Olympischen Spielen künftig jüngeren Reitern den Vortritt zu lassen, es sei denn, ich wurde benötigt. Einen Schlußstrich unter meine Laufbahn, wie es gemeldet wurde, gedachte ich noch lange nicht zu ziehen. Und deswegen entschied ich, meine Venetia, die ich bis dahin nur gepachtet hatte, zu kaufen. Zum Jahresende überwies ich Silvia Herzmann 80000 Mark.

Von wegen aufhören ...

10

Adriano, Sonnyboy und Duero

Ausklang der Karriere

Von wegen Aufhören. In den Boxen neben Venetia hatten hoffnungsvolle Nachwuchspferde Quartier bezogen.
Sonnyboy, den 1963 geborenen schwedischen Fuchswallach, hatte ich schon 1970 gekauft. Er war von Bubi Günther ausgebildet, der einen guten Draht nach Schweden zum dortigen Staatsgestüt Flyinge hatte. Dressurpferde aus Schweden waren in jenen Jahren der große Hit. Pferde wie Piaff und der Schimmel Silverdream von Ilsebill Becher waren eine überzeugende Werbung für die solide veranlagten Pferde aus dem hohen Norden, von denen viele bereits eine gute und weit fortgeschrittene Ausbildung durchlaufen hatten, bevor sie nach Deutschland kamen.
Sonnyboy war nicht unser erster Schwede. Der Rappwallach Honduras war ihm vorausgegangen. Er war irgendwie nicht mein Pferd, hatte für meinen Geschmack zu wenig Gehlust, so daß ich ihn an Bubi Günther zurückgab, der ihn wiederum an Familie Grillo verkaufte, deren Tochter Gabriela dabei war, eine beachtliche Karriere im Dressursattel zu machen. Honduras wurde ihr erstes Pferd für internationale Aufgaben. Mit dem Trakehner Ultimo gehörte sie 1976 zum deutschen Olympiateam, das in Montreal die Goldmedaille gewann.

Gabriela Grillo war in den 70er Jahren eine unserer erfolgreichsten Dressurreiterinnen, die sich vor allem um die Entwicklung der Musikkür große Verdienste erworben hat.

Im Gegensatz zu Honduras lag mir Sonnyboy sehr. In meiner überschwenglichen Freude, wieder ein gutes talentiertes Nachwuchspferd im Stall zu haben, hielt ich ihn zeitweise "für das beste Pferd, das ich je hatte". Was etwas übertrieben war. Die Freude dauerte nicht lange. Kurz nachdem Sonnyboy bei uns war, fiel er fast zweieinhalb Jahre wegen verschiedener Wehwehchen aus, brachte zwei Griffelbeinoperationen hinter sich und entwikkelte obendrein eine lästige Hautallergie. Erst 1973 begann ich wieder, ihn auf Turnieren vorzustellen, allerdings noch nicht im Grand Prix, sondern zunächst auf Intermediaire-Niveau.
Ansonsten hielt ich mich im nacholympischen Jahr ziemlich zurück, nicht ganz freiwillig. Venetia nämlich war in der Form ihres Lebens.
Beim Turnier in Wiesbaden führte der Pferdepfleger sie nach der Prüfung entgegen meiner strikten Anweisung über einen schmalen Holzsteg zurück in den Stall - das sparte ihm ein paar hundert Meter Umweg durch den Park. Mich kostete es mein seinerzeit bestes Pferd. Venetia glitt aus, fiel von der Brücke in den darunterliegenden Graben und verletzte sich schwer an den Hinterbeinen. Die Haut war in großen Fetzen abgerissen, die Sehnen in Mitleidenschaft gezogen.
Ich kann mich nicht erinnern, jemals in meinem Leben so wütend gewesen zu sein. Als ich von dem Unglück erfuhr, lief ich in den Stall und - heute kann ich es ja zugeben - streckte den Pfleger mit meiner schon zu Schulzeiten gefürchteten Linken nieder. Annemi und Peter, die mir auf

dem Fuße folgten, verhüteten Schlimmeres. Übrigens habe ich den Mann nicht hinausgeworfen. Er hat sich auch nie über den Kinnhaken, den ich ihm verpaßt hatte, beschwert.
Venetia mußte monatelang stehen und ärztlich behandelt werden. Ganz die Alte wurde sie nie wieder, was ich damals noch nicht übersehen konnte.
Die Saison 1973 war für mich gelaufen. Ohne Grand Prix-Pferd war es sinnlos, nach Aachen zu gehen.
Die Deutsche Meisterschaft in Berlin, wo ich meinen Titel verteidigen mußte, geriet mehr zur Pflichtübung als zum sportlichen Vergnügen.
Es war für Venetia der erste Auftritt nach ihrer Verletzung, die deutliche Spuren, nicht nur äußerlich, hinterlassen hatte. Die ungleichen Tritte, die sich in die höheren Lektionen wie Passage und Piaffe vermehrt einschlichen, waren nicht zu übersehen. Ich wurde immerhin noch Dritter hinter Harry Boldt auf einem neuen Pferd, dem Rappen Golo, und Reiner Klimke, der Mehmed und York in den Meisterschaftsprüfungen ritt.
Lichtblick dieser Berliner Tage war der neunjährige Adriano, ein Hannoveraner von Abend. Der braune Wallach war von Vroni Meyer-Johann ausgebildet. Ich hatte ihn über den bekannten Berufsreiter Heinz Lammers, der auch Evi zeitweise trainierte, bekommen. In Berlin, unserem ersten gemeinsamen Turnier mit Adriano, überflügelte er in der Intermediaire bereits Venetia und trug mir damit ein paar Meisterschaftspunkte ein. (Damals wurde die Deutsche Meisterschaft in drei Teilprüfungen, Intermediaire, Grand Prix und Stechen, entschieden, die Punkte aus den drei Prüfungen addiert.)
Adriano und Sonnyboy waren in den beiden folgenden Jahren meine Hauptstützen, keiner von beiden allerdings ein sicheres Grand Prix-Pferd für vordere Plätze. Adriano fehlte letztendlich die Klasse für ein wirkliches Spitzenpferd. 1978 verkaufte ich ihn an Dr. Hans-Jörg Marloff, dessen Tochter Evi ihn noch erfolgreich auf Turnieren einsetzte. Venetias Laufbahn war mehr oder weniger beendet. 1975 ritt ich sie zum letzten Mal in Iserlohn, aber nachdem sie bis auf einen Grand Prix-Sieg im Frühjahr in Ludwigshafen in diesem Jahr nie über mittlere Plätze hinausgekommen war, nahm ich sie aus dem Sport. Fortan war sie für viele Jahre ein braves Lehrpferd meiner Enkel und jungen Bereiter. Peters Sohn Christian wurde mit ihr Zweiter in einer S-Dressur in Wiesbaden, seine erste Plazierung in der schweren Klasse.
In ihren letzten Lebensjahren bekam Venetia ihr "aktives Gnadenbrot" von meinen Freunden Joachim und Irene Schwarzkopf, die es sehr genossen, sie zu reiten.

Abschied von Bubi Günther

Im Mai 1974 starb Bubi Günther, erst 53 Jahre alt. Er überstand eine Herzoperation nicht, verbrachte die letzten Wochen vor seinem Tode auf der Intensivstation des Eppendorfer Krankenhauses in Hamburg.
Mit ihm verloren wir unseren besten Dressurausbilder. Bubi Günther war in allen Sätteln gerecht, ritt in jungen Jahren auch Vielseitigkeit und Springen auf internationalem Niveau. Seine ganz große Karriere erlebte er aber im Dressursattel. In den sechziger Jahren wurde er so etwas wie der "Starausbilder" der deutschen Dressurställe, eilte im Flugzeug von Stall zu Stall, unermüdlich, sich nie Ruhe gönnend. Selbst in Übersee war er ein gesuchter Mann.
Die Reiter Revue schrieb in seinem Nachruf: "Die Schale des Menschen und Reiters

war rauh. Günthers überragendes Können ließ manchen die Faust in der Tasche behalten. Es waren nicht viele, die ohne Bubi auskamen: Er war inzwischen Bundestrainer der deutschen Dressurreiter, ein Auftrag, den er ohne Einschränkung verwirklichte. Hinter dem eckigen und barschen Mann steckten jedoch sehr viel empfindlichere Züge. Wer sie nicht erlebt hat, hat Walter Günther nicht gekannt. Möglicherweise hing seine Krankheit damit zusammen. Walter Günther suchte die Leistung und Anerkennung. Er ließ sich von ihnen treiben, war nicht barsch genug, auf sie verzichten zu können."

Seine Frau Maria Günther, selbst auch als Springreiterin erfolgreich, bevor sie in den Dressursattel umstieg, stellte noch einige Jahre die Pferde von Bubi, vor allem Macbeth, auf Turnieren vor.

München blieb mein letzter olympischer Auftritt. Auch die internationalen Championate der siebziger und achtziger Jahre fanden ohne mich statt, obwohl ich als Mitglied des DOKR-Vorstands und FN-Präsidiums (seit 1973) und seit 1977 als FN-Vizepräsident, später als Mitglied des von Anton Fischer geleiteten DOKR-Dressurausschusses (seit 1974), den Reitsport weiterhin mit aktivem Rat begleitete.

1973 wurde Reiner Klimke in Aachen auf Mehmed Europameister vor den beiden Russen Elena Petuschkowa auf Pepel und Iwan Kalita auf Tarif.

Reiners Sieg wurde ausgerechnet von der deutschen Presse zum Teil sehr kritisiert. Die Reiter-Revue vertrat unter dem diffamierenden Titel "Sieg von Richtergnaden" die Meinung, Mehmed habe nicht unter die ersten Drei gehört. Albert Stekken antwortete darauf in souveräner Sachlichkeit und wies nach, daß Mehmed die Prinzipien der Dressur (reiner Gang, Losgelassenheit, Durchlässigkeit) in Aachen erfüllt hatte wie kein anderes Pferd. Seine Ausführungen entsprachen voll und ganz meiner Meinung.

Der Mannschaftssieg ging an die deutschen Reiter: Liselott Linsenhoff, Karin Schlüter und Reiner Klimke.

Im kommenden Jahr krönte Reiner Klimke Mehmeds Laufbahn in Kopenhagen mit dem Weltmeistertitel. Liselott Linsenhoff belegte Platz zwei, und zusammen mit Karin Schlüter wurden sie Mannschaftsweltmeister. Von den zwölf Dressurprüfungen in Kopenhagen, von denen acht im Rahmen der Weltmeisterschaften und vier innerhalb der gleichzeitig stattfindenden Europameisterschaften für Junioren ausgetragen wurden, konnten die deutschen Teilnehmer alle zwölf Prüfungen gewinnen. Ein Ergebnis erfolgsorientierter Konzeption und zukunftsweisender Perspektiven.

Auch für mich sah die Saison 1974 nicht schlecht aus. Im Wiesbadener Grand Prix konnte ich drei Pferde plazieren. Insgesamt gewann ich elf goldene Schleifen, davon drei in Grand Prix.

Ab 1975 beherrschte die Schweizerin Christine Stückelberger die internationalen Championate mit ihrem kalibrigen Holsteiner Granat, der in vielen Punkten, vor allem in Piaffe, Passage und den Übergängen brillierte. Bis einschließlich 1980 wurde dieses Paar nur einmal geschlagen, bei der Europameisterschaft in Aarhues von der Österreicherin Sissi Theurer auf Mon Chérie.

Christine Stückelberger, unterstützt von dem hervorragenden Trainer Georg Wahl, gewann in Folge die Europameisterschaft 1975 in Kiew, die olympische Goldmedaille 1976 in Montreal, die EM 1977 in St. Gallen, die Weltmeisterschaft 1978 in Goodwood und schließlich das Dressurfestival 1980 in Goodwood, die Ersatzveranstaltung für die Olympischen Spiele in Moskau, die die Schweizer ebenso wie die Deutschen nach dem sowjetischen Überfall auf Afghanistan boykottierten. In Moskau wurde die Goldmedaille zur leichten Beute von Sissi Theurer.

Als NOK-Präsidiums-Mitglied habe ich den Boykott-Beschluß am 15. März 1980 mitgetragen. Heute schmerzt es mich

mehr als je zuvor, daß ich nicht doch versucht habe, ihn zu verhindern. Er erschien mir damals politisch zwingend notwendig, vor allem nach der einmütigen Boykott-Empfehlung des Deutschen Bundestages. Bewirkt hat er nichts. Ich bleibe tief in der Schuld jener Sportlerinnen und Sportler, die auch durch mein Votum um die Früchte ihrer jahrelangen Trainingsarbeit und um ihre oft einmalige Olympiachance gebracht wurden.
Unter der "Ära Granat", um sie einmal so zu nennen, hatte ein Reiter besonders zu leiden, der einen wichtigen Einzeltitel sehr wohl verdient hätte: Harry Boldt. Dreimal, 1975, 1976 und 1977, wurde er Zweiter hinter Christine Stückelberger. Mit dem Hannoveraner Woyceck hatte er wieder ein wirkliches Klassepferd, dessen Blütezeit leider ausgerechnet in die Jahre fiel, als mit Granat ein noch besseres Pferd das Feld beherrschte.
In den 80er Jahren wendete sich das Blatt. Granat wurde langsam abgelöst, 1981 bei der Europameisterschaft in Laxenburg bei Wien durch Madras unter Uwe Schulten-Baumer, ein Jahr später bei der Weltmeisterschaft in Lausanne durch Ahlerich, auf dem Reiner Klimke ein weiteres glanzvolles Kapitel deutscher Dressurgeschichte aufschlug, das er 1984 mit seinem Doppel-Olympiasieg in Los Angeles krönte.

Schwere Zeiten

So ganz freiwillig war meine Abstinenz von den internationalen Top-Ereignissen nicht - obwohl ich zugebe, daß man etwas ruhiger wird und nicht mehr jeder Goldschleife hinterherjagt, wenn im Arbeitszimmer vier olympische Medaillenschränkchen hängen.
Wie schon geschildert, reichte die Qualität meiner Pferde in jenen Jahren für regelmäßige Grand-Prix-Erfolge nicht aus. Vor allem aber fehlte ich auf den Turnieren, weil unser Unternehmen in wirtschaftliche Schwierigkeiten geraten war. Nach langwierigen und komplizierten Verhandlungen übernahm Ende 1976 die Karstadt AG die Aktienmehrheit der Neckermann Versand KGaA mit ihren Tochtergesellschaften. Mein Sohn Peter und ich schieden aus dem Unternehmen aus. Es würde in diesem Buch zu weit führen, einen detaillierten Bericht über Gründe und Verlauf dieses geschäftlichen Vorgangs mit seinen weitreichenden Konsequenzen zu geben. Ich möchte es bei dieser knappen Mitteilung bewenden lassen, die nichts aussagt über die ungeheure Dramatik jener Monate, in denen meine Familie und ich den größten Teil des Vermögens verloren, wodurch sich unser Leben völlig veränderte.
Peter ging mit seiner Familie in die USA; er wurde schon nach kurzer Zeit Vizepräsident eines der größten amerikanischen Versicherungskonzerne.
Nach herkömmlichen Begriffen war ich nach dem Verlust des Unternehmens ein Verlierer. Und unsere Gesellschaft geht mit Verlierern nicht eben zimperlich um. Daß ich mich nicht unterkriegen ließ, lag vornehmlich in meinem Engagement für die Deutsche Sporthilfe begründet. Ich konnte die Aufgaben nun intensiver angehen. Ich wußte, die Sportler zählten auf mich. Also Ärmel aufkrempeln und für sie weiterkämpfen. Und ich hatte meine Pferde. Dazu viel Zeit für die Reiterei.
Im Herbst 1977 starb bei einem tragischen Autounfall unsere Schwiegertochter Ingrun. Unsagbar schmerzlich war der Verlust für uns, vor allem aber für Johannes und seine drei Kinder Markus, Julia und den kleinen Lukas. Zwei Jahre später heiratete er die hübsche, sportliche Ljiljana Stojanovic. 1981 verließ auch er die Neckermann Versand AG in Richtung USA, wo er sich als Unternehmensberater etabliert hat.
1977 - da lagen die Olympischen Spiele in

Sonnyboy in der Piaffe beim Berliner Hallenturnier 1977.

Montreal schon ein Jahr hinter uns, da hatten Reiner Klimke, Harry Boldt und Gabriela Grillo mit ihrer Mannschafts-Goldmedaille mit 471 Punkten Vorsprung, dem höchsten bisher erzielten, die "Scharte" von München ausgewetzt. Harry wurde noch einmal mit einer Einzelsilbermedaille belohnt.
1977 sah mein Leben etwas anders aus als in den Jahrzehnten zuvor. Ich stand später auf, ritt nach wie vor meine zwei bis drei Pferde. Zum Frühstück mit Annemi blieb mir nun genügend Muße, bevor ich in mein bescheidenes Sporthilfe-Büro fuhr, wo mich ein Full-Time-Job erwartete, um meinem Ruf als "Bettler der Nation" gerecht werden zu können.
Die Jahre zwischen 1977 bis 1988 waren für die Sporthilfe die Jahre des Wandels. Die Liberalisierung der Zulassungsregeln zu den Olympischen Spielen im Jahr 1981 - die Sportler dürfen Werbung treiben, Startgelder annehmen und sie dürfen sogar Profis sein - hatte ihre Auswirkungen. Firmen wandelten sich von Mäzenen, die den Sport uneigennützig fördern, zu Sponsoren, die den schnellen und meßbaren Werbeerfolg suchen. Das Wort "Vermarktung" zog ein in den Sport. Die einzelnen Sportfachverbände, auch die Reiter, gründeten ihre eigenen Vermarktungsgesellschaften. In den Anfängen herrschte so etwas wie Goldgräberstimmung.
Die notwendigen Förderungsmaßnahmen veränderten sich ebenfalls. Das Ende der 60er Jahre vielgerühmte "Sporthilfe-Steak" (will heißen: kräftige, doppelte Portion in der Mensa, bezahlt von der Sporthilfe) reichte nicht mehr aus. Das Förderungspaket für jeden einzelnen der förderungswürdigen und -bedürftigen Athleten wurde immer individueller gepackt. Unsere Stärke blieb die Nähe zum aktiven Sportler.
Der Förderungsschwerpunkt hat sich heute allerdings verlagert. Die Leistungsspitze ist nicht mehr - so wie in früheren Jahren - unbedingt auf die "Sporthilfe" angewiesen. Deshalb sehe ich ihre künftigen Aufgaben vor allem in der Förderung des sportlichen Nachwuchses, für den die Quellen der Sponsorengelder gar nicht üppig fließen.
Im Stall hatte es auch eine Veränderung gegeben. Mein langjähriger Stallmeister Fritz Baranowski ging nach 20 Jahren treuer Dienste im Herbst 1976 in Pension. Für vier Jahre hatte nun der junge Michael Putz im Stall Kirchborn das Sagen. Er hat sich inzwischen einen Namen gemacht als Leiter der Westfälischen Reit- und Fahrschule Münster, als Nachfolger von Paul Stecken. Putz war mir vom Siemens-Vorstandsvorsitzenden Dr. Bernhard Plettner empfohlen worden. Er konnte zwar ein abgeschlossenes Pädagogik-Studium und Turniererfolge in Springen und Dressur bis Klasse S vorweisen, aber es fehlten ihm die formellen Qualifikationen, um selbständig einen Reitbetrieb zu führen. Zum Goldenen Reiterabzeichen benötigte er noch drei Plazierungen, die er mit Venetias Hilfe schnell zusammenbekam. Michael Putz fuhr bereits mit der nächsten Neckermann-Generation auf Turniere: Er betreute meinen ältesten Enkel Christian bei seinen ersten M- und S-Starts.

Duero, der Siegreiche

Bis Anfang der 80er Jahre mußten trotz seltener Einsätze meine Mitstreiter auf dem Dressurviereck mit mir rechnen. Sonnyboy, Adriano und Duero, ein Westfälischer Brauner von Ducker, machten in den 70er Jahren der Konkurrenz das Siegen gelegentlich schwer. 1977 gewann Duero 21 Dressurprüfungen, Sonnyboy brachte es auf 14 Siege, wenn auch beide Pferde erfolgreicher auf Intermediaire-Level denn auf Grand Prix-Niveau waren. Im Frühjahr 1980 verkauften wir unser Haus in Kirchborn und zogen in ein hübsches, einem Zwei-Personen-Haushalt angemessenes Domizil im Nachbarort Dreieichenhain, wo uns unsere tüchtige Maria Engelberty umsorgt. Der Abschied fiel schwer - vor allem von den herrlichen Trainingsmöglichkeiten in Kirchborn. Die Pferde stellten wir in unmittelbarer Nähe auf dem Hofgut Neuhof unter, bei

Duero war unterm Strich mein erfolgreichstes Dressurpferd. Er gewann 65 Prüfungen, war vor allem in Intermediaire kaum zu schlagen.

Gelernt ist gelernt: Sonnyboy bei regungsloser Grußaufstellung in Aachen.

meinem ehemaligen Schüler Conrad Schuhmacher, der junge Reiter für höhere Aufgaben heranbildet. Dort kann ich meinen Rat und meine Erfahrung an die jüngere Generation weitergeben. Erfolgreiche Neuhofer "Produkte" der letzten Jahre sind Kür-Europameister 1991 Sven Rothenberger und die holländische Olympiareiterin Ellen Bontje, die 1979 zu mir kam, eine Ausbildung zur Pferdewirtin durchlief und 1990 die Prüfung zur Pferdewirtschaftsmeisterin mit Auszeichnung bestand.

Mit dem jungen Kür-Europameister Sven Rothenberger in Donaueschingen.

Plazierungen bei Olympischen Spielen, Welt- und Europameisterschaften

Jahr	Ort	Wettbewerb	Einzel Mannschaft	Ergebnis/Pferd
1960	Rom	OS	E	3. Asbach
1964	Tokio	OS	M	1. Antoinette
1965	Kopenhagen	EM	M	1. Antoinette
1966	Bern	WM	E	1. Mariano
			M	1. Antoinette
1967	Aachen	EM	M	1. Antoinette
1968	Mexiko	OS	E	2. Mariano
			M	1. Mariano
1969	Wolfsburg	EM	E	3. Mariano
			M	1. Mariano
1970	Aachen	WM	M	2. Mariano
1971	Wolfsburg	EM	E	2. Van Eick
			M	1. Van Eick
1972	München	OS	E	3. Venetia
			M	2. Venetia

Siege und Plazierungen meiner Dressurpferde

Pferd	Zeit	1. Platz	2. Platz	3. Platz	Gesamt
Douglas	1956 - 1957	4	7	3	14
Asbach	1958 - 1964	50	46	21	117
Förster	1961 - 1963	20	10	7	37
Antoinette	1963 - 1969	27	25	7	59
Mariano	1965 - 1970	56	18	14	88
Mazepa	1967 - 1969	7	1	5	13
Cantate	1968 - 1970	17	6	3	26
Van Eick	1970 - 1972	15	11	6	32
Sonnyboy	1970 - 1981	46	22	17	85
Adriano	1971 - 1975	8	13	11	32
Venetia	1971 - 1975	14	15	14	43
Duero	1977 - 1981	65	17	15	97
Marius	1979 - 1981	4	2	2	8
Gesamt	1956 - 1981	333	193	125	651

Rückzug auf Raten

Rückzug vom Turniersport. Allmählich war es soweit. 1979 wurde mir nach einer Herzattacke ein Herzschrittmacher implantiert, der mich beim Reiten jedoch nie behinderte. Annemi sprach es aus: "Tritt zurück, solange du noch auf dem Höhepunkt bist."

Für den Abschied von der internationalen Bühne kam nur ein Schauplatz in Frage: Aachen. 28. Juni 1981, Sonntagnachmittag im Anschluß an den Grand Prix Special.

Die Woche über verdrängte ich alle Abschiedsgedanken, konzentrierte mich auf die Prüfungen, an denen ich mit Duero und Sonnyboy teilnahm, wollte allen beweisen, daß der Neckermann trotz seiner 69 Jahre noch nicht zum alten Eisen gehört, auch wenn er jetzt endgültig seinen Zylinder nimmt.

Duero und Sonnyboy zeigten ihr ganzes Können. Sonnyboy wurde Sechster im Aachener Grand Prix, Duero glänzte mit einem zweiten Platz in der Intermediaire, wurde im Grand Prix in starker Konkurrenz Vierter, ebenso im Special.

Sonntagnachmittag goß es in Strömen. Nach der Siegerehrung rief mich der Sprecher Hans-Heinrich Isenbart auf. Duero, als wüßte er, daß 45 000 Menschen auf ihn schauten, stand wie ein Denkmal. Hans-Heinrich Isenbart ließ die Jahre Revue passieren, nannte Siege und Medaillen, erzählte vom "Schlammderby" vor 30 Jahren in Hamburg, von den Minuten der Angst im Gewittersturm von Tokio, vom Fast-Gold in Mexiko.

Abschied vom Großen Sport in der Aachener Soers 1981.

Fröhlicher Altenteiler: Sonnyboy mit Martina und Evi in Kanada.

Der Vorsitzende der Deutschen Reiterlichen Vereinigung, Dieter Graf Landsberg-Velen, ergriff das Wort. "Lieber Nekko, die deutsche Reiterei dankt dir aus ganzem Herzen", schloß er seine Laudatio. Ich war es, der Dank schuldete. Einem gütigen Schicksal, daß mir Freude, Erfüllung und Erfolg in der schönsten Nebensache der Welt, in meiner geliebten Reiterei, geschenkt hat. Ich galoppierte an zur letzten Ehrenrunde im riesigen Oval der Soers. Der herzliche Beifall der Menschen begleitete mich und mir scheint, als hörte ich ihn noch heute. An der Schranke parierte ich durch zum Schritt und ritt in den Stall. Dort fand mich Annemi. Ich weinte wie ein Kind.

Zum Ausklang nahm ich an einer Handvoll nationaler Turniere teil. Dann war Schluß. Sonnyboy ging zu Prachts, wo er in Kanada sein Leben als rüstiger Rentner genoß und noch manchen Lorbeer auf Turnieren errang.

Duero blieb bei mir auf dem Neuhof. Bis zu seinem Tode im Jahr 1991 verschafften wir uns täglich die Bewegung, die ältere Herren brauchen. Nach Halbheiten stand mir auch jetzt der Sinn nicht. Wehe, Duero, schlau wie er war, erlaubte sich unter meiner Bereiterin kleine Nachlässigkeiten, ließ mal ein Hinterbein beim fliegenden Wechsel stehen oder mogelte sich ohne Biegung durch die Ecke. Dann konnte ich fuchsteufelswild werden. Wenn ich etwas hasse, ist es Schlamperei. Was du tust, das tue ganz, das gilt auch für kleine Dinge und in jedem Alter.

Feste feiern wie sie fallen

Fünfter Juni 1982. Ein Fest war angesagt. Zu meinem 70. Geburtstag ging es rund auf dem Neuhof. Über 500 geladene Gäste waren gekommen, alle Kinder und Enkel, um mit uns zu feiern. Bundespräsident Professor Dr. Karl Carstens schwebte mit dem Hubschrauber ein. Hessens Ministerpräsident Holger Börner zählte ebenfalls zu den Gasten. Graf Landsberg-Velen brachte das FN-Ehrenzeichen mit Eichenlaub und Brillanten mit, das vor mir nur Hans Günter Winkler und Alwin Schockemöhle bekommen hatten (und auf das ich insgeheim gehofft hatte).

Ich hatte von meinen Geburtagsgästen wie bei allen Geburtstagen anstelle von Geschenken eine Spende für die Sporthilfe erbeten, wobei immerhin eine Viertelmillion Mark zusammenkam. Dennoch wurde ich mit Blumen und Gaben bedacht. Von drei besonderen Überraschun-

Duero *15.5.1970

Züchter: Josef Fieke, Greven-Westerode, Westfalen

Duero 3	Ducker	Duellant	Dolman
			Forstweihe
		Försterration	Förster
			Alteration
	Amsella	Allasch	Allerhand
			Freya
		Otti	Orion
			Annchen

Duero war ein mächtiger westfälischer Brauner. Er war größer und stärker als alle anderen Pferde des Josef Neckermann. Seine ungewöhnlichen Reitwerte wurden schon früh offenbar, denn als Dreijähriger war er oftmals siegreich in Materialprüfungen unter dem Sohn seines Aufzüchters Josef Schulze-Suthoff. 1974 gehörte der vierjährige Duero zur siegreichen DLG-Mannschaft Westfalens in Frankfurt. Beim Mannschaftswettbewerb auf der DLG handelte es sich um eine kombinierte Prüfung , so daß er auch über Sprünge gehen mußte.

In Frankfurt entdeckte Josef Neckermann den großen Braunen und kaufte ihn auf der Stelle. Er hat ihn dann einige Jahre sorgfältig aufgebaut und ihn erst 1977 wieder vorgestellt. Schon in diesem Jahre war er Seriensieger in M- und S-Dressuren, hier besonders im St. Georg und in der Intermediaire.

1981 auf dem Turnier in Aachen nahm Josef Neckermann seinen Abschied vom Großen Sport, und damit war auch Dueros Laufbahn auf dem Viereck beendet.

Gewonnen hatten die beiden in knapp fünf Jahren u.a. 65 Goldschleifen. Kein anderes Pferd schenkte seinem Reiter Josef Neckermann so häufig die Têtenposition bei einer Siegerehrung. Als Duero aufhörte, stand er als elfjähriges Dressurpferd im Zenit seines Könnens. Noch weitere zehn Jahre hat dieses treue Pferd seinem Reiter als Reitpferd gedient.

Welche Eigenschaften nun machten Duero zum Seriensieger? Er verfügte über die überragenden Grundgangarten mit sehr

großer Übersetzung. Seine Bewegungen hatten eine ungewöhnlich große Schubkraft, es fehlte allerdings die letzte Tragkraft; es mangelte an der Kadenz. Dieser Umstand hat den ehrlichen und psychisch belastbaren Kämpfer daran gehindert, ein wirklich hochklassiges Grand Prix-Pferd zu werden.
Das letzte "öffentliche" Bild von der Abschiedszeremonie in Aachen 1981 zeigt uns einen formschönen Warmblüter mit ausdrucksvollem Gesicht und großer Halsung, die ideal geformt ist. Auch die Oberlinie ist gut; die Kruppe mit der richtigen Neigung, ausgestattet mit starker Hosenmuskulatur.
Die Schulter ist recht lang und der Widerrist reicht anscheinend weit in den Rücken hinein, denn der Reiter hat "viel vor sich". Das Pferd erscheint bei seiner Größe von 1,72 Stockmaß und bei seinem geringen Blutanteil überraschend markant in seinen Formen. Auch sein Fundament ist stark und korrekt, so daß es nicht verwunderlich ist, daß Duero als 20-jähriger noch gesund auf den Beinen war und die Einer-Wechsel noch schnurgerade sprang.
Das Blutbild des Duero zeigt uns einen reinen Warmblüter, dessen hohe Begabung für Dressur erklärt wird durch die Abstammung seines Vaters Ducker. Dieser tiefe, kräftige Fuchs mit dem großen Aufsatz kam von einer der berühmtesten Zuchtstätten Hannovers, dem Hof der Gebrüder Ferdinand und Gustav Meyer, Hollerdeich. Diese Bauerschaft liegt in Kehdingen an der Elbmündung. Vom Hof der Gebrüder Meyer kamen in den Jahren von 1949 bis 1953 vier Duellant-Söhne in die Zucht - in Hannover waren es Drusus, Dünkel und Durban -, die alle die Gehlust ihres Vaters besaßen und auch weitergaben.
Durban hat so nebenbei noch das Springpferd Donald Rex (Alwin Schockemöhle) gezeugt, der Ende der Sechziger für einige Jahre das beste Springpferd der Welt war. Alle diese Hengste gehen auf die Stammutter Jularia zurück, die einen der besten hannoverschen Stutenstämme begründet hat. Ducker und Dünkel waren rechte Brüder. Der bedeutendere war Ducker, der in Westfalen Gang und Rittigkeit vererbte und großen Einfluß auf die westfälische Reitpferdezucht nahm.
Viele seiner Kinder waren erfolgreich in Dressurprüfungen.
Die Mutter des Duero, die Stute Amsella (nicht zu verwechseln mit der herrlichen Springstute des Peter Schmitz), war eine Tochter des Warendorfer Hengstes Allasch, der schon zehnjährig die züchterische Bühne verließ und dessen größte Bedeutung darin liegt, daß er der Großvater unseres Helden Duero wurde.
Die nächsten Hengste auf der Mutterseite namens Orion und Allah waren letztlich hannoverschen Ursprungs. Sie konnten beide im großen Orchester der Zucht eine besondere Rolle nicht besetzen. Ein bemerkenswerter Fingerzeig ergibt sich vielleicht bei Orion, der auf den Beberbecker Orinocco zurückgeht. Dieser führte zeitweilig in Hannover eine recht bedeutende Hengstlinie an. Den Beberbeckern hat man immer besondere Markanz, Härte und Gangvermögen nachgesagt.
Insgesamt läßt sich sagen, daß das Abstammungsbild des Duero beherrscht wird von dem ganggewaltigen Ducker. Kein anderes Pferd hat das reiterliche Leben des Josef Neckermann länger begleitet als dieser brave westfälische Fuchs, der ein echtes Kind der Landespferdezucht war. Von 1974 bis 1991 waren Duero und Josef Neckermann sportliche Partner. Noch lange wird man sich ihrer erinnern.

gen möchte ich berichten. NOK-Präsident Professor Dr. Willi Daume schenkte mir eine Rarität, eine Silbermedaille aus dem Jahre 1912 - meinem Geburtsjahr - von den Olympischen Spielen in Stockholm, bei denen erstmals Reitwettbewerbe stattgefunden hatten. Der damalige Bundesinnenminister Gerhart Baum, zuständig für den Sport und damit mein Hauptgesprächspartner in der Bundesregierung, überreichte mir die Bronzeplastik eines Ritters zu Pferde mit den Worten: "Mit Lanze und offenem Visier, so wie Sie immer gekämpft haben."

Sehr geheimnisvoll tat die medaillenschwere Abordnung der von der Sporthilfe geförderten Athleten. Sie hatte vorher um einen geräumigen Parkplatz gebeten und fuhr in einem Pkw mit Pferdeanhänger vor. Annemi und mir stockte der Atem. Doch hoffentlich kein Pferd! Ich hatte unsere Kavalkade gerade aufs passende Maß verkleinert. Duero und der Hengst Marius für mich und der irische Schimmel Al Trampas für Annemi - das reichte uns völlig. Als die Sprecher der Aktiven, Ulrike Deppe und Michael Beckereit, mit einer kleinen Ansprache die Plane lüfteten und die Klappe herunterließen, kam tatsächlich ein Pferd heraus - ein wunderschönes, englisches Schaukelpferd, handmade, aus Holz. Es steht seitdem in meinem Arbeitszimmer neben meinem Schreibtisch, und ich erfreue mich jeden Tag daran.

Es wurde viel geredet und viel gelacht an diesem Tag, bei herrlichem Sonnenschein, in dem reich mit Blumen und Fotos aus meiner Reiterzeit geschmückten Zelt. Ein Kinderchor und die Jacob Sisters sangen, der Bundespräsident zog das Jakkett aus, ich war dankbar und überglücklich, aber der Tag war noch nicht zu Ende. Auf dem hübsch hergerichteten Dressurviereck der Neuhofer Reitanlage ritten zwölf Reiter ein, sechs Damen und sechs

Hohe Gäste beim 70. Geburtstag auf Gut Neuhof. Zwischen Annemi und mir Bundespräsident Dr. Carl Carstens.

Herren, und zelebrierten mir zu Ehren die Große Dressurquadrille.
Zehn Jahre waren seit der Uraufführung in München am Schluß der Olympischen Spiele vergangen. Die Zeit war nicht stehengeblieben. Doch die vollendete Präsentation von Reiter und Pferd gelang in ihrer scheinbaren Leichtigkeit und begeisternden Schönheit in dem privaten Rahmen unter den alten Bäumen des Neuhofs eher noch ausdrucksvoller und überzeugender als im riesigen Oval des Olympiastadions. Ein wunderbares Bild, eine Demonstration klassischer Reitkunst auf höchster Ebene.
Da ritten Harry Boldt, inzwischen hochgeschätzter Bundestrainer und weltweit gefragter Ausbilder, mein alter Kampfgefährte Dr. Reiner Klimke und seine Frau Ruth, Herbert Krug, der in Los Angeles 1984 zum olympischen Mannschaftsgold beitragen sollte, gleich drei Theodorescus: Inge, George und ihre Tochter Monica, heute eine der erfolgreichsten Dressurreiterinnen, der unverwüstliche Willi Schultheis, der Holsteiner Uwe Sauer, auch er mit Hirtentraum und Montevideo an mehreren Championatssiegen und am Mannschaftsgold in Los Angeles beteiligt, Gabriela Grillo, mit Mannschafts-Olympiagold, Welt- und EM-Titeln versehen, die, selber hochmusikalisch, so viel für die Entwicklung der Musikkür getan hat. Da ritten meine Tochter Evi und Liselotts begabte Tochter Ann-Kathrin Linsenhoff. Liselott und ihr Mann Klaus Rheinberger, die auch zu den Gratulanten zählten, sind mir vor allem in schwerer Zeit liebe, enge Freunde geworden.
Generalmajor a.D. Albert Stecken hatte die Quadrille mit den Reitern eingeübt. Bis zuletzt hatten sie mit Hilfe von Gerda Singer und Conrad Schumacher die Geburtstagsüberraschung "unter der Decke" halten können. Alle saßen auf ihren besten Pferden, hatten sogar das Hamburger Derbyturnier geschwänzt.
"Es ist einer der schönsten Tage unseres Lebens." Meine Frau hatte recht.

Ich konnte meine Freude und Dankbarkeit kaum in Worte fassen. Es gab kräftiges Schulterklopfen, Umarmungen und ein paar zerdrückte Tränen.
Plötzlich arbeitete sich eine Frau durch das Gewühl bis hin zu mir. Ich kannte sie nicht, anscheinend war es ihr gelungen, Kontrollen und Personenschutz zu überlisten.
"Ich gehöre zur großen Masse der Namenlosen, die Sie achten und verehren", sagte sie. "Meinen Glückwunsch."
Ich bedankte mich und antwortete: "Die Pferde sind doch gut gegangen, nicht wahr?"
Die Fremde erwiderte: "Sie sind nicht gegangen, sie haben getanzt. Die Pferde wußten, warum."

Los Angeles

*N*eunzehnhundertvierundachtzig fuhr ich zu den Olympischen Spielen nach Los Angeles, zum ersten Mal seit 1960 ohne Annemi, deren Gesundheit jetzt häufig angegriffen war und die sich im Krankenhaus einer Operation unterziehen mußte. Die Spiele unter Kaliforniens Sonne waren wohl die unbeschwertesten, die ich erlebt habe, mit begeisterungsfähigen Zuschauern. Unbefangen waren sie in der offenen Hinwendung zum totalen Kommerz - ein Dutzend Jahre nach Avery Brundage, dem strengen Verfechter des reinen olympischen Amateurs. Die Kostenlawine einer solchen Großveranstaltung wie Olympische Spiele lassen in unserer Zeit wohl keine andere Wahl.
Außer auf die Wettkämpfe meiner Sporthilfe-Athleten und Reiterkameraden freute ich mich auf ein Wiedersehen mit Evi, die mit Little Joe für die kanadische Dressurmannschaft nominiert war.

Ich hatte einen Wagen (mit Chauffeur) zur Verfügung, so daß ich viele Wettbewerbe trotz der sehr weit auseinanderliegenden Wettkampfstätten besuchen konnte. Die Sommerhitze ging nicht ganz spurlos an mir vorüber. Mit einem Schwächeanfall mußte ich einige Tage stationär behandelt werden und hatte auf diese Weise Gelegenheit, die hypermodernen amerikanischen Kliniken kennenzulernen - eine Erfahrung, auf die ich gern verzichtet hätte. Annemi, besorgt um mein Wohl, alarmierte von Deutschland aus meinen Sohn Peter. Der reiste prompt an - um mich wieder bester Dinge vorzufinden.
Während meines Klinikaufenthaltes wohnte Peter in meinem Hotelzimmer. Trotz der strikten Sicherheitsvorkehrungen hatte er nie die geringste Mühe, überall hinzukommen. Man hielt ihn ganz einfach für mich. Mit den Jahren war die Ähnlichkeit zwischen uns immer auffälliger geworden.
Das Ergebnis der Spiele aus deutscher Sicht konnte sich sehen lassen. Wegen des Fernbleibens der Ostblockstaaten - eine Retourkutsche auf den Moskau-Boykott der westlichen Welt - sahnte die westdeutsche Mannschaft kräftig ab (313 Athleten der knapp 400 Personen starken Mannschaft belegten Platz eins bis acht). Bei den Reitern kam keiner ohne Medaille nach Hause.
Die Spring- und die Militaryreiter gewannen die Mannschaftsbronzemedaille. Die Erfolge der Dressurreiter überstrahlten alles: Goldmedaille für Uwe Sauer, Herbert Krug und Reiner Klimke, der mit Ahlerich auch in der Einzelwertung Olympiasieger wurde.

Meine Schale

Mit den Jahren hatten sich die Schränke in unserem Wohnzimmer mit schönen und nicht ganz so schönen Ehrenpreisen gefüllt. Jeder hatte eine Geschichte, jeder war mir lieb und teuer. So sehr, daß ich es höchst ungern sah, wenn Annemi das eine oder andere Stück dem praktischen Gebrauch zuführen wollte. Dahingehenden Bestrebungen widersetzte ich mich energisch.
Dennoch gelang es Annemi einmal, eine sehr hübsche silberne Gemüseschüssel aus der Vitrine zu schmuggeln und sie für ein wichtiges Abendessen zu benutzen. Sie wurde mit Bohnen gefüllt, das Personal angewiesen, die Gravur sorgsam mit dem Gemüse zu verdecken. Das geschah auch, aber bis die Schüssel bei mir war, schimmerte die Schrift durch. Ich las laut und vernehmlich vor: "Herborn 1963, S-Dressur 1. Preis mit Asbach", und fuhr fort: "Er ging übrigens fehlerfrei bis auf einen kleinen Patzer in den Zweiern - und das ist meine Schale." Wenn Blicke töten könnten, wäre ich - von den Augen meiner Frau erdolcht - unter den Tisch gesunken!

Mein 75. Geburtstag

Neunzehnhundertsiebenundachtzig. Ich wurde 75 Jahre alt. Wenige Tage zuvor hatte ich das Große Verdienstkreuz mit Stern und Schulterband des Verdienstordens der Bundesrepublik Deutschland - aus der Hand von Bundespräsident Dr. Richard von Weizsäcker - erhalten, dem Schirmherrn der Deutschen Sporthilfe, wie vor ihm alle Bundespräsidenten seit Dr. Gustav Heinemann. Die hohe Aus-

zeichnung wurde in Anerkennung von Verdiensten als Vorsitzender der Stiftung und für meine ehrenamtliche Mitarbeit in vielen anderen Gremien des Sports verliehen unter besonderem Hinweis auf das Engagement des Josef Neckermann für Mensch, Tier und Umweltschutz. Die Deutsche Reiterliche Vereinigung bedachte mich mit dem "Deutschen Reiterkreuz in Gold".
Ich müßte lügen, wenn ich behauptete, Orden und Ehrenzeichen seien mir gleichgültig. Ich habe mich riesig über alle Auszeichnungen gefreut, die sich im Laufe meines Lebens ansammelten, zum leichten Amüsement von Annemi, die einem Reporter anvertraute: "Wenn wir ausgehen, fragt mein Mann: Welchen Orden soll ich nehmen, diesen oder jenen? Oder meinst du, ich soll beide anstecken?"
Zudem versprach mir Reiterpräsident Graf Landsberg für künftige Sitzungen den zeitlich unbegrenzten "Necko-Bonus". Endlich. Oft genug hatte mich gefuchst, wenn er meine zugegebenermaßen umfängliche oder gelegentlich aufwendige Sorgfalt - man kann es auch Akribie oder Detailbesessenheit nennen - bei der Behandlung wichtiger Tagesordnungspunkte in ein zeitliches Korsett zu schnüren versuchte.

Eine der wenigen erfreulichen Erscheinungen des Alters ist das Bestreben der Mitmenschen, einem Gutes zu tun. Außer Orden und Glückwünschen zu meinem 75. ließen die Medien das sportliche und berufliche Leben des JN in vielen freundlichen Zeilen Revue passieren. Dieser 5. Juni 1987 wurde eine runde Sache, diesmal in der riesigen Sporthalle des Landessportbundes Hessen in der Otto-Fleck-Schneise, wo die Geschäftsstelle der Sporthilfe ihren Sitz hat. Wie schon das Zelt zu meinem 70., hatte Dieter Haupt die Halle mit Bildern und Blumen zu einem Festsaal umgestaltet - sein Geschenk an mich.
Und alle kamen, um mir zu gratulieren: Die komplette Großfamilie, Freunde, Weggefährten, Reiterkameraden, Wirtschaftler, Politiker, Publizisten, Vertreter der Sportorganisationen und viele bekannte Sportlerinnern und Sportler aus zwanzig Jahren Sporthilfe.
Die erfolgreichsten "meiner" Sporthilfe-Athleten überraschten mich mit einem Ständchen ("Marmor, Stein und Eisen bricht, aber unser Necko nicht"), das sie mit einer anderen Necko-mäßig abgewandelten Weise in Liebhaberauflage als Single-Schallplatte gleich hatten pressen lassen.
Die obligaten Geld-Spenden aus Anlaß meines Geburtstages für die Stiftung konnten sich sehen lassen: Zwischen zehn bis 50 000 Mark summierten sie sich auf stolze mehr als 430000 Deutsche Mark.

Olympia koreanisch

Es ging mit großen Schritten auf die Olympischen Spiele in Seoul 1988 zu. Im Sommer 1987 flog ich zusammen mit Dieter Landsberg auf Einladung des dortigen Organisationskomitees nach Seoul. Wir sollten die großzügigen Anlagen für die Reiterspiele in kritischen Augenschein nehmen. Sie waren fast fertig und ließen keine Wünsche offen, eher schon die reiterlichen Fähigkeiten der koreanischen Olympia-Aspiranten und die Qualität ihrer Pferde, die wir sahen.
Der "Ball des Sports" im Februar stand unter dem Motto "Olympia Seoul 1988", von der landestypischen Ausstattung der Mainzer Rheingoldhalle über das lukullische Vier-Gang-Menü bis hin zum Programm. Für dieses Programm sponsorten die Koreaner ihre National Dance Group, eine Tanz- und Musikgruppe mit anmutigen Tänzerinnen in prachtvollen traditionellen Kostümen und mit alten Musikin-

strumenten. Es war ihr erster Auftritt in Europa, und er geriet zu einem wahren Augenschmaus an Grazie, Artistik und Farbenpracht.
Gelegentlich dieses Benefiz-Festes überreichte mir Professor Dr. Bertold Beitz im Namen des Präsidenten des Internationalen Olympischen Komitees den Olympischen Orden. Er paßt, wie ich meine, als hohe und rare Auszeichnung gut zu meinen sechs Medaillen, die ich in vier Olympischen Spielen erritten habe.
Die Spiele in Seoul brachten für die deutsche Mannschaft respektable Ergebnisse. Besonders freute ich mich - natürlich - über die unerwarteten, alles überstrahlenden "goldenen" Erfolge unserer Reiter, deren Training ich auf den Anlagen der Rennbahn Kwachon verfolgte. Selbstverständlich besuchte ich auch die Wettkämpfe. Für meine Tochter Evi erfüllte sich ihr olympischer Traum. Sie gewann mit der kanadischen Mannschaft eine Bronzemedaille. Es kommt, glaube ich, nicht allzu häufig vor, daß Vater und Tochter sich in der gleichen Disziplin mit olympischem Edelmetall schmücken können. Ist es vermessen zu hoffen, daß meine Enkelin Martina, die Tochter von Evi und Hans Pracht, bei kommenden Olympischen Spielen einmal die Familien-Ehre in der Dressur verteidigen kann? Die Begabung hat sie.
Zurück ins Jahr 1988: Die drei jungen Reiterinnen Nicole Uphoff, Monica Theodorescu und Ann-Kathrin Linsenhoff er-

Erblich belastet: Martina Pracht hat von meinen Enkeln die größte Pferdepassion mitbekommen.

Dressur ist ein Sport für junge Leute geworden. Hier 1991 unsere jungen Spitzenreiterinnen Monica Theodorescu, Nicole Uphoff, Ann-Kathrin Kroth und Isabell Werth (v.l.).

oberten zusammen mit Reiner Klimke die Goldmedaille. Nicole Uphoff belegte mit ihren erst 22 Jahren auch in der Einzelwertung den 1. Platz - die jüngste Dressur-Olympiasiegerin aller Zeiten. Um die Zukunft unseres Sports braucht es uns nicht bange zu sein.
Auch die Military- und Springreiter gewannen Mannschaftsgold, Karsten Huck zudem Bronze im Einzelspringen.

Abschiede

Der Herbst 1988 war die Zeit des Rückzugs als Sporthilfe-Vorsitzender, am Ende eines erfolgreichen Olympiajahres. Weil die Nachfolgefrage nicht allseits zufriedenstellend lösbar schien, übernahm NOK-Präsident Willi Daume interimistisch den Vorsitz.
Mit dem in meiner 21jährigen Amtszeit Erreichten konnte ich zufrieden sein: 16 500 geförderte Athleten, die zusammen 230 Millionen Mark an Fördergeldern erhalten hatten, dazu ein ansehnliches finanzielles Polster, auf das die Sporthilfe zurückgreifen konnte.
Ich wurde zum Ehrenvorsitzenden ernannt und bin sehr froh, daß der Kontakt zum Sport und den Sportlern nicht abgerissen ist, schon gar nicht zu meinen Reiterkameraden; denn als kritischer und begeisterungsfähiger Zuschauer fehle ich selten bei einem bedeutenden Sportereignis und fast nie bei den großen Reitturnieren.
Am 16. Mai 1989 starb meine Frau. Bis zuletzt hatte sie ihre schwere Krankheit mit großer Tapferkeit ertragen. Es bleibt eine tiefe Dankbarkeit gegenüber Annemi, die sich selbst und ihre eigenen Interessen im-

mer hintenangestellt hat. Ihr widme ich dieses Buch, ihr, ohne deren sachkundige, offene Kritik, aufopfernde Hilfe und unerschütterliche Zuversicht es den Dressurreiter Josef Neckermann nicht gegeben hätte. Ich bin mir nicht sicher, ob ich es ihr zu Lebzeiten oft genug gedankt habe.

1982 mit Annemi in Kirchborn.

11

Schluß-
betrachtung

Seit meiner Verabschiedung vom Turniersport 1981 in Aachen und nach Abgabe des Vorsitzes der Stiftung Deutsche Sporthilfe zum Jahresende 1988 war es mein Wunsch, sammelnd und abwägend auf meinen Lebensweg zurückzuschauen und die Erinnerungen niederzuschreiben. 1990 erschien mein Buch „Erinnerungen". Schon frühzeitig zeichnete sich ab, daß aus der Fülle des reiterlichen Geschehens lediglich Ausschnitte aufgenommen werden konnten. Deshalb lag mir daran, ergänzend und zusammenhängend im „reiterlichen" Rückblick die Erlebnisse aus der faszinierenden Welt der Pferde und des Reitens zu schildern, Erlebnisse, die mir nach wie vor bildhaft vor Augen stehen. Immer waren sie ereignisreich, zumeist erfreulich, mitunter enttäuschend. Sie umspannten den weiten Bogen einer Zeit, in der ich bis zu meinem 18. Lebensjahr regelmäßig ritt, dann aus verschiedenen Gründen aufhören mußte und nach 25 Jahren wieder mit dem Reiten begann, vom Springen zur Dressur wechselte und mich ab 1957 mehr und mehr dem Spitzensport zuwandte.

In den Jahren der Ausbildung, des Trainings und des Turnierreitens gewann ich Erkenntnisse, die sich theoretisch und praktisch als erfolgversprechend erwiesen. Sie prägten meine persönlichen Überzeugungen und damit die Aussagen zum Kerngehalt eigener Erfahrungen, die Inhalt meines reiterlichen Fazit sind.

Zusätzlich zu den eigenen Erfahrungen haben manch kritische Stellungnahmen, zahlreiche Gespräche und Diskussionen, Richterurteile sowie praktische Hilfen und sachkundige Unterrichtungen zur Erweiterung meines theoretischen Wissens und zur Verbesserung des reiterlichen Könnens beigetragen. Dafür bin ich aufrichtig dankbar, vor allem auch meinen reiterlichen Freunden und „Gegnern" auf dem Dressurviereck, insbesondere meinen beiden „Hauptwidersachern", Willi Schultheis in früheren Jahren und später Dr. Reiner Klimke, zu denen Harry Boldt und nicht zuletzt Liselott Schindling-Rheinberger hinzukamen.

Auf diesem Hintergrund erstreckt sich mein reiterliches Fazit über das Wesen der Dressur, auf die Grundsätze des Dressurreitens und auf das Reiten in Dressurprüfungen.

Wesen der Dressur

Wir leben in einer Zeit, in der wir täglich tiefgreifende Veränderungen von Strukturen und Systemen erleben, die für unveränderlich zu halten wir uns angewöhnt hatten. Sollte da das Nachdenken über Richtlinien wie die Lehren des Dressurreitens - mit ihrem Anspruch, keiner Änderungen zu bedürfen - unzeitgemäß sein? Manche meinen, diesen Lehren sei nichts hinzuzufügen, weil sie in sich schlüssig, logisch und in Übereinstimmung mit der Natur des Pferdes seien. Dem kann ich nicht uneingeschränkt zustimmen.
Sicherlich sind die überlieferten Lehren der Dressur, die sich auf die natürlichen Anlagen des Pferdes gründen, von zeitloser Gültigkeit. Die Geschichte des Dressurreitens ist aber auch die Geschichte von sich wandelnden Auffassungen, von Ergänzungen und Fortschritten, die aufbauend auf tragenden Grundsätzen zu ständigen Steigerungen geführt haben. In unseren Tagen hat die Dressur hinsichtlich Breite und Dichte der Spitzenleistungen eine Dimension gefunden, die man trotz einiger qualitativer Vorbehalte kaum für möglich gehalten hätte. Deshalb wird es - wie ich meine - aufs Neue die Aufgabe jeder Generation sein, sich die überliefer-

ten Lehren zu eigen zu machen und zu prüfen, ob und inwieweit sie weiterentwickelt werden können und müssen.

Die Bezeichnung Dressur hat mir nie so recht gefallen, erinnert sie doch an das Abrichten von Tieren, an zirzensische Kunststücke und Tricks, also genau an das Gegenteil dessen, was wir als „Dressur" begreifen und von ihr erwarten.
Unsere Erwartung ergibt sich aus der Definition: Dressur ist die systematische Gymnastizierung des Pferdes und psychologisch sorgsame Erziehung.

Die Gymnastizierung soll sich in einem stufenweisen Aufbau vollziehen, angepaßt an die natürliche Veranlagung des Pferdes, an seinen Körperbau und seine Bewegungen. Sie erstrebt damit, erstens die Muskeln des Pferdes zu lockern und die Nachgiebigkeit in seinen Gelenken zu erreichen, zweitens die Schub-, Trag- und Federkraft der Hinterbeine zu entwickeln, drittens dadurch Gang und Haltung in den einzelnen Tempi zu formen und zu verbessern und viertens die Leistungsfähigkeit so zu fördern, daß allmählich steigende Anforderungen in den Lektionen erfüllt werden.

Die Erziehung muß davon ausgehen, die geistigen und seelischen Eigenschaften des Pferdes richtig einzuschätzen und anzuwenden. Das Pferd ist in der Regel gutmütig, gelehrig und arbeitswillig, hat ein außerordentlich gutes Gedächtnis und vergißt nie nachhaltige Eindrücke, insbesonders keine schlechten.

Es wird immer darauf ankommen, das Pferd geduldig, ruhig und wohlwollend, aber auch mit eindeutiger Bestimmtheit zu behandeln. So kann man das notwendige Vertrauen zwischen Reiter und Pferd herstellen und Widersetzlichkeiten möglichst von vornherein ausschließen.
Für den Erfolg der Erziehung sind die psychologisch wirksamen Mittel von größter Bedeutung: Beispiel, Gewöhnung, Lob (möglichst oft) und Strafe (nur in Ausnahmefällen).
Die Ziele einer so verstandenen Dressur, die jeder Reiter kennen sollte, sind verbindlich in den Bestimmungen der Internationalen Reiterlichen Vereinigung (FEI) beschrieben:
„Die harmonische Entwicklung der natürlichen Anlagen und Fähigkeiten des Pferdes. Es soll ruhig, losgelassen, durchlässig und gewandt sein, zugleich vertrauensvoll, aufmerksam und schwunghaft und damit eine vollkommene Einheit mit seinem Reiter bilden."
Im Ergebnis soll das Pferd gehorsam sowie leicht und angenehm zu reiten sein.

Welche Form des Reitsports jemand auch immer ausübt, und welche Motive ihn leiten mögen - sei es Freude am Umgang mit dem Pferd, Ausgleich zur beruflichen Arbeit, gesundheitliche Gründe, Neigung zum Gelände- und Jagdreiten, Teilnahme an Turnieren -, stets ist das richtig verstandene Dressureiten unerläßliche Grundlage. Denn welcher Reiter wollte darauf verzichten, daß sein Pferd angenehm geht und leicht zu reiten ist? Und welcher Reiter dürfte aus Gründen der eigenen und fremden Sicherheit darauf verzichten, daß sein Pferd gehorsam allen Einwirkungen folgt? Es gilt also festzuhalten: Die Dressur war, ist und bleibt Grundlage für jede Anforderung in der Verwendung des Pferdes und für jede Art seiner weiteren Ausbildung.
Zuweilen wird gefragt, ob das Dressurreiten als Kunst oder Sport aufzufassen sei. Wenn man unter Kunst die schöpferische Begabung und das zur Meisterschaft entwickelte Können versteht, so ist es sicherlich eine künstlerische Tätigkeit, die natürlichen Anlagen eines Pferdes so zu fördern und zu festigen, daß es in möglichst vollkommener Weise ausgebildet ist. Das wird nur in der Hohen Schule erreicht. Deshalb glaube ich, daß das Dressurreiten als Sport erst dann zur Kunst werden kann,

wenn die Anforderungen der Hohen Schule, wie sie in Dressurprüfungen Grand Prix und Grand Prix Special gestellt werden, vollendete Meisterschaft beweisen und den Eindruck der Harmonie und Schönheit vermitteln. So wird das Dressurreiten als Sport auf höchster Ebene zugleich zur Reitkunst. Uns, den Reitern von heute, ist aufgegeben, daran mitzuwirken, sie zu erhalten und zu fördern.

Leitlinien der Dressur

Von den Grundsätzen, nach denen dies zu geschehen hat, war in den bisherigen Schilderungen häufiger die Rede. Sie sind Marksteine auf dem Wege der Dressur und sollen deswegen an dieser Stelle noch einmal zusammengefaßt werden. Wie ein roter Faden ziehen sie sich durch die Ausbildung nicht nur des Grand Prix-Pferdes.
Die Leitlinien sind als allgemeine Richtlinien aufzufassen, die sich in der Wissenschaft und Praxis im Laufe der Zeit entwickelt und, da abgeleitet von der natürlichen Veranlagung des Pferdes, immer als richtig und erfolgversprechend erwiesen haben.
Unabhängig von den unterschiedlichen Meinungen zur Begriffsbildung und -zuordnung möchte ich auf folgende Grundsätze eingehen: Reiner Gang, Losgelassenheit, Geschmeidigkeit, Gewandtheit und Gehorsam.

Der erste Grundsatz verlangt den uneingeschränkten reinen Gang.
Die wichtigste Forderung des Dressurreitens ist darauf gerichtet, die Schönheit der natürlichen Bewegungen des Pferdes zu erhalten und zu verfeinern. Das Hauptaugenmerk muß daher auf den reinen Gang zielen. Damit ist nicht nur die natürliche regelmäßige Fußfolge gemeint. Sie ist ein Teil des reinen Gangs. Er kann regelmäßig, aus reiterlicher Sicht aber unrein sein, wenn das Pferd gespannt, mit festgehaltenem oder weggedrückten Rücken geht. Der reine Gang ist nur bei losgelassenen, schwingenden Rückenmuskeln gewährleistet.

Es ist ein Kriterium richtiger und guter Ausbildung, wenn auch bei fortschreitenden Anforderungen bis zu denen des Grand Prix die natürlichen Gänge nicht nur erhalten bleiben, sondern zusätzlich an Ausdruck gewinnen. Hilfreich für eine solche Ausbildung sind gründliche Kenntnisse in der Bewegungslehre, der „Seele der Reitkunst".

Der reine Gang ist ohne Losgelassenheit des Pferdes nicht denkbar. Obwohl beide eng miteinander verbunden sind, möchte ich die Losgelassenheit als zweiten Grundsatz besonders behandeln.
Für die richtige Dressur hat die Losgelassenheit, das heißt die zwanglose Hergabe des gesamten Muskelsystems, als erste Voraussetzung für den Erfolg der Ausbildungsarbeit einen entscheidenen Stellenwert.
Ohne Losgelassenheit gibt es keine Durchlässigkeit, das heißt keinen Gehorsam auf die Hilfen. Nur aus der Losgelassenheit entwickelt sich der geregelte und reine Gang, aus dem man dann das Pferd in seiner Haltung richtig formen kann. Wo die Losgelassenheit fehlt, ist der Weg nicht frei für die Schubkraft der Hinterbeine, nicht frei für den schwingenden Rükken und nicht frei für die Dehnung des Halses nach vorn in die Tiefe und damit nicht für die fortdauernde, reiterlich so wichtige Dehnungsbereitschaft.

Bei der Arbeit mit Venetia habe ich sehr anschaulich den Einfluß der Losgelassenheit erfahren. In ihren Bewegungsmöglichkeiten eher begrenzt, war sie außerordentlich fleißig und neigte im Trab zu einem eiligen und im Galopp zu einem wenig springenden Bewegungsablauf. Durch planmäßige und geduldige Verbesserung der Losgelassenheit, besonders der Rükkentätigkeit und der Dehnungsbereitschaft, gelang es, den Trab und Galopp so zu fördern, daß sie bei den Olympischen Spielen 1972 in München in der Einzelwertung die Bronzemedaille und Mannschaftssilber gewinnen konnte. Dieses Beispiel zeigt, wie sich eine verbesserte Losgelassenheit vorteilhaft auf die Bewegungen auswirken kann.

Der dritte Grundsatz verlangt die Geschmeidigkeit des Pferdes als Ergebnis einer systematisch aufgebauten Arbeit und Folge der gymnastischen Durchbildung. Die Geschmeidigkeit ergibt sich aus der Durchlässigkeit, dem zentralen Kern der Ausbildung. Erreicht ist sie, wenn das Pferd den Einwirkungen des Reiters von hinten nach vorn, von vorn nach hinten sowie in seitlicher Richtung keinerlei Widerstand entgegensetzt, sondern alle Hilfen, im wahrsten Sinne des Wortes, durchläßt. Sie schließt dann Anlehnung und Geraderichtung ein. Durch fortschreitende Gymnastizierung entwickelt sich eine zunehmende Geschmeidigkeit, die sich in der Weichheit aller Bewegungen, in fließenden Übergängen und im Gleichgewicht des Pferdes widerspiegelt.
Wenn in der gymnastischen Durchbildung die Losgelassenheit, Durchlässigkeit und Geschmeidigkeit erreicht ist, steht das Pferd auch vertrauensvoll und ruhig am Zügel. Dann sucht es die Hand des Reiters und verbessert so seine eigene Haltung. Der Reiter darf niemals versuchen, eine bestimmte Haltung des Pferdes mit der Hand zu erzwingen.

Der vierte Grundsatz fordert die Gewandtheit des Pferdes. Sie kommt als Folge der Geschmeidigkeit in der Versammlung zum Ausdruck. Das Pferd ist dann befähigt, in vollkommenem Gleichgewicht, mit vermehrter Tragkraft der Hinterbeine und dadurch bedingter Aufrichtung zu gehen. In diesem Zustand soll das Pferd in der Lage sein, sowohl die leichten als auch die höchsten Anforderungen des Dressurreitens zu erfüllen. Die Fähigkeit wird nicht nur in der Genauigkeit der Bewegungen und Hufschlagfiguren sichtbar, sondern darüber hinaus in den schwersten Übungen, wie Pirouetten, nach vorwärts gesprungenen fliegenden Galoppwechseln, in der Piaffe und Passage und nicht zuletzt in den versammelten Tempi der einzelnen Gangarten.

Der fünfte Grundsatz, der Gehorsam, beinhaltet die Hauptforderung an ein richtig ausgebildetes Dressurpferd. Der Gehorsam wird bewußt zuletzt genannt, weil er sich zwangsläufig aus den vorgenannten Grundsätzen und aus den Ergebnissen einer psychologisch richtigen Erziehung ergibt. Deshalb darf der Gehorsam nie durch harte oder gar brutale Methoden erzwungen werden. Er soll vielmehr das Ergebnis einer gymnastischen Durchbildung und Erziehung sein, die Arbeitsfreudigkeit und Arbeitswilligkeit des Pferdes gewährleisten.
Die oben geschilderten Grundsätze bilden ein geschlossenes System, das abgestuft nach dem Schwierigkeitsgrad für alle Anforderungen gilt, für die der Klasse A (Anfänger) bis hin zur Ebene des Grand Prix. Immer kommt es darauf an, daß die Pferde losgelassen, geschmeidig, d.h. durchlässig und versammelt gehen und gehorsam die verlangten Anforderungen erfüllen.

Ganz besonders liegt mir am Herzen, als Bestandteil meines reiterlichen Fazit aus dem reichen Inhalt des „Gymnasium des Pferdes" an einige Lehren von Gustav Steinbrecht, den Wegbereiter der heutigen Dressurauffassung, zu erinnern, an Lehren, die richtungsweisend reiterliche Zusammenhänge erhellen. Auszugsweise möchte ich einige Beispiele anführen, dabei die Seitenzahl des Buches angeben und jungen Reitern raten, diese Stellen nachzulesen.

„(1) Nur wenige haben eine Ahnung, wieviel Zeit, Geduld und Mühe dazu gehört, einem Pferd eine vollkommene Ausbildung zu geben (S. 48).

(2) In keiner Kunst ist das Sprichwort „Übung und Erfahrung machen den Meister" mehr zu beherzigen als in der Reitkunst; die Natur zeigt solche Mannigfaltigkeit in ihren Schöpfungen, daß wir nicht unter Millionen Wesen derselben Art ... zwei ganz gleiche Exemplare finden. Der Bereiter kann daher nur durch Erfahrung lernen, die naturgemäßen Grundregeln der Kunst auf das einzelne Pferd mit seinen Sonderheiten fein und richtig abzuwägen und geschickt anzuwenden. Junge Leute sind daher nicht genug zu ermahnen, ruhig und geduldig mit ihren jungen Pferden umzugehen (S. 48).

(3) Das Pferd bedarf langer und sorgfältiger Übung ..., ehe es imstande ist, den feinen Hilfen des Reiters sofort Folge zu leisten (S. 49).

(4) Der Bereiter hat sein Pferd vollkommen ausgebildet, wenn er die beiden in der Hinterhand ruhenden Kräfte, die Schub- und Tragkraft, diese in Verbindung mit der Federkraft, zur höchsten Entwicklung gebracht und in ihren Wirkungen wie in ihrem Verhältnis zueinander beliebig und genau abzuwägen vermag (S. 55).

(5) Man vergesse nie, daß die Dressur eine geregelte Gymnastik, aber keine Zwangsmethode sein soll, und daß der Körper des Pferdes in die gewünschte Form nicht auf einmal hineingepreßt, sondern allmählich befähigt werden soll, diese zwanglos anzunehmen (S. 58).

(6) Alle Dressur beruht auf richtigem Zusammenwirken vortreibender und verhaltender Hilfen, deren zweckmäßiges Verhältnis nur durch das Gefühl geregelt werden kann (S. 67).

(7) Reite dein Pferd vorwärts und richte es gerade. Unter diesem Vorwärtsreiten verstehe ich nicht ein Vorwärtstreiben ... in möglichst eiligen ... Gangarten, sondern vielmehr die Sorge ..., bei allen Übungen die Schubkraft der Hinterbeine in Tätigkeit zu erhalten, ... daß nicht nur bei den Lektionen auf der Stelle, sondern sogar bei Rückwärtsbewegungen das ... Bestreben, die Last vorwärts zu bewegen, in Wirksamkeit bleibt. Ferner verstehe ich unter der geraden Richtung des Pferdes nicht seine völlig ungebogene Körperhaltung, sondern eine ... Einstellung seiner Vorhand ..., daß es unter allen Umständen, selbst bei stärkster Biegung seines Körpers ..., mit seinen Vorderbeinen den Hinterfüßen vorschreitet, die ihrerseits wiederum jenen unbedingt folgen, indem sie stets in der Bewegungsrichtung vor und niemals seitwärts dieser Richtung treten (S. 72/73).

(8) Der richtige Winkel zwischen Hals und Kopf ermöglicht es, daß der von den Hinterbeinen erzeugte Schwung sich durch Rücken und Hals bis in das Maul fortpflanzt und das Pferd zum Abstoßen vom Gebiß und zur Hergabe des Genicks veranlaßt. Erst dadurch wird der Weg zwischen Hinterhand und Vorhand freigemacht und nunmehr auch die Hand befähigt, ihre Wirkung ... bis zur Hinterhand fortzupflanzen (S. 78)."

Wenn ich mit diesen wenigen Beispielen jüngere Reiter veranlassen könnte, im „Steinbrecht" weiterzulesen, dann würde mich das sehr freuen. Ich habe ihn jedenfalls immer wieder zur Hand genommen, darin studiert und nicht aufgehört, daraus zu lernen. Insbesondere sein Wort "Reite dein Pferd vorwärts und richte es gerade" wurde für mich zur unerläßlichen Grundregel, quasi zum "Markenzeichen", wie Spötter sagen.

Das aufgezeigte und durch Auszüge belegte System der überlieferten Lehren schafft in seinem stufenweisen Aufbau die Grundlagen für den unterschiedlichen Gebrauch der Pferde, sei es in der Dressur, im Springen oder im Vielseitigkeitsreiten. Zu diesen Grundlagen tritt in der Dressur die Übung des Pferdes in den Lektionen hinzu, die in den Dressurprüfungen verlangt werden.

Reiten in Dressurprüfungen

Zum Stellenwert der Dressurprüfungen eine allgemeine Bemerkung voraus. Die Prüfungen haben infolge ihres wohldurchdachten Systems der steigenden Anforderungen von der Anfangsklasse (A) über die Klassen L (leicht), M (mittel) und S (schwer) bis zum Grand Prix mit dessen Lektionen der Hohen Schule entscheidenden Anteil an dem eindrucksvollen Leistungsstand von heute. Auch weiterhin werden sie dazu beitragen,

– den erreichten Leistungsstand zu überprüfen,
– die überlieferten Lehren der Dressur zu erhalten,
– auf diesem Wege planmäßige Fortschritte zu erzielen sowie
– durch überzeugende Ergebnisse die grundlegende Bedeutung der Dressur zu verdeutlichen und zu festigen.

Vor allem werden sie das Gefühl der Freude an der Dressur, an dem harmonischen Einklang zwischen Reiter und Pferd, an der reiterlichen Leistung und am sportlichen Wettkampf vermitteln.

Zweierlei muß man unterscheiden: zum einen die Vorbereitung für die Prüfung, das Abreiten, und zum anderen das Reiten in der Prüfung, die Vorstellung.

Vorbereitung

Eine der schwierigsten Aufgaben besteht in dem nach Zeit und Inhalt richtigen Abreiten. Als Ergebnis langfristiger und umfassender Erfahrungen heißt es in einem oft zitierten Spruch: "Dressurprüfungen werden auf dem Abreiteplatz gewonnen und verloren." Mehr als einmal habe ich den Wahrheitsgehalt dieses Ausspruchs erfahren. In Bern 1966 hatte ich mit Mariano das sichere Gefühl, daß das Abreiten besonders gut gelungen war und wurde Weltmeister. Zwei Jahre später, 1968 in Mexiko, war ich mit dem Abreiten sehr wenig zufrieden, büßte beim Stechen meinen im Grand Prix erzielten Vorsprung von 40 Punkten ein und vergab die Chance, Olympiasieger in der Einzelwertung zu werden. Noch heute eine Enttäuschung, die mich trotz der Frage, was ich beim Abreiten hätte richtiger machen sollen, nie gehindert hat, die bessere Leistung von Ivan Kizimov anzuerkennen.

Tatsächlich ist es gar nicht so einfach, sein Pferd "à la minute", also genau in dem Augenblick in Bestform zu haben, in dem die Glocke ertönt. Man muß das Pferd sehr gut kennen und die Arbeit so einteilen, daß es weder müde ins Viereck kommt, noch zu frisch.

Das Ziel der Arbeit auf dem Abreiteplatz ist es, gleichgültig ob vor einer L-Dressur oder vor einem Grand Prix, die Grundlagen der Rittigkeit sicherzustellen: Den reinen Gang sowie Losgelassenheit, Durchlässigkeit und Versammlung, dabei das Pferd gehfreudig und gleichzeitig gelassen zu halten.

Wie lange ein Pferd abgeritten werden muß, darüber gehen die Meinungen auseinander. Für 80 Prozent der Pferde wird etwa eine Stunde, einschließlich Schrittpausen und Zeit für das Fertigmachen von Pferd und Reiter für die Prüfung, das richtige Maß sein. Manche Reiter arbeiten ih-

re Pferde schon ein paar Stunden vor der Prüfung und nehmen sie erst kurz vor dem Start wieder heraus. Das bedarf des Ausprobierens, kann aber zweckmäßig sein.
Jedenfalls werden mehr Prüfungen verloren, weil die Pferde zu kurz abgeritten wurden, als umgekehrt. Dabei kommt es natürlich sehr auf die Art des Abreitens an. Wenn ein Reiter auf dem Abreiteplatz unentwegt Trab- und Galoppverstärkungen übt, darf er sich nicht wundern, wenn in der Prüfung von Frische und Gehlust nichts mehr übrig geblieben ist.
Ich erinnere mich an Olympische Spiele, als ein Reiter in der Vorbereitung immer wieder Piaffe und Passage ritt, nochmal und immer wieder. Von dem Glanz dieser beiden Lektionen, die das Pferd vorzüglich beherrschte, blieb nichts übrig. In der Prüfung piaffierte und passagierte das Pferd fast überhaupt nicht mehr.
Jedenfalls ist es besser, zu viel Zeit einzuplanen als zu wenig. Notfalls kann man Warteschleifen durch Schrittreiten überbrücken. Eine zu knapp bemessene Vorbereitungszeit läßt sich hingegen nicht mehr ausgleichen.
Für das Abreiten hatte ich mir folgenden Grundplan zurechtgelegt: 10 Minuten für die Lösungsarbeit, 30 Minuten für die Durchlässigkeit und Versammlung einschließlich der wichtigsten Lektionen, fünf Minuten zum Fertigmachen für den Start: Zylinder aufsetzen, Stiefel noch einmal abwischen, Pferdemaul von Schaumflocken säubern. Danach ritt ich in den verbleibenden fünf Minuten die Lektionen, mit denen die Prüfung begann, plus einige energische Trab- und Galoppverstärkungen.
Gelegentlich wird diskutiert, ob man beim Abreiten die ganze Aufgabe, Teile der Aufgabe oder nur einzelne Lektionen abfragen soll. Letzteres würde ich auf jeden Fall empfehlen, die beiden anderen Arten nur eingeschränkt. Auch hier muß der Reiter wissen, was seinem Pferd am besten bekommt. Es gibt - wie so oft in der Reiterei - kein allgemeingültiges Rezept, das die genaue Kenntnis des einzelnen Pferdes und der somit unterschiedlichen Möglichkeiten des Abreitens ersetzen könnte.
Meine Pferde ließ ich meist von Fritz Baranowski schon an der Longe lösen, bevor ich aufsaß. Das hat sich gut bewährt.
Wichtig ist es, daß der Reiter sich in der Vorbereitung nicht auf ein starres Schema festlegt. Er muß auf das Befinden seines Pferdes, auf die Tagesform sowie auf die besonderen Umstände des jeweiligen Turniers eingehen, z.B. Anfang oder Ende der Saison, Arbeit in der Woche vor dem Turnier, erster oder letzter Start während eines Turniers, Bodenverhältnisse, Wetter (Regen, Wärme oder Kälte), Abreiten und Prüfung an verschiedenen Orten wie Halle und Außenplatz. Das Abreiten muß sich jeweils den veränderten Verhältnissen anpassen.
Nicht nur der Körper des Pferdes muß durch wirksame Gymnastizierung auf die Aufgabe im Viereck vorbereitet werden, sondern das Pferd muß zudem psychisch in bester Verfassung sein, um sich optimal präsentieren zu können. Das Schlechteste ist es deswegen, das Pferd kurz vor dem Einreiten noch einmal hart zu korrigieren oder sogar zu strafen, ihm "noch mal zeigen, wo's langgeht."
Dann kann es nämlich passieren, daß das Pferd dem Reiter in der Prüfung, wenn er nicht mehr viel machen kann, zeigt, wo's langgeht. Gerade beim Abreiten also heißt es, jeden Kampf zu vermeiden, die innere Bereitschaft des Pferdes zu Höchstleistungen sicherzustellen.
Der Reiter steht während der Prüfungsvorbereitung unter Streß, der eine mehr, der andere weniger. Dann ist es wichtig, eine helfende Person am Rande zu haben, die ermuntert, rät, verbessert und manchmal bremst. Ohne Annemi hätte ich manche Prüfung in den Sand gesetzt. Wenn sie am Viereck stand mit ihrer sachlichen, ruhigen Kritik, nicht eher zufrieden, bevor es wirklich gut war, ohne mich zu verunsichern, konnte nicht mehr allzuviel schief-

gehen. In der Ruhe liegt die Kraft, heißt ein Spruch. Annemi verkörperte beides, Ruhe und Kraft.

Vorstellung

Es ist ein Riesenunterschied, ob ein Pferd zu Hause wie ein Weltmeister auftritt oder beim Turnier vor fünf Richtern inmitten eines Feldes von guten Reitern und Pferden bestimmte Lektionen zu bestimmten Zeiten und an bestimmten Orten ausführen muß. Die öffentliche Prüfung auf einem fremden Viereck, möglicherweise in einem unruhigen Umfeld, offenbart den wirklichen Grad der Ausbildung, aber auch manche Selbsttäuschung, der man innerhalb der eigenen vier Reitbahnwände oder auf dem eigenen Außenplatz erlegen ist.

Eine optimale Vorstellung setzt voraus, mit den Erfordernissen des Prüfungsreitens vertraut zu sein. Dazu möchte ich einige Hinweise geben, die ich in einer großen Zahl von Prüfungen als hilfreich erfahren habe, um ein Pferd erfolgversprechend vorzustellen und ein Maximum an Wertnoten herauszureiten. Die Hinweise sind nicht vollständig. Sie können keine Lehre des Prüfungsreitens sein, sollen vielmehr aufzeigen, welche Anforderungen vermehrte Aufmerksamkeit beanspruchen und welche häufiger vorkommenden Fehler vermeidbar sind.

1. Für jeden Teilnehmer an einer Dressurprüfung muß es selbstverständlich sein, die Aufgabe in- und auswendig zu kennen. Sogar wenn sie diktiert wird. Denn Fehlerpunkte durch Verreiten sind, wie ich leider selbst erlebt habe, die ärgerlichsten, weil die überflüssigsten.
2. In der Prüfung muß sich erweisen, ob die Ziele des Abreitens erreicht worden sind. Schon auf den ersten Blick, zumindest nach wenigen Runden, stellen die Richter fest, ob ein Pferd losgelassen, durchlässig und versammelt geht. Das ist stets dann gewährleistet, wenn Selbsthaltung, Takt und Geraderichtung erkennbar Gang und Haltung des Pferdes bestimmen.
3. Zur Selbsthaltung: Sie muß sich als Folge der Geschmeidigkeit aus der Schub-, Trag- und Federkraft der Hinterbeine und aus einer relativen Aufrichtung ergeben, stets bei leichtester Anlehnung, mit dem Genick am höchsten Punkt und keinesfalls mit der Stirnlinie hinter der Senkrechten. Andernfalls kommt das Pferd zu tief und wird dann meistens zu eng – schwere Fehler, die leider auch bei Spitzenpferden zu beobachten waren und sind. Niemals ist dann die Schönheit der Bewegungen und der Haltung zu erreichen.
4. Zum Takt: Das Pferd muß immer in richtiger Fußfolge und gleichbleibend im Rhythmus gehen. Bei Tempoänderungen darf sich nie der Takt, sondern nur der Raumgriff der Schritte, Tritte oder Sprünge ändern, entweder verkürzen oder verlängern, eine in der Tat schwierige Anforderung, die deutlich zeigt, ob ein Pferd schwungvoll vorwärtsgeht, durchlässig ist und sich im Gleichgewicht befindet. Bei der Europameisterschaft 1991 in Donaueschingen mußte man mehrfach feststellen, daß selbst hochqualifizierte Pferde im versammelten Tempo die Bewegungen verlangsamten und in Verstärkungen eiliger wurden. Die Reiter sollten unbedingt bemüht sein, solche Mängel auszuschließen, nicht zuletzt, um negative Auswirkungen auf die Wertnoten zu vermeiden.
5. Zur Geraderichtung: Schwung und Ausdruck einer Vorstellung werden wesentlich von der Geraderichtung des Pferdes geprägt. Denn erst die Geraderichtung ermöglicht es, so auf die

Hinterbeine einzuwirken, daß die Vorzüge der Trag- und Federkraft voll zur Geltung kommen, besonders die höchste Schwungentfaltung. Nach meinen Beobachtungen sollten die Reiter deshalb mehr darauf achten, daß Vorder- und Hinterbeine genau auf einem Hufschlag gehen, unabhängig davon, ob dieser gerade oder gebogen ist.

6. Veröffentlichungen in der Tages- und Fachpresse haben sich wiederholt damit befaßt, daß ich auf die Genauigkeit des Reitens immer äußersten Wert gelegt habe. Zumeist anerkennend, aber auch kritisch, weil ein lediglich formales Prinzip auf Kosten der Harmonie, Leichtigkeit und Ungezwungenheit bevorzugt worden sei. Diese Kritik verkennt die Zusammenhänge der Dressur. Denn erst der auf Durchlässigkeit und Versammlung gegründete Gehorsam führt sowohl zur Genauigkeit als auch zur Harmonie, Leichtigkeit und Ungezwungenheit.
Auf die Bewertung einer Dressurprüfung übt die Genauigkeit einen großen Einfluß aus, vor allem die Genauigkeit der Hufschlagfiguren (Linien und Punkte), der Tempi, der Übergänge sowie der vorgeschriebenen Zahl von Tritten, z.B. beim Rückwärtsrichten und in der Piaffe oder von Sprüngen, z.B. in den Galopptraversalen, Pirouetten und fliegenden Galoppwechseln. Deshalb möchte ich dringend raten, der Genauigkeit stets große Aufmerksamkeit zu widmen, schon im Training, beim Abreiten und ganz besonders in der Vorstellung.
Schon die ersten drei Lektionen zeigen, wie sehr es auf genaues Reiten ankommt. So verlangen zum Beispiel die nachgenannten Anforderungen des Grand Prix eine deutlich erkennbare Genauigkeit der Hufschlagfiguren und der Tempi: Einreiten auf der Mittellinie im versammelten Galopp, Übergang zum Halten bei X, Übergang zum Anreiten im versammelten Trab, Wendungen bei C und in der Ecke vor M auf dem Viertelkreis einer Volte von 6 Metern, Übergang bei M zum starken Trab, Takt und Tempo auf der Linie M-X-K, Übergang bei K zum versammelten Trab, Ausreiten der Ecke, Übergang zum versammelten Galopp bei A, Ausreiten der Ecke, Übergang zum Mittelgalopp bei F, Takt und Tempo auf der Linie, F-X-H mit fliegendem Wechsel bei X, Übergang bei H zum versammelten Galopp, Takt und Tempo auf der Linie H-C, Ausreiten der Ecke bei H, Übergang zum versammelten Schritt bei C.
Bei diesen Anforderungen kommen allein acht Übergänge in drei Lektionen vor, die gerade im Hinblick auf die Genauigkeit immer auch Prüfstein der Durchlässigkeit sind.

7. Die Übergänge sind zwar vielschichtig in ihren Anforderungen und deswegen nicht einfach zu reiten. Sie lassen aber klar erkennen, ob und inwieweit ein Pferd durchlässig und ein Reiter in der Lage ist, richtigerweise von "hinten nach vorn" zu reiten und dabei mit richtig abgestuften, vorwärtstreibenden und verhaltenden Hilfen einzuwirken.
Wenn ich an Jahrzehnte zurückdenke, an viele Dressurprüfungen in dieser Zeit, dann sind es gerade die Übergänge, die mir oft und zunehmend als enttäuschend in Erinnerung geblieben sind. In der Mehrzahl wurden sie nicht einmal befriedigend geritten. Häufig waren klare Tempounterschiede zu vermissen.
Wie früher gilt auch heute, daß die Reiter bei Dressurprüfungen auf größte Konzentration bedacht sein müssen, die Übergänge genauer an den verlangten Punkten, klarer in den Tempounterschieden, ohne Taktstörungen, geschmeidige Übergänge in den Gangarten oder zum Halten, bei leichterer Anlehnung und in besser

gesicherter Selbsthaltung sowie im ruhigen Sitz, mit ruhig liegenden Schenkeln und – besonders wichtig – mit ruhiger und tiefer Handhaltung zu reiten.

8. Zu den Lektionen, die Reitern und ebenso Richtern viele Schwierigkeiten machen, gehören die Traversalen, besonders in den Anforderungen des Gleichgewichts. Obwohl das Gleichgewicht unter den Leitlinien für die Bewertung ausdrücklich genannt ist, wird häufig schon mit Beginn der Traversale das Gewicht ganz deutlich von der Vorhand übernommen. Infolgedessen geht während der Traversale das Gleichgewicht verloren. Die Merkmale des Trabes zeigen dann vor und nach der Traversale ein völlig anderes Bild als in der Traversale. Deshalb ist meiner Meinung nach zu befürworten, daß sich die Reiter im versammelten Trab das Gefühl des Gleichgewichts gut einprägen und bemüht sein sollten, das Gleichgewicht während der Traversale durch versammelnde Einwirkungen zu erhalten.
9. Im Zusammenhang mit den Traversalen und für ihr Gelingen ist der versammelte Trab von erheblicher Bedeutung. Schon deswegen ist es überraschend und befremdlich, daß der versammelte Trab wohl die am meisten vernachlässigte Lektion ist. Anspruch und Wirklichkeit weichen oft weit voneinander ab. Ein langsamer oder in eiligen Tritten verkürzter Trab ist kein versammelter Trab. Es mag etwas trocken erscheinen, ist jedoch unerläßlich, über die einzelnen Merkmale einer Lektion genau Bescheid zu wissen. Das möchte ich nochmals ausdrücklich betonen. Deshalb sollte sich ein Teilnehmer an einer Dressurprüfung fragen, ob er die Anforderungen des versammelten Trabes wirklich kennt und versteht. Gefordert werden: Ausgeprägte Selbsthaltung (Genick höchster Punkt, Stirnlinie bis zur Senkrechten, leichteste Anlehnung), erhabene Tritte, vermehrte Lastaufnahme auf der durch Hankenbeugung gesenkten Hinterhand, federnd abfußende Hinterbeine sowie aufgrund der entlasteten Vorhand das mühelose Hinausschwingen der Vorderbeine. Manchmal kann man nicht einmal das Bestreben erkennen, wirklich versammelten Trab reiten zu wollen.
Hinzu kommt, daß der versammelte Trab einen weitgehenden Einfluß auf die Ausbildung und Qualität der Piaffe ausübt.
Die Piaffe war und ist diejenige Lektion, die am wenigsten einwandfrei ausgeführt wird.
Die Anforderungen der Piaffe verlangen eine trabartige Bewegung in diagonaler Folge mit federnden, gleichbleibenden Tritten genau auf der Stelle im Grand Prix oder, soweit es die Aufgaben zulassen, einen Meter vorwärts. Bei erkennbarer Lastaufnahme auf der gesenkten Hinterhand sollen die betont und leicht abfußenden Hinter- und Vorderbeine senkrecht gehoben und gesenkt werden, die Hinterbeine etwas über das Fesselgelenk und die Vorderbeine mit dem Unterarm etwa bis zur Waagerechten angehoben. In schöner Selbsthaltung und mit schwingenden Rückenmuskeln muß das gerade gerichtete Pferd eine weiche Anlehnung an beide Zügel halten.
Natürlich gelang es auch mir nicht immer, diese hohen Anforderungen zu erfüllen. Das folgte schon aus der unterschiedlichen Veranlagung der Pferde, unterschiedlichen Ergebnissen der Ausbildung und unterschiedlichen Leistungen während der Prüfungen. Ständig müssen Schwierigkeiten und Schwächen überwunden werden. Nach meinen Erfahrungen, gerade in den letzten Jahren, kommen am häufigsten vor: Ungleiche Tritte, wenig zuverlässige Selbsthaltung, keine (in der Senkrechten) befriedigende Tätig-

keit der Hinter- und Vorderbeine, ungenügend betontes Abfußen, zu geringe Hankenbiegung und Lastaufnahme, festgehaltene Rückenmuskeln, hohe Kruppe, schwankende Vorder- oder Hinterbeine. Diese Mängel können in verschiedenen Formen vorkommen, haben meistens mehrere Ursachen und lösen oft weitere Schwierigkeiten aus, die teilweise sehr schwer zu verbessern sind. Es würde zu weit führen, auf meine Erfahrungen im einzelnen einzugehen. Deshalb möchte ich mich auf den Hinweis beschränken, daß nach meinen Feststellungen grundsätzlich drei Voraussetzungen für das Reiten der Piaffe vermehrter Aufmerksamkeit bedürfen: Die Notwendigkeit des Gleichgewichts, eine bis zur höchsten Ausprägung gesteigerte Durchlässigkeit und der unbedingte Impuls nach vorwärts. Ganz entscheidend ist es, daß es gelingt – auch schon beim Üben –, eine schwingende, trabartige Bewegung im Takt einwandfrei und ohne jede Unterbrechung zu erhalten. Aus dieser läßt sich dann, wenn man geduldig vorgeht und ganz allmählich den Raumgewinn vermindert, eine richtige Piaffe entwickeln und zu einer im höchsten Grad ausdrucksvollen Form steigern.

10. Im Anschluß an die bisher ausgeführten Hinweise möchte ich noch an einige Punkte erinnern, die sich in der Praxis für die Vorstellungen als richtig und hilfreich erwiesen haben. Dazu gehören: Gangarten und Tempi unter Kontrolle des Reiters, voll ausgerittene Verstärkungen, möglichst weiter Rahmen des Pferdes bei gut herangeschlossenen Hinterbeinen, Nachfassen der Zügel in den Ecken, Verbesserung von Selbsthaltung, Takt und Geraderichtung an den kurzen Seiten, schwungvoller versammelter Galopp, etwas freier vor geraden und betont nach vorn gesprungenen fliegenden Wechseln, Nachgiebigkeit im Genick und Abstoßen am Gebiß beim Aufnehmen zur Pirouette, gleichbleibender Takt vor, während und nach der Pirouette, bei Übergängen von der Passage in die Piaffe hineinpassagieren und in die Passage hineinpiaffieren, Wechselwirkungen zwischen Sitz einerseits und Gang und Haltung der Pferde andererseits. Schlimme Fehler der Reiter sind festgehaltene Muskeln in der Mittelposition, angeklemmte oder klopfende Schenkel, hochgezogene Schultern, abgespreizte Ellbogen, unruhige Handhaltung.

Insgesamt haben die Dressurprüfungen wie schon gesagt infolge ihres wohldurchdachten Systems der steigenden Anforderungen, die mit denen der Ausbildung übereinstimmen, zu dem hohen Leistungsstand von heute beigetragen und sich damit alles in allem hervorragend bewährt.

Wenn man den Weg der deutschen Dressur insgesamt überschaut, kann man feststellen, ohne auf einzelne Ereignisse einzugehen, daß heute eine großartige, an Erfolgen reiche Tradition lebendig und kraftvoll fortgesetzt wird. Leistungsdichte und Leistungsbreite haben zugenommen. Deutschland steht heute, seit 20 Jahren in Championaten als Mannschaft ungeschlagen, unbestritten an der Spitze der dressurreitenden Welt. Dabei ist besonders erfreulich, daß in den letzten Jahren zahlreiche junge Reiterinnen und Reiter zu diesen Erfolgen beigetragen haben: Gina Capellmann-Lütkemeier, Heike Kemmer, Michael Klimke, Ann-Kathrin Kroth (geborene Linsenhoff), Sven Rothenberger, Monica Theodorescu, Nicole Uphoff und Isabell Werth. Sie alle waren Teilnehmer einer gezielten Nachwuchsförderung, mußten sich bewähren im "Preis der Besten", wo die Elite der jungen deutschen Dressurreiter gegeneinander antritt, und in den Europameisterschaften für Junge Reiter, um dann fast nahtlos den Sprung auf die Grand-Prix-Ebene zu schaffen.

Mit diesem Juniorenkonzept hat der Dressurausschuß des Deutschen Olympiade-Komitees für Reiterei (DOKR), dem ich seit Mitte der 70er Jahre angehöre, den Grundstein für die Erfolge gelegt.
Dressurreiten ist heute ein Sport auch für junge Menschen geworden. Das stimmt mich, der ich aufgrund des mir zugedachten Schicksals erst spät die Erfüllung im Sattel fand, optimistisch für unseren Sport, der in einer passionierten und begabten jungen Generation fortlebt, und für diese Jugend, die, wie einst ich, die Chance nutzte, in ihrem Sport Kraft, Selbstbestätigung und Ausgleich für Alltagsstreß und vor allem Lebensfreude zu finden.

Ertrag

Und wie steht es für mich um den Ertrag meines reiterlichen Lebens? Trotz mancher Unzulänglichkeiten glaube ich, im großen und ganzen einen guten Weg gegangen zu sein, soweit ich dies zu beurteilen vermag.
Über mangelnde äußere Erfolge kann ich mich nicht beklagen. Mit den Siegen und Plazierungen, vor allem mit Douglas, Asbach, Antoinette, Mariano, Venetia und Duero, bin ich mehr als zufrieden. Nur ein Wunsch hat sich nicht erfüllt: Obwohl ich mit Asbach und Mariano nicht weit davon entfernt war, bin ich, ich wiederhole mich, kein Olympiasieger in der Einzelwertung geworden. Deswegen jedoch die Medaillen in den Mannschaftswertungen in Tokio und Mexiko (Gold), in München (Silber) sowie die Einzelmedaillen in Mexiko (Silber), Rom und München (Bronze) weniger hoch zu schätzen, wäre für mich undenkbar.
Wunderbare, aufregende und begeisternde Stunden erlebte ich auf Turnieren in aller Welt. Mir sind manche Türen geöffnet worden, die ohne meine reiterlichen Erfolge vielleicht gar nicht aufzuschließen gewesen wären. Oft konnte ich das Schöne meines Reitsports mit meiner beruflichen Tätigkeit oder zugunsten der Sporthilfe verbinden, zum Nutzen des Sports und des Unternehmens mit seinen zahlreichen Mitarbeitern.
Ob ich auf die Entwicklung der Dressur Einfluß gehabt habe oder neue Wege weisen konnte, vermag ich nicht zu beurteilen. Wenn ich auch meine, daß ich auf dem Gebiet der Sporthilfe, der Förderung von Leistungssportlern, mehr bewegen konnte als in meinem Reitsport, so wird mein Beitrag doch geholfen haben, das Ansehen und die Popularität der Dressur zu vergrößern. Der häufig freundliche Beifall auf den Turnieren, Einladungen zu Vorträgen, Interviews und Presseberichte sowie persönliche Briefe, sogar von mir unbekannten Personen, haben dies bestätigt.

Dank

Viele persönliche Begegnungen bleiben mir in nachhaltiger Erinnerung. Besonders dankbar bin ich den älteren und jungen Reiterinnen und Reitern, mit denen ich in vielen Jahren die Liebe zu den Pferden, den Willen zur reiterlichen Leistung, die Verantwortlichkeit für internationale Erfolge und das Bekenntnis zu der überlieferten Lehre der Dressur geteilt habe und mit denen ich in herzlicher reiterlicher Freundschaft verbunden bin.

Dankbarkeit erfüllt mich vor allem gegenüber den Menschen, die meinen Weg begleitet, in Höhen und Tiefen zu mir gehalten haben. Und mit Dankbarkeit erinnere ich mich an die vierbeinigen Gefährten meines Lebens, an Douglas und Asbach, an Förster, Antoinette und Mariano, an Venetia, Sonnyboy und schließlich Duero - eine Persönlichkeit jeder einzelne von ihnen. Sie lehrten mich reiten und sie lehrten mich die Ehrfurcht vor Gottes edelster Kreatur.

Nachwort

In diesem Buch schildert Josef Nekkermann seine reiterlichen Erinnerungen. Dankbar und zufrieden rückblickend, hat er daran bis zuletzt gearbeitet, noch kurz vor seinem Tode das letzte Kapitel durchgesehen und gutgeheißen. Die Erinnerungen berichten aus der reichen Erfahrung seines Lebens und des Reitens, was ihm am Herzen lag und seinem Herzen nahestand. Er wollte all das an die jüngeren, an die ganz jungen Reiter mitteilen und weitergeben, was er erlebt, gelernt und erfahren hatte. Sein großer Wunsch, die Veröffentlichung des Buches noch zu erleben, sollte sich nicht mehr erfüllen.

Am 13. Januar 1992 endete sein Lebensweg, ein Weg menschlicher Größe, ungewöhnlicher Leistungen und zahlreicher Siege, aber auch bitterer Schicksalsschläge. Die Todesnachricht löste tiefe Trauer und Betroffenheit aus, bei seinen vielen Freunden, in weiten Kreisen der Politik, der Wirtschaft und des Sports und, in ungeahntem Umfang, innerhalb der Bevölkerung. Alle spürten, daß uns eine bedeutende Persönlichkeit verlassen hatte, einzigartig als Unternehmer, Reiter und Vorsitzender der Stiftung Deutsche Sporthilfe, vor allem einzigartig als väterlicher Freund aller Sportler, insbesondere der Reiterinnen und Reiter.

Es war wahrlich ein Leben „im starken Trab", das zu Ende gegangen war, allein schon aus der Sicht des Reitens.

Josef Neckermann zählte zu jener Generation der Reiter, die nach 1945 das verpflichtende Erbe großer Reiterpersönlichkeiten wie Prinz Sigismund von Preussen (1891 - 1927) und Freiherr Carl-Friedrich von Langen (1887 - 1934), hervorragenden Berufsreitern und der vielfach siegreichen Kavallerieoffiziere aufnahmen und erfolgreich als Amateure in Zivil fortsetzten.

In der Zeitspanne von 1956 bis 1981 gewann er 333 Dressurprüfungen, davon 54 Grand Prix/Grand Prix Spezial und erreichte 651 Plazierungen an 1. bis 3. Stelle. Von seinen erfolgreichsten Pferden erzielten Asbach 50 Siege, Antoinette 27, Mariano 56, Sonnyboy 46 und Duero 65. Er war Deutscher Meister, Europa- und Weltmeister und hatte sechs Medaillen bei Olympischen Spielen erreicht.

In der ganzen Welt war er als vorzüglicher Dressurreiter bekannt und geachtet. Seine Ritte zeichneten sich immer durch höchsten reiterlichen Wert, durch höchste Harmonie aus. Herausragende Erfolge waren das Ergebnis. Noch im Alter von fast 70 Jahren gehörte er zur Spitzengruppe der Dressur.

Der Schlüssel zum Verständnis aller seiner Erfolge lag hauptsächlich in der Individualität seiner Reitweise. Mit ausgeprägtem Gefühl für eine nach Zeit und Stärke richtig bemessene Einwirkung erreichte er bei allen Pferden die Ungebundenheit, Regelmäßigkeit und Elastizität reiner Gänge, den federnden und ausdrucksvollen Schwung aus der Hinterhand, die auf Losgelassenheit und Durchlässigkeit gegründete Versammlung bei leichtester Anlehnung und erst dadurch jenen Gehorsam, der für die imponierende Genauigkeit seines Reitens ursächlich war. Im Zusammenhang damit konnte man bei ihm als Vorzüge beobachten, daß immer die von Kreuz und Schenkeln ausgehenden Hilfen auf die Hand übertragen wurden und so vorbildlich von hinten nach vorn wirkten, daß die ruhige Handhaltung eine stets zuverlässige Selbsthaltung seiner Pferde bewirkte und alle von ihm gerittenen Pferde ein "gutes Maul" hatten, geschlossen und ruhig am Gebiß kauend. Sie folgten willig und mit großer innerer Bereitschaft seinen Einwirkun-

gen, die er physisch und psychologisch den Eigenschaften der nach Gebäude, Temperament und Rittigkeit unterschiedlich veranlagten Pferden anzupassen verstand.
Bei vertrauensvollem Umgang mit den Pferden war es für ihn selbstverständlich, die Möglichkeiten richtig verstandener Dressur zu nutzen, um Fortschritte zu erzielen und um irgendwie möglichen Widersetzlichkeiten von vorneherein vorzubeugen, statt sie nachher zu bekämpfen.
In seinem reiterlichen Verständnis eher konservativ, stand er neuen Entwicklungen aus kritischer Sicht, aber offen und aufgeschlossen gegenüber, in der Tendenz bewahrend und fortschrittlich zugleich. So befürwortete er das damals neue Konzept der Juniorenförderung, den Mannschaftswettkampf bei den Deutschen Meisterschaften, den schon vom Oberlandstallmeister Dr. Gustav Rau angeregten Mannschafts-Vierkampf, die Erweiterung der Reitlehre durch Erkenntnisse der Trainingswissenschaft, die Gründung eines hippologisch-wissenschaftlichen Instituts, das Reiten zur Musik(kür) sowie tiefgreifende Verbesserungen zur Heranbildung von Spitzenausbildern und zur intensiven Schulung der Richter für Dressurprüfungen, vor allem in der Notengebung. Als entscheidend wichtig bewertete er Willen und Tatkraft, an den überlieferten Lehren der Dressur unbedingt festzuhalten und die Grundlagenausbildung im Hinblick auf Sitz und Einwirkung der Reiter und auf Gang und Haltung der Pferde immer wieder und unbedingt zu sichern.
Josef Neckermann hat als Dressurreiter eine ungewöhnliche Wirkung in die Breite entfaltet, in der Öffentlichkeit, im reiterlichen Bereich und im Kreis aller, die Schönheit des Dressurreitens schätzen. In besonderer Weise war er wahrnehmungsfähig für die Belange der jungen Reiterinnen und Reiter. Er ging auf sie zu, auf junge Menschen, die ihm reiterlich verbunden waren, ihm aufmerksam zuhörten, seinen Rat suchten und ihn annahmen. Wie ein Kind konnte er sich freuen, vor allem über einen - nicht nur seinen - gelungenen Ritt. Aber er konnte von unnachsichtiger Strenge sein, mit sich selbst und anderen nachdrücklich hadern.
Sein beispielgebender Einfluß auf die Dressur als Hochleistungssport wird auch nach seinem Tode fortdauern. Nach Erfolgen und Wissen gehörte er zu dem kleinen Kreis derjenigen, die das Gespür für drängende Fragen des Dressurreitens haben und in der Lage sind, die reiterlichen Probleme, auch in ihren sozialen und gesellschaftlichen Zusammenhängen, aus der Gesamtschau überlegener Sachkunde zu beurteilen und sie mit den reichen Erfahrungen eigener Praxis zu überzeugenden Lösungen zu verbinden. Damit war er in der Lage, "aus erster Hand" reiterliche Führungsaufgaben wahrzunehmen und das reiterliche Profil der Führungsverantwortlichkeit deutlich zu machen. Ein Wort des Dankes wollte er an die Züchter richten für ihre in der Pferdezucht geleistete Arbeit, für eine Arbeit bewundernswerter und unermüdlicher Passion die ganz entscheidenden Anteil an den reiterlichen Erfolgen hatte. Er hatte deshalb Rechtsanwalt Werner Schockemöhle gebeten, aus der Sicht des sachkundigen und erfahrenen Fachmanns die Leistungsmerkmale seiner erfolgreichsten Pferde zu erklären, die Zusammenhänge zwischen Abstammungen und Leistungen zu verdeutlichen und aufzuzeigen, daß die Leistungen von heute nur als Ergebnisse einer Zucht über Generationen hinweg zu verstehen sind.
Von Herzen kommende, liebenswürdige Freundlichkeit, ungebrochene Passion sowie die ihm eigene persönliche und reiterliche Autorität zeichneten ihn ebenso aus wie sein hohes Maß an Können und Wissen. Mit seiner unermüdlichen Tatkraft und beispielhaften Fürsorge wird Necko als Mensch und Reiter unvergessen ein großes Vorbild bleiben.

Albert Stecken